러시아 외교관 베베르와 조선

39
번역총서
동북아역사재단

РОССИЙСКИЙ ДИПЛОМАТ К.И.ВЕБЕР И КОРЕЯ

러시아 외교관 베베르와 조선

벨라 보리소브나 박 지음 | 최덕규·김종헌 옮김

동북아역사재단
NORTHEAST ASIAN HISTORY FOUNDATION

고종과 왕세자 그리고 베베르 공사가 러시아 공사관 현관에서 찍은 사진

출처:『노보예 브레먀(Новое Время)』(1907년 7월 11(24)일)

이 사진은 벨라 박 선생이 발굴·제공하였다.『노보예 브레먀』 신문은 고종황제의 강제퇴위와 한일신협약(정미7조약) 체결(1907. 7. 24)을 보도하면서 고종이 러시아 공사관에 머물 당시 당시 찍었던 사진(1896)을 자료 사진으로 활용한 것으로 보인다.

〈일러두기〉

* 이 책은 러시아 사료에 근거하고 있기 때문에 날짜는 러시아력(露曆)을 따랐다. 러시아력을 서양력으로 변환시키기 위해서는 1899년까지는 12일, 1900년 이후부터는 13일을 더한다.
* 러시아어로 정확하게 표기되지 않음으로써 추적과 확인이 불가능한 인물의 경우에는 러시아어를 병기했다. 예) 슈이 찬(Сюй Чан) 등
* 본문의 한자식 표기는 역자가 넣은 것이다.

저자 서문

이 책은 서울 주재 초대 러시아 공사를 역임한 카를 이바노비치 베베르(Карл Иванович Вебер)의 외교 활동을 러시아 역사학계 최초로 자세하게 살펴보고자 한 결과물이다.[1] 그는 서울에 부임하여 전보 발령과 관련된 일부 공백기를 제외한 12년간(1885~1897) 공사직을 수행했으며, 한국사의 분수령을 이루는 시기에 극동의 이웃국가인 러시아와 조선의 관계 형성과 전개 그리고 확립에 이르는 전 과정에 커다란 기여를 하였다.

베베르의 활동을 서술한 범위는 조러 최초의 조약 준비·체결부터 '직무수행에 대한 해명'을 위해 서울에서 상트페테르부르크로 소환되는 1897년 9월까지이다. 결론 부분에서는 소환 이후에도 지속된 그와 대한제국과의 관계, 즉 고종 황제 즉위 40주년 경축행사에 러시아 황제 니콜라이 2세의 특사 자격으로 조선을 방문(1902~1903)한 것도 포함되었다.

아직까지 러시아 학계와 해외 한국학 분야(일부 개별 논문들 제외-필자)에

1 베베르에 대한 간략한 전기는 다음을 참조하시오. Пак Чон Хё, К.Вебер-первый посланник Российской дипломатической миссии в Корее // Проблемы Дальнего Востока. №6, 1993. С. 142-146; О.В.Суковицына, Карл Вебер и его вклад в развитие русско-корейских отношений // Российское корееведение. Альманах. Выпуск второй. М., 2001. С.128-132.

서는 베베르에 대한 전문적인 연구가 이루어지지 않고 있기 때문에 그의 외교 활동에 대해서는 다각도의 연구가 필요하다. 뿐만 아니라 드미트레프스키(П. А. Дмитревский), 쉬페이예르(А. Н. Шпейер), 마튜닌(Н. Г. Матюнин), 파블로프(А. И. Павлов), 플란손(Г. А. Плансон), 소모프(А. С. Сомов) 등 주한 러시아 외교관들의 다양한 활동을 조명한 연구들도 없다. 19세기 말~20세기 초, 러시아 외교관들은 한국사의 복잡다난한 시기에 양국의 관계를 수립하고 조선에서 러시아의 지위를 공고히 하는 데 적지 않은 기여를 하였다. 특히 청일전쟁(1894~1895) 이전까지는 청의 대조선 종주권에 저항한 투쟁을 시작하였고, 이후 일본의 조선 침략에 맞서 조선의 독립과 영토 보전 그리고 주권 수호를 위한 노력도 전개했다.

이들 중 베베르는 극동의 역사, 지리, 민속, 문화 등에 전문가이자 재능과 자질을 두루 갖춘 외교관으로서 1885~1897년까지 러시아의 대조선정책을 수행하며 조러 외교사에 뚜렷한 족적을 남긴 인물이다. 특히 공식적인 양국 관계의 초석이 된 조러 수호통상조약 조문들을 준비하고, 체결시켰을 뿐만 아니라 조선의 국가주권을 강조함으로써 조선에 대한 청과 일본의 불법적인 요구에 맞서 싸웠다. 명성황후 시해 사건 이후에는 주한 외교사절들을 설득하여 새로운 친일정부와 왕후 민씨 폐위 칙령 승인을 거부하고, 철저한 수사를 통한 시해 가담자 처벌과 주모자 추방 등을 요구함으로써 일본 정부가 을미사변(1895. 9. 26)에 가담했음을 인정하도록 하였다. 러시아는 다수의 조선 정부 당로자들, 특히 고종과 그 측근들에 의해 침략자들에 대한 견제세력으로 간주되었다. 이처럼 뛰어난 외교관의 생애를 복원함으로써 조러 관계의 발전과 심화과정에 헌신했던 그의 노력을 평가하고, 나아가 19세기 말 국제외교의 문제점에 대한 깊은 성찰을 통해 한반도의 정세 안정에 기여한 러시아의 역할을 살피는 일은 중요하다.

베베르가 조선에 부임할 당시 조선은 미국, 영국, 독일, 프랑스 등 서구열강의 각축으로 엄중한 위기를 겪고 있었다. 하지만 베베르는 조선의 반러 세력들의 음모에도 불구하고 청과 일본 그리고 여타 제국주의 국가들의 침략적인 정책들을 무력화시키는 데 성공함으로써 고종의 신뢰를 얻을 수 있었다. 특히 일본의 위협을 피해 고종이 러시아 공사관으로 이어(移御)한 시기(1896. 1. 30~1897. 2. 8)[2]는 세계사에서 유례가 없었던 것으로서 이들의 관계는 정점에 이르렀다. 고종이 러시아 공사관에 머물면서 조선을 통치한 약 1년여간(375일)은 정치, 경제, 문화 등에서 조러 관계가 돈독했을 뿐만 아니라 베베르가 고종의 가까운 친구로서 러시아 황실과 조선 왕실의 우호를 증진시키는 중요한 역할을 하였다.

베베르의 외교 활동은 양국의 선린관계 수립을 위해 러시아가 주도권을 쥐는 데 큰 역할을 하였다. 이를 살펴보면 조선사절단의 니콜라이 2세(Николай II) 대관식 참석, 조선군(고종의 경호부대) 훈련을 위한 러시아 군사교관 파견, 조선의 대일차관 변제를 위한 러시아의 대한차관 제공, 그리고 조러 간의 전신선 연결에 대한 교섭 등이다. 뿐만 아니라 러시아 공사관 직원 증원, 부영사 및 무관 임명, 재무성 관리 포코틸로프(Д. Д. Покотилов)의 서울 출장과 후속 조치로 러청은행 서울 분점 개설 결정, 러시아어학교 설립 등도 베베르와 관련이 있다. 이 밖에도 주재국의 여건과 관습에 해박하여 러시아 연구자들이나 여행가들이 조선을 방문하거나 연구하는 데 도움을 주었다. 또한 조선 군인들을 훈련시키는 교관들과 조선에서 사업을 벌이는 기업가들의 권리 보호에도 지원을 아

2 이 책의 모든 날짜는 노력(露曆: 율리우스曆)으로 표기하였다.

끼지 않았다. 따라서 그는 조러의 모든 분야(경제, 문화, 교육 및 군사 관계)에서 주목할 만한 영향을 끼쳤다고 할 만하다.

베베르는 조선인뿐만 아니라 서울 주재 외교사절단 및 선교사들에게도 신뢰와 존경을 받았다. 그는 고종과 조선 왕실, 서양 외교관 및 고문관들과 긴밀한 유대를 맺었고, 조선 고위 관리들과도 개인적인 친분을 맺어 서울의 외교가에 영향력이 높았다. 특히 미국, 프랑스, 독일 등의 외교관들과는 우호적인 협력관계를 유지하며 이들의 지지에 힘입어 조선의 주권을 침해하고 있었던 청과 일본에 맞설 수 있었다.

베베르의 공개적인 맞상대는 서울 주재 청 대표 위안스카이와 자주 교체되었던 일본공사들이었다. 따라서 그는 친일 성향의 조선 정부 당로자들의 활동을 중립적인 방향으로 돌리고, 친러파(러시아파로 불렸음-저자 주)가 조선의 지배층으로 자리매김할 수 있도록 수고를 아끼지 않았다.

러시아는 조선의 현상유지 정책을 견지하며 베베르에게 조선이 처한 복잡한 국내외 정치보다는 경제 상황을 호전시키는 데 관심을 두고 조선 정부와 협력할 것을 주문했다. 이에 따라 그는 조선의 독립과 영토보전을 위해 고종이 추진하고 있던 근대화와 개혁정책에 중요한 동반자가 되었다. 하지만 일본의 조선 침략에 맞서는 형식과 방법을 둘러싸고 외무성과의 견해차가 심화되었다.

베베르는 한반도에 대한 패권지향적인 일본의 점증적 위협을 현장에서 목격하면서 러시아가 이러한 현실과 타협하기보다는 보다 적극적이고 결정적인 조치를 취할 것을 요청하였다(조선에 차관 3백만 루블을 제공하고, 군대를 재조직하기 위한 조속한 군사교관 파견과 전투력을 갖춘 조선 군대를 창설하고자 하였다-저자 주). 하지만 러시아 외무성은 영국의 지지를 받고 있던 일본과 관계를 유지해야 했기 때문에 신중한 입장을 취했으며, 특히 군사 전문가 파견을 미루고 있었다. 결국 문제 해결 방식의 차이로 인해 베베르는 조선에서 소환되었고, 후임으로 쉬페이예르가 내정되었다. 그럼에도 베베르와 조선의 관계는 이후에도 단절되지 않았다.

이상이 필자가 이 연구를 통해 밝히고자 하는 기본적인 문제들이다. 이 연구는 연구 과정에서 자료 조사가 매우 어려웠기 때문에 이러한 문제들을 완전히 해결하지는 못했다. 자료의 분절성, 고립성 특히 개인사와 관련된 문서는 거의 없었다. 베베르의 개인 문서는 제정러시아대외정책문서관(АВПРИ)에서도 찾을 수 없었고, 그의 생애를 복원시켜 줄 일기의 존재 여부도 알 수 없었다. 다만 이전에 알려지지 않은 자료들을 발굴하였으나 이마저도 베베르의 삶과 활동을 다각도로 보여 주기 위해서는 후속 연구가 필요하다. 베베르가 서울을 떠난 1897년 9월 이후부터 1900년 퇴임하여 1910년 1월 8일에 사망한 시기[3]까지가 이에 해당한다. 이 분야의 러시아와 해외 연구자들도 이 시기에 대한 성과물을 아직 내지 못하고 있다.

이 연구에 이용된 주요 자료는 상트페테르부르크대학교 재학 당시 베베르의 증명서, 청원서, 성적표 등이며, 조선 주재 러시아 대리공사 겸 총영사 시절의 조선 관련 보고서, 전문, 메모 등이다. 또한 외무성, 육군성, 해군성, 연흑룡강주(연흑룡강주) 총독과 연해주 총독 등과 교신한 그의 편지들과 드미트례프스키(П. А. Дмитревский), 카시니(А. П. Кассини), 히트로보(М. А. Хитрово) 및 주한·주청·주일 러시아 외교관들과 주고받은 문서들도 포함되었다. 아울러 연구는 대부분 모스크바의 러시아 연방 외무성 산하 제정러시아대외정책문서관(АВПРИ), 상트페테르부르크 소재 러시아과학원 동방학 관련 필사본 연구소의 동방학자 문서관(ИВР

3 베베르의 사망일은 색소니(Saxony)의 라데보일(Radebeul)에 있는 가족 묘석에 새겨져 있다.- http://de.wikipedia.org/wiki/Carl_von_Waeber/

PAH), 러시아국립역사문서관(РГИА), 러시아군역사문서관(РГВИА), 상트페테르부르크 소재 중앙역사문서관(ЦГИА СПб.), 블라디보스토크 소재 러시아극동역사문서관(РГИА ДВ) 소장 자료들에 근거하고 있다.

이 책을 집필하는 데 도움을 주신 러시아과학원 동방학연구소의 한국과 몽골학과 동료들에게 감사한 마음을 표한다. 특히 수석 학술연구원 보리스 박(Б. Д. Пак)과 선임 학술연구원 바닌(Ю.В.Ваннин)의 문제 제기와 접근 방법에 대한 조언이 없었다면 이 책은 완성되지 못했을 것이다. 오랜 기간 학문적으로 지지해 주신 러시아과학원 역사연구소의 아난이치(Б. В. Ананьич) 교수님께도 감사드린다. 제정러시아대외정책문서관의 포포바(И. В. Попова) 관장님, 열람실 실장 아브라멘코바(А. В. Абраменкова), 검사관 스타로두브체바(О. В. Стародубцева), 표트르대제고고민속박물관 관장 치스토프(Ю. А. Чистов), 박물관의 한국컬렉션 큐레이터인 삼소노프(Д. А. Самсонов), 러시아과학원 동방필사본 연구소 소장 포포바(И. Ф. Попова), 동 연구소의 수석 학술연구원 트로체비치(А. Ф. Троцевич), 상트페테르부르크중앙역사문서관 관장 쉬시킨(В. М. Шишкин), 열람실 실장 페레칼리나(М. М. Перекалина)는 고문서 컬렉션들을 조사하고 연구할 수 있도록 도움을 주었다. 또한 러시아과학원 보편사연구소 선임 연구원 페트로바(М. А. Петрова)는 독일어 고어체 문서들을 읽고 번역하는 데 도움을 주었다. 끝으로 베베르 가문의 가계도를 복원하는 데 도움을 주었던 프로스비르킨(У. В. и В. В. Просвиркин) 씨 가족과 베베르(К. И. Вебер)의 종손인 베베르(В. Ф. Вебер) 씨에게도 감사드린다. 이들은 가문에서 보관하고 있던 사진과 유품들을 흔쾌히 제공해 주었다. 이 책에 게재된 베베르의 모든 이미지와 발테르 베베르(В.К.Вебер)가 제공한 사진과 문서들은 최초로 공개되는 것이다.

총론

개별 국가의 대외정책은 국내 발전의 필요, 국제정세 그리고 지배층의 견해와 이익이 복잡하게 맞물려 결정된다. 하지만 실제로는 외교관의 역량에 의해 상당 수준 좌우된다. 이는 자국 정부가 상대 국가에 적용하기 위해 수립한 대외정책이 외교관을 통해 현지에서 실행하기 때문이다. 러시아에서는 외교사에 족적을 남긴 훌륭한 전문가들이 외교관으로 복무해왔다. 이 책은 그 반열에 올라있는 카를 이바노비치 베베르(Карл Иванович Вебер)를 다루고 있다.

베베르의 외교 활동은 대부분 조선(1882~1897)과 연관되어 있다. 이 무렵 조선은 전통적인 봉건체제 해체로 인한 경제적 쇠락, 보수파와 개혁파 간의 투쟁 그리고 대규모 민중운동을 겪으며 제국주의 열강의 각축장이 되어 역사적으로 매우 위중한 시기를 보내고 있었다. 일본은 수세기 동안 고립정책을 유지했던 조선을 무력으로 '개항'시키고, 1876년 최초의 불평등조약을 강제했다. 그 뒤를 이어 1882년부터 미국, 영국 및 여타 국가들과 불평등조약 체결이 이어졌다.

러시아 제국은 1860년 조선과 접경했기 때문에 결코 방관자로 있을 수만은 없었다. 우선 적성국들이 러시아 침략의 교두보로 조선 영토를 이용하는 것을 막는 것이 최우선 과제였다. 하지만 자국령으로 귀속된 지 얼마 되지 않은 극동 지역의 안전을 우려하여 조선에 대한 어떠한 침략 계획도 자제하였다. 다만 접경 국가와의 통상 협력이라는 경제적 측면에서 영향력을 강화하려 하였다. 이에 대한 해법은 상당 부분 러시아의 외교 역량에 달려 있었다.

제정 러시아의 외교관 카를 이바노비치 베베르는 조러 최초의 공식 관계를 수립하고 안정화시켜야 하는 힘들고 복잡한 임무를 부여받았다. 그가 준비하고 서명한 문서들, 특히 양국 외교관계의 출발점이었던 조러 수호통상조약(1884. 6. 25)과 육로통상장정(1888)은 매우 커다란 의미가 있었다. 베베르는 여타 열강의 외교사절들과 그에 동조했던 조선인들의 반대를 무릅쓰고 이러한 협정들을 성사시키는 데 노력하였다. 그의 적극적인 활동 덕분에 러시아는 고종과 측근들, 그리고 조선 사회의 애국지사들에게 높은 신망을 얻을 수 있었다.

베베르는 청에서 얼마간의 외교적 경험을 쌓았으나 외교적 능력을 완전히 펼쳐 보인 곳은 조선이었다. 그는 주재국의 문제점과 국제적 위상에 대해 깊이 알고 있었으며, 극단적인 대립과 급속히 변화하는 국내외 상황 속에서도 러시아의 이해를 주장할 수 있는 남다른 능력을 지니고 있었다. 그는 단순히 정직한 공직자라기보다는 독자적인 시각에서 상황을 평가하고, 이를 외무성에 전달하는 용기도 있었다. 아울러 주한 외교사절 가운데 누구도 이루지 못한 고종과 우정에 가까운 신뢰관계를 형성했다. 러시아 외무성이 베베르를 조선에서 멕시코로 전출시키려했을 때 고종이 강력히 반대한 것도 결코 우연이 아니었다. 베베르는 조선에 대한 지식과 경험 그리고 개인적 소양을 통해 주한 외교가에서 명성이 높았다. 그는 위기 상황 때마다, 예를 들어 명성황후 시해 사건(1895)에 대한 국제적인 수사를 할 당시 주도적인 역할을 마다하지 않았다.

베베르는 조선에서 오랫동안 근무하면서 조선의 상황을 연구만 한 것은 아니었다. 그의 품성은 주의력이 깊었기 때문에 독립과 주권을 수호하고자 했던 조선의 심장부에 가까이 다가가 러시아가 이를 지원할 수 있는 방안을 모색했다. 그는 러시아 주재 조선 상주 공사가 없는 상황에서 조선 문제에 대해 가끔씩 알선자 역할을 했다는 인상을 남겼다. 이에 베베르와 러시아 정부 사이에 의견 충돌이 야기되었던 것은 당연했다. 현장에 가까이 머물면서 조선과 고종에 공감한 베베르는 러시아 정부가 원했던 것보다 훨씬 급진적인 대책들을 내놓았다. 러시아 정부는 가능성과 필요성에 대한 보다 폭 넓은 전망을 갖고 있었으며, 여기서 조선은 결코 최우선적인 위치는 아니었다. 이는 베베르가 조선에서 소환된 이유 중 하나임에 틀림없다. 통설적 말한다면 1898년 무렵 러시아 극동정책의 중심이 만주로 이동했기 때문에 베베르 같은 스케일의 외교관은 조선에 둘 필요가 없었다.

조선에서 베베르의 활동에 대한 연구는 보리스 박(Б. Д. Пак)의 『러시아와 조선』(모스크바, 2004)과 벨라 박(Б. Б. Пак)의 『러시아 외교와 조선(1860~1888)』(모스크바-이르쿠츠크-상트페테르부르크, 1998), 『러시아 외교와 조선(1888~1897)』(모스크바, 2004) 등과 일부 논문들에 부분적으로 반영되어 있다. 그러나 벨라 박의 저서는 이 주제에 대해 처음으로 종합적이고 광범위하게 다루었다. 저자의 분석적인 글과 베베르의 문서와 자료들을 담고 있는 이 책은 러시아의 저명한 정치가이자 외교관이었을 뿐만 아니라 조선에 대한 진지한 연구자로서 베베르의 모습을 독자들에게 보여 준다. 아울러 베베르의 활동은 그가 부임한 국가의 주요 사건들과 어느 정도 연관되어 있었기 때문에 베베르 자신에 관한 책일 뿐만 아니라 19세기 마지막 사반세기의 조선에 관한 저작이기도하다.

벨라 박의 『러시아 외교관 베베르와 조선』은 전문가들뿐만 아니라 러시아 외교사, 한국사, 러시아에서의 한국학 연구의 역사에 관심 있는 독자들에게 필독서가 될 것이라 생각한다.

유리 바닌(Ю.В.Ванин)

목차

Карл Иванович Вебер

제1장

베베르와 공식적인 조러 관계의 수립

상트페테르부르크대학교에서 보낸 학창시절

카를 이바노비치 베베르(Карл Иванович Вебер, 본명은 카를 프리드리흐 테오도르 베베르)는 1841년 7월 5일 쿠를랸드스키(Курляндский)주의 리바바(Либава)[1]에서 루터교를 믿는 넉넉지 않은[2] 독일계 가정에서 태어났다.

그의 아버지 요간 게인리흐 베베르(Иоганн Гейнрих Вебер)는 선교사의 아들로 태어나 예나대학교와 데르프트스키(Дерптский)대학교를 졸업한 후 1825년 리바바 고아학교 선생님이 되었다. 1828년에는 고문(顧問) 직위(9등 문관)를 받아 1837년 리바바 시립여학교 교사의 조수가 되었으나 1858년 대가족을 남긴 채 사망했다. 이로 그의 어머니 샤르롯타 베베르(Шарлотта Вебер)는 5명의 아이(3남으로는 고트가르드 게인리흐 루돌프[Готгард Гейнрих Эдуард, 1834. 5. 1 출생], 카를 프리드리흐 테오도르[Карл Фридрих Теодор], 요간 게인리흐 에두아르드[Иоганн Гейнрих Эдуард, 1843. 4. 17 출생], 2녀로는 엘레나 샤를로타 요간나[Елена Шарлотта Иогаанна, 1836. 4. 16 출생], 캐롤리나 엘리사베타[Каролина Елисавета, 1838. 9. 21 출생])[3]를 홀로 키우며 빈곤한 삶을 이어 갔다.

1851~1856년 베베르는 그의 삼촌 헤르만 프리드리히 베베르(Carl Hermann Friedrich Wäber)가 교장(1847~1875)으로 있던 모스크바의 성(聖) 미하일 루터교회 부설 남자 실업학교에서 공부했다.[4] 베베르는 가정교육을 잘 받으며 자라 1856년 8월 1일 리바바 지방학교에 입학했다. 그는 1년 반

1 현재 라트비아(Latvia)의 리예파야(Liepāja, Лиепая) 시.

2 박종효와 수코비츠나(O.B. Суковицына)는 각자의 논문에서 베베르의 가족이 중산층에 속한다고 주장했으나, 이는 사실과 다르다.

3 제정러시아대외정책문서관(이하 АВПРИ) 문서군(이하 Ф.) 인사경리국. 인사기록 리스트. 목록(이하 Оп.) 464. 문서철(이하 Д.) 606. 리스트(이하 Л.) 1.

4 Album Nevanorum, 1847-1908. Dorpat : [s.n.] 1909. P.107.

동안 기초와 고급반 과정을 이수하고 졸업시험을 통과하여 2등급 증명서를 받으며 우수한 성적으로 학업을 마쳤다.[5] 증명서에 따르면, 베베르는 품성이 바르고 학업 과정을 성실하게 이해했을 뿐 아니라 성적도 우수했다(종교: 매우 우수, 라틴어: 매우 우수, 독일어: 매우 우수, 러시아어: 매우 우수, 수학: 매우 우수, 지리: 우수, 역사: 우수, 그리스어: 매우 우수).[6]

이후 골딘겐스키(Голдингенсий) 지역의 귀족 대표인 슈템펠(A. Штемпел)이 교부한 빈곤증명서 덕분에 1860년 1월 상트페테르부르크대학교 청강생으로 입학하여 무료로 강의를 들을 수 있었다. 증명서에는 '카를 베베르와 그의 부모는 어떠한 동산과 부동산도 없기 때문에 등록금을 낼 형편이 아님'[7]이라고 적혀져 있었다.

베베르는 청강생 과정을 마친 후 상트페테르부르크대학교 동방학부

5 Свидетельство об оконцании 2-й степени, выданное окружной школой в Лабау Фридриху Веберу. Либау, 20 декабря 1860 г. // ЦГИА СПб. Ф. 14(Санкт-Петербургский университет). Оп. 1. Д. 1892. Л. 16.

6 원본은 독일어이며 페트로바(M.A. Петрова)가 번역에 도움을 주었다. 원본은 다음과 같다.
Von den * Kreisschule zu Libau wird das entlasse[nes] Zeugnis eind[eren] Grades No II dem Schüler Carl Friedrich Waeber darüber ertheilt, daß er ein Sohn des verstorbenen Lehrers Titularrathes Heinrich Waeber, gebürtig aus dem Gouvernement Kurland, neunzehn Jahre alt, evangelisch lutherischer Confession, in diese Schule am 1ten August 1856 aufgenommen worden ist, und einen Cursus auf derselben, nachdem er den Unterricht der unten oder obersten Classe anderthalb Jahr zu machen und sich dem Vorschriftenen [gegen] Examen unterzogen mit Erfolg vollendet hat. Seine sittliche Führung war während seines Schulbesuches musterhaft, sein Fleiß meist angestrengt, die Kenntnisse, welche er bei dem Schlußexamen dargethan hat, waren in der Religion ziemlich gut, in der lateinischen Sprache ziemlich gut, in der deutschen ziemlich gut, in der russischen sehr gut, in der Mathematik sehr gut, in der Geographie gut, in der Geschichte gut, in der griechischen Sprache ziemlich gut.
397 Zur Beglaubigung dessen ist dieses Zeugnis von wem gehörig unterschrieben und mit dem Siegel der Schule versehen worden. Libau, den 20ten December 1860.
Schulinspektor Hofrath Lesseny [Oberle…] Hofrath [Estrandin] Prof Religions […] AWendte// Там Же.

7 Свидетельство о бедности, выданное К.И.Веберу Голдингенским уездным прдводителем дворянства бароном А.Штемпелем // Центральный Государственный исторический архив Санкт-Петербурга (이하 ЦГИА СПб.) Ф. 14. Оп. 1. Д. 1892. Л. 14. 본문의 인용문과 인용된 외교문서는 원본에 근거한다.

몽골-칼미크학과에 입학하기로 결정하고 1861년 4월 28일 이 대학의 플레트네프(П. А. Плетнев) 총장 앞으로 청원서를 보냈다.

'학업을 마치기 위해 상트페테르부르크대학교 동방언어대학 몽골-칼미크학과 정규 수업 과정을 듣고자 하오니 입학시험에 통과한다면 특별 학생으로 입학시켜주시길 청원합니다. 카를 베베르, 고문 직위 이반 게인리히 베베르의 아들, 쿠를랸디아 리바바.'[8]

1861년 8월, 드디어 베베르는 상트페테르부르크대학교에 입학을 허가하는 등록증서[9]를 손에 쥐게 되었다.

"카를 베베르는 1841년 7월 5일 리바바에서 출생한 루터교 신자로 현 주소는 바실리예프스키섬(Васильевский остров) 5번가 24호이다. 그는 위관의 아들[10]로서 부모로부터 초등교육을 받았으며, 상트페테르부르크대학교에서 입학 과정들을 이수하여 1861년 8월 1일 입학시험을 거쳐 상트페테르부르크대학교 동방대학 몽골-칼미크학과 1학년이 되었다."[11]

하지만 1861년 12월 21일 상트페테르부르크대학교가 문을 닫게 되자 베베르는 대학생 신분을 잃게 되었다.[12] 이후 1862년 2월 3일 학교가 다시 문을 열자 보스크레센스키(А. А. Воскресенский) 총장에게 동방언

8 Прошение К.И.Вебера на имя ректора Императорского Санкт-Петербурского университета П.А.Плетнева от 28 апреля 1861 г. // Там же. Л. 1.

9 등록증서(Matricula)는 고등교육기관 등록에 관한 증명서이자 학적기록부의 역할을 했다.

10 18~19세기(1874년까지)의 러시아의 개인적으로 자유로운 주민의 신분집단. 세습 귀족계급의 관등에 오르지 못한 장교의 자식을 지칭.

11 Матрикула №188, выданная студенту Императорского С.-Петербургского университета Карлу Веберу ЦГИА СПб. Ф. 14(Санкт-Петербургский университет). Оп. 1. Д. 1892. Л. 14. Л. 8.

12 러시아의 황제 알렉산드르 II세(Александр II: 1818-1881)는 1861년 개혁 정책의 일환으로 대학을 귀족과 자산계층의 학습기관으로 개조시키고자 하였다. 학생조직을 금지하고 장학생 규모를 축소하였으며 교수들은 사상의 건전성을 입증해야 했다. 이에 1861년 가을 학생시위가 격화되자 군대와 헌병이 진압에 투입됨으로써 강의가 중단되었다. 1861년 12월 20일 알렉산드르 II세는 상트페테르부르크 대학교를 임시 폐쇄하는 칙령을 내렸다. 이듬해 동방언어 대학이 가장 먼저 다시 문을 열었으며 1863년 가을 모든 대학의 강의가 재개했다.-역주.

어대학 중국-만주학과[13]에서 학업을 계속할 수 있게 해달라는 청원서를 제출했다. 다행히 그의 청원이 수락되어 1862년 4월 이 학과 2학년으로 전과하는 시험을 치러 통과하게 되었다.[14]

베베르가 중국-만주학과로 전과를 결심한 배경에는 동방언어대학이 중국 관련 전문가를 양성하는 기관이자 중국에 정통한 학자들에게 배울 수 있는 유일한 교육기관이었기 때문이다. 상트페테르부르크대학교 중국문학부에는 중국학 · 불교학 · 산스크리트학 · 티베트학의 대가인 바실리예프(В. П. Васильев, 1818~1900)가 중국어 교수(1855~1893)로 학부장을 맡고 있었다. 당시 그는 만주어학과의 교수 미충원으로 만주어 강의도 맡아 12년간 중국-만주학과 4학년 전 과정에 중국어와 만주어를 강의한 유일한 교수였다.[15] 바실리예프는 백과사전적 지식을 갖춘 학자로 러시아의 중국학 학과를 형성하는 데 지대한 공을 세웠다. 그가 다루지 않았거나 그의 학문적 유산이 반영되지 않은 중국학 분야는 없을 정도였으며, 그의 연구 영역은 중국사, 지리, 종교, 언어, 문학 등을 망라했다.[16]

13 페테르부르크대학교 동방언어대학은 카잔대학(Казанский университет)의 동방언어학과가 이곳으로 옮겨온 후, 1854년에 설립되었다. 카잔에서 페테르부르크로 모든 중국학연구자들이 이주해왔고 중국학 도서관도 이전되었다. 1855년 가을부터 정규수업이 시작되기 전까지 중국문학부를 창설하기 위한 준비 작업이 이루어졌다. 중국문학부는 5개 학과로 구성되었는데 중국-만주학과는 그 가운데 하나였다. 1860년대에 중국어학부는 만주어학부와 통합되었고, 몽골어는 중국-만주학과와 합쳐져 중국-만주-몽골학과가 되었다.

14 Прошение К.И.Вебера на имя ректора С.-Петербургского университета А.А.Воскресенского от 3 февраля 1862 г. // ЦГИА СПб. Ф. 14. Оп. 1. Д. 1892. Л. 13.

15 Дацышен В.Г. История изучения китайского языка в Российской империи, Изд.2-е, испр. и доп. БлаговещенскЖ Изд-во БГПУ, 2006. С. 62-98(глава 3).

16 바실리예프의 주요 저작은 다음과 같다. 『불교, 그 교리, 역사 그리고 문학』(제1, 3부. СПб., 1857-1869); "10세기-13세기 중앙아시아 동부의 역사와 유적. 부록: 거란(契丹), 여진 그리고 몽골-타타르에 관한 중국 자료의 번역본" (『황립 고고학회 동방분과 논총』, СПб., 1857, 제4부); 『원, 명 시대 만주족에 대한 자료』 (СПб., 1863); 『러청조약집』(1861); 『동방의 종교: 유교, 불교 그리고 도교』(СПб., 1873); 『중국문학통사』(1880); 교육성 간행물에 게재(1852)된 "중앙아시아와 중국 판도하의 주요 산맥,"; 『러시아 지리학회 학보』에 게재(1857)된 "만주지(滿洲誌),"; 『민줄 후툭티(Миньчжул Хутукты)의 티베트 지리학』.

바실리예프는 베이징에 머물 당시 작성했던 지도, 특히 중국어로 된 대형 〈중국강역도〉와 다양한 왕조들이 통치했던 〈중국역사지도〉들을 강의에 폭넓게 활용했다. 이 지도에는 현재 지명 옆에 고대 지명들이 병기되어 있었다. 아주 오래되었거나 당대에 존재하지 않았던 도시들은 붉은색으로 표시되었다. 그 지도들 가운데 한 장은 학부생들을 위해 항상 강의실에 걸어 놓았다.[17]

대학자이자 뛰어난 교육자였던 바실리예프는 학생들에게 영감을 불어넣고, 학문에 대한 사랑을 심어주었다. 베베르 역시 그의 영향을 받지 않을 수 없었다. 바실리예프가 강의한 국가의 언어, 문학, 역사, 인류학과 지리학 등의 수업들은 원서를 통해 학생들에게 전해졌으며, 미래의 외교관에게도 중국의 전통문화가 전파되었다. 이는 훗날 베베르가 중국 사료에 대한 이해가 필수적인 극동 지도학에 학문적으로 빠져드는 배경이 되었다. 미래의 외교관은 중국어와 만주어 번역 능력을 꾸준히 향상시키며 나날이 실력을 향상시켰다.

학생들의 교육 실습은 중국어에 능통한 강사들이 담당했다. 1863년도 학칙에 따르면 학부에는 이러한 목적을 위해 4종의 강사 급여가 신설되었고, 그 가운데 하나를 중국어 강사였던 아브데카리모프(Абдекаримов)가 받았다.[18] 1학년 학생들은 바실리예프의 중국어 강의 프로그램에 따라 한자 분석, 구문의 어원과 품사 그리고 중국어 선집 번역 등을 공부하였다. 이후 『시경(詩經)』[19]과 『논어(論語)』[20] 그리고 『불교

17 История отечественного востоковедения с середины XIX века до 1917 года. М., 1997, С. 269.

18 Дацышен В.Г. Указ. соч.

19 고대 중국의 시가를 모아 묶은 유교 경전 중 하나이다.

20 논어는 유교의 주요 경전으로서 공자의 제자들이 스승의 가르침을 간략한 주석을 달아 기록하였다. 유교의 경전인 4서(四書) 중 하나이다.

경전』[21] 번역, 서예 및 공문서 수업이 이어졌다. 베베르가 동방언어대학에서 어떤 교습을 받았는지는 러시아 학술원 정회원인 알렉세예프(В. М. Аелексеев)의 회고록을 통해 알 수 있다.

"중국학 전문가들의 모임은 처음부터 끝까지(1855~1900) 바실리예프가 이끌었다. 모임의 구성원들은 학생들에게 다양한 중국어 작품 읽기와 번역을 지도하는 것이 주된 임무였다. 이들은 학문적이기보다는 훈련에 적합한 교재들을 선별하였고, 부분적으로 역사와 문학, 실무 분야가 절충된 주제들로 강의를 구성하였다. 각 교재 도입부에는 항상 〈중국어 학습 입문〉[22]이 있었다. 입문이란 중국어 구성 원리, 기초 한자, 그리고 평이한 텍스트를 읽는 것을 의미했다.… 학부에서는 중국어 문법을 부정하며 '중국인들은 문법 없이 말한다'는 프레임을 만들었다. 하지만 1832년에는 비추린(Н. Бичурин)의 『중국어 문법(Китайская грамматика)』이 입문서로 추천되었고, 1898년에는 내 강의에서도 활용되었다."[23]

바실리예프는 여러 사전을 편찬했으며, 학생들을 위한 중국어와 만주어 독본도 만들었다. 그 가운데 『한자 분석』, 『한자 도해(圖解)』(상트페테르부르크, 1856) 그리고 『최초의 중·러 사전 경험』(1867)은 대업으로 꼽힌다.

베베르가 수학한 처음 2년간은 역사학과가 설치되지 않아 바실리예프가 중국사와 만주사를, 포포프(А. В. Попов)가 몽골사를 강의했다.[24] 이후 1863년 동방역사학과가 개설되어 중앙아시아 연구자이자 동방학의

21 Дацышен В.Г. Указ. соч.

22 Васильев В.П. Анализ китайских иероглифов. Ч. 1-2. СПб., 1866-1884.

23 Алексеев В.М. Наука о Востоке. М., 1982. С. 161-163.

24 Васильев В. П. Краткий очерк китайской истории // Дополнения к первому выпуску "Китайской хрестоматии", состалвенной для руководства студентов профессеорм Спб. университета В. Васильевым. СПб., 1868.[1]. С. 163-209.

대가였던 그리고리예프(В. В. Григорьев)가 역사 강의를 담당했다. 알렉세예프의 평가에 따르면, 중국사 강의는 왕조의 명칭 변화를 시작으로 외형 변화에 초점을 맞춰 진행되었다고 한다.[25]

역사 이외에도 전공 국가의 문학사, 종교, 문화 관련 과목들이 교육과정에 포함되었다. 바실리예프의 수업에는 〈유교 이전 시대의 중국 고대 교육〉, 〈유교의 의미〉, 〈공자의 생애와 한나라 초기 유교 전파의 역사〉 등이 포함되어 있었다. 알렉세예프에 따르면 바실리예프의 중국 문학 강의는 『문헌통고(文獻通考)』[26], 『사고전서(四庫全書)』[27] 그리고 산문에 대한 자신의 견해를 피력으로 시작되었다고 하며, 이 강의는 훗날 『중국문학사 자료』[28]로 출간되었다. 그는 산문과 소설을 중국 문학의 진수로 생각하여 『요재(聊斋)』[29]를 발췌하여 초급 교재인 『중국어 선집』[30]을 만들었다. 바실리예프의 강의 가운데 가장 어렵고도 재미있는 과목은 〈불교의 역사와 문화〉였다.

학생들은 전공과목 이외에도 1학년 때 신학을 배웠으며, 러시아 문학과 러시아사 같은 공통과목은 1 · 2학년에 편성되었고, 프랑스어는 필수

25 Алексеев В.М. Указ. С. 163.

26 『문헌통고(文獻通考)』는 마두안린(馬端臨)이 편찬한 13세기 중국의 정치경제 백과사전이다.

27 『사고전서(四庫全書)』는 지윤(紀昀) 다이전(戴震) 류시셩(陸錫熊)과 같은 저명한 학자들이 1773-1782년에 편찬한 황실총서이다.

28 Васильев В. П. Материалы по истории китайской литературы. Лекции, читанные заслуженным профессором СПб. Императорского университета В.П. Васильевым. СПб., 1887. Литогр.

29 Алексеев В.М. Наука о Востоке. М., 1982. С. 162-163.

30 초급 『중국어선집』 텍스트의 초판에는 『요재(聊斋)』의 "영녕(掔寗)"을 포함한 5가지 기담을 포함하고 있다. 바실리예프는 '중국독본'의 1판을 이루고 있었던 "초보자용 강의를 위한 텍스트"라는 것의 범주에 요재지이(聊齋志異)의 다섯 개 중편(슈이만 풀, 아바오, 젠유유이, 헨냔, 털이 많은 여우)을 포함시켰다. 다음의 책을 참조: Васильев В. П. Китайская хрестоматия, изданная для руководства студентов профессором СПб. университета В. Васильевым. Вып.1. СПб., 1868[1]; Васильев В. П. Примечания к первому выпуску "Китайской хрестоматии", профессора В. Васильева. СПб., 1868[2.1].

과목이었다.[31] 학교가 요구하는 학생들의 수준은 매우 높았다. 알렉세예프가 회고했던 것처럼 바실리예프의 『중국어 선집』 3단계 과정은 반드시 이수해야 했고,[32] 그 가운데 『시경(詩經)』 도입부는 외워야 했다.[33] 이 과정은 매우 힘들었기 때문에 통과하는 학생이 그리 많지 않았다. 1860년에 입학한 중국-만주학과 학생들 가운데 1867년에는 11명만 학적을 유지하였으며, 과정을 모두 이수한 학생은 1년에 한두 명에 불과했다.[34]

베베르는 친척들로부터 경제적 지원을 받지 못했기 때문에 수업료와 기숙사비를 낼 수 없을 정도로 궁핍했다. 이러한 어려움으로부터 그를 구제해 준 것은 1862년 가을 문부성 임시위원회의 결정이었다. 학교에서는 베베르의 청원을 받아들여 중국-만주학과 2학년부터 4학년 때까지 문부성 장학금을 지급하였다.[35]

하지만 4학년을 마치자 다시 생활비 문제가 불거졌다. 1865년 6월 22일 그는 대학총장에게 다시 한번 청원서를 제출했다.

"현재 박사(Кандидат)학위를 위한 최종 시험을 통과하여 학위논문 집필을 위해 당분간 상트페테르부르크에 머물러야만 합니다. 하지만 이곳에는 친척도 없고, 장학금 혜택도 받지 못하여 매우 어려운 상황에 처해 있습니다. 게다가 여름철이라 일자리를 쉽게 찾을 수 없어 감히 용

31 Дацышен В.Г. Указ. соч.

32 Васильев В. П. Китайская хрестоматия профессора В. Васильева. Т. II. 'Лунъюй'. СПб., 1884. Изд. 2-е. СПб., 1894. Литогр.; Китайская хрестоматия, изданная для руководства студентов профессором СПб. университета В. Васильевым. Вып.III. Китайские классики. "Шицзин". СПб., 1868; Изд. 2-е. СПб., 1898. Литогр.

33 Алексеев В.М. Указ. соч.

34 Дацышен В.Г. Указ. соч.

35 ЦГИА СПб., Ф. 14, Оп. 1. Д. 1982. Л. 19.

기를 내어 학자금 지원을 간곡히 요청합니다. 이를 통해 어느 정도 생활이 보장된다면 학위논문 집필에 전념할 수 있을 것입니다."[36]

베베르의 청원은 수용되지 않았으나 우여곡절 끝에 1865년 9월 30일 문부성 임시위원회에서 발급한 증명서(No. 2543)를 교부받게 되었다.

"제출된 학위논문이 우수 논문으로 인정받은 바, 가까운 시일 내에 대학평의회에서 박사학위가 승인될 것이다."[37]

베베르는 1861년 8월 1일 상트페테르부르크대학교에 입학하여 동방언어대학 중국-몽골학과 전 과정을 우수한 성적으로 수료했다. 그는 실습 과정에서 중국어와 중국 문학에 뛰어난 실력을 보였으며, 만주어와 동방 역사, 러시아 문학과 러시아어 그리고 프랑스어에 재능을 보여 1865년 10월 11일 대학평의회로부터 박사학위를 승인받을 정도였다.[38] 그는 대학평의회 추천으로 서열 10등급 문관이자[39] 제1범주에 속하는 관료 권리를 부여받아[40] 외무성 아시아국에서 중국 연구에 몰두하게 되었다. 이로 인해 문부성에서 봉직해야 할 의무를 일정 기간 면제받았다.[41]

36 Прошение К.И.Вебера ректору университета от 22 июня 1865 г.// Там же. Л. 34.

37 Свидетельство, выданное К.Веберу Временной Комиссией Министерства Народного просвещения, учрежденной для управления Императорского Санкт-Петербургского университета от 30 сентября 1865 г. №2543 // Там же. Л. 40.

38 Диплом, выданный Советом Императорского Санкт-Петербургского университета К.И.Веберу о выслушании им полного курса наук по китайско-маньчжурскогому разряду восточного факультета и утверждении в степени кандидата от 11 октября 1865 г. № 2671 // Там же. Л. 38 об.-39.

39 교육기관에서 발행한 졸업증명서에 기초하여 국가 공직에 나아갈 수 있는 권리를 지닌 모든 사람들은 3개 범주로 나뉘었다. 국가 최고교육기관에서 학문 과정을 마치고 규정된 학위를 받은 자들은 제1범주에 속했다.

40 공직에 처음 입문한 대학 졸업생과 박사들은 12등관과 10등관에 임명되었는데, 이는 '관등표'에 따르면 지방관청의 서기관과 문관 10등급에 해당되었다.

41 Справка(копия) К.И.Веберу об отсутствии у СПб. университета возражений к определению его на службу в Азиатский деп-т. // Там же. Л. 1 об.

1866년 젊은 외교관은 육군병원 원장 코르닐리이 폰 자스(Корнилий фон Засс) 중장의 딸 안나 코르닐리예브나(Анна Корнилиевна)와 결혼했다. 베스트팔렌에 기반한 폰 자스 가문은 발트해 연안의 귀족으로서 러시아 제국의 군사 분야에 커다란 기여를 해왔다. 베베르는 그녀에게서 아들 발테르(Вальтер)를 얻었다. 하지만 1844년 에스틀랸스카야(Эстлянская) 주 에젤(오늘날 에스토니아의 사레마saaremaa)섬에서 태어난 그녀는 1868년에 짧은 생애를 마감하고 말았다. 상심한 베베르는 중국으로 돌아가며 아이가 없었던 형 야콥 베베르(Яков Вебер)에게 아들 발테르를 보냈다.[42]

1866~1870년 베베르는 학생 자격으로 베이징에 머물렀다. 그는 공사관에서 어학을 연수하며 중국어와 중국 지리 분야에 대한 지식을 심화시키며 저명한 외교관들과 중국전문가들에 둘러싸여 일할 기회를 얻었다. 그들 중에는 블란갈리(А. Г. Влангали), 페슈로프(Д. А. Пешров), 포포프(А. Ф. Попов), 올라로프스키(А. Э. Оларовский) 등도 있었다.

베베르가 지도학에 심취한 것은 베이징에서 근무할 무렵이었다. 그는 『직예성 지도 해제』에서 밝혔듯이 1708~1718년 예수회가 제작한 지도, 1869~1870년 페터만(Petermann)의 『지리정보(Geografische Mittheilungen)』에 실린 지도 등 유럽에서 출판된 중국의 고지도들과 『대청일통지(大清一統志)』, 『대청회전(大清會典)』, 『직예통지』, 『직예성의 곡창』 등 중국 자료, 최신 유럽 지도들, 리히트호펜(Richthofen) · 옥센겜(Оксенгем) · 윌리엄슨(Williamson) · 데긴(Дегинь) · 가톨릭 선교사 제르빌론(Jerbillon)과 베르비스트(Verbist) 등 여행가들의 기행문에서 많은 정보를 찾아내 심혈을 기울여 〈직예성(直隸省) 지도〉를 제작했다.

42 발테르 베베르 (Вальтер Вебер: 1867-1928)는 쾰른대학을 졸업하고 레벨(현재 지명: 에스토니아 탈린 Tallinn)에서 와인 전매사업을 했다.// 발테르 베베르 소장문서.

베베르는 삼각측량법에 따라 제도기와 경로를 사용하여 베이징 서북부 지역과 베이징에서 고북구(古北口)에 이르는 도로를 그려 넣었다. 또 각 성(省)별, 개별 지역과 행정구 간의 경계에 윤곽선을 그렸고, 베이징에서 가장 멀리 떨어진 지방까지 이어지는 노선과 마을들을 표시했다. 동시에 고대 중국 문헌에 기초하여 작성된 중국 국내 지도들의 오류를 수정하기도 했다. 예를 들어 황허의 새로운 수로 방향, 일부 주거지 위치, 이전에 잘못 표시되었던 직예성의 만리장성 성문들을 바로잡았다. 그의 노력은 직예성의 만리장성 이남에 위치한 10개 지방의 지도에서 찾아볼 수 있다.[43] 베베르는 수집한 자료에 근거하여 직예성 북부에 대한 지도 편찬도 계획하였다.

베베르는 임기를 마치고 러시아에서 휴식을 취하며 예브게니야 카롤로브나 마크(Евгения Кароловна Маак: Jenny Alide Maack)와 재혼하였다. 그는 신부와 함께 차기 임지인 일본 하코다테[函館]에 도착하였다.[44] 예브게니야 카롤로브나는 1851년 12월 5일 아렌스부르크(Аренсбург) 시장이었던 카를 고트리브 마크(Карл Готлиб Маак)와 율리야 카롤리나 엘리자베타 요르단(Юлия Каролина Елизавета Иордан) 사이에서 12번째 아이로 태어났다. 카를 마크 가문은 함부르크 출신으로 19세기 초 에스토니아 에젤(Эзель)섬에 정착하여 학자·교육자·군인 등을 배출했다. 예브게니야의 큰 오빠 카를 카를로비치 마크(Карл Карлович Маак, Karl August Maack)는 1860~1870년대 상트페테르부르크대학교에서 독일어를 가르쳤으며, 또 다른 오빠 리하르트 카를로비치 마크(Рихард Карлович Маак, Richard Otto Maack)는 흑룡강(1855~1856)과 우수리강(1859) 유역 원정대 대장이자 시베

43 К. И. Вебер, Пояснительная записка к карте Чжилийской губернии. СПб., 1872.

44 Письмо К.И. Вебера Е.К. Бюцову. Тяньцзинь, 3 февраля 1878 г.// ГАРФ. Ф.862. Оп.1. Д.76. Л.4

리아와 극동 연구에 저명한 박물학자였다. 그는 『1855년 러시아 지리협회 시베리아 지부의 결정에 따른 흑룡강 기행』(1859), 『우수리강 유역 기행(1·2)』(1861), 『우수리 지역 식물 에세이』(1862), 『야쿠트(Якут) 지방 빌류이스키(Вилюйский) 지구(1~3부)』(1883~1887) 등을 출간했다. 또한 여러 동식물을 최초로 식별하여 그의 이름으로 명명하였다.[45]

베베르 부부는 평생을 함께한 믿음직한 친구이자 동반자로 슬하에 2남[에르네스트 카를 에두아르드(Эрнест Карл Эдуард, 1873년 출생)과 예브게니 알베르트(Евгений Альберт, 1880년 출생)][46]을 두었다. 베베르는 익숙지 않은 외국임에도 늘 가족들과 함께 했다. 예브게니아 카를로브나는 유럽식 교육을 받았고 영어와 독일어에 능숙하여 톈진과 서울의 외교가에서 주목을 받았다. 그녀는 톈진악극단의 아마추어 공연에 참여할 정도로 뛰어난 예술적 감각으로 무도회, 연회 그리고 공연 등을 열어 남편을 내조했다.[47] 무엇보다 서울에서는 공관에서 외교가 인사들의 가족을 동반한 토·일요일 사교모임을 주도하는 안주인[48]으로서 조선 고종의 왕후 민비와 각별한 사이였다. 남편보다 11년 더 살았던 그녀는 1921년 독일의 라데보일(Radebeul)에서 별세했다.

베베르는 1871~1873년 하코다테 주재 부영사 겸 서기관, 1874~1875년 요코하마[橫浜] 주재 부영사 등 아시아국에서 다양한 직위를 역임했

45 마크의 가족 소장 문서에서 입수한 정보임.

46 에르네스트는 1917년 제1차 세계대전 당시 전선에서 전사했다. 예브게니 베베르는 상트페테르부르크 대학을 졸업한 뒤, 엔지니어가 되었다. 1910년 이후로는 독일에서 생활했으며, 그곳에서 나이들어 사망했다. // 마크의 후손들이 제공한 정보에 따른 것임.

47 Письмо Вебера К.И. Дмитревскому П.А. от 22 сентября 1882 г. //ЛО ИВ РАН. Ф.14. Оп. 2 Д. 64. Л. 26-27; Tientsin Theatre. The third performance of the Tientsin amature Dramatic corps // Там же. Л. 30.

48 Письмо Середина-Сабатина А.И. Дмитревскому П.А.1895 г. // ЛО ИВ РАН. Ф.14. Оп. 2 Д. 209. Л. 1.

다.[49] 그는 이 시기에 극동 국가들의 역사, 지리 그리고 인류학에 깊이 연구하여 이를 외교적 역량으로 활용했다. 1876~1884년 톈진 주재 러시아 영사로 활동할 때는 중국을 방문한 러시아 여행자들에게 자문과 조언을 할 정도로 권위 있는 중국학의 대가가 되어 있었다.

여행자들 가운데는 저명한 기행 작가이자 아시아 연구자였던 프르제발스키(Н. М. Пржевалский)도 있었다. 베베르는 그가 조직한 제4차 중앙아시아 원정(1883~1886)에 지원하며 원정 기간 동안 중국 당국의 경호를 받을 수 있는 증서를 발급받아 주었다. 아울러 그에게 과거 데게 왕국[更庆镇]이 위치해 있었던 티베트 동부 캄[康巴] 지방의 탕구트(Tangut) 데게족을 소개하였다. 데게족은 티베트 문화의 중심을 이루고 있었으나 『몽골과 탕구트족의 나라』에는 등장하지 않은 상태였다.[50]

톈진은 사실상 청의 실세이자 모든 대조선정책을 관할하는 리훙장[李鴻章]의 거처가 있는 곳으로 조선 사신들의 왕래가 빈번했다. 베베르는 이들과 교류하며 동아시아 국제관계 속에서 조선의 입지에 관해 식견과 외교적 역량을 높일 수 있었다.

1884년 조러조약 준비와 체결에 기여한 베베르

서구 열강은 이미 1860년대부터 조선의 전략적 중요성에 주목하며

49 Lensen G. A. Russian Diplomats and Consular Officials in East Asia: A Handbook of Representatives of Tzarist Russia and the Provisional Government in China, Japan and Korea from 1858 to 1924 and of Soviet representatives in Japan from 1925 to 1968. Tokyo, 1968. C. 53.

50 Письмо К.И. Вебера Н.М. Пржевальскому. Пекин, 6 августа, 1883 г.// Архив Российского географического общества.Ф. 13. Оп. 22. Д. 40. Л. 1-4.

한반도에 관심을 표명했다. 특히 1876년 일본이 조선에 불평등조약을 체결시킨 이후 이를 자국에 유리한 목적으로 이용하고자 하였다. 일본에 이어 미국이 1882년 조선과 통상수호조약을 체결하자 영국·독일 및 여타 자본주의 국가들도 선례를 따랐다. 이러한 상황 속에서 러시아는 조선이 러시아 원동 지역 공격의 교두보가 될 수 있다는 불안이 조성되면서 조선에 대한 기존의 정관(靜觀)정책을 포기하고, 조·미 조약과 똑같은 해상무역 조약을 체결하기로 결정했다. 러시아 정부는 이 일에 적임자로 극동의 역사와 문화에 해박한 지식을 바탕으로 일본과 중국에서 오랫동안 일한 베베르를 선택했다.

1882년 6월 16일 청 주재 러시아 공사 뷰초프(Е. К. Бюцов)는 베베르에게 기밀문서를 보내 해결해야 할 문제들을 당부했다.

"얼마 전까지만 해도 우리는 조선과 미국이 체결한 유사한 조약에 서명할 것을 고려하였으나 조선과 국경을 마주한 우리로서는 충분하지 않다고 판단하였다. 조선 정부는 다른 열강과 관계를 맺을 때 조·미 조약의 조문과 내용을 바탕으로 임할 것이며, 이로 인해 양보하려 들지 않을 것이다. 따라서 일반 협정 체결과는 별개로 조선과 국경 문제에 대한 협정을 진행해야 할 것이다."[51]

러시아 외무성은 개별 협정에 관한 조항들은 베베르와 조선 정부가 결정하는 것이 낫다고 판단했다.

베베르는 뷰초프로부터 하달된 외무성의 훈령에 따라 개별 협정의 의제가 될 국경 문제를 정확히 진단하기 위해 1882년 6월 20일 톈진을 출발하여 블라디보스토크로 현지답사를 떠났다. 그는 7월 6일 블라디

51 Копия с секретного отношения посланника в Пекине консулу в Тяньцзине от 16 июня 1882 г. № 62// АВПРИ. Ф. СПб. Главный архив, 1-9. Оп. 8, 1891. Д. 18. Л. 60.

보스토크에 도착하여 12일간 머물면서 블라디보스토크 군무지사인 펠트가우젠(А. В. Фельдгаузен) 제독과 면담하고, 러시아 및 외국인 상인들, 그리고 조선인 이주민 대표들을 만나 현지 사정을 조사했다. 그리고 남우수리 지역 국경위원 마튜닌(Н. Г. Матюнин)으로부터 조러 국경무역 관련 사항들에 대해 자료를 수집하고, 자문을 받았다.[52]

텐진으로 돌아온 베베르는 블라디보스토크에서 수집한 자료들과 교섭 과정에서 논의해야 할 문제들에 대한 제언을 담은 종합보고서를 뷰초프에게 제출했다.[53]

이 보고서에는 인구가 많지 않고, 농업과 산업이 초기 단계인 남우수리 지역 경제의 특징과 이로 인해 필수 생활용품들이 부족한 실태가 자세히 적혀 있었다. 베베르의 보고서를 바탕으로 베이징 주재 러시아 공사관과 이후 상트페테르부르크에서는 조선의 국경 지역 상황이 양호한 편이라고 판단하였다. 당시 조선 정부는 국경무역을 금하지 않고 있었기 때문에 러시아로서 조러 국경 관계 및 육로통상에 관한 협정을 반드시 성사시켜야 했다.

베베르는 블라디보스토크에 체류하면서 1860년대 초반부터 남우수리 지역으로 이주한 조선인 이주민들의 생활을 들여다보게 되었다. 이들이 이곳을 도피처를 삼게 된 이유는 자연재해, 흉작, 탐관오리들의 학정, 기근 그리고 어린 고종을 대신한 섭정 세력의 정치적 억압 때문이었다. 그는 조선인들이 근면하고, 농사에 능하며, 가정을 잘 건사할 뿐만

52 Телеграмма консула Вебера военному губернатору Приморской области. Владивосток, 12/24 июля 1882 г. // РГИА ДВ. Ф. 1. Оп. 1. Д. 825. Л. 46-47.

53 Копия с секретного донесения консула в Тяньцзине от 14 августа 1882 г. за № 130 посланнику в Пекине// АВПРИ. Ф. Чиновник по дипломатической части при Приамурском генерал-губернаторе. Оп. 379, 1880-1884 гг. Д. 311. Л. 193-204.

아니라 새로운 관습과 질서에 잘 적응하고, 러시아어를 쉽게 습득하는 등 바람직한 이주민의 자질을 모두 갖췄다고 판단했다.

베베르는 종합보고서를 통해 조러 국경 지역에 경흥 같은 특정 도시를 개방하는 것이 남우수리 지역에 필요한 생필품을 공급하는 해법이라고 보았다. 하지만 다른 도시들도 개방되고, 최혜국 조관에 따라 청과 동일한 권리를 부여받아 무관세 국경 자유무역이 이루어질 경우 러시아는 청과 경쟁하기에는 역부족이라는 의견도 피력했다. 그러면서 육로통상을 위해 조선의 북부 지방 개방은 반드시 필요하며, 외국 선박의 두만강 자유항행은 국경선 보호를 어렵게 할 뿐만 아니라 군사적 측면에서도 러시아에 불리하기 때문에 인정하지 말아야 한다고 지적했다. 러시아 외무성은 조선 문제 대한 입장을 정할 때 항상 이 보고서를 고려하였으며, 결국 1888년에 체결된 조러 육로통상장정의 초석이 되었다.

베베르는 1882년 8월 톈진으로 돌아온 후 상트페테르부르크로부터 조선과 수호통상조약 체결을 위한 전권을 부여받았다. 하지만 1882년 서울에서 봉기(임오군란-역주)가 발생하여 일본군과 청군이 조선으로 들어오자 영국과 독일 정부가 1882년에 체결한 조약 비준을 거부하고 1883년 조선 정부와 새로운 교섭을 시작하였다. 이에 러시아 정부는 베베르의 서울 출장 일정을 조정하며 조선 정부와 영국·독일의 교섭 결과를 기다렸다.

이와는 별개로 베베르는 1883년 말부터 베이징 주재 대리공사로 임시로 임명됨으로써 조러 수교에 대한 조선인들의 견해를 알아보기 위해 조선 사신들과 접촉을 시도하게 되었다. 이를 위해 독일 출신의 조선 외부 고문인 묄렌도르프(Paul George von Möllendorf)를 이용하였다[묄렌도르프는 독일의 할레(Halle)에 소재한 대학에서 법률과 동양학을 공부하여 중국어에 능통했다. 텐진 주재 독일 영사로 근무하면서 베베르와 알게 되었으며, 독일계라는 동질감으로 쉽게 가까워졌다.] 묄렌도르프는 직예 총독이자 청 정부의 대조선정책을 사실상 지휘하던 리훙장과 가까운 관계였다. 리훙장은 묄렌도르프에게 조선 해관 감독관 자리를 제의한 바 있었고, 고종의 고문직도 제안하였다. 베베르와 묄렌도르프의 친교는 묄렌도르프가 고종과 조선 정부에 수년간 복무하면서 조러 관계의 발전에도 상당한 영향을 끼쳤다.

베베르는 1883년 12월 묄렌도르프에게 편지를 보내며 여러 가지 부탁을 했다.

"러시아는 가까운 시일 내에 인접국인 조선과 우호관계 수립을 위한 조약 체결에 착수하고자 합니다. 이에 대해 청 정부는 어떤 견해를 가지고 있는지 알려 주기 바랍니다."

베베르는 인접 국가 간의 조약은 당연히 바다 건너 멀리 떨어져 있는 국가들과는 차이가 있어야 하고, 대륙국가인 러시아는 조선 정부에 국경을 통하는 육로통상을 요구할 것임을 밝혔다.

묄렌도르프는 1884년 2월 11일 베베르에게 답신했다.

"조선은 러시아와 수교를 맺는 것이 매우 바람직하며, 러시아는 영국 혹은 독일이 조선과 맺은 조약 조문들을 아무런 수정도 없이 수용하는 것이 더 이롭습니다. 육로통상과 관련하여 조선인들이 두만강의 일정 장소를 개방하는 것에 대해서도 동의합니다."[54]

묄렌도르프의 회신은 일본 주재 러시아 공사 다비도프(А. П. Давыдов)와 로젠(Р. Р. Розен)이 상트페테르부르크로 보낸 보고서에서 일본에 파견된 수신사(修信使)이자 조선 개화파의 리더 김옥균이 1882~1883년 조

54 АВПРИ. Ф. СПб. Главный архив, 1-9. Оп. 9, 1881 г. Д. 18. Л. 79-82.

러조약 체결 문제를 수차에 걸쳐 제기했던 내용을 재확인시켜 주었다. 러시아 외무성은 확인 과정을 거친 뒤 베이징 주재 러시아 공사 포포프에게 베베르가 조선으로 출발하는 데 필요한 훈령을 작성하도록 지시했다.

"작년 말 서울에서 체결된 조·영, 조·독 조약과 동일한 조약을 조선과 체결하되 근본적인 수정이 필요한 동 조약 2조는 제외하라."

베베르가 받은 훈령에는 '제2조, 체약 양측이 통상을 위해 개방한 모든 항구에 자국 영사들을 임명할 수 있는 상호 권리를 갖는다'고 규정하였다. 하지만 조선 정부를 설득하여 블라디보스토크에 조선 영사를 임명하는 것을 사전에 차단하도록 했다(당시 블라디보스토크는 외국 영사들의 출입이 불허된 상태였다-저자 주). 이에 따라 조선은 여타 국가들의 공관원들에게 허용된 러시아 항구에만 영사들을 임명할 수 있다는 조건이 제시되었다. 아울러 외무성은 베베르에게 국경 관계를 조정하는 임무는 부여하지 않았으며, 별도의 협정 체결을 고려하고 있었다.

베베르에게 가장 복잡했던 문제는 조선의 지위와 관련된 조항들이었다. 훈령에는 조선의 대신들과 교섭하거나 대화하는 과정에서 '조·청의 주종관계에 대한 일체의 해명'을 회피하고, 전적으로 정치적인 사안으로 인식하여 '논외의 문제'로 제쳐두라고 명시되었다. 또한 조선에서 진행될 협상을 고려하여 모든 행동은 외무성의 결정에 따르라고 했다.

"조선과의 조약 체결은 청의 개입이 완전히 배제되어야만 한다.… 청이 이 문제에 개입한다는 것은 우리가 조선의 종속적 지위를 인정하는 것과 다름없다."[55]

55 Копия с инструкции, данной российско-императорским Посланником в Китае Веберу. Пекин, 24 марта 1884 г. № 34 // АВПРИ. Ф. Посольство в Токио, 1883 г. Д. 595. Л. 33-34.

1884년 6월 8일, 베베르는 즈푸[之罘]에서 스코벨레프(Скобелев)호를 타고 출항하며, 드미트례프스키(П. А. Дмитревский)에게 서울에서 이루어질 여정에 대해 알렸다.

"쾌속범선 오프리츠니크(Опричник)호와 군함 소볼(Соболь)호가 기선과 함께 조선으로 출발한다. 제물포에서 서울로 행차할 때 포수들이 호위하는 대규모 수송대가 배치될 예정이며, 약 20명이 동행할 것이다. 그곳에서는 물품 구입이 용이하지 않기 때문에 커다란 화물마차를 동원했다. 스코벨레프호의 적재 한도에 이를 때까지 가구, 식기, 간이침대, 예비 물품, 취사도구, 포도주, 탄산수, 여행가방 등 가능한 모든 방법을 동원해 짐을 줄였으나 40푸드(1푸드: 16.38kg-역주)에 다다랐다. 이번 임무는 매우 흥미로울 것 같다."[56]

베베르를 태운 코르벳호가 6월 8일 인천에 도착하자 인천부사가 축하 인사로 맞아주었다. 그는 조선 정부로부터 공식적인 훈령을 받고 영접한 것은 아니었지만 러시아 외교 대표가 조약 체결을 위해 도착할 것이라는 소식을 이미 알고 있었다.

이튿날 베베르는 조선 정부가 협판교섭통상사무(協辦交涉通商事務) 김옥균을 보낼 것이라는 전갈을 묄렌도르프로부터 받았다. 김옥균이 공식 영접인사로 선정된 것은 결코 우연이 아니었다. 그는 청의 조선 지배에 맞서기 위해 조선과 러시아의 교섭을 적극 지지한 인물이었다. 또한 부르주아 개혁운동인 '계몽운동(кемон ундон)'의 주동자이자 조선이 청의 종주권으로부터 벗어나 자주 발전하기를 열망했다. 아울러 고종과 민

56 Письмо К.И. Вебера П. А. Дмитревскому. Чифу, 7 июня 1884 г. // Институт восточных рукописей (далее-ИВР РАН). Архив востоковедов. Ф. 14 (Павел Андреевич Дмитревский). Оп. 2. Д. 64. Л. 17.

왕후에게 러시아에 대해 호감을 갖도록 일정한 영향력을 행사한 조선의 친러파 형성에 출발점이 되었다.

김옥균은 가마, 말 20필, 마차들을 이끌고 6월 12일 인천에 도착하여 베베르에게 조선의 수도 방문을 환영하는 공식 초청장을 건네고 곧바로 서울로 안내했다. 베베르와 김옥균의 만남은 이것이 처음이자 마지막이었다(김옥균은 1884년 12월 갑신정변이 실패로 끝나자 일본으로 피신했다).

베베르는 서울에 도착(6. 14)한 후, 외부[통리교섭통상사무아문(統理交涉通商事務衙門), 이하 '통리아문'으로 약함]를 방문하였다. 그곳에서 그는 조선의 대외관계 자료들을 세세하게 검토한 후 하달된 훈령에 따라 노문(露文)본과 중문(中文)본으로 된 조약문을 준비했다. 조선 정부에서도 협상을 조속히 마무리 짓는 데 관심을 보이며 신속하게 합의했다. 이로써 조러 양국은 1884년 6월 25일 조약 체결을 마무리하며 수호통상조약을 완료했다.[57]

베베르는 조약문을 작성할 때 일부에 근본적인 수정을 가한 뒤 영국의 조약문을 엄격하게 따랐다고 베이징의 포포프에게 보고했다.

"귀하께서 당관(當官)에게 보낸 훈령에 제시한 우리의 모든 요구를 조선 정부가 수용했기 때문에 매우 기뻤습니다."

각별한 의미를 지닌 조약문 제1조는 다음과 같이 구성되었다.

"1. 러시아 황제폐하와 조선의 국왕폐하 그리고 양국 신민들은 이제

57 저자의 원본에 베베르가 조러수호통상조약 체결을 위해 인천에 도착(1884. 6. 20)하여 서울에 당도(6. 26) 후 조약체결을 완료(6. 25)한 시기까지의 일정이 러시아력과 서력이 혼합되어 있기 때문에 러시아력으로 통일하였음-역주. См.: Описание Кореи. Сокращенное переиздание. М., 1960. С. 512-517; 『Россия и Корея』. Некоторые страницы истории (конец XIX века). К 120-летию установления дипломатических отношений. Документы и материалы. М., 2004. С. 16-28.

부터 평화와 우의가 영원할 것이며, 양국 신민들은 체약 상대국 영내에서 생명과 재산을 보호 받고 안전을 누린다.

2. 체약국 가운데 일국과 제3국 간에 분쟁이 발생할 경우 체약 상대국은 전자의 요구에 따라 사태의 평화적 해결을 위해 협조한다."

조선 정부는 이에 의거하여 독립국 지위를 유지하던 마지막 순간까지 러시아에게 수차례 도움을 요청하여 독립유지의 열망에 대해 러시아의 지지를 받았다.

베베르는 훈령에 따라 조·청 간의 속방관계 문제를 협상에서 제기하지 않았다. 하지만 조선 대표들은 조약 체결 당시 국왕이 러시아 황제에게 보내는 서신을 베베르에게 전달했다.

"비록 조선이 중국의 속국이지만 그런 지위로 인한 일체의 의무들은 러시아와 아무런 관계도 없으며, 고종은 '자신의 전제적 권력과 국제법에 의거하여 모든 정의와 진실로서' 조약의 모든 조항들을 이행할 것이다."

베베르는 조러 국경통상을 조율하라는 임무를 부여받지 않았으나 조선의 대신들과 논의하는 과정에서 육로통상에 대해 일련의 제안들을 제기했으며, 조선이 이를 수용했다. 그 주요 내용은 다음과 같다.

"1. 조선 정부는 대러 통상을 위하여 두만강 연안의 접경 지역을 개방하고, 이곳을 통해 러시아 신민들이 조선 내지로 들어올 수 있도록 하며, 그곳에 거주도 허용한다.

2. 제물포와 여타 개항장에서 러시아 신민들에게 부여된 모든 권리와

특권들은 상술한 접경지역에서도 적용된다."[58]

서울에서 진행되었던 베베르의 협상은 이렇게 마무리되었다. 조약 체결 이튿날 베베르는 수행 비서였던 브란겔(Врангель)과 서울에 있었던 러시아 함장들 및 장교들을 대동하고 고종을 알현하였다. 고종은 오래전부터 러시아와 우호관계를 수립하기를 원했고, 조약은 양국 신민들의 친교와 통상 증진에 기여할 것이라 했다.

베베르는 6월 28일 서울을 떠나 청으로 돌아와 조선과 조선인들에 대한 첫인상을 담은 상세한 보고서를 작성했다. 그의 보고서는 조선의 정세를 평가하고 있다는 점에서 흥미롭다.

"조선이 서양 국가들과 공식관계를 수립함으로써 '진보의 길(на путь прогресса)'로 들어선 것은 최근 10년 사이에 극동에서 벌어진 '주목할만한 변화'입니다. 조선은 부유하지는 않지만 청에서 흔히 볼 수 있는 빈민들도 없습니다. 외국 상인들은 통상 규모가 작고, 도매상들이 없다는 불편을 감수해야 합니다. 따라서 여러 상인들로부터 소량의 상품들을 매입해야 합니다.… 조선인들은 부유해지면 탐관오리에게 수탈당한다는 오랜 경험 때문에 돈 모으는 것에 그리 신경 쓰지 않는 듯합니다.… 현재 조선 국왕은 매력적인 개성을 풍기는 호감 가는 인물로 그의 치세에 조선의 근본적인 사회 개혁이 이루어져 조선이 변화되기를 기대합니다."

보고서에서는 처음으로 서울 주재 러시아 외교 및 영사 대표부 구성에 관한 문제들도 제기되었다. 베베르는 향후 서울에 대리공사를 수장으로 하는 러시아 공사관을 설치하고, 인천에는 부영사와 촉탁 사무원

58 Пак Б. Б. 『Российская дипломатия и Корея』 (1860-1888). Книга первая. М.-Иркутск-СПб., 1998. С. 99.

으로 구성된 출장소를 둘 것을 제안했다. 그러면서 서울과 외국을 정기적·안정적으로 잇는 통신수단이 부재하기 때문에 군함을 조선 주재 러시아 공사관 재량하에 두고 상시적으로 운영하는 것이 필요하다고 판단했다. 따라서 서울에 공사관을, 인천에 부영사관을 건축하는 일이 선결 과제임을 지적했다. 주한 러시아 대표부 설치 계획의 논거는 다음과 같았다.

"조선은 연해주, 청 그리고 일본 사이에 위치한 지리적 조건 때문에 향후 숙명적으로 동방의 역사에서 매우 중요한 역할을 할 것입니다. 따라서 우리는 조선의 정책 방향에 여타 문명국들보다 높은 관심을 보여야 합니다. 우리의 주변 해역인 동해는 한반도와 접하고 있으며, 접경한 국경선을 통해 적지 않은 수의 조선인 이주민들이 건너오고 있습니다. 그들은 근면하고 우리의 질서와 관습 그리고 언어를 쉽게 습득하고 있습니다.…"[59]

러시아 외무성은 이러한 제안과 견해에 주목하여 결국 주한공사관을 건립을 고려하였다.

조러조약이 체결(1884. 6. 25)된 이후 러시아에 대한 조선 정부의 대외정책 방향에 점진적인 변화가 나타났다. 1884년 8~9월 즈푸[之罘]에 와 있던 외부 협판이자 고종의 고문이었던 묄렌도르프는 청 주재 러시아 군사무관인 쉬네우르(Шнеур) 대령과 러시아 태평양 분함대 사령관 크로운(Кроун) 해군 소장을 만났다. 그는 고종이 조선의 독립과 영토 보전을 위해 러시아에 배타적인 보호를 타진했으며, 러시아 정부에 군사교관과 군부대신에 임명할 장교 파견 요청에 동의했다고 전했다. 또한 영국이

59 К.И. Вебер. Записка о Корее. 1884 // АВПРИ. Ф. СПб. Главный архив, 1-9. Оп. 8, 1881 г. Д. 18. Л. 148-156.

거문도의 해밀턴(Hamilton)항을 자국에 양보하는 대가로 러시아에 조선 보호를 제안한 사실도 알려졌다.[60]

조선 정부가 러시아의 보호를 모색할 수밖에 없었던 또 다른 계기는 1884년 12월 4일 발생한 갑신정변 때문이었다. 조선의 개화파인 김옥균, 박영효, 서재필, 서광범 등은 민씨 척족세력을 쫓아내고, 청에 종속관계를 단절하고, 왕의 권한을 제한하고, 일련의 경제·사회 개혁을 추진하여 부르주아적 발전의 길로 조선을 변화시킬 정강을 발표했다. 그러나 이들의 꿈은 서울에 있었던 청군과 민씨 척족세력에 충직했던 조선군에 의해 좌절되고 말았다. 이런 와중에 일본이 자국의 입지를 강화하려 하자 항일폭동이 발발하여 서울에서 일본인들은 축출되었고 갑신정변에 가담했던 개화파들은 일본으로 도주했다.

고종과 측근들은 불안한 정세가 계속되자 러시아에 재차 보호를 요청했다. 고종의 재가를 받은 묄렌도르프는 도쿄 주재 러시아 외교대표부를 통해 러시아 정부에 조선의 보호국화를 제안하고, 인천에 군함을 파견하고, 서울로 200명의 수병을 파견할 것을 제의했다.[61] 그러자 러시아 외무성은 사태를 주시하며 조선 정부가 진정으로 기대하는 바를 알아보고, 러시아의 보호란 어떤 조건들을 구비해야 하는지, 러시아가 보호에 동의하는 대가로 조선 정부는 러시아에게 무엇을 제안할 것인지 등을 알아보기 위해 도쿄 주재 일본 공사관 서기관 쉬페이예르(A. H. Шпейер)를 서울로 파견했다.

묄렌도르프는 쉬페이예르가 서울에 머무는 동안(1884. 12. 16~25) 이전

60 Пак Б. Б. 『Российская дипломатия и Корея』 (1860-1888). Книга первая. С. 110-112; 『Россия и Корея』. Документы и материалы. С. 33.

61 자세한 내용은 다음의 책을 보시오. Пак Б. Б. 『Российская дипломатия и Корея』 (1860-1888). Книга первая. С. 115.

에 쉬네우르 대령에게 했던 말들을 반복했다.

"조선 정부는 러시아가 조선을 보호국으로 받아들여 러시아와 불가리아 공국의 관계와 같은 관계를 설정하거나, 이것이 불가능하다면 조선을 중립화시켜 아시아의 벨기에로 만드는 국제협약을 체결하는 방안 가운데 그 선택을 전적으로 러시아에게 위임할 준비가 되어 있다."

묄렌도르프는 첫 번째 방안에 대해 자세한 설명을 하지 않다가 러시아 정부가 이에 대해 논의를 시작하자, 러시아가 조선을 보호국화 함으로써 감수해야 할 불리한 측면에 대한 보상을 덧붙였다.

"조선 정부는 러시아가 선정한 조선의 항구 한 곳을 제공하여 그곳에 해군기지를 건설하고, 비밀조약을 체결하여 러시아 군대가 필요시 아무런 제약 없이 드나들 수 있는 권리를 부여하는 데 동의한다."[62]

쉬페이예르의 서울 출장 보고서가 상트페테르부르크에 도착하기 전에 외무성은 연흑룡강주 총독 코르프(A. H. Корф)의 전문(1885. 2. 3)을 수신하였다.

"조선 국왕의 특사들이 남우수리 지역 국경위원을 찾아와 조선 국왕이 한편으로는 일본의 야심찬 음모를 우려하는 동시에 다른 한편으로는 청에 지원을 요청할 경우 조선을 완전히 노예화시키려는 청의 위협 속에서 러시아에 지원을 요청할 수밖에 없음을 밝혔습니다. 조선 국왕은 러시아로 하여금 일본이 야심을 거두게 하고, 조선 국왕을 겨냥한 음모에 가담했다가 일본으로 피신한 5명의 조선인 관리(갑신정변 주동자-저자 주)들을 돌려보내주게끔 요청하였습니다. 그러면서 조러조약이 가능한 빨리 비준되고, 이후 육로통상에 대한 추가적인 협상이 착수하기

62 Там же. С. 118-119.

를 기대한다고 전했습니다."

이와 관련하여 코르프 총독은 (상트페테르부르크의 훈령에 따라) 조선의 특사들에게 러시아 황제는 조선의 정세에 관심을 보이고 있으며, 러시아 정부도 조선에게 바람직하지 않은 결과가 나타나는 것을 미연에 방지하기 위해 '사태의 추이를 직접 관찰하도록' 일본 주재 러시아 공사관 서기관 쉬페이에르를 태운 군함을 제물포로 파견하였음 밝혔다. 또한 쉬페이에르의 보고서가 도착할 때까지 러시아 대표의 조선 파견 문제를 신속히 처리할 것이며, 대표에게는 조약 비준서 교환과 육로통상에 관한 문제들을 해결하도록 훈령했다고 전했다. 아울러 러시아 대표에게 조선 정부와 공동으로 외부의 침략 음모로부터 조선의 안전을 확실하게 보장할 수 있는 여건들을 살펴보도록 지시했으며, 특히 태평양함대 사령관에게 조선의 해안 감시를 명령했다고 전했다.[63]

한편 조선에서는 개화파가 괴멸된 이후 청과 일본의 주도권 경쟁이 격화되며 상황이 악화되었다. 청은 아무 거리낌 없이 조선의 내정에 개입하였다. 이때부터 서울에는 청군 지휘관 위안스카이[袁世凱]가 조선 주재 총리교섭통상사의(總理交涉通商事宜)로서 무제한적인 권력을 휘두르기 시작했다. 당시 서울에 주둔한 청군은 2,500명에 달했다. 일본 정부도 이에 대응하기 위해 2개 대대 병력을 파견했으며, 조선 해안으로 군함을 전개했다.

이러한 일촉즉발의 위기 상황은 청과 일본이 톈진조약을 체결(1885. 4. 6)하면서 해소되었다. 이 조약으로 양국은 자국 군사교관의 조선 파견을 금지했고, 4개월 이내에 조선에서 자국 군대 철수를 강제하였다. 또한

63 Отношение Н.К. Гирса министру внутренних дел И. Н. Дурново № 2219 от 19 апреля 1885 г. // АВПРИ. Ф. Японский стол. Оп. 493. Д. 49. Л. 32.

조선에서 '심각한 분규'가 발생할 경우 양국은 파병을 서신 통보한 후 자국 군대를 조선에 파병하기로 하였다.

하지만 톈진조약이 체결된 지 8일 만에 한반도를 둘러싼 국제정세는 다시 한번 일촉즉발의 상황에 놓이게 되었다. 4월 14일 영국 함대가 거문도를 점령하자 러시아 외무성은 영국이 러시아의 원동 지방, 특히 블라디보스토크를 공격하기 위한 거점 기지를 축조하려는 침략성을 간파하였다. 이에 영국이 조선에 대한 영향력을 강화하는 것을 허용하지 않기로 결정하고, 영국 군함을 거문도에서 퇴각시키고자 하였다. 러시아 정부가 조선 주재 대리대사 겸 총영사로 베베르를 임명하기로 결정한 1885년 4월은 조선이 대내외적으로 난관에 봉착해 있을 무렵이었다.

러시아 외무성은 베베르가 서울로 출발하기에 앞서 그가 직무 수행 중에 참고해야 할 훈령 초안을 준비하였다. 이 훈령은 정치적 문제 외에도 조선군 훈련을 위한 러시아 교관 파견을 제안한 문제와 조러 육로국경에서 이루어지는 통상 및 행정 문제들을 다루고 있었으며, 육군상과 해군상의 요청으로 4월 21일 외무성에서 특별회의를 개최하여 검토되었다.[64] 특별회의에는 내무성 부상, 통상공업국 국장 및 남우수리 지역 국경위원 마튜닌(Н. Г. Матюнин)이 참석하였다. 이들은 훈령 초안이 '우리의 요구에 부응'한다고 인정했고,[65] 4월 25일 알렉산드르 3세(Александр III)의 재가를 받았다.

"황제 폐하께서는 이제까지 외교 대표를 두지 않았던 조선에 대리공사 겸 총영사로 귀관을 임명하셨다. 또한 귀하를 당직(當職)에 임명하시

64 Отношение Н.К. Гирса министру внутренних дел И. Н. Дурново № 2219 от 19 апреля 1885 г. // АВПРИ. Ф. Японский стол. Оп. 493. Д. 49. Л. 32.

65 Всеподданнейший доклад Н. К. Гирса от 25 апреля 1885 г. // Там же. Л. 37.

면서 청 공관에서 근무한 경력을 눈여겨보셨다. 이는 귀하가 극동에 대한 러시아의 이익을 현지에서 오랜 기간 접할 기회를 가졌기 때문이다."[66]

러시아 외무성은 훈령을 통해 베베르가 조선에 도착하여 가장 먼저 해야 할 일이 1884년에 체결된 조러조약 비준서 교환이며, 서울에 러시아 상주 공관이 설치됨에 따라 양국관계가 무엇보다 '러시아의 이해에 부합되는 방향'이 되도록 최선을 다할 것을 지시하였다.

또한 조선의 국내외 상황, 특히 조러 관계를 자세하게 규정한 후 베베르에게 심도 있는 관찰과 조심성을 요구했다. 특히 러시아가 조선에서 추구하는 궁극의 목적은 여타 열강이 누리는 동일한 지위 획득이 아니라 러시아의 우월한 영향력을 굳건히 하는 데 있음을 확실히 했다. 그러면서 이러한 결과를 달성된다면 '러시아의 태평양 연안 발전에 응답하는 것'이지만, 반대로 조선이 다른 열강의 영향력하에 들게 된다면 '만약 조선이 극동에서 우리에게 위험한 국가가 되지 않더라도 정치적 격변을 겪어야 할 인접국이 될 것'이라고 했다.[67]

아울러 베베르에게 조선 정부의 전적인 신뢰를 확보하고, 조선을 설득하여 자국의 이익과 의지에 대해 러시아와 소통하도록 하여 조선에 대한 러시아의 영향력 강화에 반대하는 음모에 대처할 것을 지시했다. 이를 위해 조선 국왕과 대신들에게 '제국의 내각은 조선의 운명에 가장 활발하게 참여하고 있으며, 만일 조선의 독립과 영토 보전이 위협받는 상황이 도래한다면 도덕적·물질적 지원을 할 준비가 되어 있다'는 믿음을 주도록 했다.

또한 조선 주재 러시아 대리공사와 조선 정부의 관계처럼 조선 국왕

66 『Россия и Корея』. Документы и материалы. С. 29-40.

67 Там же.

과도 개인적으로 친밀한 관계를 유지하도록 했다. 훈령에는 베베르가 러시아의 국익과 조러 수교에 도움을 주었던 묄렌도르프와의 관계만을 중시하였음을 지적하고 있었다. 이는 묄렌도르프가 사려 깊지 않고, 전술도 없고, 돈을 너무 밝히는 단점이 있음을 베베르에게 유의시키기 위함이었다. 따라서 베베르에게 묄렌도르프와 관계를 멀리하지 않으면서 동시에 조선 국왕과 대신들이 어떤 누군가의 배타적인 영향력하에 들어가지 않도록 확고한 관계를 유지하도록 했다.

훈령에서는 조선과 열강 사이에 수립된 관계를 설명하는 것이 조선 정부가 러시아에 대한 신뢰를 강화하는 실질적인 수단임을 지적했다. 이와 관련하여 청과 조선의 관계에 초점을 두었다. 이는 만주의 인구가 급속하게 증가하여 그들의 생활 수준이 향상되었을 때 거주 영역이 확대되어 태평양에 면한 항구들을 획득해야 할 필요성이 제기되는 것을 전제로 하였다. 이러한 상황에서 청이 가장 먼저 확보할 대상은 조선이며, 이 경우 어떠한 열강도 청과 맞서려 하지 않을 것이며, 오직 러시아만이 접경한 인접국으로서 자국의 이익 보호를 위해 조선을 보호하게 될 것이라고 강조했다. 따라서 조선은 러시아와 관계를 강화하여 안전을 담보할 것이며, 러시아 역시 조선의 방위력 증강을 위해 가능한 모든 협력을 제공할 것이라고 언급했다.[68] 이와 관련하여 베베르에게 조선군 훈련을 위해 러시아 장교와 하사관들을 파견하는 문제를 조선 정부와 신중하고 조심성 있게 교섭하라고 임무를 부여하였다.

또한 묄렌도르프가 러시아 대표들과 논의했던 매우 민감한 사안인 러시아의 조선 보호국화와 조선의 항구 한 곳을 러시아에게 양보하는

68 Там же.

문제에 대해서는 러시아에게 각별히 호의적인 환경이 필요하며, 평화가 유지되는 조건에서만 해결될 수 있는 문제로 설명하였다. 왜냐하면 반대의 경우, 태평양 연안의 러시아령을 방위할 수 있는 수단을 충분하게 보유하지 못한 상황에서 불필요한 긴장을 유발시킬 가능성이 있었다. 이 때문에 베베르에게 조선 정부의 제안을 진정성 있게 검토한 후에 교섭에 임하도록 했으며, 교섭의 목적은 다음의 문제들을 반드시 밝히는 데 있음을 명시했다.

"어떠한 형태의 대외 분규라도 조선의 안전을 보장하기 위해 우리가 치러야 할 희생이 얼마나 클 것인지, 그리고 이러한 희생은 우리가 양보받은 항구와 조선에서의 우월한 지위를 통하여 얻을 수 있는 이득과 비교하여 충분한 보상이 될 것인지 살펴야 한다."[69]

조선의 항구 가운데 하나를 러시아에 양보하는 문제에 대한 해법에 대해서는 영국 함대가 거문도를 점령하여 야기된 정세를 정확하게 밝히는 것을 최우선으로 삼았다. 따라서 베베르에게 영국 함대의 항구 점령이 조선 정부의 동의에 따라 성사되었는지 꼼꼼히 살피게 했다. 만일 조선 정부가 어떤 형태로든 참여하지 않았음이 밝혀진다면, 베베르는 조선 정부가 영국에 어떠한 양보도 하지 말고 거문도를 모든 국가의 선박들에게 개방된 항구로 공표하도록 함으로써 영국의 배타적인 기지로서 특성을 상실하도록 했다.

훈령 결론부에서는 조선과 체결할 육로통상장정 문제를 언급하며 베베르에게 교섭 과정에서 실용적 의미가 없는 양보를 조선 정부에게 요구하지 말고, 실제로 누릴 수 있는 이익과 특권들을 획득하라고 지시했

69 Там же. С. 38-40.

다. 이러한 양보들은 여타 열강들이 최혜국 조관에 근거하여 동일하거나 평등한 소유권을 획득하는 빌미를 줄 수 있었다. 그럼에도 불구하고 외무성에서는 조선 정부로부터 러시아 신민에게 국경지대 50베르스트(1베르스트: 약 1,067미터-역주) 범위 내의 무관세 통상권, 남우수리 지역과 함경도를 잇는 접경지대에 있는 조선의 국경도시 한 곳에 통상 목적의 상시적인 거주권, 함경도 경내를 자유롭게 다닐 수 있는 통행권 부여 등이 최우선적으로 동의를 얻어야 한다고 강조하였다.

또한 베베르에게는 조선을 경유한 일본과 중국 상품의 통과무역을 금지하고, 외국 선박 특히 청 선박의 두만강 항행을 금지하는 문제를 현지에서 검토할 수 있는 권한이 부여되었다. 이는 만주의 생필품이 조선을 거쳐 훈춘[琿春]에서 엑스페지치야만(Экспедиция, 포시에트-역주)으로 이어지는 러시아 영토를 반드시 통과하도록 하기 위함이었다. 이를 통해 청에게 쑹화강[松花江] 개방을 압박함으로써 만주에서 러시아 상품 판매가 이루어지고, 러시아 국경으로부터 반경 100베르스트 이내에 청 관헌들과 청군을 철수시키고자 하였다.

연흑룡강주(沿黑龍江州) 총독 코르프는 1885년 5월 18일 자 전문에서 조러 육로 국경 관계를 다루는 훈령을 작성하면서 고려해야 할 사안에 대해 의견을 제시했다.

"만주에 통상을 위한 유일한 해양 출구가 포시에트(Посьет) 지역을 통과하도록 함으로써 러시아는 무역을 장악할 수 있습니다. 청의 국경은 빈틈없이 수비되고 있기 때문에 비록 크지 않더라도 청에 일정한 영향력을 유지할 수 있습니다."[70]

70 Разбор шифрованной телеграммы, полученной из Сахалина от Приамурского Генерал-Губернатора 19 мая 1885 г. // АВПРИ. Ф. Японский стол. Оп. 493. Д. 49. Л. 80-81.

이외에도 러시아 외무성은 장정에 다음을 포함시키는 것이 필요하다고 판단했다.

"1884년 조러조약 체결 이전에 러시아로 이주한 조선인들을 러시아인으로 인정하고 러시아인들과 동등한 권리를 부여하는 건.

남우수리 지역 국경위원이 조선 북부에 거주하는 러시아 신민들을 보호하고 현지 지방관들과 교섭하기 위하여 그곳을 방문할 수 있는 권리를 승인하는 건.

연흑룡강주 총독이 서울 주재 러시아 공사관으로 파견한 러시아 관리들에게 서울까지 육로통행권을 승인하는 건.

조선으로 입국하는 러시아 신민과 마찬가지로 러시아로 이동하려는 조선인들도 반드시 여권을 휴대해야 하는 건."[71]

훈령에 언급된 조선의 대내외 정치 상황과 조선 주재 러시아 대리공사가 해결해야 할 중대한 과제를 면밀히 검토해 보면 이를 감당할 수 있는 인물은 극동과 조선의 국제정세에 정통해야 하고, 특히 조선·중국·일본의 역사에 대한 해박한 지식과 러시아의 극동 정책의 특수성과 중국, 일본, 조선 및 서방, 특히 영국 외교의 다양한 측면과 간계들을 능란하게 헤쳐 나갈 수 있는 능력을 겸비해야만 했다. 그러한 인물은 바로 칼 이바노비치 베베르였다. 그는 주의력, 용의주도함, 조심성, 자주성, 상황에 따라 요구되는 결정력 등을 두루 갖추고 있었다. 따라서 그를 조선 주재 러시아 대리공사로 임명한 것은 합당한 결정이었다.

71 Там же. С. 46-49; Пак Б. Б. 『Российская дипломатия и Корея』 (1860-1888). Книга первая. С. 154.

Карл Иванович Вебер

제2장

1880년대 후반, 조선에서의 베베르의 외교 활동

서울에 도착한 베베르의 외교 활동

조선 주재 러시아 대리공사 겸 총영사로 임명된 베베르가 임지로 출발한 것은 1885년 7월이었다. 그러나 그의 부임은 예상보다 지연되었다. 1885년 7월 29일 뉴욕에 도착했으나 8월 3일 샌프란시스코를 출발하여 일본으로 향하는 증기선에는 승선하지 못했다. 그는 어쩔 수 없이 다음 배편인 9월 2일까지 미국에 머물러야 했다. 베베르는 우여곡절 끝에 뉴욕시티호를 타고 일본에 도착한 후 군함 라즈보이니크(Разбойник) 호에 승선하여 조선으로 출발했다. 러시아 외무성은 베베르가 조선으로 가는 도중 조선의 대외정책에 급격한 변화가 발생하여 당초 부여한 훈령을 수정해야만 했다.

1885년 6~7월 초, 쉬페이에르의 제2차 서울 미션이 실패로 끝났다.[1] 그 여파로 고종은 묄렌도르프를 통해 전달했던 러시아 군사교관의 조선 파견에 대한 희망을 버리고 미국의 군사교관 초빙에 동의했다. 청의 반발을 우려한 외부대신 김윤식의 조언에 따른 결정이었다.

같은 해 8월, 조선 주재 청 대표 위안스카이의 강력한 요청에 따라 조선 내정과 국제사무에 대한 청의 간섭에 반대했던 조선 관료 4명에게 사형선고가 내려졌다.[2] 이와 함께 청 군함들이 제물포로에 집결했고, 청

1 1884년 12월 고종과 그 측근들이 도쿄 주재 러시아 외교대표들을 통해 알렉산드르 III세에게 조선에 대한 보호관계 수립을 제안한 이후, 러시아 외무성은 1884년 12월 서울에서 발생한 정변과 관련된 상세한 정보를 수집하고 조선 정부의 의도를 파악하고자 도쿄 주재 러시아 공사관 서기 슈페이에르를 조선으로 파견했다. 1885년 6월 슈페이에르는 영국의 거문도 점령에 따른 협상을 감시하고, 러시아 군사교관의 조선 내 체재 조건에 관한 협상안을 조선 정부와 협의하라는 임무를 띠고 재차 서울로 파견되었다. 이에 대한 자세한 논의는 다음의 책을 참조. Пак Б. Б. Две миссии А. Н. Шпейера в Сеул.-Международные отношения в Тихоокеанском регионе в XIX-XX веках. Межвузовский сборник научных трудов. Хабаровск, 1997. С. 73-88; 『Российская дипломатия и Корея』 (1860-1888). Кн. I. М.-Иркутск-СПб., 1998. С. 116-149.

2 Пуса, мандарин 3-й степени (местности Чжушань), Чжао-Цинь-доу и делопроизводители

육군은 압록강변으로 증파되기 시작했다. 리훙장은 고종이 러시아에게 도움을 요청해 청의 종주권에서 벗어나고자 한다고 확신하였다. 청은 1882년 바오딩[保定]으로 끌고 간 대원군을 서울로 돌려보내, 만일 고종이 러시아 편에 선다면 그를 왕위에 앉히려고 하였다. 대원군은 베베르가 서울에 부임하기 전 날인 1885년 9월 23일에 환국하였다. 청의 이러한 행동은 군사력을 포함한 모든 수단을 동원하여 조선에서의 러시아 영향력을 저지하려 했음을 보여 주고 있었다.

러시아 정부는 러·청 관계 악화로 이어질 수 있는 극동의 분규에 대처할 준비가 부족했다. 게다가 영국이 청과 러시아 간의 갈등을 부추기는 외교술을 구사하였기 때문에 러시아는 조선에 현상유지 정책을 이어가야 했고, 거문도에서 영국 함대를 퇴거시킨다는 정책도 견지해야 했다. 이에 조선으로 향하던 베베르에게 긴급 전문이 발송되었다.

"조선이 예전에 러시아에 제안했던 보호관계와 군사교관 문제와 관련해 대리공사는 조선 정부와 어떠한 협상도 주도적으로 개시해서는 안 되며, 만약 비슷한 의향을 되풀이할 경우 단순한 전달자 역할에 그치라."[3]

베베르는 1885년 9월 24일 조선에 도착하여 차르의 재가를 받은 외무대신 기르스(Н. К. Гирс)의 편지를 조선의 통리아문 독판 김윤식에게 건넸다.

"러시아 황제폐하께서는 5등 문관 베베르를 조선 주재 대리공사 겸 총영사로 임명하셨습니다. 황제 정부는 이번 임명으로 양국 간에 형성

Министерства внутренних дел Цзнинь-цзя-чжень, Цзинь-хо-ю (Ким-ха-гу) и Цзнюнь-Лян-шо.-См.: Приложение № 1 к донесению Поверенного в делах в Корее Вебера министру иностранных дел Н.К. Гирсу. Сеул, 11-го августа 1886 г. № 39// АВПРИ. Ф. Японскйи стол, Оп. 493. Д.1, Л.132.

3 다음 책에서 재인용. Нарочницкий А. Л. Колониальная политика капиталистических держав на Дальнем Востоке. 1860-1895. М., 1956. С. 385.

된 우호관계가 더욱 돈독해지고 확대되기를 기대하고 있습니다.

5등 문관 베베르는 러·조 조약 체결 협상을 통해 이미 조선 정부에 잘 알려져 있으며, 러시아 정부의 전적인 신뢰를 받고 있다. 그가 서울에 도착하는 즉시 상기 조약의 비준서를 교환하고, 조선 정부와 국경 및 다른 문제들을 해결하기 위한 협상에 착수해야 하는 바, 상호 동의하는 조건에서 새로운 조약을 체결할 것입니다.

이에 귀하께서는 양국의 상호 이익과 관련된 모든 문제에 대해 러시아 정부의 대표인 베베르와 협의하고 전적인 신뢰를 보여 주기 바랍니다. 또한 그가 귀하께 도움을 청할 경우 적절한 협력을 베풀어 주기를 당부 드리는 바입니다."[4]

1885년 10월 2일, 베베르는 김윤식과 1884년 조선과 러시아 간에 체결된 조약의 비준서와 관련 문서 교환에 대한 의정서에 조인했다. 의정서는 다음을 규정하였다.

"조약 원본과 동일한 것으로 인정된 문서들을 일독한 후 통상적인 절차에 따라 교환을 진행된다. 1885년 4월 2일 러시아 황제가 비준한 조약문과 1885년 9월 12일 조선 국왕이 비준한 조약문을 교환한다."[5]

베베르는 조선 정부에 서류 제출과 관련된 모든 공식 절차를 마친 후 기르스의 훈령을 준수하면서 조심성 있게 임무 수행에 착수했다. 그가 복잡한 문제에 직면한 것은 비준서 교환 직후였다. 이제 러시아는 조선의 주권을 침해할 계획이 없다는 사실을 조선 정부와 외국 대표들

4 Проект письма Министра Иностранных Дел корейскому Министру Иностранных Дел. Гатчино (современное название: Гатчина), 25 апреля 1885 г. // АВПРИ. Ф. Китайский стол. Оп. 491, 1885. Д. 3. Л. 40-41.

5 Протокол. Составлен в Ханьяне (Сеуле) 2 октября 1885 года // АВПРИ. Ф. Миссия в Сеуле. Оп. 768. Д. 6. 1881-1908 гг. Л. 8-8 об.; Ку Хангук вэгё мунсо (Дипломатические документы старой Кореи.). Т. 17. Сеул, 1968. С. 6-7.

에게 행동으로 보여 주어야만 했다.

베베르는 1885년 12월 6일 이 문제에 대해 외무대신에게 다음과 같이 보고했다.

"외무대신께서 도쿄 주재 다비도프(Давыдов) 공사에게 올해 7월 9일 발송하신 전문에 따라 당관은 조선 대신과의 관계에서 러시아 군사교관 및 보호 문제에 대한 일체의 행동을 자제하였습니다. 조선은 지난 9월 말에 한 차례 오해가 야기되었던 것에 유감을 표명하며, 단지 그 문제만 언급했습니다. 외무대신께서도 알고 계시듯이 쉬페이예르의 협상은 아무런 근거도 없는 소문의 원인이 되었습니다. 영국과 청의 언론, 그 중에서도 특히 『노스차이나헤럴드(North China Herald)』는 러시아가 조선을 보호관계에 두고자 한다는 근거 없는 기사들을 게재하였습니다. 당관이 서둘러 이곳에 도착한 것은 어쩌면 이와 같은 소문에 믿음을 얹어 준 것일 수 있습니다. 그럼에도 적들은 제 부임이 늦어짐에 따라 당혹스러워했으며 우리에게 품었던 의혹들이 사실이 아닐 수 있다고 판단하게 되었습니다. 부임이 지연된 것은 전적으로 당관 때문이라기보다는 다른 이유에 기인함을 알립니다. 당관이 서울에 도착했을 당시 누군가에게 제 모든 행적이 추적당했습니다. 따라서 저는 쉬페이예르의 협상을 이어가는 것처럼 해석될 수 있는 행동들, 즉 조선의 아문들을 자주 방문하는 것이 적절하지 않다고 판단했습니다."[6]

베베르는 통리아문 출입을 극도로 자제했지만 고종을 비롯한 조선 왕실이 청 정부가 고종을 폐위시키고 대원군을 올리려 한다는 계획에 극도로 두려워한다는 소식이 전해졌다. 실제로 베베르는 10월 18일 저

6 Копия телеграммы К. Вебера министру иностранных дел Н.К. Гирсу. Сеул, 6-го декабря 1885 г. // АВПРИ. Ф. Японский стол. Оп. 493. Д. 17. Л. 46.

녁에 고종의 특사 자격으로 찾아온 왕실인사 훈자이[Хун Цзай 또는 훈제(Хун Чхэ)-저자]를 만났다.[7] 그의 전언에 따르면, 고종은 대원군의 환국과 갑신정변 때 일본으로 도주했던 몇몇 주모자들의 귀국으로 예상되는 혼란을 크게 우려하고 있었다. 이에 러시아 군함 몇 척을 제물포에 정박시켜 줄 것을 부탁하였다. 베베르는 러시아 정부가 '가능한 모든 협력'을 할 것임을 전하며 특사를 안심시켰다. 그러면서 고종이 그러한 요청을 했다는 증거를 요구했다. 훈제(Хун Чхэ)는 이튿날 고종의 서한을 가져오겠다고 약속했으나 나타나지 않았다. 그럼에도 베베르는 고종이 훈제를 보냈다는 사실을 확신하며, 10월 12일 기르스에게 보고했다.

"조선 국왕이 10월 6일 특사를 보내 대원군의 환국으로 인한 폭동을 우려하며 수척의 러시아 군함을 제물포에 정박시켜 줄 것을 요청하였습니다. 당관은 조선 국왕이 그러한 요청을 했다는 증거를 요청했으나 받지 못했습니다. 그럼에도 불구하고 제물포에 2척의 군함을 정박시키고, 서울에 10명의 수병을 주둔시키는 것이 바람직하다고 생각됩니다."

당시 제물포는 청·일의 항구들과 교통이 빈번하지 않았으며, 일본 우편선이 2주일에 한 번씩 내왕하였기 때문에 베베르는 러시아가 제물포에 군함을 정박시키지 못한 채 고종이 서울에서 도피해 올 경우 어떠한 도움도 줄 수 없다고 판단했다.

그러나 러시아 외무성은 베베르의 요청을 받아들이지 않았다. 기르스는 회신 전문에서 다음과 같이 지적했다.

"조선 국왕의 두려움을 야기하는 현지 상황에 대해 제대로 알지 못한

7 저자의 원본(53쪽)에는 "왕실 고관 훈자이(훈제)[придворный сановник Хун Цзай(Хун Чхэ)]"로 기술되어 있다. 그러나 고종시대 왕실 고관 가운데 "훈자이(훈제)"라는 인물이 없기 때문에 조선인 성명을 러시아어로 옮기는 과정에서 오기된 것으로 보인다. 역자는 "훈자이(훈제)"를 이재원(李載元: 1831-1891)으로 추정한다. 그는 갑신정변을 전후하여 고종이 가장 신뢰했던 왕족이자 종형이었기 때문이다.

상태에서 제물포에 군함을 파견하는 것은 적절하지 않다고 판단된다. 조선의 상황에 관한 귀관의 상세한 보고서를 기다린다."[8]

베베르는 러시아 정부가 조선 문제에 보다 적극적으로 나서도록 시도했으나 성공하지 못했다. 그는 고종의 특사 훈제와 처음 만난 후 '러시아가 조선의 독립을 침해할 어떠한 계획도 없으며, 이와 관련된 소문이 허구'임을 입증하기 위해 상하이를 방문했다.

베베르는 1885년 10월 21일 상하이에서 조선의 정황에 대한 첫 번째 종합보고서를 상트페테르부르크로 발송했다.

"수세기에 걸쳐 이어진 중국의 영향력은 조선인들로 하여금 중국의 요구에 복종하도록 만들었습니다. 조선의 개화파는 개항기에 형성되어 일본 사례를 추구하였으나 1884년 12월 갑신정변이 진압된 후 일본으로 도주한 상태입니다. 그 결과 청의 영향력이 강화되었지만 조선 정부는 러시아에 더 큰 관심을 갖기 시작했습니다. 친러파의 존재에 대해 언급하는 것은 아직 시기상조이나 열정적인 왕후의 척족들과 조선 국왕은 러시아에 호의를 갖고 있습니다. 당관은 묄렌도르프가 1884년 2월 러시아 군사교관에 관한 문제를 언급했을 때, 비록 공식적인 지시가 없었다고 할지라도 조선 국왕의 희망을 언급한 것으로 여깁니다. 당시 조선 국왕은 청의 반발에 대한 두려움과 러시아의 즉각적이고도 실질적인 보호가 얼마나 지원될지 모르기 때문에 과감한 결정을 내리지 못한 것으로 사료됩니다. 조선 국왕은 러시아의 원조와 지지를 받게 되는 상황이 되기 이전에, 목숨은 아닐지라도 왕위에서 쫓겨나는 대가를 치를

8 Секретная телеграмма статского советника Вебера от 12 октября 1885 г. и ответная телеграмма министра иностранных дел Гирса от 16 октября 1885 г. // АВПРИ. Ф. Японский стол. Оп. 493. Д. 17. Л. 35, 39.

수도 있다고 생각한 것 같습니다."[9]

베베르의 보고에 따르면, 이런 상황 속에서 영국은 거문도 점령을 정당화하기 위해 러시아의 음모, 즉 조선보호국 수립 등의 소문을 퍼트렸다고 전했다. 청 정부 역시 극동에서 러시아의 영향력 확대를 우려하여 러시아의 조선 침략 대비책으로 반러 정서를 매개로 영국과 관계 강화를 모색했다고 보았다. 그는 영국이 거문도와 홍콩을 연결하는 해저 케이블을 부설하고, 거문도에 창고와 보루를 건설하기 시작한 것은 그곳을 거점으로 구축하겠다는 의지를 보인 것이라고 지적했다. 그러면서 영국의 거문도 점령을 막는 궁극적인 방략을 제시했다.

"러시아는 영국 여론에 압력을 가하는 동시에 러시아가 거문도 점령에 무관심하지 않다는 것을 보여 주기 위해 비축물자 보충을 명분으로 군함 1척을 거문도에 기항시키는 것도 무익하지 않다고 봅니다. 조선은 러시아의 이 같은 도덕적 지지에 감사할 것입니다."

더불어 제물포로 2척의 군함을 파견하는 문제를 재차 제기했다.

"러시아는 자국 함대를 과시하고, 조선 국왕에게 실질적인 지지 의사를 밝혀야만 조선의 점진적인 중국화에 대응할 수 있습니다."[10]

상하이에서 발송된 베베르의 보고서는 상트페테르부르크에서 큰 반향을 불러일으켰다. 기르스는 이 보고서를 자신의 상주서에 첨부하여 알렉산드르 3세에게 제출했다.

"여기에 동봉한 베베르의 조선 보고서는 조선을 단기간 방문한 사람의 피상적인 감상에 기초하여 작성된 것이 아닙니다. 베베르는 극동 문

9 Донесение Поверенного в делах в Корее Вебера статс-секретарю Гирсу. Шанхай, 21-го октября 1885 г. № 7 // АВПРИ. Ф. Китайский стол. Оп. 491, 1885. Д. 3. Л. 78-82.

10 Там же.

제를 현장에서 확인하고 있으며, 그가 알려온 정보에 주의를 기울여야 합니다."

기르스는 이를 통해 청이 조선에서 '의심의 여지가 없는 우월권'을 확보하고 있으며, 조선의 방위에 '극도로 신경 쓰고' 있다는 사실을 황제가 주목해 주길 바랐다. 그러면서 '조선 국왕과 왕비의 일부 척족만이 청의 우월적 지위를 인정하지 않고 있으나 이들은 조선에서 전혀 지지를 받지 못하고' 있다. 이들은 '오직 외국의 도움만을 기대'하고 있으며, 이는 '1882년 임오군란 이후 청 정부가 납치해 간 조선 국왕의 부친이 환국하여 국왕을 위협하는 상황을 타개하기 위함'이라고 지적했다.

외무대신은 베베르가 2척의 군함을 제물포에 파견해야 한다는 제안에 대해 이 문제는 무엇보다도 해군성이 태평양에 보유하고 있는 전략자산에 달려있다고 판단했다. 그러면서 '이와는 별개로 군함 파견으로 기대할 수 있는 이득이 불분명하다는 점을 간과해서는 안 되며, 청 정부가 이를 러시아의 조선음모론으로 입증하는 조치로 간주하여 대외간섭으로부터 조선을 지키기 위한 대책을 강구할 수도 있다'는 점을 지적했다. 또한 조선 국왕이 러시아의 지원 가능성에 고무되어 러시아 정부를 '당혹스런 상황'으로 몰아갈 수 있는 조심성 없는 행보를 취할 수도 있다는 점에 주의를 기울였다. 기르스는 베베르가 이러한 의견에 귀 기울이고, '조선의 상황을 보다 면밀히 파악하여, 조선 국왕에게 청과의 관계를 그르치지 말도록 조언하라'고 훈령했다. 아울러 베베르가 제안한 러시아 군함의 거문도 기항에 대해서는 그것이 '영국 여론을 압박함으로써 러시아에게 유리하다'는 견해에 동의하지 않았다.[11]

11 Всеподданнейшая записка министра иностранных дел от 17 декабря 1885 г. // АВПРИ. Ф. Китайский стол. Оп. 491, 1885 г. Д. 3. Л. 83-85.

베베르가 상하이에서 발송한 1885년 10월 21일 자 보고서는 러시아 외무성을 거쳐, 해군성에서도 검토되었다. 해군성 셰스타코프(И. А. Шестаков) 제독은 러시아 군함 1척이 거문도에 기항하는 행위가 '영국 전함을 블라디보스토크로 발진시키는 구실이 될 수도 있음'을 예상했다. 그리고 해군의 관점에서 전함 2척을 제물포로 파견하는 것은 비록 제물포가 정박하기에 편한 장소는 아니지만, 만약 '러시아의 정치적 이익'이 이를 요구한다면 장애가 될 것이 없다는 입장을 보였다.

기르스는 1885년 12월 23일 자 상주서를 통해 해군상의 견해를 차르에게 보고하면서 또 다른 자료들을 첨부했다. 이 자료들은 청 정부가 조선에 대한 러시아의 음모를 지속적으로 비난하는 행위가 조선과의 국경지대에 청 군대를 증강시키는 것과 인과관계가 있음을 설명하고 있었다.[12]

베베르의 제안이 상트페테르부르크에서 논의될 무렵 조선 정부는 조선의 주권과 영토 보전을 위해 러시아의 보다 적극적인 행동을 요청하는 청원서를 러시아 대리공사에게 재차 제출했다. 1885년 12월 3일, 민왕후의 가장 가까운 친척인 민영익은 갑신정변 주모자인 김옥균이 현 정부에 불만을 품은 사람들과 함께 8척의 일본 선박으로 조만간 조선에 상륙할 것이라는 소식을 베베르에게 알렸다. 민영익은 이 소식을 이홍장으로부터 전달받은 서울 주재 청 공사에게 들었다고 했다. 그러면서 만일 폭동이 발생한다면 지원해 줄 것을 조선 국왕이 요청한다고 말했다.

하지만 베베르는 정보의 신뢰성에 의문을 제기했다. 그는 일본에 체류 중인 김옥균의 재정 상태와 일본 체류 조선인들이 많지 않다는 사실

12 Всеподданнейшая записка министра иностранных дел от 23 декабря 1885 г. // АВПРИ. Ф. Японский стол. Оп. 493. Д. 1. Л. 55-56.

을 지적한 후 '일본 정부가 조선인 망명자들의 음모를 저지할 수 있을 것'으로 확신했다. 민영익은 베베르의 견해에 동조하지 않았다. 그러자 베베르는 민영익에게 청 공사를 통해 입수한 정보가 검증된 후 필요한 조치를 취해도 늦지 않다고 안심시키고, 도쿄 주재 러시아 공사관으로 전문을 발송하겠다고 약속했다.

얼마 후 베베르는 도쿄 주재 러시아 공사관 서기 쉬페이예르(Шпейер)에게서 김옥균이 '엄격한 통제를 받고 있다'는 전문을 접수한 후 민영익에게 통보해 주었다. 민영익은 베베르를 재차 방문하여 고마움을 전달하며 '고종께서 일본에서 보내온 소식에 만족해하고 있다'고 알렸다. 아울러 조선 정부는 일본 정부에 김옥균의 인도를 요청한다고 의향을 밝히면서, 이에 대한 러시아의 지지를 희망했다. 그러자 베베르는 정치범에 대한 국제법이 존재하며, 일본 정부가 김옥균에 대한 조선인들의 근심을 제거하려는 정황을 언급한 후 '그러한 계획이 무익하고 부적절하다'고 설득했다.

베베르는 민영익과 대화한 내용을 보고서로 작성하며, 리훙장이 '조선인 데카브리스트(Декабрист)[13]들의 습격 준비' 소식을 접한 후 '제물포로 4척의 군함을 파견했다고 보고하였다. 항구에는 이미 미국·일본·영국 군함 정박해 있었고, 영국 함정 한 척이 증파된 것이 알려졌다.

"지금은 대부분의 군함들이 다시 흩어졌다. 정치적 지평선에 가상의 먹구름이 사라지면서 서울 시민들을 휘감았던 불안은 진정되었다. 그러나 이 사건은 한편으로 일본에 대한 조선인들의 불신을 확인시켰다.

13 데카브리스트(Декабрист)는 1825년 12월 러시아 제국에서 입헌군주제의 실현을 목표로 정변을 일으켰던 청년 장교들을 의미한다. 12월을 의미하는 데카브리(Декабрь)가 어원이다. "조선인 데카브리스트"란 김옥균을 비롯한 갑신정변의 주모자들을 지칭한다.-역자.

조선인들은 일본 정부와 국민들이 비밀리에 조선의 망명자들에게 도덕적·물질적 지원을 하고 있다고 의심하였다. 다른 한편으로 청은 조선에서 자국의 영향력을 약화시킬 수 있는 일체의 시도에 반대한다는 의지를 보여 주었다."[14]

이와 같은 베베르의 결론은 조선에 대한 청의 종주권을 종식시키고자 했던 김옥균을 비롯한 조선 개혁가들의 대외 인식에 대한 평가가 반영된 것이었다.

베베르는 조선에서 근무한 첫 3개월(1885. 10~12) 동안 각고의 노력 끝에 조선 국내외 상황에 대한 상당한 자료를 축적할 수 있었다. 이에 러시아 외무성은 당초 1885년 5월 베베르를 조선 주재 러시아 대리공사 겸 총영사로 임명하면서 하달했던 초기 훈령을 수정하였다. 기르스가 1886년 1월 15일 하달한 새로운 훈령에는 조선 관련 최신 정보와 제국주의 열강, 특히 청·일본·영국의 대조선정책이 기술되어 있었다.

러시아의 대조선정책은 조선에서 러시아의 영향력 강화를 그 목적으로 하며, 조선 국왕이 조선의 독립을 주장할 수 있는 어떤 정파에 기반을 둘 경우에만 그를 지지한다고 강조했다. 그러면서 '만약 조선 국왕이 모두에게 버림받고 국가를 떠나야 할 경우 결국 우리 수중에 남는 것은 왕위를 노리는 무능한 자들인 바, 그런 상황은 러시아와 망명한 조선 국왕의 자리를 차지한 정부 사이에 만족스러운 관계 수립을 저해할 수 있다'[15]고 지적했다.

기르스가 이러한 입장을 취하게 된 것은 러시아 정부가 조선 문제로

14 Донесение Вебера министру иностранных дел Н. К. Гирсу. Сеул, 20 декабря 1885 г. // Там же. Л. 51.

15 Копия с секретной депеши статс-секретаря Гирса Поверенному в делах и Генеральному консулу в Корее от 16 января 1886 г. № 9 // АВПРИ. Ф. Японский стол. Оп. 493. Д. 1. Л. 63-67.

인해 청과 무력 충돌에 휘말리는 것을 원치 않기 때문이었다. 그는 청 정부가 조선에 대한 영향력을 보장받기 위해 조선 국경에 상당한 군사력을 집결시켰다는 베이징 주재 러시아 공사 포포프의 보고를 베베르에게 통보했다. 포포프의 보고에 따르면, 청의 조치는 조선에 대한 러시아의 음모와 관련된 소문에서 비롯되었고, 영국 역시 청의 관심을 거문도에서 다른 곳으로 돌리기 위해 이 소문들을 지지하고 있다는 것이다.

이와 관련하여 기르스는 '청 정부가 조선 문제에 무력으로 간섭할 수 있는 명분을 주어서는 안 되며, 간섭은 청의 조선 독식으로 이어져 결국 러시아와 청의 충돌로 귀결될 것으로 전망'했다. 아울러 '외무성 훈령에 포함된 조선과 관련된 당초의 구상들을 드러내는 것은 시기상조'임을 주지시켰다. 이 구상들은 단지 미래에 실현가능한 것이기 때문에 '러시아 접경 지역에서 요구되는 생필품 충족을 위해 조선과 우호관계 수립에 전념해야 하며, 조선 국왕이 러시아의 지원에 대한 기대를 저버리지 않도록 하고, 조선 국왕에게 조청관계를 그르칠 수 있는 행동을 자제하도록 조언하라'고 베베르에게 지시했다.[16]

또한 영국이 점령 중인 거문도와 관련하여, 그곳에서 '영국 군함을 퇴거시키려는 조선 정부의 노력을 지지'하도록 훈령하였다. 이에 베베르는 조선 국왕의 측근들에게 '거문도 문제가 영국에게 유리하게 해결된다면, 이는 다른 해양 열강에게 조선의 영토를 또다시 점령하도록 자극하게 될 것'이라고 구체적으로 설명했다.[17]

이처럼 기르스의 1886년 1월 16일 자 새로운 훈령에는 1885년 이후 조선을 둘러싼 첨예한 국제정세 속에서 베베르가 해결해야 할 주요 과

16 Там же.

17 Там же.

제들이 제시되어 있었다. 기르스는 1885년 10월 21일 베베르가 상하이에서 발송한 보고서에서 제시한 구상들을 심도 있게 검토하기 위해서는 조선에 대한 정보, 즉 조선 국왕과 그를 둘러싼 영향력 있는 인물들, 조선이 보유한 군사력 등에 관한 자료가 반드시 보완되어야 한다고 지적하였다.

이후 러시아 외무성 아시아국은 조선의 상황을 파악하기 위해 조선에서 정파의 의미, 조선 국왕과 정부에 대한 여론, 조선의 경제력 그리고 문명국과의 관계 수립이 조선에 끼칠 영향 등에 대한 자세한 정보를 베베르에게 요청했다. 아시아국 국장 지노비예프(И. А. Зиновьев)가 베베르에게 보낸 편지에는 주한 외국 대표들의 현황과 역할, 그들이 추구하는 목표와 보유 수단 그리고 대표들 상호관계에 대한 세부 정보들을 확보해야 한다고 지시하고 있었다.[18]

이와 같이 베베르는 복무를 시작한 몇 달 만에 조선에 대한 구체적 대책에 외무성과 이견이 있음을 확인했다.

베베르와 위안스카이의 외교적 결투

위안스카이는 대조선 강경론자이자 조선에서 러시아의 지위 강화를 강력히 반대했다. 그는 1885년 11월 전권대표('駐紮朝鮮總理交涉通商事宜' 全權代表)로 임명되었을 때부터 한반도에서 청의 우월적 지위를 확보하기 위해 다양한 시도를 했다. 청은 조선 군대를 훈련시키기 위해 러시아 군

18 Письмо директора Азиатского департамента МИД России Зиновьева Поверенному в делах в Корее Веберу от 20 мая 1886 г. // АВПРИ. Ф. Японский стол. Оп. 493. Д. 1. Л. 78.

사교관을 초빙하고, 러시아와 조선의 보호관계를 수립하려 했던 묄렌도르프를 소환한 후 고종의 고문 겸 외무협판으로 전(前) 텐진 주재 미국 영사와 상하이 주재 미국 총영사를 지냈던 데니(O. N. Denny)를 임명했다.

리훙장은 데니를 조선 정부에 추천하면서 청의 이해에 부합하는 노선을 추구할 것으로 기대했다. 그러나 데니는 그의 기대에도 불구하고 봉직하고 있는 조선 정부, 특히 고종의 이익을 우선적으로 옹호해야 한다고 생각했다. 그는 이러한 이유로 조선의 대내외 문제들을 관장하려는 청의 시도에 반대했으며, 결과적으로 청의 대조선정책을 강력히 비판하는 사람이 되었다.

위안스카이는 조선 고관들의 편의를 봐주며 데니를 고종의 고문이 아닌 통리아문의 협판으로 임명하도록 설득했지만 이루지 못했다. 이에 대해 베베르는 교활하고 유능한 사람이 자신의 오만한 태도로 인해 조선인들을 적으로 만들어 버렸다고 평가했다. 이러한 상황은 거문도 반환을 영국에 요구하라는 고종의 지시(청 정부의 바람과는 반대로-저자 주)를 데니가 용이하게 이행할 수 있게 했고,[19] 전력을 다해 영국 함대의 퇴거를 이끌어 낼 수 있었다. 이 지점에서 베베르와 데니가 가까워지는 계기가 되었다. 데니는 러시아 대리공사와 수차례 회담을 통해 리훙장의 정책과 위안스카이의 반(反)조선적 활동에 대한 중요 정보를 건네주었다.

1886년 여름, 고종이 청으로부터 조선의 독립을 강화하기 위해 러시아의 협력을 재차 요청하자, 베베르와 위안스카이의 공식적으로 드러나지 않은 외교적 결투가 시작되었다. 조선의 친청파 관료들이 위안스카이에게 고종의 의도를 알리자, 위안스카이는 러시아와 조선 사이에 마

19 Донесение Поверенного в делах в Корее Вебера министру иностранных дел Гирсу. Сеул, 9-го апреля 1886 г. № 12 // АВПРИ. Ф. Японский стол. Оп. 493. Д. 1. Л. 75-77.

치 비밀협약이 성립된 것처럼 리훙장에게 전문을 보냈다. 리훙장은 위안스카이의 보고가 얼마나 정확한지 데니에게 확인했다. 데니는 7월 24일 리훙장에게 보내는 답신에서 위안스카이의 정보는 아무런 근거가 없으며, 그를 소환하는 것이 유익할 것이라고 조언했다. 바로 그날 민영익은 베베르를 방문하여 4시간 동안 회담을 가졌다. 대화 내용은 베베르가 기르스에게 보낸 보고서에 간략하게 기술되어 있다.

"민영익의 전언에 따르면, 이곳의 청 대표(위안스카이)는 그의 영향력과 특권을 단지 조선 국왕의 권위와 조선의 안녕을 저해하는 방향으로 이용하고 있어서 조선 국왕이 매우 고통스러워하고 있습니다. 조선 국왕은 거문도 사건에서 보듯이, 조선이 다른 나라와 어떤 심각한 어려움에 처할 경우 청이 조선을 보호해 줄 처지가 아님을 굳게 믿고 있습니다. 따라서 조선의 번영이 청의 이해에 부합하지 않기 때문에 청 정부가 청 대표를 통해 모든 개혁과 혁신을 가로막고 있다고 확신하고 있습니다. 청은 조선이 재정을 확충할 수 있는 광산과 탄광 개발을 방해하고 있습니다. 많은 국가들 가운데 러시아만이 조선을 자유롭게 해 줄 수 있으며, 조선 국왕도 러시아와의 긴밀한 우호관계만이 평화와 안녕을 정착시키고, 국가를 발전시킬 수 있는 유일한 수단으로 여기고 있습니다. 이때 민영익은 러시아의 영향력하에서 조선의 독립을 강화하기 위해 협력을 부탁하는 고종의 문서를 가져올 것이라고 덧붙였습니다.

당관은 민영익이 조선의 상황을 솔직히 설명한 것과 조선 국왕이 우리 정부에 신뢰를 보낸 것에 감사를 표했습니다. 러시아는 조선의 운명에 적극 관여할 것이며, 당관은 훈령에 따라 조선의 독립과 영토 보전을 위협하는 어떤 상황이 도래한다면 러시아 정부가 가능한 협력을 제공할 준비가 되어 있다고 조선 국왕을 확신시킬 전권을 부여받은 바 있습니다. 그럼에도 당관은 조선 국왕이 구상한 정책들의 중요성과 결과적으로 조선이 불가피하게 휘말리게 될 분규와 곤경에 대해 지적해야만 했습니다. 당관은 러시아의 우의를 조선 정부에 표하면서 조선 고관들에게도 지적한 사안, 즉 러시아 정부는 이웃국가인 청과 우호관계를 원하기 때문에 이를 훼손할 수 있는 모든 것을 자제해 달라고 항상 주지시켰습니다. 아울러 만일 조선 국왕의 제안에 대해 차르의 동의가 있을 경우, 우수리스크 지역에 충분한 병력이 배치되어 있지 않기 때문에 병력이 이동하는 데 오랜 시간이 걸릴 수 있음을 민영익에게 이해시켰습니다. 따라서 러·청 간에 충돌이 발생할 경우 청은 러시아가 병력을 이동시킬 동안 조선을 유린할 수 있으며, 러시아의 지원은 시간이 걸릴 것이라는 것도 주지시켰습니다.

회담이 이루어지는 4시간 동안 민영익은 같은 말을 반복했으며, 조선 국왕의 서신을 접수해 줄 것을 부탁했습니다. 당관은 서신 접수를 거부할 권리가 있다고 생각하지 않지만, 조선 국왕에게 서신의 중요성과 그로 인한 결과에 대해 심사숙고하시길 정중히 부탁드린다고 민영익에게 전했습니다.

민영익은 당관과 헤어져 바로 왕궁으로 향했으며, 이틀 후 조선 국왕의 결정을 알려 주기로 약속했습니다. 민영익은 26일에 다시 당관을 찾아와 조선 국왕이 결정을 바꾸지 않으셨다고 얘기했습니다. 당관은 재차 조선 국왕의 어떠한 서신이라도 받을 수 없다고 말했으나 28일 문서가 배달되어 번역본과 함께 동봉하였습니다. 이 문서의 원본에는 조선 국왕과 내무대신의 서명이 있습니다."[20]

20 Донесение Поверенного в делах в Корее Вебера министру иностранных дел Н.К. Гирсу. Сеул, 6-го августа 1886 г. № 36 // АВПРИ. Ф. Японский стол. Оп. 493. Д. 1. Л. 109-116.

고종이 보내온 문서의 내용은 다음과 같다.

"우리나라는 한쪽 방향으로 기울어져 있고, 타국의 영향력에 복속되어 있다. 비록 이 나라에 한 명의 독립된 군주가 있으나 타국에 예속된 상태에서 벗어나려고 해도 빠져 나올 수 없다. 이에 국왕 본인은 실로 부끄럽고 서글플 따름이다. 이제 다시 일어나 기존의 질서를 완전히 바꾸어 향후 타국에게 결코 예속되지 않도록 전력을 다하며, 이와 연관된 불안과 증오를 피하려고만 하지 않을 것이다. 만일 우리나라와 귀국의 우정과 합의가 조만간 입술과 이빨처럼 더욱 공고해진다면, 조선과 다른 열강의 관계에도 변화가 생길 것이다. 본인이 깊이 원하는 바는 귀하가 귀국 정부에 보고하고, 귀하의 노력을 보태, 비밀리에 러시아 정부가 본인을 보호하기 위해 전력투구하고, 방기하지 않도록 하는 것이다. 그러면 본인은 다른 군주들과 같은 반열에서 동등한 권리를 지니게 될 것이다. 만약 타국과 불화가 발생한다면 귀국이 군함을 파견하여 당분간 본인의 안전을 맡아 주기 바란다. 이 문서는 본인이 직접 작성한 것이며, 귀하의 이해와 협의를 기대한다. 안녕을 기원하며."[21]

이는 조러 우호 및 조선의 보호와 방위에 관한 사실상의 비밀협약 체결에 베베르의 협력을 요청한 것이다.

베베르에게 편지가 전달된 1주일 후 편지 사본은 조선의 친청파 고관들을 통해 위안스카이에게 전달되었다. 『고종시대사』의 저자인 조선 역사학자들에 따르면 고종의 편지 사본을 위안스카이에게 전달한 인물은 민영익이며, 그는 조선이 청을 배신하고 러시아 편으로 돌아설 경우

21 Секретное сообщение. Приложение к донесению Поверенного в делах в Корее Вебера министру иностранных дел Н.К. Гирсу. Сеул, 6-го августа 1886 г. № 36. Там же. Л. 117.

예상되는 결과를 우려했다고 한다.[22]

이때부터 위안스카이는 고종을 폐위시키기 위해 조만간 중국 함대와 3만의 병력이 도착할 것이며, 왕위는 대원군이 대신할 것이라고 위협하기 시작했다. 이로 인해 서울에서는 큰 혼란이 야기됐다. 베베르는 외무성에 급히 보고했다.

"서울 주민들은 앞으로 닥칠 혼란을 두려워하며 피난하기 시작했으며, 외국인들은 권총을 준비하고, 자신의 가족들을 제물포로 보내는 것을 논의하고 있습니다. 러시아 공사관을 자주 찾던 조선 고관들의 모습은 더 이상 보이지 않습니다. 그들 중 일부는 '애원하기 위해' 매일같이 위안스카이를 방문하고 있습니다. 당관은 위안스카이가 저와 관련 있는 조선인들뿐만 아니라 모든 외국인들을 감시하고, 이에 대한 보고를 받고 있다고 생각합니다."

고종이 베베르에게 보낸 편지 사본을 입수한 위안스카이는 리훙장에게 이를 즉시 알렸다. 리훙장은 대원군에게 서한을 발송하여 고종의 비밀행보를 중단시키라고 요구했다. 그러자 놀란 고종은 김홍집을 단장으로 통리아문 독판 김윤식, 총리내무부사 심순택 등으로 구성된 대표단을 위안스카이에게 보냈다. 러시아와의 밀약은 본인의 생각이 아니라 신하들의 요구이며, 서한에 옥쇄가 날인되지 않은 것이 이를 말해 준다고 했다. 그러자 위안스카이는 조선대표단에게 베베르에게 전달된 편지는 조선 국왕이 직접 작성한 것이 아니기 때문에 무효이며, 효력이 발생하지 않는다는 사실을 베베르에게 알리라고 요구했다. 하지만 조선대표단은 이를 이행하지 않았다. 그러자 위안스카이는 고종을 강제 퇴위

22 Коджон сидэ са. Т. 2. Сеул, 1969. С. 820.

시키려면 500명 정도의 부대로도 충분하다고 리훙장에게 타전했다. 리훙장은 상트페테르부르크 주재 청 공사에게 보낸 전문을 통해 조선 국왕이 베베르에게 보낸 편지는 무효한 것임을 러시아 정부에 통보하도록 지시하였다.

베베르는 당시 상황을 평가하면서 위안스카이가 꾸미는 음모의 본질에 대해 조선 국왕과 측근들에게 설명했다.

"위안스카이가 유포한 음모는 중국인들만이 할 수 있는 교활하고, 간교하며, 사악한 것으로, 조선을 청이나 위안스카이의 모든 명령에 따르는 속국으로 만들려는 것입니다. 그의 독단에 제재를 가하지 않는다면 손쉽게 목적을 달성할 것입니다. 불쌍한 조선 국왕을 둘러싸고 있는 인물들 대부분은 친청파이며, 나머지는 공개적으로 조선 국왕의 편에 서는 것을 두려워하고 있습니다. 이 불쌍한 나라에서 친 국왕파는 찾아보기 어렵습니다. 다만 중간 계층에는 조선 국왕을 지지하는 자들이 많으며, 조선 국왕은 비록 국사에 아무런 영향력을 미치지 못하는 자들이지만 이들을 활용하고 있습니다. 또한 자신에게 충성을 바치는 일부 고관들과 외국 대표들 그리고 고문 데니와 비밀 연락을 취하고 계십니다. 노예와 압제에 익숙해진 조선 국민들 역시 권력자들의 명령을 장님처럼 이행하고 있습니다. 위안스카이는 조선 국왕의 신임을 얻고 있는 이 중간 계층 및 하층 관원들을 궁궐에서 축출하기로 결정했습니다. 그럼으로써 조선 국왕이 자신의 일파들과 지속적인 연락을 취할 수 없게 하고, 위안스카이의 부하들에게 완전히 둘러싸여 의존하도록 만들려고 합니다. 실례로 이들 가운데 조선 국왕과 당관의 중개자로서 러시아어에 능통한 김학우(金鶴羽) 등 4명은 위안스카이의 강청에 따라 10월 말

무인도로 유배되는 형을 받았습니다."[23]

조선 관원 4명의 유일한 죄목은 고종의 신임을 얻은 것뿐이었다. 베베르는 이들에게 유배형이 공포된 후[24] 청과의 관계에 부정적으로 작용할 수 있는 결정을 내리는 데 주의할 것을 지시했던 러시아 외무성의 훈령을 되새겼다. 이에 따라 위안스카이에 대항하는 항의문 전달을 자제하고, 조선 통리아문의 독판에게 공식 서한을 발송하기만 했다. 베베르는 이 서한에서 섣부른 판단을 유보하라며 에둘러 말했다.

"조선의 내정에 간섭하려는 의도는 없지만, 죄가 없는 사람들을 유형에 처하는 조치는 혼란과 위험을 초래할 뿐만 아니라 러시아와 조선의 우호관계에도 해를 끼칠 것입니다."[25]

외무독판은 베베르의 서한을 접수한 즉시 이를 위안스카이에게 통보한 후, 그가 있는 자리에서 회신을 작성하여 베베르에게 발송했다.

"러시아 대리공사가 조선의 내정에 간섭하는 것이 실로 놀라울 따름이며, 향후 통리아문에 들러 소문에 대해 해명하시오."

하지만 사흘 후 유형에 처해진 이들이 풀려났다는 조선 정부 명령이 공포되었다.[26] 이것은 위안스카이가 주도한 외교적 음모를 무력화시킨 베베르의 명백한 승리였다.

외무대신 기르스는 1886년 10월 「조선의 상황에 관한 기록」이라는

23 Донесение Поверенного в делах в Корее Вебера министру иностранных дел Н.К. Гирсу. Сеул, 6-го августа 1886 г. № 36 // АВПРИ. Ф. Японский стол. Оп. 493. Д. 1. Л. 109-116.

24 Донесение Поверенного в делах в Корее Вебера министру иностранных дел Н.К. Гирсу. Сеул, 11-го августа 1886 г. № 39 // АВПРИ. Ф. Японский стол. Оп. 493. Д. 1. Л. 139.

25 Копия с сообщения Императорского Российского Поверенного в делах в Корее исправляющему должность Президента Корейского Министерства Иностранных Дел от 10 августа 1886 г. // АВПРИ. Ф. Японский стол. Оп. 493. Д. 1. Л. 132 об.

26 Донесение Поверенного в делах в Корее Вебера Его Высокопревосходительству Гирсу. Сеул, 15-го августа 1886 г. № 42 // АВПРИ. Ф. Японский стол. Оп. 493. Д. 1. Л. 134.

상주서에서 청이 군사력을 이용하여 한반도에서 우월적 지위를 유지하려 하자, 조선 국왕이 러시아에 보호를 요청한 이후의 상황에 대해 자세히 기술했다. 이 보고서에는 러시아 외무성이 조선의 국내외 정세에 따라 어떤 행동을 취했는지 나타나 있다.

"작년 말 서울 주재 러시아 대리공사는 조선 국왕이 청의 내정 간섭, 특히 1882년 청에 의해 납치되었던 조선 국왕의 부친인 대원군이 귀국한 것을 두려워하여 러시아 정부의 지원과 몇 척의 전함을 제물포로 파견해 달라고 5등관 베베르에게 요청했습니다. 청의 간섭이 조선에 대한 러시아의 음모에 관한 소문 때문에 야기되었던 사실과 우리가 조선을 확고하게 보호하는 것이 단지 사태를 악화시킬 수 있음을 고려하여 외무성은 금년 1월 16일 훈령을 통해 조선 국왕이 요청한 지원을 적시에 제공하는 문제를 논의하려면 반드시 조선에 대한 보다 정확한 정보가 있어야 한다고 베베르에게 통보해 준 바 있습니다."

베베르에게 내려진 훈령에는 다음 사항이 언급되어 있었다.

"어떤 조치(제물포에 러시아 전함 파견)가 조선 국왕에게 실현 불가능한 희망을 갖도록 해서도 안 되며, 조선 국왕은 물론 우리까지 잘못된 상황에 빠질 수 있는 부주의한 행보를 취하지 않도록 미리 확인하는 것이 반드시 필요하다. 아울러 조선 국왕이 (러시아의) 지원에 대한 희망을 포기하도록 해서는 안 되며, 그와 동시에 청과의 관계를 훼손시킬 수 있는 행동도 자제하도록 조언하라."

8월 중순, 베베르는 고종의 간절한 부탁을 받고 조선의 독립 보장과 지원을 요청하는 편지를 접수하는 데 동의했다. 하지만 청이 이를 알고 8척의 군함을 조선에 파견함으로써 상황이 위급해졌다고 외무성에 타전했다. 그가 보낸 전문은 베이징 주재 러시아 대리공사 라디젠스키

(Н. Ф. Ладыженский)의 톈진 출장과 시기적으로 일치했다. 리훙장이 거문도 사건을 비밀리에 협의하기 위해 라디젠스키를 초청한 것이다. 러시아 외무성은 라디젠스키에게 청 함대의 조선 파견을 리훙장과 논의하고, 청은 조선의 내정 간섭을 자제할 것을 주지시키라고 훈령을 내렸다.

라디젠스키가 9월 1일 상트페테르부르크로 타전한 바에 따르면, 청이 함대 외에도 조선 국경에 3만 명의 병력을 집결시켰고, 리훙장은 베이징으로부터 '조선에 대해 적극적으로 행동하라'는 지시를 받았다는 것이다. 하지만 리훙장은 러시아 대리공사의 톈진 방문을 통해 러시아의 우호적 의지를 확인함으로써 '온건한 태도를 견지'하였다고 보고했다. 이와 함께 라디젠스키는 조선 국왕이 베베르에게 서한을 전달한 것과 관련하여, 그런 사실 자체를 부정하고, 모든 문제를 영국의 음모로 돌렸다. 조선 국왕 스스로가 청의 조회에 대해 자신의 편지임을 인정하지 않았기 때문이다.

베베르는 9월 3일 조선의 정국이 안정되었다고 러시아 외무성에 타전했다. 그는 묄렌도르프의 자리를 승계한 데니가 이러한 혼란을 야기한 위안스카이의 교체를 요구하기 위해 톈진으로 출발했다고 보고했다.

러시아 외무성은 라디젠스키가 조선과 관련하여 리훙장에게 어떤 제안을 할 수 있는지 문의해 오자 9월 12일 다음과 같이 타전했다.

"우리는 조선에 어떠한 욕심도 없으며, 청은 조선의 기존 질서와 영토 보전을 보장해 주기 바란다. 이런 원칙에 근거하여 문제를 해결하는 것이 바람직하다. 서면 협약은 청의 진정성이 담보될 경우에만 가능하다."[27]

라디젠스키는 리훙장과 협의하는 과정에서 조선 문제와 관련하여 서

27 Записка о положении дел в Корее // АВПРИ. Ф. Японский стол. Оп. 493. Д. 1. Л. 159-161.

면 협약을 체결하지 않았다. 이는 청이 협약 문안에 조선은 청의 속국이며, 조선의 통치자들에 대한 청의 특별 의무에 대해 명문화하려 하자 그것에 동의할 수 없었기 때문이다. 이들의 교섭은 청의 대조선정책의 본질을 바꾸지 못했다.

베베르는 청의 음모와 위안스카이의 간계에 대해 상트페테르부르크에 지속적으로 보고했다.

"서울이 평온해지고, 위안스카이 또한 최근의 사건들에 대한 책임감 때문에 리훙장을 두려워하여 온순해졌다고 했습니다. 그럼에도 불구하고 제물포에 청 전함이 정박 중인 것은 리훙장이 러시아와 조선 간에 어떤 협약이 존재한다고 믿는 방증이며, 필요시 조선에서 러시아의 영향력 강화에 맞서려는 의지를 입증하는 것으로 여겨집니다. 러시아가 조선에서 얻고자 하는 이익은 러시아의 영향력 제거하여 조선을 예속화시키려는 청과 심각한 대립으로 이어질 것입니다. 그리고 믿을만한 정보원의 보고에 따르면 리훙장은 위안스카이가 꾸민 음모로 복잡해진 사태를 해결하는 데 몰두해 있습니다."[28]

베베르는 1887년 5월 7일에 작성한 보고서에서 청의 대조선정책, 위안스카이의 선동적 행위, 청에 어떠한 저항도 하지 못하는 고종과 측근들의 무능력을 총체적으로 서술했다.

"청은 여전히 조선에 강력한 영향력을 발휘하고 있으며, 일부 조선인들만 나라의 발전을 막고 있는 것이 바로 청이라며 정세를 올바르게 판단하고 있습니다. 조선의 친청파들은 청의 대조선정책이 속국화로 이어지지 않을 것으로 생각합니다. 그러나 청의 의도를 정확히 파악하고 있

28 Донесение Поверенного в делах в Корее Вебера министру иностранных дел Н.К. Гирсу. Сеул, 15-го августа 1886 г. № 43 // АВПРИ. Ф. Японский стол. Оп. 493. Д. 1. Л. 135.

는 소수의 인사들 가운데 한 명이 바로 조선 국왕입니다. 국민들은 조선 국왕에게 충성스러우며, 조국을 사랑하고, 중국인들보다 애국심이 강합니다. 그러나 자신들이 비천하고, 무기력하다고 생각합니다. 만약 배신자들이 궁궐에서 쿠데타를 일으킨다면, 청은 배신자들이나 조선 국왕을 위한다기보다는 단지 자국의 영향력 강화를 위해 그 일에 간섭할 것이며, 쿠데타는 큰 분란 없이 마무리될 것입니다. 궁궐을 호위하는 수비대는 규율도 없고, 지도자도 없는 오합지졸입니다. 그들이 최소한의 저항이라도 할 것을 기대하면 오산입니다. 그들은 첫 번째 총성이 울리자마자 사방으로 도망갈 것입니다."[29]

베베르는 보고서에서 위안스카이가 조선을 청의 무기력한 속국으로 변모시킨 다양한 수단과 방법들에 대해서도 언급했다.

"조선 주재 청 대표인 위안스카이가 고수하고 있는 전술은 지속적으로 불안을 야기하고, 폭동이나 쿠데타가 예상되는 혼란 속으로 조선인들을 몰아감으로써 그들이 기댈 수 있는 유일한 국가가 청국임을 강요하고, 청의 명령에 맹목적으로 따르게 하고 있습니다. 위안스카이에 따르면, 일본이 조선으로 군대를 빈번하게 출병시킴으로써 조선인들은 적지 않은 곤란을 겪고 있으며, 미국으로부터 들어온 공화사상과 이를 실천하려는 열망이 조선에 전파되고 있다고 합니다. 또한 프랑스로부터는 가톨릭이 밀려오고 있으며, 러시아는 조선의 북방을 빼앗으려 하고, 영국은 오직 자국의 이익만 추구하여 거문도 사건을 일으켰다고 말합니다. 이들 열강 가운데 어떠한 나라도 조선에서 폭동이 발생하거나 다른 국가와 분쟁이 야기될 경우 조선에 도움을 주지 않을 것이라고 합

29 Секретное донесение Поверенного в делах в Сеуле Вебера статс-секретарю Гирсу. Сеул, 7-го мая 1887 г. № 7 // АВПРИ. Ф. Японский стол. Оп. 493. Д. 1. Л. 319-322.

니다. 위안스카이는 여러 차례 우의를 입증한 청만이 조선을 보호할 수 있다고 조선인들에게 말하고 있습니다."[30]

위안스카이는 조선인들을 겁에 질리게 하고, 그렇게 함으로써 청을 유일한 구원자로 만들고 있었다. 당시 소문에 따르면(베베르의 보고와 같이) 그는 고종과 민 왕후를 시해할 목적으로 대원군과 음모를 꾸미고 있었다고 한다.

베베르는 조선에 대한 청의 정책과 전술의 특성을 언급하면서 다음과 같이 경고했다.

"만약 조선의 운명에 관심이 있는 외국 정부들이 청과 위안스카이의 행위에 대해 항의하지 않는다면 조선 국왕은 청의 요구에 맹목적으로 매달리게 되든가 혹은 어떤 실험용 기구(氣球)가 폭탄처럼 터지는 것처럼 어떤 소동이 조선의 독립을 공중에서 폭발시켜 버릴 것입니다."

이와 관련하여 베베르는 미국 변리공사 포크(G. C. Foulk)가 상황을 심각하게 인식하고 있음을 인지하고, 자신의 입장을 피력했다.

"서울에서 야기되는 혼란이 위안스카이의 활동에서 비롯된 만큼, 조선 주재 외국 대표들은 위안스카이를 즉각 축출하거나 그가 모든 책임을 지도록 청 정부에 요구해야만 합니다."

베베르는 청과의 관계를 악화시키지 말라는 외무성의 지시를 실천해야 했기 때문에 위안스카이가 조선에 끼친 위해에 상응하는 조치를 취할 수 없었다. 러시아는 청과의 충돌이 이해에 부합되지 않을 뿐 아니라 막대한 군사적 긴장이 따를 것을 우려했다. 베베르는 공개적으로 위안스카이에게 대항하기보다는 청의 조선 침해에 반대하는 외교 사절들

30 Там же.

을 찾아 나섰다. 이들 중 고종의 외교 고문이었던 데니(O. N. Denny)는 그 주역이었다.

러시아 공사와 조선 외교 고문 데니의 상호 이해

베베르는 서울 주재 외교사절들과 우호적인 관계를 맺는 것에 적지 않은 의미를 부여했다. 예를 들어, 베베르는 1886년 베이징에서 체결된 조·불 통상조약이 1887년 5월 30일 비준된 이후부터 1888년 5월 25일 프랑스 정부가 조선 주재 외교사절로 임명한 콜랭 드 플랑시(Collin de Plancy)가 서울에 도착하기 전까지 조선에 프랑스 사절이 없었던 1년 동안 기르스의 지시에 따라 '프랑스의 이익을 보호해 주었다.' 그는 부여된 추가 업무를 책임 있게 수행함으로써 명예군단장교 십자훈장과 훈장증서(No. 3441)를 수여받았다.[31]

또한 베베르는 조선의 자주와 불가침을 보장하는 데 견해를 같이하고, 위안스카이에 비판적 평가를 했던 데니를 끌어들여 반청(反淸) 전선을 형성하였다. 베베르와 데니는 조선의 상황에 공감대를 형성하면서 가까워졌으며, 데니는 베베르에게 청 정부와 리훙장의 대조선정책에 대한 중요한 정보들을 알려 주었다.

1886년 가을, 톈진을 다녀온 데니는 베베르에게 새로운 정보를 전했다. 그는 조선 위기의 주요 원인은 영국의 거문도 점령이며, 이 사건은 다른 국가들에게 위험한 선례가 될 수 있음을 리훙장에게 알렸다. 아울

31 Письмо Вебера Гирсу. Сеул, 31мая/12 июня 1888 г. // АВПРИ. Ф. Японский стол. Оп. 493. Д. 49. Л. 104-105.

러 만약 청이 이 문제를 방관할 경우 러시아는 '조선을 위해 나설 수 있는 청의 권리를 인정하지 않을 것이며,' 청이 거문도 반환에 도움을 주지 않으면 '조선은 청의 위력과 선의에 의구심을 품게 될 것'이라고 했다. 따라서 데니는 리훙장에게 청과 러시아는 '조선에 대한 상호 입장'을 밝히고, 조선의 자주와 영토 보전을 보장하는 협약을 체결해야 한다는 점을 설득시키려 노력했다.

데니는 베베르에게 러시아가 '조선을 정치적 악몽으로부터 해방시켜줄 수 있는 유일한 나라'이며, 만일 러시아가 '조선에 대한 지원을 거부하고, 청의 조선에 대한 자주권 침해를 중단시키지 않는다면, 굳이 선지자가 되어 피할 수 없는 조선의 운명을 예언할 필요가 없다'고 했다.

베베르는 데니가 제의한 협약에 우려를 표하며, 이 협약은 단지 미봉책에 불과할 뿐 근본적으로 러시아에게 유리하도록 상황을 변화시킬 수 없다고 보았다. 아울러 청이 조약 의무를 성실하게 이행할 것인지에 대해 의구심이 들 뿐 아니라 러시아를 협약으로 묶어두고 이전처럼 조선의 내정에 간섭할 것을 우려했다.

하지만 데니는 리훙장을 논리적으로 설득함으로써 결국 위안스카이의 잘못된 행동은 '어리고 경험이 부족했기' 때문이라는 해명을 들었다고 했다. 그러면서 리훙장은 러시아와 가까워지는 한편, 영국으로 하여금 거문도를 반환하도록 하고 싶다는 희망을 피력했다.[32]

리훙장이 회담에서 얼마나 진실했는지는 알려진 바 없다. 그러나 데니가 톈진을 다녀온 후 서울 주재 청 대표와 다른 나라 외교 사절들은 그를 강력하게 비난했다. 베베르는 러시아 정부에 청이 데니를 못마땅

32 Донесение Поверенного в делах в Корее Вебера его Высокопревосходительству Гирсу. Сеул, 10-го октября 1886 г. № 63 // АВПРИ. Ф. Японский стол. Оп. 493. Д. 1. Л. 167-171.

하게 여기고 있다고 보고했다.

청이 데니를 비난하는 이유는 그가 조선인들의 도덕적·경제적 여건을 향상시키고, 지하자원 개발과 조선의 번영에 도움이 되는 자문과 조언을 조선 정부에 해 주기 때문이었다. 다른 국가 사절들도 데니가 조선의 열악한 재정 상황을 고려하여 조선 정부에 '조악한 기계들과 낡은 기선들'을 매입하지 말도록 조언한 것에 우려를 표했다.[33] 베베르는 이러한 원인들로 인해 데니의 입지가 흔들리고, 조선 국왕의 고문에서 물러날 수 있음을 우려하였다.

베베르의 우려와 함께 전직 조선 주재 미국 공사이자 해군 무관인 풀크(George C. Foulk)와 슈펠트(R. W. Shufeldt) 제독이 데니의 후임으로 물망에 올랐다. 이들은 조선에서 일본의 영향력 강화를 주장하는 자들로 데니와는 달리 청과 대립하지 않지만 러시아를 신뢰하지도 않는다고 평가됐다. 베베르는 '데니가 떠난다면, 우리에게 성실했던 사람의 지지를 잃게 될 것'이라고 기술했다.[34]

위안스카이는 데니가 톈진에서 서울로 돌아온 후에도 조선의 대내외 정책에 실질적인 지도자 역할을 자처하면서 내정 간섭을 멈추지 않았다. 1886년 6월, 위안스카이가 고종과 민 왕후를 상대로 음모를 꾸몄다는 예전의 소문들이 사실로 확인되었다. 그는 궁궐을 방화하고 큰 소동을 일으켜 그 와중에서 고종과 민 왕후를 시해하려 했다. 위안스카이는 조정자로서 대원군의 다른 아들을 왕으로 추대하여 청의 명령을 온순하게 이행하도록 하려 하였다. 따라서 새로운 왕의 통치는 조선이 청에

33 Донесение Поверенного в делах в Корее К.И. Вебера министру иностранных дел Н.К. Гирсу. Сеул, 6-го апреля 1887 г. № 34 // АВПРИ. Ф. Японский стол. Оп. 493. Д. 1. Л. 273-275.

34 Там же. Л. 275.

완전한 속국이 되어가는 과도기가 되는 것이었다. 이를 위해 위안스카이는 친청파 리더로 간주되었던 민영익에게 조선군 매수 비용으로 300만 량(약 8,000루블 상당의 태환권)을 주었다. 하지만 민영익이 위안스카이의 음모를 고종과 민 왕후에게 모두 고해바쳐 무산시켰다. 그가 갑자기 러시아 군함 시부치(Сивуч)호를 타고 즈푸[之罘]로 떠난 것은 위안스카이와 친청파들을 벗어나기 위함이었다.

1886년 여름, 고종은 러시아 및 여타 유럽국가 주재 공사로 조신희(趙臣熙)를, 미국 주재 전권대신으로 박정양(朴定陽)을 각각 임명하여 서구 열강과 관계 강화를 모색하였다. 그러자 위안스카이는 공사 임명에 자신이나 청 정부와 합의하지 않았다는 이유로 이에 대한 질의서를 조선의 외무아문으로 보내고, 그들의 출국을 막았다.

1886년 10월, 베베르는 조선 사절들이 유럽과 미국으로 출발할 수 있도록 조선 정부에게 지원할 것인지 기르스에게 문의했다. 그러자 기르스는 '조선의 사절 임명권을 청이 인정하도록 러시아가 도울 수 있는 상황은 조선과 이해관계가 있는 열강 모두가 도움을 주기로 결정할 때만 가능하다'[35]고 회신했다.

모든 서구 열강이 조선에서 얼마간의 이해관계가 있었으나 그들의 이해는 양립될 수 없는 경우도 있었고, 당시 영국은 조선에 대한 청의 배타적 영향력을 암암리에 지지하고 있었기 때문에 열강의 일치된 행동을 기대할 수 없었다. 따라서 조선은 혼자 힘으로 청의 요구와 위협에 맞서야만 했다. 이로써 조선의 대외관계를 독점적으로 통제하려는 청의 야심은 성공적으로 일단락되었다.

35 Там же. Л. 172.

위안스카이가 조선의 내정을 간섭했던 또 다른 구실은 조선 정부가 대외무역을 위해 평양이나 그 인근 지역을 개항하기로 결정했기 때문이다. 청은 조선 정부가 사전에 자문을 구하지 않았던 것에 분개하고 격분했다. 하지만 위안스카이의 이러한 행동은 조선 정부의 불만을 야기했을 뿐만 아니라 서울의 평화마저 깨뜨렸기 때문에 데니가 톈진을 재차 다녀오는 계기가 되었다.

데니는 조선 문제에 대한 비망록을 10월 7일 리훙장에게 제출하여 다음과 같은 문제에 관심을 갖게 했다. 첫째, 조선을 속국으로 여기는 청 정부의 주장과 조선이 다른 열강과 독자적으로 조약을 체결할 권리를 부정하는 것은 아무런 근거가 없다. 둘째, 청이 평양 또는 인근 지역의 개항을 막는 것은 내정 간섭이며 불법이다. 셋째, 만일 시해가 목적이 아니더라도 조선 국왕을 권좌에서 몰아내려는 목적으로 음모를 꾸민 위안스카이의 행동은 비난받아 마땅하다.

데니는 리훙장과 회담하면서 첫 번째 문제와 관련하여 조선이 미국 및 여타 열강과 체결한 (리훙장의 승인을 받은-저자 주) 조약문에 조선과 통상 조약을 체결한 국가들에 공사와 영사 임명 조항이 포함되어 있음을 지적했다. 그러면서 이를 상술한 조약의 어떠한 조항과 조문들이 청 혹은 여타 체약국에 의해 외교사절 임명, 항구 개항, 관세 징수 혹은 체약국 국민과 신민들의 개인적 권리 및 재산권 이행에 방해받을 수 있는지 이해하기 어렵다고 주장했다.

"조선은 대내외 사무를 다른 나라의 명령 혹은 간섭 없이 독립적으로 처리해왔으며, 조선 국왕은 서구 열강과 조약관계를 수립하는 것이 바람직하다고 판단할 경우 귀하의 우정과 폭넓은 경험을 존중하여 정치적 사안을 귀하에게 일임하셨다. 이에 귀하는 조선 국왕의 계획을 승인하였을 뿐만 아니라 그의 친구로서 최초의 조약 체결 교섭(미국과) 과정을 지켜보았다. 그러나 이 조약에는 조선이 조약의 각 조문들을 실행에 옮기기 위해 청의 허락을 얻어야 한다는 의무에 대한 언급은 없다."[36]

그러자 리훙장은 비망록에서 외국에 공사를 임명하는 것에 대해 서술한 부분과 관련하여 데니에게 설명했다.

"조선 국왕은 조선과 서구 열강 간의 조약들이 각기 다양한 시기에 체결된 직후 체약국 수반들에게 이 문제에 대해 친필서신을 발송하였다. 서신에는 조선이 청의 속국으로서 청의 사전 승인 없이는 외국으로 사절을 파견할 권리가 없다고 했다. 이번 경우 유럽과 미국을 상대로 전권공사가 아닌 변리(辨理)공사를 임명해야 하는데, 외교 관례상 공사들은 연장자 순으로 우선권을 주기 때문에 만일 동일한 관등일 경우, 조선 공사가 청 공사에 앞서 우선권을 차지할 수도 있다. 청 정부는 이를 결코 용납할 수 없다. 만일 조선이 외교사절을 임명하고자 한다면 우리 정부에 사전 허가를 요청해야만 하며, 그 후 변리공사보다 높은 관등을 부여해야 할 것이다."

데니는 이 주장을 반박했다. 조선 국왕이 자국의 주권에 대한 청의 간섭을 정당화한 속방관계든, 조공관계 또는 다른 어떤 것이든 상관없이 그러한 조청관계를 허락하지 않고 있다는 것이다.

"국제법에 따르면 민족 혹은 인민이 독립국가를 수립하며, 만일 청이 조선의 주권을 말살할 수 있는 조청관계를 기대한다면, 청은 '국제법학'에 추가 장절을 덧붙여야만 하며, 그 원리는 바텔(Vattel)이나 휘튼(Whea-

36 Донесение Поверенного в делах в Корее Вебера министру иностранных дел Н.К. Гирсу. Сеул, 6-го апреля 1887 г. № 34 // АВПРИ. Ф. Японский стол. Оп. 493. Д. 1. Л. 273-275.

ton) 같은 만국공법 저자들도 결코 이해할 수 없을 것이다."[37]

리훙장은 평양 개항 문제(황해로 흐르는 대동강 강변에 위치한 평양에 항구를 건설하는 문제-저자 주)와 관련해서도 청의 입장을 내비쳤다.

"평양이 청의 항구인 뉴좡[牛莊]과 가까이 있기 때문에 평양 개항은 청의 무역에 심각한 장애가 될 것이다."

하지만 데니는 이를 수긍할 수 없었다. 왜냐하면 뉴좡은 평양에서 수백 마일 떨어져 있기 때문에 청의 대외무역에 지장이 없으며, 다만 조선의 무역을 확장·발전시키는 바탕이 될 것이라고 했다. 데니가 고종에게 평양을 개항하자고 재촉했던 이유도 바로 여기에 있었다.

리훙장은 데니에게 청의 이해에 반하는 조언을 해서는 안 된다고 지적하자 데니는 뜻을 굽히지 않고 조목조목 반박했다.

"조선 국왕을 위해 근무하는 동안 조선 국왕에게 조선의 이익에 부응하는 입장을 견지하도록 지속적으로 조언하겠다. 아울러 억측에 가깝지만 청의 국익에 방해가 될 수 있다는 이유로 조선의 통상과 지하자원 개발을 억제한다면, 이는 조선에 대한 청의 우정과 호의가 진실이 아님을 확신하게 하는 근거가 될 것이다."

데니와 리훙장의 회동에서 핵심 쟁점은 위안스카이의 행동이었다. 리훙장은 청 대표가 조선 국왕을 시해하려는 음모의 주동자라는 것을 거짓으로 간주하며 부정했다.

"조선 국왕을 시해하려는 음모의 주동자가 청 대표라는 것은 믿을 수 없다. 그런 일은 '바보 같은 사람'인 민영익의 소행이다. 만약 조선 국왕이 불안에서 벗어나고자 한다면 '민영익 같은 어리석은 이들의 조

37 다음을 참조할 것: Vattel E. de, Law of Nations, Philadelphia, 1854 (Chitty edition); Wheaton H. W. Elements of International Law, Philadelphia, 1866 (8th ed.).

언은 결코 듣지 말아야' 한다."

이에 데니는 리훙장이 위안스카이의 어리석은 말만 믿는다면서 힐난했다.

"민영익은 조선 국왕에 충직하고 유능한 신민 중 한 명이며, 리훙장이 위안스카이의 말을 믿는 근거에 비해, 조선 국왕이 민영익을 신뢰할 근거가 더 많다. 아울러 위안스카이가 선한 일을 도모하기에는 아둔하지만, 악을 행하기에는 지나칠 정도로 재능이 뛰어나다."

리훙장은 청 대표가 '어리석은 사람'이라고 인정하면서도, 청 대표를 끌어들여 조선 국왕을 폐위시키려는 음모를 꾸민 민영익에게 전적으로 죄가 있다고 주장했다.

그러자 데니는 위안스카이의 잘못을 부각시켰다.

"리훙장은 청 대표가 연루된 조선 국왕의 폐위 음모가 정변으로 비화될 수 있다는 사실을 묵인했을 뿐만 아니라 이로 인해 야기될 혼란으로 서울 주재 외국인들의 생명이 위협받는 점도 간과했다. 청은 위안스카이가 어리석다는 사실을 묵과함으로써 조·청 양국의 국익을 저해하는 자국 대표의 교체 필요성만 대두시켰다. 만약 청이 조선 국왕 폐위를 목적으로 음모를 꾸몄고, 조선 국왕에게 온갖 굴욕을 가함으로써 관료들과 조선인들 앞에서 권위를 추락시키고자 했던 자를 청 대표로 존속시키고자 고집한다면, 아마도 조선 국왕은 청 대표의 신뢰성에 의심을 품게 될 것이다."

이에 리훙장은 맞서며 응수했다.

"당신도, 조선 국왕도 청 대표의 교체를 요구할 권리가 없다."

그러자 데니는 강하게 맞서며 나섰다.

"이 문제가 조선 국왕의 권리와 관련이 있기 때문에 조선 국왕은 위안스카이의 축출(원인이 충분히 많음을 고려하여-저자 주)을 요구할 수 있을 뿐만 아니라 국제정세에 따라 조선 국왕과 조선 정부를 모독한 대가로 그를 체포하여 추방시킬 수도 있다."

데니는 한 치의 물러섬도 없이 은근히 리훙장을 압박했다.

"청 정부는 음모와 간계에 몰두해 있는 위안스카이가 청 대표로 적합하지 않음을 알면서도 그를 조선 주재 청 대표로 고수한다면 문명국가들은 이에 대해 수긍하지 않을 것이다. 다만 청이 조선을 장악하기를 원하고 있으며, 청 대표가 그러한 명분을 찾아줄 것이라는 기대감 속에서 그를 존속시키고 있다는 결론에 도달할 수밖에 없을 것이다. 이 경우 명분을 찾기 위한 시도를 하면서 조선 주재 외교사절들이나 관련국 교민들이 희생된다면, 청은 막대한 책임을 감당해야 할 것이다."

그러자 리훙장 또한 데니의 주장에 거듭 반박했다.

"그러한 극단적 상황이 발생할 가능성을 두려워하지 않으며, 청 정부는 누구의 명령이라고 해도 대표를 결코 교체하지 않을 것이다."[38]

서울로 돌아온 데니는 베베르에게 리훙장과 교섭한 자세한 경위와 고종에게 올린 톈진여행 결과보고서에 대해 설명했다. 그는 이 자리에서 청에 맞서 조선의 권리를 주장할 동력을 찾을 수 없기 때문에 더 이상 조선에 머무는 것이 무의미하다고 판단하여 고종의 고문직을 사퇴하기로 결정했다고 밝혔다. 청은 조선의 내정 전반에 주도적인 목소리를 내고 있었고, 데니의 모든 계획과 제안들을 방해하고 있었다.

데니는 조선을 둘러싼 국제정세와 조선의 독립에 대한 청의 숨은 의

38 Меморандум по корейским делам, представленный Его Превосходительству Ли Хунчжану в Тяньцзинь 7-го октября (н. с.) 1887 года королевским советником г. Денни и прения по поводу этого меморандума // АВПРИ. Ф. Японский стол. Оп. 493, 1888-1891 гг. Д. 2. Л. 7-17.

도, 고종과 조선 왕실에 대한 위안스카이의 간계와 음모 등을 기술한 소책자[39] 발행을 계획하였다. 이를 통해 청 정부가 여론의 압력에 굴복하여 현재의 대조선정책을 포기하도록 만들려는 의향도 밝혔다.

그러나 베베르는 데니와 의견이 달랐다. 청은 '데니가 떠나는 것을 즐거워할 뿐'이며, 자신들의 마음에 드는 인사를 조선 국왕에게 고문으로 추천하려 들 것이 분명했다. 베베르는 데니가 서울에 남도록 설득하고, 극동의 현상유지에 높은 관심을 보이는 러시아·미국·일본 등의 열강에 그의 소책자가 읽힐 수 있게 주한 미국·일본 외교사절들에게 전달하자고 제안했다. 베베르의 설득에 데니는 묵묵히 따랐다. 아울러 미국 공사 딘스모어(Hugh A. Dinsmore)[40]도 이에 동조했다.[41]

그러나 데니는 고종의 고문 자격으로 2년 동안 서울에 머물면서 감내해야 했던 불쾌한 일들로 인해 마침내 정신적·육체적으로 지쳐 갔다. 결국 사직하기로 결심한 데니는 베베르에게 고종이 신뢰할 수 있는 인물을 선택할 시간적 여유를 주기 위해 1888년 4월 초까지만(유사시 조금 더 연장할 수 있지만-저자 주) 자리에 있을 것임을 고종에게 전해 달라고 부탁했다.

베베르는 데니의 후임으로 서울 주재 미국 공사 딘스모어의 동의를 얻어 그를 고종에게 추천했다. 고종은 신임하던 한(韓) 장군[42]을 딘스모

39 이 소책자는 데니의 저작인 『淸韓論: China and Corea』의 초고(草稿)로 보인다. 『청한론』은 47쪽 분량으로 1888년 2월 탈고된 후, 동년 8월 상하이 Kellog and Walsh Co.에서 출판되었다.-역주

40 휴 딘스모어(1850-1930)는 조선 주재 미국공사(1887-1890)를 역임한 후, 민주당 의원으로 미국의회(1893-1905)에서 활약하였다. 러일전쟁 당시 도미한 이승만이 1905년 초 한국의 자주독립에 대한 미국의 지지를 요청할 수 있도록 미국무장관 헤이(John Hay)와의 만남을 주선하였다.-역주

41 Донесение Поверенного в делах в Корее К. Вебера министру иностранных дел Н.К. Гирсу. Сеул, 7-го ноября 1887 г. // АВПРИ. Ф. Японский стол. Оп. 493, 1888-1891 гг. Д. 2. Л. 2-6.

42 한규설(韓圭卨, 1856-1930)로 추정된다. 1886년 7월 27일(음6/26) 고종은 한규설을 친군좌영사(親軍左營使)에, 민영익을 친군우영사(親軍右營使)에 임명했다. 『高宗實錄』 고종 23년 6월 26일.-역주

어에게 보내 협의토록 했다. 딘스모어는 데니의 후임을 맡는 것에 동의했다.

러시아 정부에서도 베베르의 활동을 승인해 주었다. 기르스는 1887년 5월 25일 알렉산드르 3세에게 올린 상주서에서 다음과 같이 보고했다.

"우리는 오랜 경험을 통해 대부분의 열강이 독립을 유지하려는 조선 국왕의 노력에 공감하지 않고 있으며, 오히려 청과 관련된 물질적 이득을 고려하여 청 정부가 조선의 주권을 침해하는 것에 대응을 자제하고 있음을 확인하였습니다. 오직 미국 정부만이 다른 견해를 갖고 있으며, 청의 기득권을 지지하지 않고 있습니다. 이는 얼마 전 조선 공사가 워싱턴에 도착했을 때, 그를 독립국가의 사절로서 영접한 것에서 확인되었습니다."

기르스는 베베르가 고종의 고문으로 추천할 만한 다른 대안이 없었기 때문에 딘스모어의 임명을 권고한 점은 승인 가능한 것으로 보았다.[43]

미국의 대조선정책과 고종의 외교 고문 임명 문제는 러시아에게도 중요한 의미가 있었다. 러시아 외무성은 1888년 6월 25일 베베르에게 새로운 훈령을 하달하였다.

"얼마 전부터 미국인들이 조선 정부의 관직에 들어서기 시작했다. 귀관의 보고서에서도 알 수 있듯이 데니는 조선 국왕의 외교 고문 자격으로 봉직하며 부여된 어렵고도 민감한 과업들을 매우 정직하게 수행했다. 동시에 조선 군대의 조직과 훈련을 위해 미국으로부터 교관들이 초빙되었다. 미국이 열강 가운데 주도적으로 조선에 대한 청의 야심을 인정하려 들지 않고 있기 때문에 조선 정부가 다른 국적의 외국인들보다

43 Всеподданнейшая записка министра иностранных дел от 25 марта 1888 г. // АВПРИ. Ф. Японский стол. Оп. 493. 1888-1891 гг. Д. 2. Л. 61.

미국인을 선호하게 만드는 것이 우리에게 바람직하다. 러시아가 미국인에 대해 공감하고 있음을 드러내지 않도록 각별히 요구하는 것은 이러한 상황이 오해와 불신을 초래할 수 있기 때문이다. 실제로 조선이 난국에 봉착했을 때 미국 정부가 조선에 원조를 제공할지는 의문이다."[44]

하지만 미국 정부가 딘스모어 등용을 반대했기 때문에 (건강을 회복한-저자 주) 데니와 딘스모어는 각자의 직책을 그대로 유지했다.

위안스카이와 1888년 새로운 독판교섭통상사무(督辦交涉通商事務)로 임명된 조병식은 데니가 스스로 물러나지 않을 것이라 생각하고 그를 몰아낼 방법을 강구했다. 그 사이 고종은 데니에게 기존의 직책에 새로이 2년 계약을 체결하여 1888년 5월 15일 서명을 받았다. 그러자 청도 위안스카이가 재임 기간이 끝나고 있음을 감안하여 잔꾀를 부렸다. 청 법령에 따르면 외교관들은 해외에서 3년간 봉직하도록 되어 있다. 이에 고종은 리훙장에게 위안스카이의 소환을 요청하는 전문을 발송하며, 위안스카이의 재임을 반대했다. 그러자 리훙장은 고종이 데니를 내보낸다면 위안스카이의 재임을 불허할 것이라고 회신했다. 고종은 데니와 이미 새로운 계약을 체결했기 때문에 해임할 수 없다고 답했다. 그러면서 청 예부(禮部)에 위안스카이를 소환하고 다른 이를 임명해달라는 공식 서한을 보냈다. 고종이 주장한 법적 근거는 1882년 맺은 조청상민수륙무역장정(朝淸商民水陸貿易章程) 제1조였다.

"만약 관원들(조선 주재 상무위원-저자 주) 중에서 누군가가 멋대로 고집을 부려 일처리가 부당하거나 혹은 공식 업무를 적당한 형태로 수행하지 않는다면, 북양대신(리훙장-저자 주)과 조선 국왕은 그 사실을 통보 받는

44 Шифрованная инструкция статс-секретаря Гирса Поверенному в делах в Сеуле Веберу от 25-го июня 1888 г. № 96 // АВПРИ. Ф. Миссия в Сеуле. Оп. 768, 1884-1908 гг. Д. 6. Л. 44-47.

즉시 그를 소환한다."

이에 대해 베베르는 근심스럽게 보고했다.

"개인적으로 입수한 정보에 근거해 판단하건데, 어쨌든 위안스카이는 소환될 것으로 믿습니다. 그러나 만일 그가 새로운 3년의 임기를 시작한다면, 데니가 더 이상 이곳에 남아 있기를 원치 않을까 우려스럽습니다. 그것은 조선에서 러시아의 지위에 심각한 타격이 될 수 있을 것입니다."[45]

위안스카이 소환 문제는 1888년 말까지 불확실한 상황이었다. 이 기간 동안 위안스카이는 오만하고 무례하게 행동하여 조선인들에게 신임을 완전히 잃었다. 베베르는 얼마 전 벌어진 사건으로 민심을 전했다.

"얼마 전 위안스카이가 명망이 높은 한 장군(한규설-역주)의 얼굴을 가격했던 사건 이후 조선인들은 청 공관에 얼씬도 하지 않습니다. 조선인들은 그의 행동을 꾸짖을 날만 손꼽아 기다리지만 요원하기만 합니다. 아직까지 그가 소환되지 않고 있지만 재임하지 않을 것으로 보입니다. 이 문제는 북양대신의 소관인 만큼 그는 청의 정책을 곤경에 빠트린 위안스카이를 어떤 구실을 찾아서라도 희생시켜 위기에서 벗어날 것이라 생각됩니다."[46]

리훙장은 고종의 고문인 데니를 해고한다는 조건부로 위안스카이 소환을 결정했다. 이 문제를 해결하기 위해 리훙장은 데니를 톈진으로 불러들였다. 톈진으로 향하던 데니는 상하이에서 리훙장의 막료인 마젠창[馬建常]을 만났다. 그는 리훙장의 입장을 전달하는 전권을 부여받은

45 Донесение Поверенного в делах в Корее К. Вебера министру иностранных дел Н.К. Гирсу. Сеул, 4 октября 1888 г. № 64 // АВПРИ. Ф. Японский стол. Оп. 493, 1888-1891 гг. Д. 2. Л. 192-197.

46 Донесение Поверенного в делах в Корее К. Вебера министру иностранных дел Н.К. Гирсу. Сеул, 7 декабря 1888 г. № 88 // АВПРИ. Ф. Японский стол. Оп. 493, 1888-1891 гг. Д. 2. Л. 225-227.

상태였다.

리훙장의 입장이란 과거 조·청의 우호관계에 비해 최근에 냉각되고 소원한 결과를 초래한 대조선정책의 과오를 인식하며, 조선인들의 면전에서 청의 명예를 훼손시킨 위안스카이의 소환과 정책 변경의 필요성을 절감한다는 것이었다. 하지만 이를 가로막고 있는 것은 바로 데니가 서울에 있다는 점임을 지적했다. 위안스카이는 리훙장의 천거로 조선 국왕의 고문이 된 자이며, 청의 관례에 의하면 후견인은 자기 부하의 행동에 모든 책임을 지기 때문에, 위안스카이의 적수였던 데니가 남고 위안스카이가 소환된다면, 청 정부가 보기에 리훙장이 대조선정책을 통해 추구한 목적이 잘못되었거나 실패한 것임을 자인하는 결과가 된다는 것이다.

데니는 한 발 물러서며 그와 마젠창의 증인들이 배석한 가운데 프로토콜을 작성했다. 그러면서 다음의 조건으로 고종의 고문직을 포기할 것임을 밝혔다.

"첫째, 그것에 대해 조선 국왕의 동의가 있어야 한다. 둘째, 조선을 떠나지만 만일 청이 대조선정책을 변경하지 않을 경우 다시 돌아와 예전의 직위로 복귀할 수 있는 권리는 남겨둔다. 셋째, 위안스카이는 반드시 소환되어야 하며, 청 정부가 그를 공사 혹은 다른 어떤 직책으로 조선에 다시 파견할 수 없다. 그의 후임자는 위안스카이와 대조되는 중재적인 입장으로 활동한다. 넷째, 데니에게 미지급된 봉급을 전액 지급한다."[47]

47 Донесение Поверенного в делах в Корее Вебера директору Азиатского департамента МИД Н. А. Зиновьеву. Сеул, 16-го января 1889 г. № 4 // АВПРИ. Ф. Японский стол. Оп. 493. Д. 2. Л. 234-236.

상하이에서 서울로 돌아온 데니는 고종에게 이러한 조건을 받아들일 것을 요청했다. 그러면서 자신을 해직시킴으로써 조·청 간의 관계 회복을 리훙장에게도 입증해 보이라고 설득했다. 만약 리훙장이 위안스카이를 소환하고 정책을 변경한다면, 고종은 큰 비용을 들이지 않고도 이득을 얻을 수 있었다.

베베르는 이 문제에 대해 데니를 지지하는 것이 자신의 의무라 판단하고 고종에게 그를 해고할 것을 요청했다. 그는 데니가 딘스모어와 자리를 바꿀 수 있을 것으로 생각했다. 데니가 조선의 외교사절을 수행했던 사례에서 알 수 있듯이 고종에게 언제나 도움이 될 수 있었다.[48]

그러나 고종은 위안스카이와 데니를 동시에 해임하는 것을 원하지 않았다. 특히 데니와 조선 정부는 1890년 4월에 임기를 종료하기로 계약하였으며, 이에 근거하여 데니에게 조선을 떠나지 말라고 부탁했다.

1890년 3월, 데니는 더 이상 계약 갱신을 하지 않을 것이며, 조선에 남는 것도 미국인 장군 르장드르(Le Gendre, Charles William)와 어떤 관계가 설정되느냐에 달려 있다고 베베르에게 말했다. 왜냐하면 르장드르는 1872년 일본에서 복무를 시작하여, 일본의 극동 침략 계획을 도왔기 때문이다. 일본 정부의 고문으로 활동했던 그는 1890년 조선으로 건너와 협판내무부사(協辦內務府事)와 궁내부 고문관에 임명되었다. 당시 서울 주재 외국 신문사 특파원들 사이에는 르장드르가 데니의 자리를 대신할 것이라고 소문이 퍼져 있었다.

한편 위안스카이는 조선의 국가주권을 완전하게 소멸시키기 위한 선동과 술수를 지속하고 있었다. 그는 자신에게 서울 주재 열강 사절들에

48 Там же.

비해 더 큰 특권과 특혜를 자의적으로 부여하고, 외교사절 모임에 참석하기는커녕 비서를 보내며 안하무인지경에 이르렀다. 위안스카이는 궁궐 편전 앞까지 가마를 타고 출입하였는데, 이는 조선의 예법을 위반하는 것으로서 다른 외국 사절들에게는 절대 허용되지 않았다.

이와 관련하여 베베르는 기르스에게 보낸 보고서에서 위안스카이의 이런 불손한 행동에 어떻게 대응해야만 하는지를 문의했다. 기르스는 청의 대조선정책에 대해 러시아의 입장을 정리해 놓았던 훈령에 따라 답해 주었다.

"서울 주재 청 대표가 어떤 지위를 요구하는가는 기본적으로 조·청 양국의 사안이므로 부차적으로 다뤄야 한다. 위안스카이의 주한 외교사절단에 대한 태도는 외국인들의 이해와 결부된 문제이기 때문에 무엇보다 외교사절단 내부의 집단적 논의가 필요하다. 만일 이들이 이러한 관계를 명확히 해야 한다고 단호하게 인정할 경우에만 이해당사국 정부들의 간섭이 필요할 것이다. 그러나 귀하의 보고서 제25호를 통해 알 수 있듯이 대부분의 외국 사절들이 이러한 방향으로 문제 해결하는 것을 선호하고 있지 않다. 게다가 우리가 이 문제에 대해 주도적으로 나서는 것도 바람직하지 않다. 왜냐하면 서울 주재 외교사절단의 최근 회합에서 논의된 의제들은 우리의 이익에 조금도 저촉되지 않기 때문이다."[49]

49 Письмо министра иностранных дел Гирса Веберу. С. Петербург, Мая 9 дня 1890 г. № 37 // АВПРИ. Ф. Японский стол. Оп. 493, 1887-1890 гг. Д. 73. Л. 85-91.

베베르, 김윤식 그리고 조병식―육로통상장정 반대에서 동의로[50]

1884년 조선과 러시아가 체결한 조약에서는 오직 해상무역만을 거론하였다. 하지만 러시아는 해상무역(이를 위한 수단을 갖추지 못한 상태였음-저자 주)보다는 육상무역을 더 필요로 하고 있었다. 러시아의 원동 지역은 채굴 및 가공업만 시작 단계에 있었을 뿐 농업은 우수리 지역에 배치된 수비대 병력과 현지 주민들의 수요를 충족시키지 못한 채 경제적 · 재정적 여건이 취약한 상태였다. 이 때문에 러시아는 조약의 권리와 특권들을 향유하지 못하고 있었다.

베베르는 서울에 도착한 즉시 훈령에 따라 육로통상장정(또는 제2의 조러조약) 초안을 작성하고 조선 총리아문과 교섭에 착수했다. 그가 1차 초안을 작성한 시점은 1886년 4월이었다. 그는 초안 작성의 주안점으로 러시아 정부가 조선 정부로부터 비상식적인 이익이나 특권을 얻으려 함으로써 다른 열강에게도 최혜국 조치를 획득하려는 명분을 주어서는 안 된다고 판단했다. 동시에 러시아의 교역 조건이 청보다 불리하지 않도록 노력했다.

그러나 협상은 더디게 진행되었다. 조선의 통리아문 독판 김윤식과 고종의 외교 고문 데니가 참여했음에도[51] 영국과 독일이 반대했기 때문이다. 이들은 조러 국경의 육상무역에 5% 관세가 설정될 경우 영국과 독일 역시 관세를 종가의 5~20%가 아닌, 5%가 부과되어야 한다고 요

50 이 부분은 저자의 다음 논문에 의거하고 있다. 『Русско-корейский договор о сухопутной торговле 1888 гг.(조러육로통상장정 1888년)』 // Вестник Центра корейского языка и культуры. Выпуск 3-4. Санкт-Петербург, 1999. С. 81-95 и книга 『Российская дипломатия и Корея(1860-1888)』. Книга первая. М.-Иркутск-СПб., 1998. С. 190-207.

51 Донесение Поверенного в делах в Корее К. Вебера министру иностранных дел Н.К. Гирсу. Сеул, 11 января 1887 г. № 5 // АВПРИ. Ф. Японский стол. Оп. 493, 1888-1891 гг. Д. 175. Л. 12-22 об.

구했다.

고종은 조선 주재 미국 공사 포크(G.C. Foulk)에게도 베베르가 제안한 '육로통상장정' 초안의 주요 내용을 비밀리에 보냈다. 그러자 포크는 베베르가 제안한 무관세 무역지대 설치를 거부하라고 조선 정부에 권고했다. 그러면서 러시아인들은 이를 통해 국경을 넘어 조선 영토 깊숙이 들어오게 될 것이라고 겁을 주었다. 포크는 워싱턴에 보낸 보고서에서 베베르가 진행 중인 협상에 대해 청과 영국이 경계하고 있으며, 조선의 친청파 관료들도 조선의 북동쪽에 통상 지역을 개설하는 것에 반대하고 있다고 전달했다.[52]

조선 정부가 조약안 논의를 결렬시킴에 따라 협상은 수차례 중단되었다. 이에 1886년 10월 5일 베베르가 김윤식에게 편지를 보낸 것은 육로통상장정 초안을 이미 5개월 전에 외무독판에게 전달했음을 상기시키기 위함이었다.

"그때부터 통리아문이 여러 가지 핑계를 대어 이 문제의 논의를 회피해 왔음을 지적하는 것이 유감입니다. 귀하께서는 시간적 여유를 가지고 당관이 작성한 많지 않은 규정들을 검토하였고, 이에 대한 귀국 정부의 의견과 요구사항 또한 잘 알고 계실 것입니다. 따라서 귀하께 이 규정들에 대해 함께 논의할 수 있는 회동 일자를 요청하며, 교섭이 조속히 협상 체결로 귀결되어 바람직한 규정이 제정되기를 기대합니다. 이 문제가 지체될 경우 당관은 양국의 유대와 양국 신민들 간의 관계 정상화라는 유일한 목적인 육로통상장정 체결을 (통리)아문이 원하지 않는 것으로 이해할 수밖에 없습니다."[53]

52 Korean-American Relations. Vol. I. C. 149.

53 Ку Хангук вэгё мунсо (Дипломатические документы старой Кореи). Т. 17. Сеул, 1969. С. 14.

베베르와 김윤식의 대립은 극동 지역의 러·청 국경지대에서 이루어지고 있는 무역의 실례에 따라 조러 국경 양안 50베르스타(1베르스타: 1,067미터) 지역에 무관세 자유무역 지대 설치를 논의하면서 극명해졌다. 이 조항은 연흑룡강주 총독의 요구를 받아들인 러시아 외무성이 베베르에게 하달한 훈령에 포함되어 있었다. 베베르도 조러 국경에 무관세 자유무역 지대를 설치하는 것은 몇 가지 원인 때문에 곤란할 것으로 생각하고 있었다. 그는 기르스에게 보낸 편지에서 자신의 논거를 밝혔다.

"외무대신께서는 당관에게 하달한 훈령을 통해 양국의 국경을 따라 50베르스트 범위에 자유무역 지대를 설치하는 것이 바람직하다고 언급하셨습니다. 이러한 요구는 청이 조·청 국경에서 자유무역을 행하고 있다는 외무성의 가정에 근거하고 있습니다. 그러나 실제로 조·청 국경에서 육로 통상은 압록강과 두만강 유역에서 이루어지고 있으며, 거의 대부분 사무역이었습니다. 1880년대 초반까지 국경무역은 특별히 지정된 장소에서 정해진 시간에만 이루어졌습니다. 이후 1882년과 1883년에 세부 규정이 마련되어 국경무역이 상시적으로 이루어지고 있으며, 반입이 금지되었거나 면세품을 제외한 나머지 물품들은 종가 5%의 관세를 징수하고 있습니다. 국경 관리들이 자의적으로 관세율을 정하지 않을 경우 관세는 사전에 징수됩니다. 청 상인들에게 내륙 무역은 금지되었으나, 내지 통상권이 부여된 것은 조선과 외국 열강 사이에 조약이 체결된 결과였습니다. 당관은 50베르스타 범위에 무관세 지대를 설치하더라도 운영에 불편이 따를 것으로 생각합니다. 중국과 조선은 지리적 여건이 동일하지 않습니다. 러시아 국경과 중국 본토 사이에는 초원지대가 펼쳐져 있기 때문에 상습적인 밀무역 업자도 그곳으로 들어갈 생각을 하지 않습니다. 이러한 공광지(空曠地)와 만리장성을 거쳐 청 내륙으로 이어지는 일부 통로들이 밀무역 지대를 형성하고 있습니다. 조선인들에게도 얼마 되지 않는 주민들이 살고 있는 지역에 세관을 운영하고 유지하는 일이 결코 쉽지 않을 것입니다."[54]

1887년 1월, 양국의 입장은 다른 문제들을 논의하는 과정에서 분명해졌다. 베베르가 작성한 '육로통상장정' 초안에는 조선 북부에서 러시아 신민의 이익을 보호할 수 있는 권리를 남우수리 지역 국경위원이 맡는 것이 전제되었다. 이에 대해 김윤식은 블라디보스토크 주재 조선 영사 임명권을 조선이 갖도록 요구했다. 베베르는 김윤식의 배후에 블라디보스토크에 영사관을 설치하기 위해 오랜 동안 노력했던 청이 있음을 간파하고 1884년 체결된 조러 수호조약 제2조를 상기시켰다. 이에 따르면, 조선은 여타 열강의 관리들에게 허락된 장소에만 영사 임명권이 부여되며, 조선 정부는 러시아가 유럽 열강에게 수용을 거부하고 있는 요구들을 제기할 근거가 없음을 분명히 했다. 그러자 김윤식은 일본의 사례에 따라 블라디보스토크에 단지 상무관(商務官)을 임명하고자 한다는 입장을 밝혔다.

김윤식은 '육로통상장정' 제2조를 논의하는 과정에서 신분증명서 없이 국경을 넘는 조선 신민들은 엄격한 형벌에 처해지도록 체포하여 조선 당국에게 쇄환되어야 한다고 주장했다. 이에 베베르는 그들은 체포되어 되돌려 보내질 것이라고 답했다. 하지만 김윤식은 러시아가 자국령으로 이주한 조선인들을 최선을 다해 보호할 것으로 확신하였기 때문에 러시아가 과연 송환 의무를 성실히 이행할지 의심했다. 그는 오랜 협상 끝에 베베르가 이 문제에 대해 작성한 장정 조관에 동의했다.

54 Донесение Поверенного в делах в Корее Вебера министру иностранных дел Н.К. Гирсу. Сеул, 11-го января 1887 г. № 5 // АВПРИ. Ф. Японский стол. Оп. 493. Д. 175. Л. 12-20.

김윤식은 협상 과정에서 베베르에게 다른 제안들을 했다가 스스로 철회한 적이 있었다. 그중에는 러시아 상인들이 육로를 통해 서울, 인천, 부산, 원산 등으로 향할 경우 조선 당국과 러시아 영사가 그들이 거쳐 갈 경로를 지정하도록 해야 한다고 요구했다. 만약 다른 길로 이동할 경우 벌금을 부과한다는 것이었다. 또한 '육로통상장정'에 조선 정부가 1884년 조약 체결 이전에 러시아로 이주한 조선 신민들을 소환할 수 있는 권리를 포함시키자고 제안했다. 아울러 조선 영사를 러시아(블라디보스토크를 염두에 둠-저자 주)에 임명해 현지 조선인들에 대한 재판관할권을 행사하여 이들의 이익을 보호하는 권리도 삽입하자고 제안했다.

베베르는 협상 과정에서 제기된 모든 문제들을 고려하여 새로운 '육로통상장정' 초안을 작성하였다. 초안은 내용 검토를 위해 상트페테르부르크로 발송되었다. 상트페테르부르크에서는 심도 있는 논의를 한 후 조선 정부를 설득하여 '육로통상장정' 체결에 전력을 기울이라고 베베르에게 훈령했다. 주요사안에 대해서는 반드시 교섭과정을 거치라는 지시도 있었다. 특별히 의미가 부여된 것은 상품가격의 5%를 넘어서는 안 된다는 수출 관세 조항이었다.

1887년 10월, 훈령을 접수한 베베르는 '육로통상장정'의 몇 가지 조항에 대한 자신의 구상을 기르스에게 알렸다. 베베르는 조선 관리들이 황소를 면세 대상에 포함시키는 데 동의하지 않고 있음을 감안하여, 주요 쟁점은 관세와 1884년 이전에 러시아로 이주한 조선인의 국적 문제를 둘러싼 이견이라고 판단했다. 실제로 김윤식은 협상 과정에서 러시아로 수출하기로 한 가축들에 대해 관세 징수를 주장하기도 했다. 또한 청 정부가 조선과 육상무역 물품들에 대한 관세율을 7%로 인상하는 데 동의할 경우, 조선으로 수입되는 러시아 상품에 대한 종가 5%의 관세가 7%로 인상될 수 있음을 천명했다. 그러나 베베르가 강력히 항의하자 만약 러시아 정부가 이러한 조건을 동의 가능한 것으로 판단할 경우, 이를 서울 주재 러시아 공관을 통해 조선 정부에 공식 통보하기로 했다.

조선인 국적 조항은 당초 베베르가 작성한 '육로통상장정'의 초안에 다음과 같이 표현되었다.

"1884년 조러조약 체결 이전에 러시아로 이주하여 러시아 국적을 취득한 모든 조선인들은 러시아에서와 마찬가지로 조선에서도 다른 러시아 신민들과 동등하게 모든 권리를 누리게 된다."

베베르의 보고에 따르면 김윤식은 이러한 초안의 논거는 인정하였지만, '장정에 포함시키는 것을 꺼려'했다. 이는 조선 정부가 과거의 자국 신민들을 공개적으로 포기하려 한다거나, '국제적 문제에 이해가 부족한 민중에게 나쁜 인상을 심어줄 수도 있음'을 고려한 것이었다.

김윤식은 다음과 같은 수정 의견을 제시하면서 정부 차원에서 이 조항을 검토해 보겠다는 입장을 밝혔다.

"조선에 있는 러시아인들과 마찬가지로 러시아의 조선인들도 자신의 희망에 따라 본국으로 돌아갈 권리를 갖게 될 것이며, 해당 국가기관은 문제가 없는 한 이들에게 여권을 발급해 주어야 한다."

베베르는 이에 동의했다.[55]

결국 협상 과정에서 러시아는 종가의 7%까지 조건부로 관세 인상 조항을 장정에 포함시키는 것에 반대했던 반면, 조선은 1884년 이전에 러시아로 이주한 조선인들의 국적 조항에 반대하고 있음이 밝혀졌다.

55 「Ку Хангук вэгё мунсо」. Т. 17. Сеул, 1969. С. 62.

1887년 4월, 베베르와 김윤식은 '육로통상장정'에 러시아와 조선 신민들이 각자의 희망에 따라 본국으로 자유롭게 돌아갈 수 있는 권리와 물품 가격의 5% 관세 부과에 대한 조관을 삽입하며 다음을 약정하기로 합의했다.

"조선의 총리아문은 '육로통상장정' 체결 시 함경도 국경 지역 당국에 보낼 회람 훈령 사본을 베베르에게 전달한다. 그 훈령은 1884년 조러조약 체결 이전에 러시아로 이주하여 러시아 국적을 취득한 조선인들이 러시아 신민들과 동등한 권리를 러시아와 조선에서 향유하게 될 것이다. 반면 러시아 정부는 관세 인상에 합의하지만 상품 가격의 7%를 넘지 않기로 합의하였음을 조선의 통리아문에 공문으로 전달한다."

1888년 8월 6일 베베르가 조선 통리아문의 신임 독판 조병식에게 보낸 편지로 약속은 이행되었다.

"러·조 양국은 '육로통상장정'을 제정하기 위한 협상에서 다음 조항을 합의한 바 있습니다. 러시아 정부는 당관에게 전권을 부여하여 육로 통상에 대한 관세 인상에 동의하지만, 만일 조선 정부가 조·청 국경의 육로 통상 관세를 인상하더라도, 종가의 7%를 넘어서는 안 될 것임을 통보하도록 했습니다. 다른 한편으로 조러조약 체결 이전에 노령 지역으로 이주하여 러시아 신민이 된 조선인들은 러시아와 조선에서 여타 러시아인들과 동등한 권리를 누리게 될 것이라는 공문을 수교하였습니다. 이에 당관은 귀하께 관세 인상 조건에 대한 서류 사본을 동봉하면서, 통상장정 체결 시 어떠한 지체나 오해를 없애기 위해 조선 정부가 국적 문제에 대한 훈령 사본을 당관에게 보내줄 것을 요청합니다."[56]

56 Там же. С. 88-89.

조병식은 러시아 정부가 동의한 조건부 관세 인상에 대한 공식 문서 사본을 접수한 후 조선 정부가 조선인 이주민과 관련하여 국경 당국에 발송한 훈령 사본을 베베르에게 보냈다. 하지만 베베르는 훈령 내용에 만족할 수 없었다. 왜냐하면 당초 합의와 달리 훈령 결론 부분에 러시아 국적을 취득한 조선인들은 언제라도 조선으로 되돌아와 다시 조선 국적을 얻을 수 있다는 구절이 있었기 때문이다. 베베르는 '육로통상장정' 체결을 거부하면서 이 구절 삭제를 요청하였다.

1888년 8월 8일 아침, 조병식은 훈령 결론 부분을 수정하는 데 동의했다. 그러나 그는 고종에게 보고하기 위한 시간이 필요하기 때문에 장정의 서명을 지연시키지 말도록 베베르에게 당부했다. 베베르가 이에 동의함으로써 '1888년 8월 8일 서울에서 러시아와 조선 간에 체결된 국경 관계 및 두만강 유역에서의 통상에 관한 장정'이 조인되었다.[57]

1888년 8월 13일, 이에 대해 베베르는 다음과 같이 보고했다.

"이번 달 8일에 조선의 교섭통상 사무아문 독판 조병식, 조선 국왕 고문 데니 그리고 당관이 참석한 가운데 국경 관계와 두만강 유역에서의 통상에 대한 장정을 체결했습니다. 조선 관리들은 국제적 문제에 경험이 부족하여 불신이 따랐습니다. 아울러 조러 국경 관계를 확립하는 장정 체결에 악의적 영향력을 행사한 일부 인사들로 인해 협상은 난항을 겪었습니다. 이러한 상황 속에서 상당한 인내력과 시간만이 순조로운 문제 해결을 약속해 주었습니다. 당관은 현 단계에서 장정의 조관들이 해상무역을 위한 조약에서 명시된 것보다 육로통상에 더 많은 특혜

57 조약의 본문은 다음을 보시오. Описание Кореи. Сокращ. переизд. М., 1960. С. 527-532; 『Россия и Корея』. Некоторые страницы истории (конец XIX века). К 120-летию установления дипломатических отношений. МГИМО (У), 2004. С. 172-183.

를 부여하는 동시에 대부분의 요구를 충족시켰다고 봅니다. 협상의 최종 결과에 타격을 입힐 모험을 감수하지 않는 한 협상 결렬은 불가능합니다. 당관이 장정 체결을 서두른 것은 얼마 전 외무독판 조병식이 러시아 국경과 인접한 함경도 지방 관찰사로 임명되어 새로운 독판이 임명된다면 이 사안은 다시 지체를 거듭하게 될 것을 우려했기 때문입니다."[58]

베베르는 '육로통상장정'의 개별 조관들을 정정했거나 협상 과정에서 봉착했던 곤란했던 점들을 「조러 육로통상장정의 몇 가지 조관에 대한 해명」이라는 보고서를 작성하여 외무대신에게 발송했다.

"제 I 관, 1항에서는 경흥(Кёнг-хонг)개시에 대해서만 간략히 명시하고자 하였습니다. 이곳은 초라한 흙집들로 이루어졌으며, 사벨로프카(Савеловка)[59] 마을이 우리 영토였을 때 맞은편에 조성되어 이주가 이루어졌습니다. 당관은 외무독판에게 경흥이라는 지명에 예전 마을 또는 우리 국경 맞은편에 있었던 경흥군의 어떤 지역이었다는 의미가 반영되어야 한다는 입장을 구두와 서면을 통해 밝혔습니다.

제2관, 5항에 대해 '육로통상장정' 초안에서는 다음과 같이 규정하였습니다.

'조러조약 체결 이전 노령 지역으로 이주하여 러시아 신민이 된 조선인들은 조선과 러시아에서 여타 러시아 신민들과 동등한 권리를 누리

58 Донесение Поверенного в делах в Корее К. Вебера статс-секретарю Н.К. Гирсу. Сеул, 13 августа 1888 г. № 48 // АВПРИ. Ф. Японский стол. Оп. 493, 1888-1891 гг. Д. 2. Л. 129-130.

59 사벨로프카(Савеловка)는 1875년 러시아 우수리주에 형성된 조선인 정착마을 나선동(羅鮮洞)의 러시아 지명이다. 나선동 마을은 1882년까지 270여가구 2,600여 명이 사는 큰 마을이었다. 그러나 영토문제로 갈등을 겪고 있던 러시아와 청국은 이리(伊犁)위기를 해결하고 1881년 상트페테르부르크 조약 체결 이후, 러청동부국경에 대한 공동감계에 합의했다. 이에 나선동이 청국영토에 귀속되는 것으로 밝혀지자 1882년 주민들은 쫓겨나고 마을은 파괴되었다. 나선동 주민들 가운데 일부는 조선으로 돌아갔으나 다른 일부는 러시아에 정착하였다.-역주

게 될 것이다.'

이에 대해 당관은 1887년 6월 5일 제65호 보고서를 통해 보고 드린 바 있습니다. 조선 정부는 본 규정의 논거에 원칙적으로 동의하면서도 이를 통해 과거의 자국 신민들을 공개적으로 포기하는 이 조관을 장정에 포함시키기를 꺼려하였습니다. 또한 우리도 상품가격의 7%까지 관세를 조건부로 징수한다는 조항에 대해 거부했기 때문에 외무독판과 당관은 이 문제들에 대해 언급하지 않기로 합의하였습니다. 아울러 장정 체결 시 당관은 독판에게 관세에 관한 공식 통보문을 전달할 것이며, 독판 역시 1884년 이전에 노령으로 이주하여 러시아 신민이 된 조선인들은 여타 러시아 신민들과 동등하게 조선과 러시아에서 권리를 누리게 될 것이라는 국경 당국에 보내는 훈령 사본을 건네기로 하였습니다.

이번 달 초 독판이 당관에게 조선 국왕이 8일 장정에 서명하기로 했음을 알려오자 당관은 독판에게 보낸 6일 자 공문에서 상술한 합의를 재차 상기시켰습니다. 당관은 이번 달 6일 관세와 관련한 공문 사본을 독판에게 보내면서, 8일에 그 원본을 전달하고자 하였기 때문에 독판 역시 국경 당국에 보낸 조선인 이주민에 대해 훈령 사본을 사전에 보내줄 것을 요청했습니다.

독판은 당관이 보낸 문서를 검토하는 데 동의했고, 훈령 사본도 동봉하여 회신하였습니다. 그러나 당관은 이 훈령을 검토할 수 없었습니다. 왜냐하면 이 문서는 러시아 국적을 취득한 조선인들이 언제라도 조선으로 귀환할 수 있으며, 다시 조선 신민이 될 수도 있다는 의미로 해석될 수 있기 때문입니다. 따라서 8일 아침 공사관 서기관 그루셰츠키(Грушецкий)를 아문으로 보내 당관의 편지를 독판에게 전달하도록 했습니다. 편지에서 훈령의 마지막 구절을 수정하든지 아니면 완전히 삭제해 줄 것을 요청하였고, 그렇지 않을 경우 장정은 체결될 수 없다는 입장을 전달하였습니다. 독판은 즉시 이 구절을 수정하는 데 동의하였으나 이에 대해 국왕께 상주해야 하고 이를 위한 시간이 필요하기 때문에, 장정 체결을 지연시키지 말 것을 요청하였습니다.

당관은 약속된 시간에 독판과 협판들이 모여 있는 부서로 갔습니다. 우리는 장정에 서명했으나 관세와 이주민에 대한 문서 교환은 연기하기로 하였습니다. 다른 조관들은 모두 당관의 초안과 외무성 의견이 반영되어 작성되었으나 매매를 목적으로 조선에서 반출되는 가축에 대해 면세한다는 우리의 제안은 제외되었습니다. 또한 남우수리 지역 국경위원 마튜닌의 건의에 따라 러시아가 조선에 보내는 공식 통보는 당분간 중국어와 한글 번역문을 동봉한다는 내용의 제8관 2항을 장정에 추가시켰습니다."[60]

결국 러시아와 조선 양측이 관심을 가지고 조정하려 했던 몇몇 문제들은 미결 과제로 남게 되었다. 관세와 이주민에 관한 공식 각서 교환 역시 이루어지지 않았다. 이후 베베르는 1889년에 공식적인 각서 교환을 시도했으나 실패했다. 그는 1889년 4월 20일 외무성 아시아국 국장 지노비예프(И. А. Зиновьев)에게 발송한 보고서에서 각서 교환이 이루어지지 않은 경위에 대해 자세히 기술했다.

"그때부터(장정을 체결한 때부터-저자 주) 당관은 조선 정부가 상술한 문서 교환을 준비하도록 독촉하기 위해 수차례 협상한 바 있습니다. 그러나 당관은 조선 정부가 그것을 꺼려했기 때문에 이와 관련된 교환 요구 자

60 Приложение к донесению Поверенного в делах в Корее К. Вебера статс-секретарю Н.К. Гирсу. Сеул, 13 августа 1888 г. № 48 // АВПРИ. Ф. Японский стол. Оп. 493, 1888-1891 гг. Д. 2. Л. 131-134.

체의 합리성을 의심하여 외무성에 10월 25일 상술한 문서 교환을 조선인들에게 재촉할 필요가 있는지 전문을 통해 문의했습니다. 이에 대해 외무대신은 11월 24일 '교환할 수 있다'고 회신하였습니다. 이에 따라 당관은 협상을 재개했습니다만 조선인들은 여전히 예전과 같은 책략을 썼습니다. 조선인들은 통상장정 체결 이전에 했던 약속을 조금도 부정하지 않았지만 요청한 문서는 보내지 않은 채 차일피일 미루고 있었습니다.

위에서 언급한 귀하의 회신과 관련한 사항에 대해 당관은 조선인들에게 약속을 이행하라고 강압하지 않는 것이 유익하다고 판단합니다. 그러나 당관은 결코 조선인들에게 이를 거부하도록 허락한 바 없으며, 그들이 수동적으로 저항한다 하더라도 몇 년 전 일부 조선인들이 러시아 국적을 취득한 사실을 무효화할 수 없을 정도로 무의미하다고 지적하였습니다. 아울러 조선 정부가 약속한 문서를 보내오지 않음으로써 통상장정을 성사시킨 핵심 사항을 이행하지 않는다는 인상을 심어 주었습니다.

당관이 이주민 문제에 대한 우리 측 요구가 합당한 것인지 의심한 원인은 다음과 같습니다. 첫째, 우리의 요구가 오히려 조선 정부의 체면을 세워 주고 있기 때문입니다. 조선 정부는 과거 자국 신민이었던 이주민들을 공식적으로 포기하기를 꺼려하고 있습니다. 둘째, 조선 정부는 조선인들의 이주를 대내적인 국정 혼란의 결과로 이해하고 있기 때문에 이주민들이 조러조약 체결 전에 국적을 취득했다면 조선 정부는 이 사실에 수긍할 수밖에 없을 것입니다. 셋째, 우리는 조선으로 돌아온 러시아 국적의 조선 이주민들을 열성적으로 보호함으로써 조선 정부 및 지방 당국과 끊임없는 오해와 갈등에 휘말리게 될 것입니다.…

조선 국왕의 명을 받은 외무독판이 당관을 찾아와 조선 정부에 이주민에 관한 문서 전달을 독촉하지 말 것을 부탁하였기 때문에 이 편지를 마무리할 수 없었습니다. 독판의 전언에 따르면, 조선 국왕은 이주민 관련 문서가 국제질서에 무지한 백성들에게 바람직하지 않은 인상을 줄 뿐만 아니라 과거 자신의 백성이었던 이주민들을 공식적으로 포기하는 원인을 충분히 해명하지 못함으로써 다양한 해석의 단초가 될 것으로 우려하고 있다고 합니다. 이에 당관은 독판에게 일부 조선인들이 러시아 국적을 취득한 것은 기정사실로서 결코 무효화할 수 없으며, 이들은 조선 정부의 문서가 없어도 여타 러시아 신민들에게 부여된 권리를 누릴 수 있다고 자세하게 설명했습니다. 그러나 조선 국왕의 희망사항을 이행하는 문제에 대해서는 러시아 외무성에 보고하겠다고 말했습니다.

당관은 독판과의 회담에서 러시아 정부가 조선 국왕의 입장에 동의할 경우 러시아 정부에서도 조건부 관세 인상에 관한 공문을 전달하지 않을 것이 분명하다는 언급은 하지 않았습니다. 독판이 이를 이미 합의된 사안으로 간주할 것이 우려됐기 때문입니다."[61]

그럼에도 러시아와 조선 양국은 조러 육로통상장정의 체결을 크게 반겼다. 1888년 7월 14일 러시아 증권가와 뉴스를 전하는 『노보스티 이 비르제바야 가제타(Новости и Биржевая газета)』 신문은 협상 타결과 관련하여 '우리의 외교적 노력으로 조선으로 자유롭게 출입할 발판을 얻어냈고, 러시아인들은 두만강을 건널 권리를 획득했다'고 보도했다. 러시아 외무성에서도베베르의 보고를 받고 환호했다.

기르스는 육로통상장정이 체결된 역사를 상주서에 상세하게 보고해야 한다고 판단하고, 통상장정의 주요 내용과 조러조약(1884. 6. 25) 체결

61 АВПРИ. Ф. Японский стол. Оп. 493. 1888-1891 гг. Д. 2. Л. 249-253.

이전에 러시아로 이주하여 국적을 취득한 조선인들에 대한 법률적인 문제들을 해결하는 과정을 다음과 같이 기술하였다.

"조러 간의 최초의 조약은 청·불(淸佛)의 긴장이 고조되어 태평양 연안에서 대규모 분쟁이 예견된 시점인 1884년 체결되었다. 러시아의 태평양 연안 지역의 경제적 이익이라는 관점에서는 육로통상이 해상보다 훨씬 더 큰 의미를 지니고 있었다. 하지만 우리는 얼마 전 미국, 영국, 독일 등이 조선과 조약 체결을 통해 확보했던 것과 동등한 지위를 획득해야만 한다는 데 초미의 관심을 쏟고 있었기 때문에 조선과의 육로통상은 당분간 연기해야 했다. 이 문제 해결에 착수한 것은 서울 주재 러시아 공사 임명 이후였다.

조선 주재 러시아 공사는 장기간의 협상 끝에 조선 정부와 육상 국경 관계에 대한 장정 체결을 설득하여 결국 외무성 훈령을 참작한 조항들이 포함된 육로통상장정이 지난 8월 8일 4등 문관 베베르와 조선의 외무독판 조병식 그리고 조선 국왕의 고문인 데니에 의해 체결되었다. 이 문제에 대해 베베르가 보내온 보고서와 육로통상장정 사본을 설명서와 함께 황제 폐하께 상주하였다.

육상 국경은 장정에 근거하여 부분적으로 개방되었으며, 조러 간의 통상이 국경 인근 도시인 경흥에 집중될 것이다. 우리는 이곳에 영사관 혹은 부영사관을 설치할 권리를 갖게 되었다. 조선 정부는 경흥에서 러시아인들의 주거지와 그들 소유의 가축을 위한 목초지를 할당해야 한다. 가축은 러시아가 조선에서 반입하는 핵심 품목이다. 러시아에 체류하는 조선인 이주민들에게는 본인의 희망에 따라 본국으로 돌아갈 권리를 부여하였다.

무기류, 폭발물, 아편 등을 제외한 모든 러시아 상품들은 상품가격의

5% 관세를 지불하고 경흥에 반입될 수 있다. 해상무역 관세율에 따르면 외국산 수입 상품은 5%에서 최대 20%까지 관세를 물어야 한다.

육로통상장정에 포함된 나머지 조관들은 이전에 조선이 러시아 및 여타 열강과 체결했던 조약들에서 가져온 것이다.

육로통상장정은 체결일로부터 5년간 유효하다. 만약 체약국 가운데 어느 일국이 개정을 원할 경우 5년 기한이 종료되기 6개월 전에 상대국에게 이를 통보해야 하며, 만약 통보가 없을 경우 5년 기한으로 갱신된다.

4등 문관 베베르와 조선의 전권 대표들의 협상 과정에서 중요한 두 가지 사안에 근본적인 합의가 이루어졌다. 첫째, 남우수리 지역에는 상당수의 조선인들이 다양한 시기에 걸쳐 이주하여 정착하고 있기 때문에 그들의 국적 문제를 해결하는 것이 반드시 필요하다. 이 문제에 대한 해법으로 1884년 조러조약 체결 이전에 러시아로 이주한 모든 조선인들은 다른 러시아 신민들과 동등한 권리를 누리도록 하였다. 둘째, 조선 정부는 육로통상장정 체결에 동의한 후 만약 다른 열강(청)이 육로무역에 대한 관세율 인상에 동의할 경우, 현재 규정된 5% 수입 관세를 7%로 인상한다는 조건을 제시하였다.

조선 정부가 예전의 자국 신민들을 공식적으로 포기하는 것을 꺼려하면서 상술한 2가지 조항가운데 첫 번째 조항을 육로통상장정에 포함시키는 것에 동의하지 않았기 때문에, 우리도 수입 관세의 조건부 인상에 대한 합의를 포함시키는 것에 반대하였다. 이 두 사안에 대한 합의는 별개의 각서로 만들어 베베르와 조선 정부가 교환할 것이다."[62]

62 Всеподаннейший доклад министра иностранных дел с пометой царя 『[Согласен.-Б. П.]』. Гатчино, 23 ноября 1888 г. // АВПРИ. Ф. Японский стол. Оп. 493, 1888-1891 гг. Д. 2. Л. 217-220.

1885~1888년 서울에서 이루어졌던 베베르의 외교 활동 제1기가 이렇게 막을 내렸다. 이 시기 러시아 외교관은 조선 정부의 대외정책의 중심으로 깊숙이 들어갈 수 있었고, 조선의 사회·정치·경제 상황을 연구하여 조선의 정계 및 개화파 인사들과 긴밀한 관계를 확립할 수 있었다. 가장 중요한 것은 이 시기에 베베르와 고종이 가깝고도 우호적인 관계를 수립했다는 점이다. 1889년 육로를 통해 조선을 다녀간 참모본부 중령 베벨(Ф.Вебель)은 이에 대해 다음과 같이 기록하였다.

"우리 대리공사와 조선 국왕의 관계는 서로 호감을 나누는 사이이다. 젊은 국왕은 베베르가 서울에 4년간 체재하는 동안 자주 교체되는 여타 열강의 사절들보다 훨씬 많은 시간을 그와 함께 보냈다. 조선 국왕은 전문 지식을 요하는 국제법의 여러 사안에 대해 베베르와 매우 적극적으로 의견을 나누었다. 우리 공관과 조선 왕실은 매일 접촉하며 지냈다. 우리 공관에 근무하는 조선인 통역관은 매일 저녁 궁궐로 가서 그곳에서 밤을 지새웠다. 그는 아침이나 가끔은 새벽녘에 공사의 개인적인 답신 혹은 현안에 대한 의견을 조선 국왕에게 전달하였고, 조선 국왕으로부터 새로운 과업을 받아 우리 공사에게 전달하기도 했다. 서울에서 들었던 소문에 따르면 얼마 전 조선 국왕이 '베베르는 4년 동안 한 번도 잘못된 판단으로 짐을 이끈 적이 없으며, 짐에게 해 준 그의 모든 조언들은 유익했다. 짐은 전적으로 그를 신뢰한다'고 말했다고 한다.[63]

63 Отчет о командировке в Корею Генерального штаба подполковника Ф. Вебеля в 1889 г. // РГИА ДВ. Ф. 701. Оп. 6. Д. 27. Л. 183.

Карл Иванович Вебер

제3장

청일전쟁 전야와 청일전쟁(1894~1895) 시기 베베르의 활동

1880년대 말~1890년대 초 러시아의 대조선 정책과 조러 관계 확대를 위한 베베르의 역할

1888년 베베르가 준비한 육로통상장정이 체결되면서 두 이웃 나라 간의 경제, 정치 그리고 문화관계가 확대되었다. 이 장정이 체결된 뒤부터 여행가, 학자 그리고 연구 목적의 탐사가들이 조선의 역사, 경제, 문화를 체계적으로 연구하기 시작했다. 러시아의 무역계와 산업계가 조선과의 교역 확대에 큰 관심을 보이며 사업에 착수하자 베베르는 그 회사를 전력으로 도와주고 협력했다.[1] 1888년 러시아 정부와 원산, 부산, 나가사키, 즈푸를 기항하는 블라디보스토크발 상하이행 기선운항계약서를 체결한 블라디보스토크의 상인 셰벨료프(М. В. Шевелев)는 베베르의 도움을 받아 위의 조선 항구에 접안시설 및 다른 구조물 건설용 부지를 확보할 수 있었다.

베베르는 조병식에게 여러 사항을 요청했다.

"러시아 상인 셰벨료프는 블라디보스토크와 원산, 부산, 나가사키 그리고 상하이를 연결하는 새로운 항로를 개설하고자 원산과 부산에 출장소, 식량 창고 그리고 부두를 건설하기 위한 부지를 찾고 있습니다. 이에 그는 적당한 부지를 선정하려고 자신의 대리인인 델로트케비치(П.М. Делоткевич)를 파견했습니다. 손쉽게 상품을 선적하고 하역할 수 있게 만들어 줄 편리한 부지는 해운과 무역의 발전에 도움이 될 것입니다. 델로트케비치는 부산의 일본인 거류지 맞은편에 있는 절영도(Deer Island)의 바닷가 작은 초가마을을 그런 장소로 선택했습니다. 이 마을의 길이

1 자세한 내용은 다음의 책을 보시오. Пак Б. Б. 『Российская дипломатия и Корея. Книга вторая. 1888-1897』. М., 2004. С. 18-28.

는 바닷가를 따라 약 330피트이며, 폭은 약 100피트입니다. 원산에서는 일본 거류지의 북쪽에 있는 공터를 선택했는데, 항만의 연안을 따라 길이 약 300피트에 폭은 청국 영사관 부지로 예정된 곳과 접한 연안에서 서쪽으로 약 160피트입니다. 델로트케비치의 말에 따르면 위의 두 부지에는 건축물이 전혀 없습니다. 이에 본인은 존경하는 귀하께 삼가 요청을 드리오니 원산과 부산 당국에 명령하시어 그들의 도움이 필요한 델로트케비치가 위 대지를 구매하고, 필요한 증명서를 발급받을 수 있도록 도와주시기 바랍니다."[2]

델로트케비치가 원산과 부산에 있는 부지를 사들인 후, 1891년 5월부터 러시아 기선 '블라디미르(Владимир)'호가 위의 두 항구에 취항했다.

1888년의 장정 체결 이후 조선은 러시아와의 육로통상 확대에 더 많은 관심을 보였다. 1891년 조선 측이 조러 국경 지역 교통정리 및 두만강을 통한 조직적인 인적 교류와 물류에 관한 문제를 제기한 결과 '두만강 도하에 관한 임시 규정'이 체결되었다.[3] 그리고 이 조약으로 조러 양국의 정치적 관계는 더욱 발전, 강화되었다. 실제로 여기서 가장 큰 역할을 한 사람이 베베르였으며, 그가 주도하여 러시아 해군의 고위급 장교들과 러시아 당국의 주요 인사들이 조선을 방문했다. 이 중 베베르의 제안에 따라 1888년 9월 알렉산드르 미하일로비치(Александр Михайлович) 대공이 러시아제국의 황족 중 최초로 서울을 방문한 사건이 특별한 의미를 지닌다. 이 방문은 조선과 러시아의 외교 관계가 새로운 단계로 진입했다는 실로 명백한 상징인 만큼, 그 과정과 의미에

2 「Ку Хангук вэгё мунсо」. Том 17. Сеул, 1969. С. 102.

3 자세한 내용은 다음의 책을 보시오. Пак Б. Д. 『Россия и Корея. Изд. второе, дополн』. М., 2004. С. 183-184.

관한 베베르의 보고서를 전부 인용하는 게 중요하다.

"황제 폐하의 대공 알렉산드르 미하일로비치께서는 최근 청국 중부 지역과 베이징을 들르신 후 직접 방문으로 조선에 대한 관심을 보여 주셨습니다. 8월 말 즈푸에서 제물포로 가는 전용 선박이 없었기 때문에 대공께서는 제 제안을 받아들이시어, 전함 '코레예츠(кореец, 한국인이라는 뜻-역주)'호로 8월 31일 제물포에 입항하신 뒤, 다음 날 서울에 도착하셨습니다. 대공 본인의 의지에 따라 이번 방문은 오직 사적인 것이었으며, 저도 그 뜻에 따랐습니다. 따라서 20명의 병사가 제물포부터 서울까지 대공을 호위한 것 외에 조선 정부가 준비한 공식행사는 없었습니다. 외국 대표들은 저의 귀빈께서 서울에 도착하신 다음 날 개인적으로 자신의 존경을 표현할 수 있는 명예를 누렸습니다. 도착 후 이틀 반나절 동안 서울의 몇몇 장소와 변두리를 방문하셨습니다. 우리는 9월 4일 한 장군의 진영을 방문하여, 예전에 청국과 일본 교관들이 훈련시켰던 병사들의 흥미로운 훈련 현장에 참석했습니다. 부대는 매우 훌륭하고 정확하게 훈련에 임했습니다. 자세와 동작 자체가 구식이고 현대 무기체계에 알맞지는 않았지만, 훈련을 훌륭하게 마쳤다는 사실만으로도 조선인이 썩 나쁘지 않은 병력자원이라는 게 증명되었습니다.

그날 오후 3시 프록코트에 견장을 찬 대공과 그의 수행 장교들로 구성된 우리 일행은 국왕을 알현하기 위해 입궐했습니다. 우리가 알현장으로 들어서자 국왕께서는 우리를 맞이하러 몇 걸음 앞으로 나오셔서 일행 모두에게 안부를 하문하시고, 대공과 진심 어린 악수를 하신 다음, 인사를 나누셨습니다. 국왕께서는 서 계신 상태로 대공과 몇 분 동안 말씀을 나누고서야 손님들에게 착석을 권하셨습니다. 대화는 매우 우호적으로 이루어졌습니다. 샴페인을 따른 잔이 나오자, 국왕께서는 잔을 들어 황제 폐하의 건강을 위해 건배하시고는, 황제 폐하께서 오래도록 통치하시라고 기원하셨습니다. 대공께서 그 뒤를 이어 조선 국왕의 건강을 기원하시고 잔을 비우시자, 국왕께서는 그에 대한 답변으로, 자신이 진심으로 바라던 지금과 같은 선의적이고 우호적인 양국 관계가 앞으로 더 깊어지기를 바라신다며 두 번째 건배를 제의하셨습니다. 이어 국왕께서는 조약 체결 이후 국왕 자신과 자신의 정부에 조언이라는 정신적 지지를 아끼지 않은 러시아 대표(베베르 – 저자 주)에게 감사하신다며 세 번째 잔을 드셨습니다. 국왕께서는 대공과 계속 대화하시면서 제물포에 러시아 전함이 정박 중인 것에 감사를 표명하시며, 러시아가 조선의 운명에 항상 실질적으로 동참해 주기를 바라신다고 여러 차례 말씀하셨습니다.

조선은 과도기 상태입니다. 조약 체결 이후 외국인들이 방문하면서 조선은 자신과 다른 선진 문물을 접하게 되었으며, 국왕 역시 구질서와 구습을 거부하고, 러시아의 문명을 취하여 자기 나라를 발전, 번영시키려는 소망을 갖게 되었습니다.(암호)

그러나 저항을 받을 수밖에 없는 이런 개혁은 타국의 도움 없이는 불가능합니다. 국왕께서는 직접 설정하신 목표를 달성하기 위해 모든 나라 중에서도 특히 러시아와 러시아 측으로부터의 지지를 기대하고 계신다고 말씀하셨습니다.

알현이 끝난 뒤 우리 일행은 영광스럽게도 왕세자를 알현한 다음, 우리를 위해 성대한 만찬이 차려진 다른 건물로 초대되었습니다. 조선의 고관 몇 명이 만찬에 참석했으며, 식사 중에 풍악이 울리고 가무가 곁들여졌습니다.

조선의 최근 역사 중에서 가장 기억에 남을 만한 하나의 일화가 이렇게 막을 내렸습니다. 정중하게 대공을 인견하신 국왕께서 대공께 손을 내미시어 자기 옆에 앉도록 권하셨다는 것은 적잖이 중요한 일인 바, 이로써 국왕께서는 수백 년 동안 존중되었던 관습에서 벗어나셨기 때문이며, 실제로 알현장에 배석했던 고관들을 통해 외국인과 국왕의 권리가 동등해졌다는 사실을 모든 백성도 알게 되었습니다. 알렉산드르 미하일로비치 대공은 세상의 한구석에 있는 이곳에서 전례 없는 그런 사건의 주역으로 유명해지셨습니다. 국왕께서는 우리 대공께 보여 주신 접견 방식이 조선 국내 당파와 유명인사들은 물론 국외에서도 충분히 불쾌하게 비칠 것으로 생각하셨음에도 불구하고 러시아에 대한 자신의 우정을 숨기지 않고 표현하셨습니다.

저는 이에 감히 부언하오니, 만약 2년 전이었다면 이런 만남에 의미가 없었을 것입니다. 당시 막강한 영향력을 행사하던 자들이 훼방을 놓았을 것이기 때문입니다.

대공께서 서울에 체류 중이실 때 국왕께서는 매일 고관들을 보내시어 대공의 건강을 하문하셨으며, 알현 이후에는 한 쌍의 작은 조선산(產) 말, 비단에 수를 놓은 병풍, 호랑이 가죽 그리고 다른 것들을 선물로 보내셨습니다.

대공께서는 9월 5일 오후에 서울을 떠나셨습니다. 한강까지(5베르스타)는 가마로 이동하셨으며, 한강 나루부터는 조선 정부가 배려해 준 기선을 타고 곳곳에 그림 같은 풍경이 펼쳐진 강변을 따라 하류로 제물포까지 이동하셨습니다. 다음 날 아침 대공께서 승선하신 '코레예츠'호는 닻을 올려 나가사키로 출항했습니다.

알렉산드르 미하일로비치 대공께 조선 여행이 좋은 인상으로 남기를 바랍니다. 저는 대공께서 외국인과 조선 백성들에게 자신에 대한 최선의 기억을 남겨놓고 가신 것에 만족합니다. 정치적으로 대공의 방문은 우리의 영향력에 좋은 결과를 주셨습니다."[4]

조선에서는 국왕이 알렉산드르 미하일로비치 대공을 통해 러시아의 현 정부와 직접적인 관계를 맺기 시작했다고 보아 그의 방문에 큰 의미를 부여했다.

조선 궁정 내에서 러시아의 영향력 강화는 당연히 베베르 덕분이었으나, 이로 인해 1880년대 말부터 한반도에서 공격적 성향을 강화하던 청국과 일본의 불만이 팽배해졌다. 1888년 5월 말 베이징 주재 러시아 공사 쿠마니(A.M. Кумани)는 페테르부르크에 다음과 같이 보고했다.

"리훙장은 베베르가 적대적 반중 술책을 쓰고 있다며 베베르는 물론 베베르의 부인에 대한 강한 불만을 파데린(Падерин)을 통해 저에게 표명했습니다. 즉 그들은 훌륭한 환영회와 심지어 조선 공사에게 자금 지출을 약속하는 방식으로 조선 국왕과 왕비가 자주의 야욕을 갖도록 자극하고 있는데, 이런 행위는 대조선 종주권을 포기할 수 없는 청국의 대러 관계를 훼손시킬 수도 있다고 했습니다. 따라서 리훙장은 제가 베베르를 자제시키거나, 만약 그럴 수 없다면 제가 우리 러시아는 그렇게 위험한 행동을 승인한 바 없다는 사실을 구두로써 자신에게 확인시켜 준 후, 자신의 부탁을 각하께 전달해 달라고 부탁했습니다. 당연히 저는 안심하도록 조심스레 답할 것이지만, 베베르 본인으로부터 전해 들은 바가 전혀 없고, 또 위의 사항이 승인될 것인지에 대해서도 아는 게 거의 없습니다. 그러니 모순과 오해가 없도록 저에게 전문을 발송하시어

4 Донесение российско-императорского Поверенного в делах в Корее К.И. Вебера министру иностранных дел Н.К. Гирсу. Сеул, 12/24 сентября 1888 г. № 58 // АВПРИ. Ф. Миссия в Сеуле. Оп. 768. Д. 36. Л. 5-7 об.

통보해 주시기 바랍니다."[5]

기르스는 1888년 6월 3일 자 전문을 통해 쿠마니에게 다음과 같이 답했다.

"베베르에 대한 리훙장의 불만은 (무분별하고 간계로 잘 알려진 서울 주재 청국 대표) 위안스카이의 비방 때문이다. 톈진조약을 준수하는 우리는 자주를 시도하도록 조선 국왕을 고무시킬 의도가 없다. 베베르 역시 그 원칙을 준수하고 있다는 근거가 있다. 무슨 일이 있어도 베베르에게 이전 훈령을 확인시켜 주어야 한다."[6]

기르스는 쿠마니에게 발송한 1888년 6월 5일 자 전문에서 더 정리된 형태로 언급했다.

"우리는 조선에 대한 귀하의 견해에 전적으로 동의한다. 베베르에게 그런 의미의 훈령이 즉시 발송될 것이다."[7]

기르스는 서울 주재 대리공사에게 발송하려고 작성한 1888년 6월 3일 자 비밀전문에서 베베르에게 다음과 같이 언급했다.

"리훙장은 귀관이 조선 국왕을 고무하여 자주를 쟁취하게 만드는 것 같다고 쿠마니에게 불평을 늘어놓았다. 이 불평을 위안스카이의 중상모략 탓으로 여기며, 귀관에게 부탁하니 대청 관계에 해가 되지 않도록 의심받을 만한 동기를 부여하지 말라."[8]

5 Секретная телеграмма Действительного Статского Советника Кумани. Троицкосавск 29 мая 1888 г. № 38. Погран. почтою из Пекина (К Ст. Сов. Гирсу) // АВПРИ. Ф. Японский стол. Оп. 493. 1888-1891. Д. 2. Л. 76. 30 мая 1888 г.

6 Проект секретной телеграммы Н.К. Гирса Посланнику в Пекине (Кумани). 3 июня 1888 г. №31. // АВПРИ. Ф. Японский стол. Оп. 493. 1888-1891. Д. 2. Л. 77.

7 Шифрованная телеграмма Гирса Российскому Посланнику в Пекине. 5 июня 1888 г. № 38 // АВПРИ. Ф. Японский стол. Оп. 493. 1888-1891. Д. 2. Л. 89.

8 Проект секретной телеграммы Н.К. Гирса Поверенному в делах в Сеуле. 3 июня 1888. № 32 // АВПРИ. Ф. Японский стол. Оп. 493. 1888-1891. Д. 2. Л. 78.

쿠마니는 6월 3일 자 전문의 정확한 의미를 리훙장에게 전달한 후, 기르스에게 발송한 1888년 6월 28일 자 비밀전문에 이렇게 통보했다.

"리훙장이 실로 감사드리며, 그 자신이나 청국 정부 모두 조선에서의 현 상황을 바꿀 의사가 없고, 신민들의 사주를 참지 않을 것임을 확신시켜 드린다고 했습니다. 이 시점에서 저는 총리아문이 얼마 전 토론을 통해 조선의 중립화 안을 거부하기로 했으며, 특히 미국 군사교관들에 대한 경계심이 부각되었음을 알게 되었습니다."[9]

쿠마니는 베이징에서 발송한 1888년 7월 7일 자 비밀전문에서는 또 이렇게 통보했다.

"묄렌도르프가 조선에서 소환되었습니다. 리훙장은 파데린 편으로 6월 3일 자 전문에 대한 감사와 확신을 거듭 표하며, 베이징으로 서한을 발송했습니다. 베베르가 저에게 배속되도록 훈(Хун)을 통해 시도할 것으로 보이나, 제가 보기에 바람직하지도 않고 불편한 일입니다."[10]

이런 일들이 있고 나서 청국은 1888년에 체결된 조러육로통상장정이 러시아의 대조선 침략계획을 구현한 것처럼 보이게 하여 장정의 의미를 훼손시키려 했다. 1888년 7월 장정이 체결되기 전 청국 주재 러시아 공사 쿠마니는 다음과 같이 페트르부르크에 통보했다.

"청국 정부는 조러 간에 재차 비밀조약이 체결되었다는 소문에 걱정하고 있다."

쿠마니는 베베르가 '조선과의 육로 무역 및 국경 관계를 위한 규칙'을 수립하기 위해 조선 정부와 협상한 게 이런 소문의 원인이 되었을

9 Секретная телеграмма Д. С. С. Кумани Гирсу. Пекин 28 июня 1888 г. // АВПРИ. Ф. Японский стол. Оп. 493. Д. 2. Л. 85.

10 Копия секретной телеграммы Д. С. С. Кумани. Пекин, 19/7 июля 1888 г. № 57 // АВПРИ. Ф. Японский стол. Оп. 493. Д. 2. Л. 90.

것으로 보았다. 이 보고서를 접수한 기르스는 알렉산드르 3세에게 상주한 보고서에서 이렇게 제안했다.

"향후의 오해를 막기 위해 … 조선과 극동 지역에 대한 러시아의 정치적 목적에 관해 더 정확한 명령을 조선 주재 러시아 대리공사 베베르에게 하달해야 합니다."[11]

1888년 8월 8일 조러육로통상장정이 체결되자마자 조러비밀조약과 러시아의 대조선 보호관계 수립에 관한 헛소문이 일본에까지 퍼졌다. 이에 도쿄 주재 러시아 공사 히트로보(M.A. Хитрово)는 1889년 2월 14일 외무성으로 지급공보를 발송하여, 일본 외무대신 오쿠마 시게노부[大隈重信] 백작을 방문했을 당시에 관해 보고했다. 즉 백작은 조러조약에 조선에 대한 러시아의 보호관계 설정이라는 있지도 않은 조건이 포함되었다는 충격적인 전문을 런던으로부터 전해 받은 일본의 여론을 언급한 후, 극동 지역 러시아의 이웃들이 반 러시아적 의구심을 갖도록 자극하려는 새로운 시도가 아니라면 그런 소식이 일본에서 어떻게 이해될 수 있을지 의심이 간다고 말했다는 것이다. 여기서 히트로보는 베베르가 8월 8일 러시아와 조선 간에 체결되어 이미 발표된 두만강에서의 육로통상에 관한 장정 말고는 정치적 성격을 지닌 그 어떤 다른 조약이나 협약을 조인하지 않았다는 사실을 백작 역시 이미 익히 알고 있다고 부언했다.[12]

이와 관련하여 반드시 강조해야 할 것은, 1880년대 말 러시아 외교는 외국 열강들, 특히 청국과 일본이 자국을 위해 조선의 안정적이지 못한

11 Всеподданнейшая записка министра иностранных дел от 23 июля 1888 г. // АВПРИ. Ф. Японский стол. Оп. 493. Д. 2. Л. 91.

12 Копия с депеши посланника в Токио от 16 ноября 1888 г. за № 86 // АВПРИ. Ф. Японский стол. Оп. 493. Д. 2. Л. 214.

정치적 상황을 이용하고 있음을 고려하여 조선을 상대로 한 중일 양국의 공격적 음모를 무력화시키면서 현상유지정책을 견지하고 있었다는 점이다. 러시아의 이런 방침은 1888년 5월 8일에 외무대신 기르스, 외무성 아시아국장 지노비예프, 프리아무르주 총주지사 코르프(Н.А. Корф)가 참석한 특별위원회의 결정에 반영되었다. 본 위원회는 러시아의 극동지역 이익과 관련해 '주로 조선을 둘러싸고 형성 중인' 현재의 극동 지역 정치상황을 토론한 후, 서울 주재 러시아 대표 베베르가 조선 정부를 대할 때 삼아야 할 주요 지침을 규정했다.

"최약소국인 조선은 자신의 힘으로는 자주를 수호할 수 있는 상태가 아니다. 조선을 위협하는 가장 큰 위험은 청국이다. 한반도의 지리적 중요성을 잘 이해하고 있는 청국 정부는 러시아가 한반도를 점령할까 걱정하고 있으며, 그런 상황을 예방하기 위해 조선과 청국 간의 역사적 관계를 공고하게 만들려 했고, 심지어 조선을 청국의 한 주로 편입시키려 했다. 일부 국가는 이런 간계에 반대한 게 아니라, 오히려 그것을 장려하는 것처럼 보였다. 오직 우리 러시아와 노골적 충돌로 이어진다는 위험만이 보다 결정적인 방식으로 조선을 병합하려는 청국을 억제하고 있다.

조선 그 자체가 전적으로 무기력하다는 것을 기억하는 만큼, 대청 관계를 바꾸는데 맞추어진 계획을 택하지 않도록 조선 정부를 저지해야 하며, 청국에게 간섭의 구실을 주지 말도록 면밀하게 충고해 주어야 한다.

우리가 아무런 이점을 얻지도 못하는 상태에서 조선의 이익을 우리의 배타적 방어망 속으로 받아들이면, 우리가 곤경에 말려들 수도 있는 바, 조선이 대외적 지원을 필요로 하는 상황에 처할 경우 서울에 주재 중인 모든 외국 대표들에게 협력을 요청하도록 권고해야 한다.

조선에 대한 우리의 내정간섭은 조심해야 하며, 조선 국내의 분규나 폭동을 저지할 수 있을 때로 엄격하게 한정되어야 한다.

조선의 국제적 지위를 보장하는 가장 적절한 방법은 공업 발전에 있는바, 조선 정부가 그 문제에 우선적으로 관심을 갖도록 만들어야 한다."[13]

1888년 5월 8일 자 특별위원회의 결정에 따라 기르스는 베베르에게 하달된 이전 명령에 부가할 새로운 훈령을 작성했다. 이 훈령에는 조선의 국제적 지위는 물론, 러시아의 대 조선 관계에 대한 러시아 정부의 관점이 표명되어 있었다. 이 훈령에서 외무성은 러시아의 조선 점령이나 보호관계 수립을 거부한다고 한 번 더 확실히 했다. 이것은 외부의 침략으로부터 조선을 보호하려면 러시아의 막대한 지출이 필요하다는 것, 그리고 조선 보호로 인해 실제로 발생할 수도 있을지 모를 청국과의 충돌을 피하려는 러시아의 의도 등으로 설명된다. 러시아의 입장에서는 청국이 조선을 점령하는 것 역시 바람직하지 못했다. 따라서 훈령에서는 베베르가 서울에서 활동할 때 반드시 다음과 같은 규정에 따라야 한다고 하명했다.

1. 러시아 스스로 조선을 상대로 탐욕스런 형상을 보이고 있다는 의심이 러시아에 악의적인 자들의 지지를 받으며 베이징에서 뿌리 내리고 있는바, 이런 의심을 불식시킬 것, 1886년 당시 베이징 주재 러시아 대리공사 라디젠스키와 리훙장 간에 성립된 구두협약은 한반도의 불가침성을 지켜야 할 의무로 작용하고 있으며, 우리 러시아는 이 협약의 유지를 확고하게 바란다는 점을 청국 정부에 확신시킬 것.

13 Журнал Особого совещания 8 мая 1888 г. // 『Красный архив』. Т. 13 (52). М., 1932. С. 54-61.

2. 조선이 완전히 무기력하기 때문에, 해외 어느 열강도 청국의 후견을 거부하려는 조선 정부의 의지를 지원해 줄 것으로 보이지 않는다. 러시아 대표는 청국이 한반도 문제에 간섭할 수 있게 만드는 동기를 주지 않도록 조선 정부를 자각시키라.
3. 조선을 러시아의 배타적 보호 아래 두는 것은 지나치게 부담된다. 따라서 조선 정부가 자신의 합법적 권리를 지키기 위해 외부의 지원을 필요로 할 경우, 가능하면 서울 주재 모든 외국 대표들의 협력을 확보하도록 조선 정부에 권고하라. 조선 내정에 대한 우리의 간섭은 극도로 조심해야 하며, 대내외적으로 복잡한 상황의 해소를 고려하여 … 필요한 경우로 한정되어야 한다.
4. 국내질서 유지에 필요한 정도 이상으로 군사력을 확장하도록 조선 정부를 고무시키는 것은 러시아의 이익과 일치하지 않는다. 대규모 육군이 조선에 대한 외부의 침략 위협을 감소시켜주는 것은 전혀 아니며, 빈곤국 조선에게 그런 육군은 오히려 큰 부담이 될 것이다.… 더구나 그 경우 청국은 극동의 변방에서 모종의 분규가 발생했을 때, 조선에게 수동적 역할만을 부과할 것인바, 결국 우리는 그 어떤 경우에도 조선 육군에게서 아무 이익도 받을 수 없을 것이다. 이 때문에 조선 정규군의 훈련을 위해 러시아 군사교관을 조선으로 파견하려던 이전의 바람을 러시아 외교가 거부했었다.

이와 함께 베베르에게 보낸 훈령의 결론은 베베르의 노력이 조선 궁정 및 그 정부와 '최선의 관계'를 유지해야 한다는 사실을 강조하고 있다. 계속해서 훈령에 따르면 그런 점에서 필요할 때 베베르는 조선의 통치자에게도 그리고 그 대신들에게도 러시아가 진정으로 원하는 것은 전례 없는 불행한 상황으로부터 조선을 보살피는 것임을 확언해 줘도 된다고 했다.

결론에서 기르스는 극동 지역에서 러시아의 정치적 이익의 교차점은 대청 관계와 연관되어 있고, 러시아의 사활적 이익은 이런 관계를 변화시킬 수 있는 것, 그리고 그로 인해 곤란한 상황이 뒤따르는 모든 것을 예방하는 데 있다는 점을 한 번 더 베베르에게 상기시켜 주었다. 조선 정부와 러시아의 관계는 의심의 여지없이 이 목적 아래에 두어야 했다.[14]

새로운 훈령이 서울의 베베르에게 배달된 것은 1888년 10월 초였다. 베베르는 이를 지체 없이 실행한 것으로 보인다. 그러나 모든 점에서 볼 때, 그는 훈령 중에서 청국의 조선 내 정책 그리고 조선으로 인해 러청 간의 관계가 곤란해질 수 있는 그 어떤 행위를 취하지 말라는 규정에는 동의하지 않았던 것으로 보인다. 베베르는 서울에 있으면서 1880년대 청국이 조선을 외형적으로가 아닌, 실질적으로 지배하기 위해 그리고 조선을 둘러싼 열강들 간의 투쟁에서 지도적 지위를 점하기 위해 취한 행동을 확인한 목격자였다. 이런 상황 속에서 베베르는 조선 내 청국의 압제에 대응하여 그리고 모든 공격적 열강들의 행위 전반에 대응하여 더욱 적극적인 조치를 취해야 한다는 쪽이었다. 따라서 베베르는 새로운 훈령을 접수했음을 기르스에게 통보하는 보고서에서, 만약 청국의 강요에 다른 열강들이 저항하지 않는다면, 머지않아 조선은 청국에 흡수될 것이기 때문에 그에 대비할 필요가 있다고 보았다. 베베르는 자신의 보고서에 다음과 같이 기술했다.

"저는 조선에서 모종의 절대적 우월권을 획득해야 한다고 언급한 적

14 Шифрованная инструкция статс-секретаря Гирса Поверенному в делах в Сеуле Веберу от 25 июня 1888 г. № 96 // АВПРИ. Ф. Миссия в Сеуле. Оп. 768, 1884-1908 гг. Д. 6. Л. 44-47 об.

이 없습니다. 오히려 반대로 조약 체결로 조선이 겪고 있는 국제적 상황과 불법적 권리를 진술하려고 노력했습니다. 그와 동시에 저는 누가 지금의 현상유지를 위협하는 가장 큰 위험인지 지적했습니다. 청국 대표는 목적 달성을 위해 동양인들의 맹신, 순진함, 겁 많은 특성 등을 고려해 불안하게 만드는 소문을 쉬지 않고 퍼뜨리고 있습니다. 조약 시대 이전의 역사가 만든 지금의 조중 관계를 변화시키려는 청국 대표의 시도는 조선 정부의 저항을 불러일으키고 있습니다. 그러나 약소국 조선이 다른 열강의 지지와 협력을 확보하지 못하고, 청국이 자신의 계책에 저항이 없다는 것을 확신할 경우, 조선 문제의 결말은 조만간 최고 통치수준에서 우리 러시아에 불리하게 반전될 수도 있으며, 청국이 한반도를 병탄하는 것으로 종결될 수도 있을 것입니다."[15]

1890년대 초반 청국과 일본의 대조선 정책과 베베르

베베르는 조선 내 청국의 팽창 행위에 러시아가 더 적극적으로 대응하는 게 불가피하다는 자신의 관점이 옳다고 확신했다. 그는 새로운 훈령을 접수한 뒤에도 청국 정부 및 서울 주재 청국 대표 위안스카이의 음모를 계속해서 폭로했다. 1890년 여름 조선 정부가 대외차관 중 일부(약 1백만 달러였다. 이중 49만 달러가 청국 기선회사, 약 14만 달러가 청국전신지점의 것이었다-저자 주)를 상환하고자, 미국의 'Fraser and Co'사와 2백만 달러의 차

15 Донесение Поверенного в делах в Корее К.И. Вебера министру иностранных дел Н.К. Гирсу. Сеул, 12 октября 1888 г. № 58 // АВПРИ. Ф. Японский стол. Оп. 493. Д. 2, 1888-1891 гг. Л. 198-199.

관 도입 문제를 협상하고 있을 당시, 서울 주재 청국 대표는 차관 제공에 관한 협약을 체결할 경우 조선 영토의 일부가 담보물이 될 것이라며 반대하고 나섰다. 베베르는 조선을 통제할 수 있는 방법 중 하나인 차관의 상환을 청국 정부가 원하지 않는 것이라고 평가했다. 베베르는 페테르부르크에 다음과 같이 통보했다.

"조선 정부가 현재 높은 이자를 지불 중인 차관 상환 자금을 확보하려는 경우에도, 청국의 이익이 되어야만 한다는 것으로 보입니다. 그 외에도 청국이 조선의 내정과 재정 활동에 간섭하는 것, 그리고 조선의 세관 수입이 그 자금의 담보가 되는 것을 허용할 수 없다는 청국 대표의 단호한 성명 등은 실로 이상합니다. 본인의 견해로는 세관이나 다른 수입에 대한 자기 재량에 따른 처분권을 인정하지 않는다면, 그것은 조선 왕국의 자치를 부정하는 것을 의미하는 것입니다. 조선의 영토 중 일부가 차관의 담보가 될 것이라는 청국 공사의 걱정은 전혀 근거 없는 것인바, 저는 그의 성명이 확실히 실패한 외교적 간계에 불과하다고 판단합니다. …

저는 예전에 청국은 조선의 차관 상환을 전혀 원치 않는다고 예상한 적이 있었는데, 이번 사건을 통해 그 예상을 확인하고 있습니다. 도리어 리훙장은 달러가 풍족하지 않은 조선 정부를 자신의 수중에 장악할 수 있는 손쉬운 방법이 바로 이 차관인 바, 조선은 상당한 압력하에 모종의 권리를 양보하며 차관 액수의 할인에 동의할 것임을 확인하고 있습니다. 그러나 조선 사람들은 그런 권리의 양보가 지닌 진정한 의미를 이해하지 못하고 있습니다. 이런 할인의 방법으로 시간이 지날수록 일련의 양보가 형성될 것이며, 그 양보로 인해 조선은 청국의 압제에 더욱 강력하게 구속될 것입니다. 만약 조선 정부가 차관 체결에 성공하여 그

돈의 일부를 정말 필요한 곳과 국가 발전을 위해 새로이 도입된 일부 산업, 무역 그리고 국가 자원의 확장에 이용한다면, 조선과 청국을 연결하고 있는 오랜 유대가 약화되면서 조선은 다른 열강들과 그 열강들의 문명을 향해 나아가게 될 것입니다. 제 견해로는 바로 여기에 청국이 지닌 두려움의 본질과 항의의 원인이 존재합니다."[16]

이후 베베르는 조선의 주권과 영토적 불가침성에 대한 청국의 강요가 더욱 위협적 성격을 띠기 시작했다는 사실에 특히 관심을 보였다. 그는 1890년 11월 초 총리아문[17]의 슈이 찬(Сюй Чан)과 춘 리(Чун Ли)가 국왕의 모친상(1890년 6월에 사망한 신정왕후 조씨, 즉 대왕대비 조씨를 말하는 것으로 보인다-역주) 문제로 청국 정부의 공식 조의를 전달하기 위해 두 척의 전함으로 조선에 기항하여 위안스카이의 수행을 받아 고종을 개인적으로 알현한 사실을 페테르부르크에 보고했다. 베베르가 입수한 정보에 따르면 청국 전권들은 고종을 재촉하여 그가 해외 열강들과의 우정, 특히 러시아와의 우정을 포기하는 것은 물론, 고종 자신을 청국 수중에 맡기도록 만들라는 명령을 받고 방문했다.

그들은 고종과의 담화 도중 청국과 조선 간의 오랜 관계와 양립할 수 없는, 해외 열강과의 우정을 언급하면서 고종을 책망한 뒤, 조선과 같은 빈곤국은 새로운 '외국 질서'의 도입에 수반되는 지나친 지출을 감당할 수 없을 것임을 이해시키려 했다. 그들은 다음과 같이 언급했다.

"즉 조선은 어떤 나라이든 해외 열강이 침략하면 자신을 방어할 상

16 Донесение Поверенного в делах в Корее К.И. Вебера директору Азиатского департамента МИД И. А. Зиновьеву. Сеул, 24 мая 1890 г. // АВПРИ. Ф. Японский стол. Оп. 493. Д. 2, 1888-1891 гг. Л. 350-353.

17 1861년 청조의 최고 대외정책 기관으로 설립되어 대외문제를 관할하던 수석관청으로 최고관직에 대신이 있는 협의회가 있었다(1861-1884년, 1884년부터 군 공, 1884년부터 1891년까지 춘 공).

태가 아니다. 따라서 조선을 구할 수 있는 유일한 방법은 유일하게 조선에 조력하고 지원할 수 있는 청국의 이익에 긴밀하게 합류하는 것이다. 그러나 청국이 적시에 실질적인 도움을 주려면, 서울, 송도, 함흥, 경흥 등 4개 도시에 청국 경비대를 주둔시켜야 한다."

이에 베베르는 다음과 같이 서술했다.

"상기 장소에 경비대를 주둔시킬 수 있는 청국의 권리를 인정하라는 요구는 메달의 뒷면입니다. 메달의 양면 중에서 앞면에는 애도의 표시가 들어간 천자의 편지 그리고 조선의 안녕과 안정에 관한 아버지와 같은 청국 정부의 보호가 그려져 있습니다."

서울과 다른 도시에 청국 경비대를 주둔시키자는 요구는 조선의 자주를 침해하겠다는 명백한 의도였다. 1890년 5월 이런 방침에 따라 첫 번째 결정적 행보가 실행되었다. 즉 당시 위안스카이는 조선 정부가 차관을 도입하지 못하도록 했다. 당시 차관이 성립되지 않았는데, 극동에서의 혼란을 미리 예견한 자본가들은 자기 자본이 위험에 빠지는 것을 원하지 않았기 때문이었다. 이것이 조선의 국제적 지위를 처음으로 침해한, 겉으로 드러난 실례였다. 해외 열강은 이런 침해에 무관심했으며, 그 덕에 청국 정부의 행동이 승인받은 게 되어 버렸다. 첫 번째 행보의 직접적인 결과는 수도와 다른 도시에서도 경비대 주둔을 허락하라는 두 번째 요구였다. 이에 대해 베베르는 다음과 같이 보고했다.

"현재까지 우리는 이곳에서 일어나고 있는 모든 사안들의 조용한 관망자로 남아 있었습니다. 그러나 감히 제가 지닌 확신을 말씀드리오니, 이곳 극동에서의 사건이 어떻게 반전될 것인가를 조용히 기다리는 것이 우리의 이익이라면, 청국은 아마도 국왕을 특별히 재촉하지 않는 상태에서 해외 열강들이 서울 주재 자국 대표들을 통해 청국의 요구가 무엇인지 통보를 받은 뒤 취하게 될 모종의 대책을 최대한 내년 봄이나 여름까지 여유 있게 기다릴 것입니다. 만약 반론이 없다면 청국인들은 자신들의 계책을 실행에 옮길 것입니다."

베베르는 조선과 청국의 문제가 새로운 국면에 돌입한 것에 대한 개인적 의견을 서술하면서 '만약 조선에서의 상황이 첨예해질' 경우, 지침으로 삼을 훈령을 내려 달라고 부탁했다.[18] 그는 조선에 경비대를 주둔시키려는 청국 정부의 의도를 둘러싼 사건의 향후 전개, 그리고 청국의 행동에 대한 조선 정부와 여론의 반응을 집중적으로 조사했다. 베베르는 기르스에게 발송한 1890년 12월 2일 자 보고서에서 이렇게 기술했다.

"청국의 간청으로 인해 이곳 정부와 백성들 사이에서 발생하게 될 동요의 규모가 어느 정도일지 일부 징후로 판단하는 게 아직은 힘듭니다. 저는 국왕께서 그런 양보의 종착역을 인식하시어, 서울과 일부 다른 도시에서의 청국 경비대 주둔에 강력하게 반대하실 것임을 의심할 만한 근거를 지니고 있지 않으며, 또한 그런 것처럼 청국인들은 최근 자신들의 행위로 인해 최소한 진보 정파에 속하는 조선의 일부 관료들(그중에는 전 일본 주재 조선 공사 김가진도 있음)이 지니고 있던 청국에 대한 호감마저 잃었다는 증거도 정확하게 갖고 있습니다."[19]

베베르는 청국의 대조선 정책의 목표가 이제까지 국내의 삶에만 관심을 갖고 있었던 모든 조선 사람들의 시선을 끌게 되면, 상황이 명료해질 것이라고 판단했다. 조선 사람들은 새로운 질서의 도입을 반대하면서 청국의 요구에 맹종하고 있었다. 조선은 그런 태도로 얻은 게 별

18 Донесение Поверенного в делах в Корее К.И. Вебера министру иностранных дел Н.К. Гирсу. Сеул, 6 ноября 1890 г. № 77 // АВПРИ. Ф. Японский стол. Оп. 493. Д. 2. Л. 396-398.

19 Депеша Поверенного в делах в Корее К.И. Вебера министру иностранных дел Н.К. Гирсу. Сеул, 2 декабря 1890 г. № 82 // АВПРИ. Ф. Японский стол. Оп. 493. Д. 2. Л. 409-410.

로 없으며, 관료들의 전횡과 백성들에 대한 핍박은 더 심해졌다. 베베르는 "청국의 최근 요구들은 유교문명을 지지하는, 보다 급진적인 진보정파를 친청파로부터 분리시키는 결과를 초래할 것입니다. 소규모인 진보주의자 집단은 더욱 단결하고 있으며, 그들의 애국심에는 어떤 과제가 이미 해결되어야 하는지 보다 더 명확해질 것이지만, 그와 동시에 청국의 위협을 두려워한 친청파는 청국의 요구에 양보하라고 국왕에게 영향력을 행사하고 있습니다"라고 기술했다.

1890년 12월 31일 자 보고서에서 베베르는 청군의 조선 주둔 문제를 재차 언급했다. 그는 현 시점에서 조선 관료들 간의 중요한 대화 주제가 부대의 예상되는 병력 수, 그 부대가 점령할 도시, 그리고 주둔비용 지불 주체 등과 같은 것임에 주목했다. 다수의 조선 사람들은 가치 평가가 불가능한 국가 이익의 보호를 위해 그런 상황이 벌어진 것이라 생각하여, 외견상 그런 상황이 자신들의 애국심이라는 관점에서 전혀 굴욕적이지 않다고 판단한 것으로 보인다. 베베르는 이것을 다음과 같이 명확히 했다.

"경비대에 관한 현재 상황을 말씀드리면, 저는 그런 상황이 공식적 형태로 요구된 것인지, 아니면 단지 저를 설득하려 했던 것처럼 청국과 러시아 사이의 그 어떤 향후 혼란은 물론, 러시아에게서도 위험을 느낀 무기력한 조선이 자신의 무방비 상태 또한 고려하여 청국 군대가 적시에 유리한 위치를 점령하고 진지를 강화할 수 있도록 두만강의 방어를 청국 군대에 위임하는 것이 더 정치적이라는 사실을 조선 정부에게 이해시키려는 것인지 확신할 수 없습니다."[20]

20 Донесение Поверенного в делах в Корее К.И. Вебера министру иностранных дел Н.К. Гирсу. Сеул, 31 декабря 1890 г. № 84 // АВПРИ. Ф. Японский стол. Оп. 493. Д. 2. Л. 450-451.

그러나 베베르는 청국 경비대에 관한 문제로 조선에서 진행된 토론의 전반적 성격은 그 문제가 청국에 의해 여러 형태로 제기되었음을 보여 주는 것이라고 판단했다. "그리고 만약 이 문제가 오직 새로운 관측용 기구(氣球)의 차원에서 제기된 것이라면, 누구나 아는 청국 정책의 방침을 고려하여 그리고 제시된 목적을 향한 매우 체계적인 추구를 고려하여 그 제안이 전혀 원인 없이 이루어진 것은 아니라고 생각할 필요가 있습니다. 마지막 문서들에서 이미 언급한 것을 다시 반복하오니, 국왕은 경비대의 입국 여부가 자신에게 달려 있는 한, 자발적으로 동의하지 않을 것이라고 확신합니다."

조선에 청국 경비대를 주둔시키려는 청국 정부의 의도와 관련해 베베르가 행한 보고서에 대한 일본 외무성과 러시아 외무성의 반응은 여러 가지 의미를 지니고 있었다.

1890년 12월 도쿄 주재 러시아 공사 셰비치(Д.Е. Шевич)가 청국 정부의 의도를 일본 외무대신 아오키 슈조[青木周藏]에게 통보하자 아오키는 다음과 같이 언급했다.

"1885년의 톈진조약에 따라 일본은 조선에서 청국과 동등한 병력의 파병권을 지니고 있다"

여기서 아오키는 조선에서의 현상유지는 '극도로 소망스럽다'고 하여 셰비치에게 동의를 표했다. 이것이 러시아 공사의 통보에 대한 아오키의 애매한 답변이었다. 이것은 만약 청국이 자신의 경비대를 조선의 일부 도시에 주둔시키면, 일본 역시 그곳으로 자신의 군부대를 파병한 후 대응책을 마련할 것이라는 의미였다. 러시아 외무대신 기르스는 베베르의 보고서 및 아오키 슈조와의 담화에 관한 셰비치의 지급공보를 접수한 후, 일본 외무대신은 만약 청국이 조선으로 경비대를 파병할 경우 일본이 채택할 수 있는 대응책에 관한 자신의 견해를 보여 주지 않았다는 그릇된 결론에 도달하여 "청국 전권이 조선 국왕에게 제기한 요구는 아마도 그 문제에 대한 국왕의 관점을 간파하려는 시도 이상의 것이 아닐 것"이라고 언급했다. 당시 조선 문제에 대한 러시아의 입장은 기르스가 청국 주재 러시아 공사 카시니(А.П. Кассини)에게 발송한 1891년 5월 7일 자 훈령에 기술되어 있다. "러시아에게 조선은 접경국이라는, 그리고 청국과 일본 양자가 조선을 향해 뻗치고 있는 형세라는 점에서 의미를 지니고 있을 뿐이다. 따라서 러시아는 조선 왕국의 자주성을 지지하는 이익만을 지니고 있다." 이 훈령은 일본의 대조선 정책에 대해서도 이렇게 언급했다. "일본은 외견상 조선 문제에 무관심 하지만, 그럼에도 최근 들어 청국의 침략으로부터 조선을 보호하기 위한 방법에 신경을 쓰기 시작했다." 이와 관련하여 훈령에서는 카시니에게 일본의 '그런 원모(遠謀)를 승인'하되, '일본 정책을 지나치게 장려한다는 의심을 청국 정부가 하지 않도록' 노력하라고 하명했다.[21] 러시아 외무대신은 조선을 향한 일본의 공격적인 위협을 전혀 이해하지 못했던 게 확실했다.

조선을 향한 청국의 간계를 주의 깊게 지켜본 베베르는 일본 외교관들이 개전 준비를 위해 시간을 벌고자 청국과 러시아의 경각심을 무뎌지게 하려고 노력했음에도 불구하고 일본의 팽창 활동을 놓치지 않았다. 1880년대와 1890년대의 경계에서 베베르는 수차례에 걸쳐 러시아 외무성이 중일 간의 경쟁을 강화시키는 요인으로 작용하고 있었던, 조선 내 일본의 경제적 팽창에 관심을 갖도록 했다. 당시 러시아 외무성 내에서는 도쿄 주재 러시아 외교관들의 안일한 보고서로 인해 일본은

21 자세한 내용은 다음의 책을 보시오. Пак Б. Б. 『Российская дипломатия и Корея. Книга вторая. 1888-1897』. М., 2004. С. 34-36.

조선을 점령하지 않을 것이라는 견해가 형성되어 있었으며, 베베르 역시 그 영향을 받아 청국의 갈망에 대한 평형추로서 일본을 이용해도 된다는 판단을 내렸다. 그 실례는 1889년 말 일본인들이 평안도에서 새로운 항구를 개항하려 할 때였다.

1889년 12월 베베르는 페테르부르크에 보고서를 발송하여, 여름에 일본 은행의 제물포 지점장, 서울 주재 일본 공사관의 육군무관 그리고 다른 인사들로 구성된 탐사대가 무역 및 군사 목적에서 평안도와 황해도 지역을 살펴보기 위해 그 지역으로 향했다는 소식을 통보했다. 탐사대를 파송한 이유는 제물포에서 일본이 청국과의 무역에서 손해를 보고 있다는 불평 때문이었는데, 당시 청국인들은 자신들의 평저선을 이용하여 대동강을 따라 상류로 평안도 감찰사가 있는 평양까지 항행하며 밀수를 하고 있었기 때문이었다. 일본 탐사대의 주 목적은 천연자원, 그 지역의 생산력 그리고 문제 해결을 위해 주민들에게 필요한 것, '이 지역의 개방이 일본 무역에 유익한 정도'를 조사하는 데 있었다.

베베르는 조선과의 무역을 위해 일본인들이 평양 근처의 장소를 선택한 원인을 언급하면서, 그 장소가 우연히 선택된 게 아니라는 사실을 지적했다. "평양은 매우 오래된 도시로서, 조선의 역사에서 이미 기원전 1,200년 전부터 언급되었으며, 단군이 중국으로부터 5천 명의 이주민들과 함께 이곳에 조선이라는 고대 왕국을 건국하고 평양을 수도로 삼았습니다. 그의 무덤과 그 위에 세워진 비석은 아마도 세계에서 가장 오래된 것 중 하나로 현재도 그곳에 있으며, 시내에 있는 성문과 궁궐 건물들에 적힌 상이한 비문들은 조선을 개국한 이의 기록이 담긴 명예를 증명하고 있습니다. 시는 대동강의 우안, 즉 서쪽에 있으며, 이 대동강은 조선의 역사에서 그리고 조선 땅에서 경쟁하던 명과 일본 간의 전쟁 당시, 로마인들을 위해 루비콘강이 행했던 것과 비슷한 역할을 했습니다. 평양이라는 이름은 약 20년 전 평양 성벽 밑에서 미국 선박 '제너럴셔먼(General Sherman)'호가 불에 타고 선원 전체가 잔인하게 죽은 사건[22]을 통해 서양인들에게 처음으로 알려졌습니다. 이 사건은 1871년 미국의 로저스(Rodgers) 장군이 이끄는 원정대와의 전쟁으로 이어졌으나, 그는 한강 하구의 강화도에 위치한 요새를 파괴하는 것으로 만족해야 했습니다." 이외에도 베베르는 평안도에는 금과 동이 풍부하고, 19세기 말부터[23] 조선에 재배되기 시작한 담배가 수출되고 있으며, 흡연이 전국으로 확산되어 '조선 사람들과 곰방대는 절대 떨어질 수 없는 두 개의 개념으로 남자들은 곰방대 없이는 아무 데도 안 간다'는 점을 강조했다. 또한 베베르는 주민들이 솜, 면직물, 비단제품, 돗자리 등을 생산한다고 했다.[24]

1889년 10월 서울 주재 일본 대리공사인 곤도 마스키[近藤真鋤]는 정부의 명령에 따라 대동강 하구의 한 지점을 대외무역에 개항하는 문제로 조선 정부와 협상했다. 그는 조선의 통리아문 독판에게 두 통의 통첩을 발송하여 그와 유사한 제안을 했으나, 공식 답변을 받지 못했다. 조선의 독판은 곤도와의 개인적인 대담에서도 애매한 답변에 그쳤다. 이에 일본 공사는 베베르에게 도움을 요청했다. 베베르는 공사관 서기인 그루셰츠키(А.Н. Грушецкий)를 통리아문에 보내어 다음과 같이 하명했다.

"평양에 관해 언급할 것이며, 그곳의 개방이 조선 정부와 나라에 반

22 1866년 8월 미국의 무장한 선박인 '제너럴셔먼'호가 시 외곽에 있는 고분을 도굴하려는 의도에서 대동강 하구에 도착했다. 그러나 이 선박은 조선 사람들에 의해 강 위에서 불에 탔다. 이 배는 그 안에 남아 있던 화약이 폭발하면서 선원 전체와 함께 공중으로 날아올랐다.

23 보고서에서 베베르가 오기한 것으로 보인다. 19세기가 아니라 17세기이다.

24 Донесение Поверенного в делах в Корее К.И. Вебера министру иностранных дел Н.К. Гирсу. Сеул, 16 декабря 1889 г. № 88 // АВПРИ. Ф. Японский стол. Оп. 493. Д. 2. Л. 266-269

드시 가져다 줄 이익에 조선 사람들이 관심을 갖도록 하라."

그러나 통리아문 독판은 그 문제로 대화하기를 꺼려했으며, 그와 곤도 마스키 사이에 그 문제로 어떤 협상도 이루어지지 않았다고 했다. 베베르는 1889년 12월 16일 자 보고서를 통해 이런 사실을 기르스에게 통보하면서 어느 정도로 '일본 동료들에게 협력을 제공'해야 할지 훈령을 하달해 줄 것을 요청하며 다음과 같이 보고했다.

"각하께서도 익히 알고 계시듯이 북양대신 리훙장은 평양항과의 경쟁이 즈푸[芝罘]와 뉴좡[牛莊]에서의 무역에 실로 위험하다고 판단하여, 이미 1년 전 국왕의 고문이었던 데니와의 토론에서 그 자신은 언제나 평양의 개시에 반대자로 남을 것임을 표명했습니다. 신뢰할 수 있는 정보원에 의거하여 본인은 독판도 그리고 국왕도 모두 일본의 요구에 양보할 것으로 알고 있습니다. 따라서 독판이 애매하게 답을 한 원인은 청국인들이 우리 러시아의 영향력 유입을 우려하는 것 못지않게 일본인들과의 경쟁을 두려워하고 있다는 것으로 야기된 보이지 않는 영향력에서 찾을 수 있을 것입니다."

베베르는 계속해서 이렇게 기술했다. "이런 점을 고려하여 제 견해를 말씀드리면, 우리가 일본의 요구를 지지하는 것이 우리의 이익에 모순되지 않는바, 일본인들은 청국의 강청에 대응한 평형추가 될 수 있기 때문입니다. 우리와 일본 간의 반목의 사과가 될 수 있는 정치적 문제가 존재하지 않는 상태에서, 그리고 조[25]와 천자의 신민 사이에 존재하는 의심이 여지없는 증오 속에서 일본인들이 우리 러시아에 반하여 청국인들에게 도움이 되도록 언제든 조선에서 자신의 영향력을 행사할 것이라고

25 조병식.

예상하기는 힘들다고 봅니다. 다른 측면에서 일본인들의 영향력이 우리에게 위험해질 정도로 강화될 리 없을 터인데, 일본인들에 대한 조선 사람들의 증오는 청국인들과 일본인들 사이의 증오보다 더욱 크기 때문입니다. '제국의 분할'이라는 속담은 이곳에서 우리의 정책에 잘 어울립니다."[26]

이처럼 일본이 조선을 상대로 자신의 침략적 의도를 공개적으로 드러내지 않고 있었던 1880년대와 1890년대의 경계에서 베베르는 일본을 청국 팽창정책의 평형추로 이용할 수 있을 것으로 판단했다. 그럼에도 베베르는 조선 사람들과 일본인들 사이에 상업 문제로 잦은 언쟁이 발생할 경우 항상 조선 사람 편을 들었다. 그는 조선에 있는 일본 상인들과 실업가들의 행동을 유심히 관찰했으며, 조선 경제에 대한 그들의 약탈적 행위를 폭로하고, 조선 주민들 내 상이한 계층의 상황을 밝혀 냈다.

1890년 1월 베베르는 1889년 11월에 곤도 마스키와 독판교섭통상사무 민종묵(閔種默) 사이에 체결된 조일통어장정의 본문 번역본을 러시아 외무성으로 발송했다. 본 장정에 따라 일본 신민들은 조선의 남해안과 동해안(전라도, 경상도, 강원도, 함경도), 즉 조선 영해에서 그리고 조선 신민들은 일본의 서해안[히젠(Хиден, 肥前), 즉 사가현 지역을 말하는 것으로 보인다-역주, 피쿠잔(Пикузан), 피쿠잔이라는 지명은 없다. 아마도 치쿠젠(筑前), 즉 후쿠오카 지역을 말하는 것 같다-역주, 나가토(長門), 이와미(島根, 지금의 시마네), 이즈모(出雲), 쓰시마(對馬島)] 등지에서 각각 어업에 종사할 수 있게 되었다. 일본인들은 어선 1척당 매우 낮은 조업료를 지불하고 어획권은 물론, 어류와 연체동물의 판매권도 확보했다. 베베르는 이것을 다음과 같이 설명했다. "이 장정으로

26 Там же. Л. 271-271 об.

1883년에 체결된 조일통상장정의 제41조에 의거하여 양 체약국 신민들에게 부여된 권리가 사실상 정확하게 된 것뿐이라고 하지만, 조선 정부는 오직 일본만이 이 장정으로 이익을 얻게 될 뿐임을 이해하여, 이 장정의 체결을 후회하고 있습니다. 더구나 조선 사람들은 자기 바다에서도 어업을 잘 하지 않으며, 항해술마저 떨어집니다. 따라서 그들이 지닌 형편없는 조각배를 타고 일본 연해까지 갈 수 없을 것입니다. 다른 한편으로 심지어 개항장에서조차 세관용 증기선을 보유하지 못한 조선은 일본 어부들이 규정을 이행하는지 감시하기 힘들 것이며, 일본인들은 그 자신이 원한다면 조선의 다른 곳에서 조업료를 전혀 지불하지 않아도 처벌을 받지 않고 어업에 종사할 수 있을 것입니다."[27]

1891년 봄부터 베베르는 일본 정부의 대조선 정책의 변화에 러시아 외무성이 관심을 갖도록 했다. 예전에는 일본 정부가 조선의 경제적 종속 문제에 전념했다면, 1891년에는 조선 내 일본의 정치적 영향력 강화를 위해서 적극적으로 활동했다. 1891년 3월 서울에서 일본 대리공사 가와기타 도시스케[河北俊弼]가 사망하자 일본 정부는 그를 대신하여 가지야마 데이스케[梶山鼎介]를 변리공사로 임명했다. 이에 대해 베베르는 다음과 같이 통보했다. "일본 정부가 서울 주재 대리공사의 명칭을 변리공사로 바꾼 것은 상업적 고려가 아니라, 아마도 정치적 고려에 따른 것일 수 있습니다. 일본은 다른 국가들보다 앞선 1876년에 조선과 조약을 체결했습니다. 이 조약의 제1조는 다음과 같이 규정하고 있습니다. '조선국은 자주 국가이며 일본처럼 최고권을 향유한다(러시아문의 번역

27 Донесение Поверенного в делах в Корее К.И. Вебера директору Азиатского департамента МИД И. А. Зиновьеву. Сеул, 15 января 1890 г. № 5 // АВПРИ. Ф. Японский стол. Оп. 493. Д. 2. Л. 285-285 об.

본임-역주).' 그러나 나중에 다른 열강들과의 조약 체결 및 서울 주재 청국대표부의 설립으로 베이징, 보다 정확하게 말하면, 북양대신 리훙장의 정책이 국제적으로 조선의 자주권을 훼손시키는 것에 맞추어졌습니다. 제가 보기에는, 일본 대리공사의 명칭이 변리공사로 바뀐 것에서 조선의 지위에 대한 자신의 1876년 관점을 확실히 하고, 조선의 운명에 참가할 것임을 강조하려는 일본 정부의 의도를 볼 필요가 있습니다."[28]

베베르는 조선에서 외교 활동을 처음 시작할 때부터 조선의 국내 정치적 상황, 민족적 그리고 사회적 자유를 위한 투쟁에 단 한 번도 나서지 않았던 조선 백성들의 힘겨운 경제 상황에 항상 관심을 보였다. 1890년 초 베베르는 서울 주재 외국 대표들 중 최초로 조선에서 시작된 백성들의 소요에 진지한 관심을 보였는데, 이 소요는 1893년에 농민전쟁(1893~1895)으로 발전했다. 베베르는 1889년 12월 24일 자 보고서를 통해 "최근 조선에서는 국왕의 생명을 상대로 한 어떤 의도가 있다는 소문이 확산되고 있다"는 사실을 전달했다. 이런 소문이 발생한 원인은 서울에서 40베르스타 떨어진 수원이라는 도시에서 발생한 소요였다. 당시 그곳에서 일부 왕족들에게 격분한 백성들이 그들의 가옥을 파괴하고, 심지어 '동학'이라고 불리는 비밀 종파를 전파했는데, 베베르에 따르면 "이것과 다른 이유로 인해 정부가 죄인들을 추적했으며, 조선의 정파들은 이 사건을 이용하여 다른 정파에 속하는 사람들에게 모든 가능한 범죄와 국가 반역죄를 뒤집어씌우려 했다."

베베르는 동학이라는 종파를 '러시아의 강신술에 상응하는 것으로서

28 Депеша Поверенного в делах в Корее К.И. Вебера директору Азиатского департамента МИД И. А. Зиновьеву. Сеул, 2 августа 1891 г. № 57 // АВПРИ. Ф. Японский стол. Оп. 493. Д. 2. Л. 481-483.

… 일정한 표식과 상형문자를 연구하고 반복하는 동안 인간의 정신이 멀리 떨어진 모든 장소로 이동할 수 있거나 혹은 최면의 꿈속으로 들어가 사람들의 모든 비밀스런 행동이나 사고를 간파할 수 있게 된다'고 이해했다. 베베르는 조선 사람들에게서 이 종파에 대한 보다 자세한 정보를 얻어낼 수 없다고 기록했다. 그가 이 문제로 '자신을 방문한 그의 자문관 민영식에게 문의하자, 후자는 정부조차 동학과 그것의 목적에 대한 정보를 보유하지 못한 상태'라고 했다.

베베르는 계속해서 이렇게 보고했다. "소문에 따르면 실제로 국왕에 반대한 음모가 존재했으며, 궁궐에서 무기를 모아 놓은 비밀장소가 발견되었고, 세자궁 밑에서는 화약이 가득 찬 통이 있었다고 합니다. 즉 폭도들은 궁궐에서 계획을 완수한 후 외국인과 일본인을 급습하려 했습니다. 현재는 모든 것이 조용하고 평온하지만, 저는 비록 그게 거짓이라 할지라도 이와 유사한 소문이 종종 반복된다는 위험이 이 나라의 평화와 안정을 위협하고 있다는 생각을 감출 수 없습니다. 애석하게도 가연성 물질이 쌓여 있는데, 거기에 불꽃이 떨어지면 언제든 발화될 수 있으며, 그 불은 선동자들로 인해 예측할 수 없는 규모가 될 수 있습니다." 베베르의 견해에 따르면 다가오고 있는 사회적 폭발의 주된 원인은 '나라에 있는 모든 권력을 장악한 양반들이 백성을 극도로 억압하고, 백성들을 희생시켜 개인의 부를 축적하는 데 권력을 사용'하기 때문이었다. 그리고 '정부의 실수를 이해하기 시작한 백성들과 자신의 정규 급료를 받지 못한 병사들이 그 모든 것과 관련해서 국왕을 비난하고 있다'고 했다. 베베르는 이렇게 결론을 내렸다. "조선에서의 이런 상황이 청국에게는 실로 유쾌할 것입니다. 청국 대표 위안스카이는 매우 기꺼이 오해를 조장하면서 자신의 요구에 잘 응하지 않는 국왕이 힘들어

하는 이런 상황을 더 확대시키고자 합니다. 이것이 과연 우리 러시아의 이익과 양립할 수 있겠습니까?"[29]

베베르가 예언한 바와 같이 곧이어 인민 봉기가 발생했다. 한국 역사학계에서는 간혹 '동학난'이라고도 불리는 1893~1895년의 농민봉기가 시작되었다. 그러나 이 봉기가 일어났을 때 베베르는 휴가차 이미 서울을 떠난 상태였다. 1891년 5월 베베르는 러시아 공사관 책임자이자 서울 주재 러시아 대리공사 서리였던 드미트레프스키(П.А. Дмитревский)에게 업무를 이관했다. 베베르는 드미트레프스키와 오래전부터 알고 있던 사이였으며, 경험 많은 외교관이자, 한국과 관련된 방대한 역작의 저자로서 그를 인정하고 있었다. 따라서 그가 임명되었다는 소식에 매우 반가워했다. 1891년 4월 17일 베베르는 드미트레프스키에게 다음과 같은 내용의 서한을 발송했다.

"최근 러시아로의 휴가를 받은 후, 저는 귀하께서 제 후임으로 임명되셨다는 사실을 알고 매우 기뻤습니다. 귀하께서는 한커우[漢口]에 장기간 체류하셨기에 그곳 생활, 상태 그리고 무더위 등에 익숙해지셨겠지만, 이곳에서도 잘 생활하시길 바랍니다. 이곳에서의 업무량은 많지 않고, 사회도 작지만, 매우 좋은 사람들이 많고 기후 역시 동방에서는 그 어디에도 존재하지 않을 만큼 매력적입니다."

베베르는 드미트레프스키에게 발송한 서한 속에서 1885년 자신이 처음 서울에 부임한 이후 이번에 완전히 떠날 수도 있다고 했다. "제가 장기간 떠날지 혹은 영원히 조선을 떠날지의 여부가 귀하께서도 궁금하

29 Донесение Поверенного в делах в Корее К.И. Вебера директору Азиатского департамента МИД И. А. Зиновьеву. Сеул, 24 декабря 1889 г. №. 84 // АВПРИ. Ф. Японский стол. Оп. 493. Д. 2. Л. 280-285.

실 것입니다. 전적으로 숨김없이 귀하께 말씀드리자면, 저도 잘 모릅니다. 아마도 1년 혹은 6개월 후에 되돌아올 것 같습니다. 그러나 러시아에 도착해서도 그런 생각을 갖고 있을 것인지도 말씀드릴 수 없습니다. 그건 예브게니야 카를로브나[30]와 자식들(아들인 예브게니와 에르네스트를 말한다-저자 주), 집안 사정 등에 달려 있습니다."[31] 베베르에게는 서울로 되돌아가서 외교 업무에 종사할지 아니면 거절할지를 심사숙고해야 할 이유가 있었을 수도 있다. 그런 생각을 하게 만든 가장 큰 이유는 러시아의 대조선 정책과 관련해 러시아 외무성 지도부와의 견해 차이 때문이라고 예상할 수 있다. 베베르는 청국 정부와 그 대표인 위안스카이가 추구하는 다양한 종류의 간계에 대응하려면 러시아가 더 적극적인 노선을 견지해야 할 필요가 있다고 생각했지만 외무성은 이 의견을 받아들이지 않았다. 외무성은 자체 행동을 취하지 말고, 하달되는 훈령과 페테르부르크에서 내려지는 다른 지시에 '정확히' 따르라고 베베르에게 하명했다.

당시 페테르부르크에서 베베르는 러시아 황립지리학회 산하 지도제작위원회의 회원으로서 청국 북동부 지역의 지도 제작 업무에 전적으로 헌신할 수도 있었다.[32] 베베르는 1893년 11월 초 서울로 복귀할 때까지 거의 모든 시간을 지도의 구성과 인쇄[33] 그리고 지도에 대한 지리 명칭

30 마크가 낳은 베베르의 부인. Eugenie v. Waeber.

31 Письмо К.И. Вебера П. А. Дмитревскому. Сеул, 17-го апреля 1891 г. // ЛО ИВРАН. Архив востоковедов. Ф. 14 (Павел Андреевич Дмитревский). Оп. 2. Д. 64. Л. 36.

32 Ch. Waeber. Map of north eastern China. [London?] : Geographical Establishment of A. Ilyin, 1893; Алфавитный указатель географических имен, помещенных на карте Северо-Восточного Китая. Вена: И.и К. Придворная и университетская типогр. А. Гольцгаусена, 1894.

33 사진이나 전기제판법으로 동이나 석판에 지도를 손으로 다시 그려 넣거나 조판하는, 19세기 말까지의 지도 작성 과정은 매우 치밀한 것이었으며, 지도제작자의 수준 높은 정확성과 정교함, 제도와 서도에서 명장의 능력을 지니고 있어야 했다. 처음에는 지도에 사진을 찍을 당시 그 지역의 그림을 먼저 손으로 옮

의 알파벳순 색인 작업에 투자했다.[34]

청일개전(1894)을 막기 위한 베베르의 노력

휴가에서 돌아온 베베르는 1893년 청국 주재 러시아 공사인 카시니가 휴가를 떠나면서 곧바로 베이징 주재 임시대리공사로 임명되었다가, 1894년 1월 22일 다시 조선 주재 러시아 대리공사의 직책을 맡았다. 베베르는 조선 국내에서 계속해서 강화되고 있었던 사회적 긴장상태에 많은 관심을 기울였다. 서울에서는 고종 암살 음모에 관한 새로운 소문이 돌고 있었다. 조선 포도청이 범인을 체포했으나, 많은 이들이 궁궐 내에 화약이 든 폭발용 상자가 발견되었다는 사실을 믿고 있었다. 이에 대해 베베르는 다음과 같이 보고했다. "많이는 아니라 할지라도 최소한 한 부분에서는 제가 서울에 없었던 기간 동안 극동에서의 일반 상황은 전혀 바뀌지 않았으나, 조선과 청국 그리고 특히 일본에서 조선 정부를 상대로 한 음모, 모반, 폭동 등에 관한 소문은 꾸준히 확산되고 있습니다." 이런 소문은 봉기 진압을 목적으로 조선에 자국 병사를 파병하려는 구실을 찾고 있던 일본의 각종 신문에 과장된 형태로 게재되었다.

겨 놓아야 한다. 그 이후 준비된 지도를 새겨 넣고, 필요한 수만큼 인쇄한다. '실용 측지학'의 저자인 총참모부 비트코프스키(В.В. Витковского) 대령에 따르면 "그리기와 제도 기술은 정확성뿐만 아니라, 섬세하고 굵기가 균일한 선의 우아함, 심지어 레터링의 다양성과 아름다움마저 필요로 한다. 왜냐하면 상이한 종류의 지역은 그것들이 어느 표제와 연관되는지를 한 눈에 판단할 수 있도록 상이한 활자로 레터링이 되기 때문이다. 모든 레터링은 그것들이 도면을 얼룩지게 만들지 않도록 상당한 이해와 기호에 따라 배치되어야 하며, 표제의 외형을 가리지 않고 그 자체가 읽기 쉬워야 한다… // Витковский В.В. Пережитое. Л., 1927, С. 225-232.

34 Письмо П.А. Дмитревского А.П. Кассини. 25 февраля 1893 г. // Государственный архив Российской Федерации. Ф. 918. Оп. 1. Д. 15. Л. 1 и об.; Письмо П.А. Дмитревского А.П. Кассини. 13/25 октября 1893 г.// Там же. Л. 2.

이에 대해 도쿄 주재 러시아 공사 히트로보는 다음과 같이 보고했다.

"사적인 정보원이 비밀리에 저에게 통보해 온 바에 따르면, 조선에서 심각한 봉기가 준비 중인데, 이 모반의 수장이 국왕의 아버지고, 어떠한 경우에도 가을 전에 발발할 거라고 합니다. 모반자들의 첩자들이 일본과 청국에서 무기를 구매하고 있으며, 이미 구입된 소총 4천 정이 가나가와[神奈川]의 한 창고에 비축되어 있다고 합니다. 기선 3척을 구매했는데 그중 하나는 이미 일본에 도착했으며, 그 배에서 일본인과 조선인 중에서 부대원을 선별 중이라고 합니다. 일본 정부는 이 모반에 대해서 아는 것이 전혀 없으며, 일부 일본인들이 그 봉기에 참가하고 있으나, 일본 정부는 그것을 묵인하고 있답니다. 조선의 모반자들은 이 봉기가 일본에게 이익이 될 것임을 단언하고 있지만, 그것은 거짓이어서 혁명은 청국의 도움을 받아 청국에 득이 되도록 획책되고 있고, 대원군이 모반자들에게 자금을 지원하고 있는데 그중 일부는 청국에서 받은 것이며, 다른 일부는 그의 개인 돈인데 이미 확연하게 고갈되었다고 합니다. 국왕의 아버지는 봉기 자금을 확충하려고 청국 은행가인 요케르(Уокер)에게 부탁하면서 조선에 있는 자기 소유의 금광을 담보로 삼으라고 제안했다고 합니다. 이에 요케르는 조만간 조선으로 기사를 보내어 그 광산을 조사할 것이라고 합니다. 향후 발생할 봉기의 시작점은 황금섬[35]으로 예상되는데, 이미 그곳으로 다양한 반란용 물자들이 모여들고 있으며, 모집된 일본인들 중 일부가 이미 그곳에 있다고 합니다."[36]

베베르는 조선에서 준비 중인 봉기에 관한 상기 정보를 접한 후 통리

35 서울에서 북쪽으로 대동강 하구에 있는 조도를 말하는 것으로 보인다.

36 Копия с секретного отношения посланника в Токио к Поверенному в делах в Корее от 9 (21 февраля 1894 г. за № 50 // АВПРИ. Ф. Японский стол. Оп. 493. Д. 890. Л. 63.

아문 독판에게 이 사실을 문의했다. 그러나 독판은 '현재 모든 것들이 전적으로 평온하며 그런 모반과 관련하여 조선 정부에 알려진 것이 하나도 없다'고 확신시켜 주었다. 독판은 베베르와의 담화 내용을 고종에게 전달했다. 이에 국왕은 1894년 3월 14일 왕세자 생일차 마련된 알현장에서 베베르에게 '조선 문제에 동참해 준 것에 대한 감사'를 표했다.[37] 그러나 베베르는 조선 정부와 고종의 안심하라는 확언을 들은 후에도 그 이후 몇 달 동안 동학을 믿는 백성들의 불만, 관원들의 전횡 그리고 지주들의 가혹한 탄압으로 야기된 사회적 파란이 이미 상당히 진행되고 있다는 생각에 더더욱 접근했다. 조선 국내정치에 대한 러시아 외교관의 깊은 지식에 놀라울 뿐이다. 베베르는 인민의 고동침을 그대로 느꼈다. 일본과 서구에서 들어온 새로운 풍조와 이데아의 출현으로 불만은 더 깊어졌다. 베베르는 동학난의 원인과 동학의 사회적 기반에 관해 언급하면서 기르스에게 발송한 1894년 5월 3일 자 보고서에서 다음과 같이 지적했다.

"'동학'이라고 불리는 집단에 관한 과거의 매우 객관적인 공사관 보고서를 통해 각하께서는 남쪽 지방인 전라도와 충청도에서 발생한 폭동에 관한 소문이 어떤 소요의 원인이 되었는지 알고 계십니다. 서울에서의 상황은 위험하지 않으며, 그 집단의 목적에 대한 전반적 의견이 처음으로 정리된바, 조선에서 외국인, 즉 유럽인들과 일본인들을 추방하는 것입니다. 제가 보기에는 폭동의 근본 원인은 뇌물 및 착취당한 백성들이 항의하게 만든 지방 관리들의 전횡이라는 게 나중에 더 밝혀졌습니다. 뇌물은 조선 관원 일가의 육욕과 피를 채웠음에 의심의 여지가

37 Донесение Поверенного в делах в Корее К.И. Вебера министру иностранных дел Н.К. Гирсу. Сеул, 10 (22) марта 1894 г. № 42 // АВПРИ. Ф. Японский стол. Оп. 493. Д. 4. Л. 223.

없으며, 포졸들은 예전, 즉 조약시대의 시작 이전에도 현재보다 적지 않게 백성들을 압박했으나, 외국과의 조약 체결이 조선 백성들에게는 지혜의 나무가 되었습니다. 새로운 이념, 인간애와 진설성 그리고 정직성에 관한 새로운 학문이 하층민들에게 스며들기 시작했습니다. 그 외에도 개항장에서의 상업으로 조선 사람들은 잉여 수익을 얻을 수 있게 되면서 그때까지는 몰랐던 유럽 산업생산품들을 접하게 되었습니다. 일부이지만 일본을 여행한 사람들, 그리고 미국과 유럽을 여행한 다른 사람들은 정보와 시야를 넓힐 수 있었습니다. 그들은 조선 내의 질서를 다른 눈으로 보기 시작했으며, 통상적으로 행해진 관원들의 박해가 그들에게는 이제 참을 수 없는 것으로 보이면서 소요와 반응이 시작되었습니다.

이런 악의 근절 등을 원하는 반체제적 인사들, 일본인 및 청국인들과의 경쟁을 참을 수 없었던 상인과 수공업자들, 직책을 보유하지 못했던 왕족들과 그들의 지지자들, 민씨 일족들의 영향력을 파괴하고자 모든 기회를 이용할 준비가 되어 있었던 이들, 그리고… 몇몇 확실한 반일주의자, 마지막으로 극소수이지만 유럽인들, 특히 수 백 년 동안 국가체제의 질서를 밝혀 주었던 유교 교리의 적이 기독교라고 보아 선교사들의 영향을 두려워하는 조선 사람들이 그 대열에 합류했습니다. 외견상 이 모든 일파들이 '동학'이라는 명칭 아래 통합된 것입니다."

계속해서 베베르는 다음과 같이 보고했다. 1893년 4월 말에 "양호순무사인 어윤중과 500명으로 이루어진 부대가 폭동을 진정시키기 위해 나라의 남쪽으로 파견되었습니다. 백성들은 뿔뿔이 흩어졌으며, '동학'에 관한 언급이 중단되었습니다." 베베르에 따르면 1894년 초봄 전라도 지방에서 다시 소요가 발생했다는 소문이 돌았다. 소요의 원인은 지역 관원들이 부당한 세금을 지나치게 징수한 불법 행위였지, 외국인들에 대한 백성들의 적의가 아니었다. 수천 명의 폭도들이 전주 근처에 운집했다. 유명하지 않은 고관 몇 명을 죽였으며, 그 집을 불태웠다는 말이 돌았다. 지방군은 폭동을 진압할 수 없었다. 이에 전라관찰사는 여러 차례 파병을 간청했다 1894년 4월 23일 폭동을 진압하고자 미국 교관에게 훈련받은 680명으로 이루어진 부대가 무장한 상태로 조선의 기선과 청국 전함을 타고 서울에서 전주로 파병되었다. "병사들과 폭도들 간의 전투에 관하여 아직까지 긍정적인 것이 전혀 알려지지 않았습니다. 조선 가장 남쪽에 있는 곡창이 자기 마음대로 주인행세하고 있는 폭도들의 수중에 있으나, 그들은 자신들을 황폐화시키는 과중한 세금을 경감해 달라는 것 외에는 아무것도 요구하지 않고 있습니다. 만약 그들 간에 그 무리의 지도자가 될 수 있는 능력 있고 역동적인 사람이 있다면, 이 봉기는 이곳 정부한테 심각한 사건이 될 수도 있습니다."

베베르는 서울에 대해서도 다음과 같이 보고했다. "현 체제에 대한 전반적인 불만이 더더욱 증가하고 있습니다. 국왕의 완고한 의도를 의심하면 안 되지만, 국왕은 유약하고 그가 생각한 모든 혁신이나 개혁은 국가 재정의 완전한 고갈이라는 결과로 이어졌습니다. 그의 개혁은 아무런 이익을 내지도 못했습니다. 모든 개혁이 진부한 방식이었습니다. 어떤 일이 고안되면 돈이 지출되다가 관원이 자기 주머니를 가득 채우면 그 일이 중단되고 새로운 일이 시작되는 그런 식입니다. 백성들의 생활 개선, 무역 증진, 국내 교통로 부설, 행정체제 확립 등에 맞춰진 중요한 개혁이 전혀 없었습니다. 따라서 만약 조선 정부가 남쪽에서 일어난 지금의 봉기를 진압하는 데 성공한다 해도, 그것이 불만의 원인을 없애

주지는 못할 것이며, 폭동은 머지않은 장래에 더 큰 힘으로 재발할 것입니다."[38]

휴가에서 서울로 복귀한 베베르는 1894년 봄 또 하나의 정치적 사건, 즉 1894년 3월 16일 상하이에서 조선 개혁파의 지도자인 김옥균(金玉均)이 조선 정부가 고용한 암살자 홍종우(洪鐘宇)에게 암살된 사건에 관심을 기울였다. 베베르는 1894년 3월 26일 자 보고서에서 1884년 12월 서울에서 폭동이 발발하여 많은 고관들이 살해되었으며 국왕은 서울에 주둔 중인 일본군의 도움을 받아 서울을 장악한 폭도의 손아귀에 들어갔었다는 사실을 기르스에게 상기시켜 주었다. "폭도의 수장은 잘 알려진 김옥균과 박영효라는 사람이었으며, 이들은 이후 일본으로 도주했습니다. 조선 정부는 그들을 돌려 달라고 요청했으나, 일본은 그들을 정치범으로 인정하여 그 요구에 동의하지 않았습니다. 그러나 김옥균이 새로운 음모에 연루되어 있다는 것이 판명되자, 그를 보닌(Bonin, 小笠原) 제도로 보냈습니다. 그는 불과 몇 년 전에야 도쿄로 돌아올 수 있었습니다." 이미 잘 알려진 바와 같이 조선에서는 김옥균과 박영효를 현존하는 질서에 대한 가장 중요한 반항자로 생각했으며, 예상되는 봉기에 관한 모든 소문들은 그들을 현존 질서에 불만을 가진 일파의 지도자로 지목하고 있었다. 소문에 따르면 국왕의 아버지인 대원군은 이 모반자들을 재정적으로 지원하고 있었다. 베베르는 김옥균이 상하이를 거쳐 유럽으로 가려 했으나, 홍이라고 하는 조선 사람에게 살해되었으며, 청국 당국은 그의 시체를 홍과 함께 제물포로 보내라는 명령을 하달했다는 내용의 정보를 4월 초에 청국과 일본으로부터 입수했다. 거의 같은

38 Донесение Поверенного в делах в Корее К.И. Вебера министру иностранных дел Н.К. Гирсу. Сеул, 3 мая 1894 г. № 66 // АВПРИ. Ф. Японский стол. Оп. 493. Д. 4. Л. 250-253.

시기에 이일진이라는 조선 사람이 도쿄에서 박영효를 공격했으나, 암살에 성공하진 못했다.[39]

일본 정부는 김옥균이 상하이로 갈 것을 알고 있었으며, 이에 서울 주재 일본 공사인 오이시 마사미[大石正已]에게 이 사실을 조선 정부에 전달하라고 하명했다. 일본 정부는 김옥균이 죽자 이 사건을 조선을 상대로 한 침략정책의 구실로 삼겠다는 결정을 내렸다. 베베르는 이와 관련하여 1894년 4월 22일 자 보고서에 김옥균의 살해와 박영효에 대한 공격은 조선 정부의 통보 없이 이루어진 것이 아니라, 아마도 국왕의 명령으로 이루어진 것 같으며, 이 사건 속에서 '사회질서에 대한 침해와 일본 내의 침묵'을 볼 필요가 있다고 했다. 일본 신문은 청국이 김옥균의 시신과 그 살해자를 조선에 넘겨준 것을 이번 사건에서 조선에 제공한 청국 정부의 지지라고 설명하면서, 일본 대신들에게 '만약 이 문제가 조선 및 청국과의 오해로까지 이어질 경우, 약소국(조선-저자 주)을 무시하지 말고, 그렇다고 강국(청국-저자 주)을 겁내지도 말며, 일본의 존엄을 유지하기 위해' 대책을 마련하라고 조언했다. 베베르는 이 문제로 '니혼신문'에 게재된 다음 기사에 관심을 가졌다. "일본 정부는 중화제국이 조선 내 문제에서 거만하게 굴어도 청국과의 관계에서 화해의 입장을 택할 준비가 언제나 되어 있다. 그러나 그 반대로 행동할 필요가 있다. 일본의 일부 정치인들은 양보를 통해 청국과의 우의를 얻고, 양국을 영원한 공수동맹자로 연합시키는 것을 바라고 있다. 청국과의 평화애호 정책의 유일한 결과는 청국의 방종한 행위를 강화시키는 것이다. 왜냐하면 일본이 행한 모든 양보는 청국의 호의를 구하는 공포의 의미에

39 Донесение Поверенного в делах в Корее К.И. Вебера министру иностранных дел Н.К. Гирсу. Сеул, 26 марта 1894 г. № 48 // АВПРИ. Ф. Японский стол. Оп. 493. Д. 4. Л. 223.

서 설명될 것이기 때문이다. 계몽된 서구 국가들이라면 몰라도 청국과는 전혀 함께하는 것이 불가능하다. 우정은 청국에게 공포와 존경의 감정을 주입시켰을 때에만 가능하다."[40]

1894년 초여름 무렵 동학 봉기가 조선의 거의 모든 남부 지방을 점령했다.[41] 진압군으로 선발되어 파견된 15,000명의 부대는 폭동을 일으킨 백성들을 진압할 수 있는 상태가 아니었다. 이런 상황에서 조선 정부는 청국에 도움을 요청했다. 1894년 6월 4일 리훙장이 소집한 조선 문제에 대한 회의에서 내려진 결정을 청국 황제가 재가하면서 2천 명으로 구성된 청국 군대가 아산 근처에 상륙했다. 6월 7일 도쿄 주재 청국 공사는 속국에서의 폭도들을 진압하기 위해 청국 부대가 조선에 파병되었다는 사실을 일본 외무대신에게 통보했다. 바로 이날, 즉 1894년 6월 7일 베베르는 카시니가 휴가차 떠나는 바람에 베이징 주재 대리공사서리로 임명되었으며, 톈진에 도착한 즉시 리훙장과 조선에서의 사태에 관해 대담을 나누었다.

베베르는 형편없는 행정부가 조선에서의 폭동 원인이며, 평온을 되찾을 유일한 방법은 "불가결한 개혁을 실행하는 것이지, 가난한 주민들에게 충격을 가하는 것이 아니라"고 했다. 베베르는 계속해서 청국에겐 조선으로의 파병권이 없으며, 조선은 청국의 병사들 못지않게 15,000명의 훈련된 병사를 보유하고 있어서 파병을 요청할 필요조차 없다는 점을 리훙장에게 언급했다. 리훙장은 파병이 조선 국왕의 요청에 따른 것이며, 조선에서 폭동이 진압되는 즉시 부대는 청국으로 철수할 것이라

40 Донесение Поверенного в делах в Корее К.И. Вебера министру иностранных дел Н.К. Гирсу. Сеул, 22 апреля 1894 г. № 62 // АВПРИ. Ф. Японский стол. Оп. 493. Д. 4. Л. 246-249.

41 자세한 내용은 다음의 책을 보시오. 『История Кореи』. Т. 1. М., 1974. С. 353-356.

고 답했다. 이에 대해 베베르는 확신을 가지고 "만약 고종이 청국에게 그런 식의 요청을 했다면, 위안스카이의 강청에 따른 부탁이었을 것"이라고 지적했다. 이 말이 리훙장을 화나게 만들었다. 베베르가 청국은 조선에 대한 자신의 관계를 전혀 잘못 이해하고 있으며, 조선은 청국에게 조공을 할 뿐 결코 속국이 아니라는 점, 따라서 청국은 조선의 통치를 도와주는 게 전부라는 사실을 증명하자 리훙장은 더욱 흥분했다. 베베르는 조선의 불가침성은 청국에 의해서도 그리고 러시아와 일본에 의해서도 동등하게 보존되어야 한다며, 결론 부분에서는 '조만간 조선 문제에 관심 있는 이웃 국가들의 간섭을 필요로 할 것이기 때문에' 조선에 대한 청국의 그런 정책은 선이 되지 않을 것이라고 언급했다.[42]

일본이 첫 번째로 간섭하고 들어왔다. 6월 9일 베이징 주재 일본 대리공사는 총리아문에 다음과 같은 내용을 전달했다. "조선에서의 심각한 혼란으로 인해 그곳에 일본군을 주둔시킬 필요가 있으며, 1885년 4월 18일 자 톈진조약에 따라 일본 정부는 조선으로 분견대를 파견한다." 6월 14일 일본의 이토 히로부미[伊藤博文]는 청국과 공동으로 동학 봉기를 진압하고 조선 내정 개혁을 실행하기 위한 청일혼합위원회 설립 계획을 정부 검토안에 포함시켰다. 일본 천황이 계획을 확인한 후, 한반도로의 일본군 파병이 신속하게 진행되었다. 6월 말 무렵 서울 근교와 인천에 배치된 일본군 병력은 총 8천 명에 달했다. 7월 13일 위 지역에 2개 보병연대, 2개 산악포 중대, 2개 공병중대가 배치되었으며, 이 부대의 구성원은 헌병, 운송과, 위생과, 전화교환수, 쿨리(coolie, 苦力) 등을 포함하여

42 Пак Б. Д. 『Россия и Корея. Изд. второе, дополн』. М., 2004. С. 204-205; Пак Б. Б. 『Российская дипломатия и Корея. Книга вторая. 1888-1897』. М., 2004. С. 70-71.

총 1천 명에 달했다. 일본군이 서울을 포위한 게 명확해졌다.[43]

베베르는 카시니와 리훙장이 6월 말 톈진에서 가진 협상의 내용을 상세히 알게 되었다. 리훙장은 카시니에게 러시아가 '조선 문제로 청과 일본 간에 발생할 수도 있는 오해'의 중재를 맡아 달라고 청국 정부의 이름으로 요청했다. 리훙장은 청일 양국 부대의 동시 철수라는 조건이라면 청국은 적시에 자국 군대를 조선에서 철수시키는 것에 동의한다고 했다. 그러나 리훙장은 '일본인들이 조선의 내정 개혁에 대한 일본의 요구를 받아들이지 않을 경우, 조선에서 철병하지 않을 것'임을 보여주는 확실한 자료가 있다고 했다. 이어 리훙장은 '청국은 그것을 허용하지 않을 것이며, 만약 일본이 자국 군대의 소환에 동의하지 않을 경우, 양국 간의 군사적 충돌은 불가피하게 될 것'이라고 했다.[44]

조선을 둘러싼 상황이 더욱 긴장된 상태로 빠져들었다. 따라서 러시아 외무성은 일본과 미국을 거쳐 러시아로 가려고 했던, 휴가를 떠나지 못한 카시니를 청국에 남겨두고, 베베르는 서울로 되돌려 보낸다는 결정을 내렸다. 기르스는 알렉산드르 3세에게 다음과 같이 보고했다. "조선 문제가 청과 일본 간의 충돌 위험 속에 심각하게 돌아가고 있음을 고려하여, 자신의 휴가를 적시에 사용하지 못해 아직 톈진에 체류 중인 청국 주재 러시아 공사 카시니 백작을 일시적으로 청국에 잔류시키는 것에 대한 황제 폐하의 윤허를 감히 요청하옵니다. 윤허가 내려지면 카시니 백작이 결석인 동안 베이징 주재 황제 폐하의 공사관을 관리하기 위해 서울에서 차출된 4등관 베베르는 조선으로 돌아가야 할 것인 바,

43 Там же. С. 71.

44 Письмо временно управляющего миссией в Пекине К.И. Вебера временно управляющему миссией в Сеуле П. А. Кербергу. Пекин, 14 июня 1894 г. № 224 // АВПРИ. Ф. Миссия в Сеуле. Оп. 768, 1893-1894 гг. Д. 45. Л. 119-120.

현 상황에서 서울에 그가 존재하는 것은 실로 유익할 것입니다."[45]

차르의 윤허가 내려졌다. 1894년 6월 21일 베베르는 기르스의 전문을 접수했다. 본 전문을 통해 '조선에서의 상황을 고려하여 즉시 서울로 되돌아갈 것'이라는 명령이 베베르에게 하달되었다. 바로 그날 조선 국왕은 서울 주재 외국 대표부의 조선인 통역관들을 초빙하여, 일본 공사 오토리 게이스케[大鳥圭介]가 자국 정부의 훈령에 따라 조선에서의 일본군 철수를 단호하게 거부했으며, 그 전에 국왕 자신은 행정과 인민 계몽 분야의 개혁권을 일본 손에 넘기라는 일본의 요구를 받아들이지 않을 것임을 각국 대표들에게 전하라고 하명했다. 이와 관련해 외무독판 조병식은 국왕의 이름으로 수차례에 걸쳐 구두와 문서로써 오토리 게이스케에게 개혁을 위해서 필요한 첫 번째 조건은 국내의 완전한 평온이나, '외국 군대의 주둔'으로 평온이 깨지고 있음을 상기시켜 주었다.

6월 28일 베베르는 작별인사차 총리아문을 방문했다. 이 자리에서 청국 대신들은 조선의 내정 개혁을 위한 일본 정부의 성명과 관련하여 베베르가 질문하면 그에 답변하는 방식으로, 청일 양국 군대의 소환이 모든 조선 관련 협상의 기초가 된다고 했다. 그들은 베베르에게 서울에서 일본 공사인 오토리 게이스케를 만나면, 이 문제와 관련해 협조해 달라고 당부했다. 다음 날 베베르는 베이징을 떠났다. 톈진으로 향하는 도중 베베르는 한 달 전 톈진에서 청국군의 조선 파병에 관해 담화를 나눴던 리훙장을 만났다. 그들의 대화는 1시간 30분 동안 이어졌다. 리

45 Всеподданнейший доклад Н.К. Гирса от 16 июня 1894 г. // АВПРИ. Ф. Китайский стол. Оп. 491. Д. 12. Л. 106.

홍장은 조선 정부의 요청을 받고 청국 '구래의 전통'[46]에 따라서 그리고 1885년의 톈진조약에 따라서 조선으로 파병한 것이며, 조약에서도 양 체약국은 4개월 이내에 조선으로부터 자국 군대를 철수시켜야 할 의무가 있기에, 일본군은 청국군과 함께 동시에 철병해야 한다면서, 일본은 폭도들과 싸우지도 않고, 바로 서울로 향했다는 사실도 언급했다. 베베르는 이렇게 답했다. "조선 사태의 불만족스러운 상황은 동학의 후유증이 아니라, 국가 체제의 타락과 조선 관원들의 부패 때문에 발생한 것이며, 그 결과 일본이 이웃 국가들에게 적의를 품고 있는 그런 폭동의 향후 재발을 막고자 개혁을 요구하는 게 근거 없는 행동은 아닙니다. 전(全) 일본이 그런 목적에서 수많은 육군을 조선에 파병하면서 개혁을 요청하고 있는 것이며, 일본 정부는 동시 철병에 관한 총리아문의 제안에 최종적으로 동의할 수 없는바, 만약 동의할 경우, 일본 정부는 자기 집안에서의 혁명을 조심해야만 하기 때문입니다."[47]

리홍장은 반은 농담으로 베베르가 일본 이익의 열렬한 옹호자인 것 같다고 말한 뒤, 그 자신도 조선 개혁의 필요성에 관한 베베르의 논증이 공평한 것임을 전적으로 인정한다고 부언했다. 그와 동시에 리홍장은 서울에서 오토리 게이스케 및 위안스카이와 함께 개혁 문제를 토론하고 그들 간에 일시적 합의에 도달할 수 있도록 협조해 달라고 베베르에게 부탁했다. 베베르는 위안스카이와의 관계에 대한 리홍장의 질문에, 개인적으로 그에게 반대하는 것은 없지만, 조선 내 현 사태의 주된 원인으로 판단되는 그의 공식적 행동에는 절대로 동의할 수 없다고 답

46 수세기에 걸친 속국 관계의 원칙에 따라, 종주국 청국에 대한 관계에서 조선은 대외적 위협을 격퇴하기 위해 군사적 원조를 포함해서 부탁할 수 있었다.

47 Всеподданнейший доклад Н.К. Гирса от 16 июня 1894 г. // АВПРИ. Ф. Китайский стол. Оп. 491. Д. 12. Л. 106.

했다.[48]

베베르는 리훙장과의 대담 이후 텐진을 출발하여 1894년 7월 1일 서울에 도착했다. 그다음 날 공사관 서기로서 공사관의 업무 책임자 직을 임시로 수행 중이던 케르베르그(П.Г. Керберг)로부터 업무를 인수한 즉시 서울 주재 일본 대표와 청국 대표를 방문했다. 그는 원칙적으로 리훙장의 의견과 일본의 요구 사이에 이견이 존재하지 않지만, 문제는 조선에서의 개혁 수행 방식이라고 보아, 청국 정부의 평화애호와 자제를 오토리에게 확신시키려고 노력하면서 말했다. "만약 일본이 정말로 전쟁을 피하고 싶다면, 리훙장이라는 최고의 동반자가 있습니다. 그는 그 자신의 관심에서 평화적 합의에 도달하고자 모든 노력을 기울이고 있습니다." 베베르는 또 다음과 같이 언급했다. "베이징 주재 일본 대리공사 고무라가 사태를 전혀 파악하지 못한 총리아문 대신들에게 다양한 성명으로 호소하는 무익한 짓을 하고 있습니다. 그는 리훙장과 직접 협상에 임해야 할 것입니다." 베베르는 조선 사람들에게는 일본에 대한 호감이 없어서 청국의 조력을 받지 않고서는 조선 체제의 개편이라는 일본의 목적 달성이 극히 힘들 것으로 확신했다. 그는 향후 청국과의 관계가 복잡해질 경우 오토리는 조선 정부가 일본의 요구에 따라 개혁하게 하려면 조선 정부를 상대로 대규모 대책을 취해야 할 것이나 '그런 행동은 조선 백성들의 더 큰 증오를 유발하여 일 자체에 해를 끼칠 수도 있을 것'으로 판단했다.

베베르는 오토리 게이스케와의 대담에 관해 페테르부르크에 통보하

48 Донесение Поверенного в делах в Корее К.И. Вебера министру иностранных дел Н.К. Гирсу. Сеул, 13 августа 1894 г. № 172 // АВПРИ. Ф. Миссия в Сеуле. Оп. 768, 1894-1895 гг. Д. 51. Л. 2-16.

면서 오토리가 '매우 말이 잘 통하는 사람'이며, 베베르의 신념을 전적으로 공유한 것 같아 보이는 오토리가 전문을 발송하여 '자신의 예전 보고서를 확인시켜 줄 수도 있는 대화를' 일본 정부에 통보해 주면 좋겠다고 기술했다.[49] 그러나 베베르의 이런 판단은 실수였다. 오토리 게이스케는 개혁을 고집했다. 그에 더하여 7월 5일에는 그가 조선 정부에 최후통첩을 전달했다. 바로 그날 베베르는 페테르부르크로 발신하는 전문에 그 내용을 다음과 같이 서술했다.

"오토리는 다음과 같은 개혁의 실행을 논의하기 위해 3일의 시간을 제시했습니다. 즉 10일 내에 행정부의 재조직 및 철도와 전신선 부설에 착수할 것, 6개월 내에 재정과 해관을 정리할 것, 2년 동안 토지대장, 선박 건조, 군대 그리고 경찰, 인민 계몽 등을 개정할 것." 또 계속해서 이렇게 서술했다. "국왕께서는 원칙적으로 개혁의 불가피성을 인정하고 계시나, 시간이 짧고 조선에 일본군이 주둔 중임을 고려하여 긍정적인 답변을 주지 않으셨습니다."[50]

7월 6일 리훙장의 소환에 부응하여 위안스카이가 조선의 상황을 설명하기 위해 서울을 떠났다. 베베르는 이와 관련해 이렇게 기술했다. "위안스카이의 출국은 남은 청국인들이 도시를 떠나도록 자극했으며, 조선 사람들은 도시 밖 계곡에서의 삶이 덜 위험할 것이라는 희망을 품고 세간 살림과 가재도구를 등에 지고 종대를 지어 그들과 함께 도시를 떠났습니다. 일본 초병들이 성문 입구에 배치되면서 공황이 시작되었습니다. 우리들은 거의 포위된 상태에 있습니다." 그날, 즉 7월 6일 베

49 Там же.

50 Телеграмма Вебера министру иностранных дел. Сеул, 5 (17) июля 1894 г. № 154 // АВПРИ. Ф. Миссия в Сеуле. Оп. 768. Д. 45. Л. 135.

베르는 재차 오토리 게이스케를 만나 다음의 사실을 지적했다. "1884년 12월에 일본인들을 서울에서 축출했던 것으로 유명한 위안스카이를 청국이 소환한 것은, 청국이 자제하고 있다는 새로운 증거이며, 공정하게 봐도 그는 청국의 공격적 대조선 정책 및 지금 이 오해의 주된 죄인으로 여겨지고 있습니다." 이와 동시에 베베르는 다음과 같이 언급했다. "동방에서의 평화와 평온의 유지에 관심 있는 모든 이들은 이제 일본의 양보, 예를 들면 일본의 평화 애호적 의사의 표시로써 5천 명의 분견대를 조선에서 철수시키는 조치 같은 것을 기대합니다. 만약 일이 다른 방향으로 진행되어 그 결과가 전쟁이 될 경우, 향후 존재할 수 있는 다른 불안이나 분규는 차치하고서라도, 일본은 1년이 아닌, 3년이나 5년 동안 지속될 청국 내에서의 소극적 저항을 지나칠 정도로 낮게 평가하고 있습니다."

도쿄발 전문을 접수한 오토리 게이스케는 고무라가 재차 베이징의 대신들에게 호소했으나 협상 결과가 만족스럽지 않다는 내용을 베베르에게 통보하며, '따라서 일본 정부는 조선 문제로 총리아문 혹은 리훙장과의 향후 토론을 불가능한 것으로 판단한다'고 언급했다. 베베르는 이런 대담을 나눈 뒤 바로 그날, 즉 7월 6일 페테르부르크로 근심스런 내용의 새로운 전문을 발송했다. "우호적 중재는 성공하지 못했습니다. 일본군은 서울의 성문을 장악하고 있습니다. 포위 상태가 시작되었습니다. 공황과 도피가 이어지고 있습니다. 국왕과 왕세자는 러시아의 보호에 유일한 희망을 걸고 계십니다. 앞으로도 아무 조치를 취하지 않으면 조선 내 러시아의 영향력이 파괴될 것입니다."[51]

51 Телеграмма Вебера министру иностранных дел. Сеул, 6 июля 1894 г. // Там же. Л. 138.

오토리 게이스케는 청국과의 전쟁을 일으키려고 노력했다. 1894년 7월 8일 오토리는 조선 정부에 두 개의 통첩을 전달했다. 그중 첫 번째 통첩에서 오토리는 일본 정부는 항상 조선을 독립국가로 인식하고 있었으며, 이는 조선과 일본 간의 조약 및 다른 공식문서에도 선언되어 있다. 그런데도 청국은 조선에 부대를 파병했으며, 일본에 전달한 통첩에서 속국에 대한 조력 제공은 청국에 의해 준수되고 있는 고래의 규칙이라고 성명했다. 아산과 전주에 있는 부대 지휘관은 청국이 속국을 도우러 왔다고 백성들에게 말했다. 이로부터 내린 결론은 청국이 '조선 독립의 전제적 권리에 손상이 가도록, 조선을 위에서부터 내려다보고 있다'는 것이다. 따라서 청국 군대는 즉시 조선을 떠나야 한다. 오토리는 만약 7월 10일까지 자신의 요구에 만족할 만한 답변이 제시되지 않을 경우 결정적 조처를 취할 것이라고 경고했다. 두 번째 통첩에서는 조선이 청국과 체결한 굴욕적 협약 및 구래의 관계를 거부하라고 조선에게 요구했다. 그러나 조선 정부는 청국 군대가 봉기를 진압하러 왔으나, 나라의 남부지방에서 발생한 봉기가 진정된 만큼, 청국과 일본 양국 정부에 군대를 철수시켜 달라고 요청했으며, 조선은 국내와 대외문제에서 스스로를 자주국으로 판단하고 있지만, 구래의 관계와 협약을 거부할 수 없다고 했다.[52]

조선 정부가 일본의 요구를 거절하자 오토리 게이스케는 서울을 점령하여 궁궐을 장악하기로 결정했다. 베베르는 7월 11일 서울과 궁궐에서 발생한 사건을 자세하게 기술했다.

"7월 11일 아침 6시가 시작될 무렵 총성에 잠이 깼습니다. 저는 서대

52 АВПРИ. Ф. Миссия в Сеуле. Оп. 768. Д. 45. Л. 8-9.

문 근처에 사는 국왕 고문이 'Le Japonais attaque cut le palais'[53]라는 내용으로 보내온 단신을 받고는 그 즉시 옷을 갈아입고 침실에서 나가야 했는데 그러질 못했습니다. 저는 조선 하인들이 부산을 떨고 있는 테라스로 나가서 우리 탑 위로 올라갔습니다. 이 탑 위에 올라가면 서울과 궁궐의 전경이 펼쳐집니다. 사격은 궁궐 인근에서 이루어지고 있는 것으로 보였으며, 공사관에서 2베르스타도 안 되는 곳에서 약 25분 동안 지속되다 다시 정막이 이어졌습니다. 전 도시는 공포로 움직일 수 없는 듯 보였습니다. 당시 우리는 경황이 없었습니다. 무슨 일이 일어났는가? 일본인들이 어떤 조처를 하기로 했으며, 불쌍한 국왕은 어디에 계신가? 이 모든 질문에 대한 답변을 받을 수 없었습니다. 도시가 실신에서 깨어나 몇 시간이 지난 후, 우리는 서로 모순이 되는 소문을 듣기 시작했습니다. 9시 모든 외국 대표들은 국왕을 알현하라는 국왕의 초청장을 받았습니다. 우리 단장인 미국 변리공사 실(John M. B. Sill)을 만난 자리에서 우리는 이미 알려진 바와 같이, 모든 성문을 장악하고 있는 일본 초병들과의 오해를 피하고자 오토리에게 미리 통보한 후 오후 3시에 알현하자는 결정을 내렸습니다.

우리가 알게 된 아침의 총격 원인은 다음과 같습니다. 일본 정부의 의견에 따르면 조선 정부로부터 만족스럽지 못한 답변을 받은 일본인들은 궁궐 북쪽의 작은 언덕과 궁궐 안에 있는 언덕을 점령하기로 했습니다. 일본군 분견대는 이른 아침 서울로 진입하여 궁궐로 향했으며, 2개 종대로 서쪽과 동쪽에서 궁궐을 지나면서, 그곳에 있는 성문들을 점령했습니다. 일본군 종대가 두 방향에서 언덕에 도착하자 일본군과 그곳

53 일본인들이 궁궐을 공격하고 있다는 뜻.

에 주둔 중이던 평양에서 파병된 수백 명의 병사들 사이에 총격전이 시작되었습니다. 누가 먼저 총격을 가했는지는 규명하기 힘듭니다. 알려진 사실은 총격이 있기 며칠 전 조선 정부가 일본 측의 무력 공격 가능성에 대해 논의했으며, 절대 저항하지 않는다는 결정을 내렸다는 것입니다. 또한 정확하게 알려진 사실은 총격전이 시작되자 국왕께선 평양에서 온 병사들에게 사격 중지를 명령하셨다는 것입니다.

같은 7월 11일 오토리는 자신의 동료들에게 이 사건의 경위를 설명할 필요가 있다고 판단하여 회람을 발송했습니다. 그는 협상 과정 때문에 일본군이 불가피하게 도시로 진입하여 궁궐 뒤편 언덕에서 숙영할 수밖에 없었다고 했습니다. 그런데 조선의 궁궐수비대와 주변 거리에서 숙영 중이던 병사들이 일본 병사들에게 총격을 가했으며, 일본군은 자기방어를 위해 응사했고 이후 궁궐을 장악했다는 것입니다. 오토리는 이런 사실을 우리에게 통보하면서, 일본 정부는 조선에 대한 그 어떤 공격적 의도가 없다는 사실을 우리에게 확인시켜 주었습니다.

약속한 대로 모든 외국 대표들, 즉 저를 비롯하여 미국, 독일, 영국, 프랑스 대표들은 3시에 정장을 갖추고 궁궐로 향했습니다. 길거리는 비어 있어서 우리는 가는 동안 사람을 거의 만나지 못했습니다. 모든 성문을 경계하는, 그리고 문마다 서 있는 소규모의 일본군 병력을 제외하면 거리에서 본 사람이 총 500명 정도였습니다. 병사들은 우리에게 경의를 표하며 우리가 자유롭게 드나들게 했으며, 국왕의 임시 처소인 작은 건물을 알려 주었습니다. 일본군 장교가 서 있는 대문을 지나 하인용으로 보이는 방이 있는 건물로 둘러싸인 좁은 문지방으로 들어섰습니다. 작고 아주 초라한, 아무런 가구도 없는 그런 방 안에서 외무독판과 몇몇 고관들이 우리를 맞이했습니다. 시간이 조금 지난 뒤 우리에게 의자를 가져다주어 그 의자에 앉았으나 일본인들이 빼앗아가 적절한 손님 대접이 없었습니다. 한마디로 모든 상황이 우리가 포로의 손님이라는 인상을 받도록 만들었습니다. 조속한 시일 내에 국왕께서 우리를 알현하실 수 있는지 외무독판에게 문의했습니다. 처음에는 다양하게 말을 바꿔 답을 하더니, 나중에는 국왕께서 일본 공사 접견을 거부하자, 일본 공사가 국왕에게 알현을 요청했기 때문에 우리를 인견하시길 두려워하신다고 솔직하게 말했습니다. 이후 그는 국왕께서는 우리가 오늘 아침 약 10시경 일본군의 호위를 받으며 입궁한 국왕의 아버지인 대원군을 먼저 만나보기를 원하신다고 말해 주었습니다.

마침내 우리는 국왕을 알현했으며, 그다음에 대원군을 만났습니다. 국왕의 안색은 매우 창백했습니다. 오늘 아침의 사건이 국왕에게 큰 충격이었던 게 확실해 보였습니다. 얇은 붉은색 비단 천에 금룡이 들어간 곤룡포가 아닌, 평상복을 입고 계셨던 국왕께서는 외국이 협력하여 출구가 없는 지금의 상황으로부터 조선을 해방시켜 달라고 부탁하셨습니다. 국왕께서는 개혁의 실행이 불가피하여, 이 문제를 다른 고관들과 논의해 보라고 대원군에게 하명했다고 말씀하셨습니다. 그러고는 국왕께서 직접 대원군을 만나보라고 우리에게 부탁하셨습니다. 대원군은 70살이 넘었음에도 역동적이고 매우 활기찬 외모를 지니고 있습니다. 그는 매우 명료하게 행동했으며, 우리에게 담배와 궐련을 권하는 등 대체로 상당히 상냥했습니다. 조금 전에 국왕과 나누었던 것과 같은 내용의 대화가 이루어졌습니다."[54]

서울과 궁궐에서 일이 벌어진 7월 11일의 다음 날 베베르는 페테르부

54 Там же. Л. 9-12; Пак Б. Б. 『Российская дипломатия и Корея. 1888-1897. Книга вторая』. С. 83.

르크로 전문을 발송했다. "조선 사람들은 청국 군대의 철수 및 청과의 협약 파괴를 거부했습니다. 일본인들은 서울과 궁궐을 장악했습니다. 국왕께서는 감시를 받고 있습니다. 어제 알현 자리에서 국왕은 조선을 도와 달라고 외국 대표들에게 간곡히 부탁하셨습니다."[55]

이것이 베베르가 1894년 7월에 페테르부르크로 발송한 마지막 전문이었다. 이후로는 외부세계와 연결해 주던 조선의 전신이 단절되었다.

일본이 서울과 궁궐을 장악한 1894년 7월 4일 이후 조선과 조선을 둘러싼 국제적 상황이 날이 갈수록 더 위협적으로 바뀌었다. 7월 13일 친일파로 구성된 김홍집 내각은 협약을 체결하여 서울 주재 일본 공사인 오토리 게이스케에게 조선 주둔 청국 군대를 일본 병력으로 철퇴시킬 수 있는 전권을 부여했다. 이 협약은 청국을 상대로 개전할 수 있도록 일본의 손을 풀어 주는 것이었다. 김홍집이 협약을 체결한 그날 일본의 순양함 '나니와[浪速]'호는 선전포고도 없이 청의 수송선 '가오슝[高陞]'호를 침몰시켰다. 7월 17일 조선의 아산만에서 일본군이 청군 분견대를 격파했으며, 청군은 평양으로 퇴각했다. 당시 베이징과 도쿄 주재 러시아 외교관들은 청과 일본 간의 군사적 충돌을 막으려고 노력했으나, 모두 실패했다. 카시니는 7월 12일에 기르스로부터 베이징 주재 영국 공사 오코너(Oconer)와 함께 합의하여, 조선으로부터 일본군의 즉각 철수를 고집하지 말 것, 그리고 조선 내정 개혁이 외교적 방법으로 해결될 때까지 청일 양국 중 그 어느 일방도 서울을 점령하지 않은 상태에서 청국군은 북쪽, 일본군은 남쪽에 주둔하는 방식으로 양국 부대가 일시적으로 조선을 점령하는 것에 동의하도록 청국 정부에 조언하라는

55 Телеграмма Вебера из Сеула от 12 июля 1894 г. // АВПРИ. Ф. Миссия в Сеуле. Оп. 768. Д. 45. Л. 173.

명령을 하달받았다. 청국 정부는 카시니와 오코너의 이런 제안에 바로 동의했다. 그러나 일본 외무대신 무쓰 무네미쓰[陸奧 宗光]는 일본군이 북쪽에 주둔 중이고 청국군은 남쪽에 주둔 중이기 때문에, 일본군을 남쪽에 그리고 청국군을 북쪽에 재배치하는 것은 불편하다고 히트로보에게 통보했다.

7월 19일 청국 정부는 베이징 주재 외국 대표들에게 일본과의 외교 관계 결렬 및 선전포고를 공식적으로 통보해 주었다. 일본 외무성 역시 동일한 내용의 성명을 발표했다. 1894년 8월 1일 청국에 대한 일본의 공식적인 선전포고가 이루어졌다.

조선에서 청일 간 군사적 충돌을 막기 위해 베베르를 비롯해 다른 러시아 외교관들이 조선, 청국 그리고 일본에서 불굴의 노력을 다했으나 이는 성공하지 못했고, 청일전쟁은 조선에게 가장 슬픈 결과를 가져다 주었다.

청일전쟁 시기 조선에서의 베베르의 활동

청일 간의 선전포고를 통보 받은 러시아 외무성은 자신의 입장을 정리하지 못한 상태였다. 따라서 러시아 외무성은 "러시아는 군사행동에 간섭하지 않을 것이나, 일본군이 조선의 영토를 점령한 결과 조선에서 형성된 질서는 일시적인 것에 불과하며, 만약 일본인들에게 행한 양보가 조선과 해외 열강들 간에 체결된 조약과 상충된다면, 그런 양보는 효력 없는 것으로 여긴다"는 점을 일본 정부와 조선 정부에 전달하도록 도쿄 주재 러시아 공사 히트로보와 조선 주재 러시아 대리공사 베베르에게 하명하는 선에서 자신의 첫 행동을 제한했다. 같은 날 기르스는 한반도와 접경한 프리아무르 총주지사에게 전문을 발송하여 "황제의 정부는 청국과 일본 간의 전쟁이 조선의 혼란에 따른 것임을 고려하여 중립에 관한 특별 성명은 필요 없다고 판단하지만, 그것이 이 전쟁에 간섭할 의사가 있다는 뜻은 아니다"라고 했으며, 러시아 외무성은 청국, 일본 그리고 조선 주재 러시아 외교대표들에게 "러시아의 이익을 존중하도록 자각시키고, 조선과의 접경 지역에서 오해를 불러일으킬 행동을 하지 않도록 특별한 관심을 기울이라"고 하명했다.[56]

개전에 대한 러시아 정부의 첫 반응은 이랬다. 당시 러시아는 누가 우월하고 두 나라 중 누가 승리할 것인지를 예상하지 못하고 있었다. 따라서 이 전쟁에서 러시아가 어떤 입장을 취해야 하는가에 대한 최종 결정은 외무대신 기르스, 육군대신 반노프스키(П.С. Ванновский), 해군대신 치하쵸프(Н.М. Чихачев), 재무대신 비테(С.Ю. Витте), 외무대신 보좌관 쉬시킨(Н.П. Шишкин) 그리고 외무성 아시아국장 카피니스트 등이 참석하여 개최된 특별회의에서 내려졌다. 1894년 8월 21일이 되어서야 특별회의는 다음의 문제를 논의했다. "현재 청국과 일본 간에 발생한 전쟁을 고려하여 우리 러시아는 어떻게 행동해야 할 것인가. 그리고 만약 양 교전국 중 일방이 승전국이 되어 조선의 영토적 불가침성을 위반하려 들면 어떤 결정을 내려야 할 것인가." 이 문제를 토론한 특별회의는 다음과 같은 결정을 내렸다.

1. 청일전쟁에 대한 러시아의 적극적인 간섭은 러시아의 이익에 부응

56 Телеграмма Вебера из Сеула от 12 июля 1894 г. // АВПРИ. Ф. Миссия в Сеуле. Оп. 768. Д. 45. Л. 173.

하지 않는다. 따라서 우리는 조선 문제에 있어 이해관계를 지닌 타 열강과 함께 공동보조를 취하고, 교전국이 신속하게 전쟁을 중단하고 외교적 방법으로 조선 문제를 해결하도록 노력한다.

2. 러시아는 중립에 관한 특별 성명서를 발표하지 않는다. 러시아는 일본과 청국 정부에게 러시아의 이익 존중을 요구하며, 특히 조러 국경에서 오해의 여지가 발생하지 않도록 청국과 일본 정부에게 주의를 기울여 달라고 요청한다.
3. 청일전쟁의 바람직한 결과는 조선에서의 현상유지이다.
4. 조러 국경 지역에서의 비상사태에 대비하여 군사력 강화 문제를 제기한 군부대신 시종무관장 반노프스키는 자금 지출이 불가피할 경우 재무대신과 그 사안을 협의한다.[57]

베베르는 청국과 일본 간에 발생한 군사적 충돌에 대한 러시아 외무성의 교시에 따라 일본군이 서울을 점령한 이후의 현 상황을 페테르부르크에 통보해 주는 것이 가장 급선무라고 판단했다. 그는 8월 2일 카시니에게 조선 통리아문이 서울 주재 외국 대표들에게 '조선 정부는 청국과 체결한 협약을 거부한다'는 내용으로 발송한 8월 2일 자 회람문을 번역하여 전문으로 발송했다. 베베르는 일본군이 서울과 궁궐을 계속해서 점령하고 있으며, 국왕은 '거의 그들의 포로'라고 통보했다. 베베르는 일본 신문에서 번지고 있는 소문에 대해서도 이렇게 전했다. "국왕의 아버지인 대원군이 섭정으로서 조선 왕국을 다스리고 있으나, 거짓입니다. 법률적으로는 국왕이 나라를 다스리고 있으나, 실질적으로

57 Первые шаги русского империализма на Дальнем Востоке // 『Красный архив』. 1932. Т. 3 (52). С. 62-67.

는 심지어 대원군도 아니며, 그는 매수된 인물일 뿐으로, 그가 일본을 좋아한다는 사실을 저는 의심하고 있습니다. 일본인들과 조선의 소수 친일 배신자들이 나라를 다스리고 있습니다." 계속해서 베베르는 다음과 같이 보고했다. "개혁실행위원회는 거의 매일 회의를 열고 있습니다. 오늘부터 일부 개혁이 실행되어야 하지만, 이 개혁은 더욱 추문을 띠는 것입니다. 조선에는 무정부 상태와 궁핍이 만연합니다. 북부 지역에 배치된 청국 군대 약 1만 5천 명이 평안도를 점령 중이며, 그 부대의 전초기지는 황주에 위치하고 있습니다. 청국 군대의 전초기지와 그 기지로 향하는 2만 명이 넘는 일본군 사이의 간격은 50킬로미터도 채 안 될 정도로 좁습니다.

남쪽에서는 동학 봉기가 다시 위협적인 규모로 성장했으며, 그 외에도 일본군 분견대가 제물포가 아닌, 부산과 원산에 상륙하여(아마도 교통선이 조선의 서해안을 따라 항행하다 청국 순양함의 눈에 띄는 것을 두려워한 것 같습니다), 육로를 통해 서울로 향하고 있습니다. 백성들은 여러 가지 과중한 세금을 감당해야 할 것입니다. 전반적인 흥분 상태로 인해 백성들은 농사나 다른 일상 업무에 종사할 수 없는 상황이라 상업은 감소하고 있으며, 수익도 전혀 없습니다. 특히 최근 조선 사람들 사이에서 모욕감과 일본인에 대한 증오심이 커지고 있습니다."[58]

베베르는 자신의 보고서를 통해 전쟁 중에 일본의 공격성으로 인해 조선에서 발생한 대규모의 모든 중요한 사건들을 순차적으로 자세하게 설명했다. 1894(본문의 1884는 오타로 보인다-역주)년 8월 8일 일본이 강요하여 외부대신 김윤식과 서울 주재 일본 공사 오토리 게이스케 사이에

58 Депеша Поверенного в делах в Корее К. Вебера российскому посланнику в Китае А. П. Кассини. Сеул, 8 августа 1894 г. № 178 // АВПРИ. Ф. Миссия в Сеуле. Оп. 768. Д. 51. Л. 33-34.

조일잠정합동조관(朝日暫定合同條款)이 체결되었다. 이 조관은 8월 14일 조일공수동맹으로 보강되었다. 일본은 이 두 조약으로 조선에서의 지위를 확고하게 만든 것은 물론, 향후 청국에서 군사행동을 전개하게 되면 조선을 교두보로 만들 수 있는 가능성을 확보했다. 사실 위의 두 조약이 체결될 것이라는 소문은 베베르가 서울로 복귀하기 오래전부터 이미 돌고 있었고, 체결 소식조차 공식통보를 받지 못했다. 심지어 베베르는 조약의 자세한 내용조차 일본 신문을 통해서 알 수 있었다. 그럼에도 베베르는 두 조약의 의미를 파악하고 있었다. 베베르는 조일공수동맹을 분석하면서 다음과 같이 기술했다.

"본 조약의 서문에는 1894년 8월 13일 조선 정부가 조선으로부터의 청국 군대 철수 문제에 대한 전권을 일본 공사에게 제공했음을 고려하여 일본과 조선 정부는 상호간에 수비동맹을 다음과 같은 원칙에 입각하여 체결했습니다.

제1조. 동맹은 조선에서 청국 군대를 철수시킴으로써 조선의 독립을 지지하고 일본과 조선의 상호 이익 수호를 목적으로 한다.

제2조. 일본은 청국에 대하여 공수의 군사행동을 담당하고 조선은 일본군의 진퇴와 그 식량준비에 가능한 모든 편의를 제공할 의무를 지닌다.

제3조. 이 맹약은 청국과의 평화조약이 체결되는 순간 폐지된다.

이 동맹의 체결 목적은 청국과 전쟁을 치르는 동안 조선의 국제적 지위는 중립이 아닌, 만주로 향하는 육로라는 점을 규정하려는 의도로 보입니다. 만약 일본 함대가 보하이[渤海]만에서 제해권을 장악하지 못해서 교통선이 부대 상륙을 위해 바이허(Байхэ) 하구 또는 그 근처 지역으로 접근할 수 없게 되면 일본에게 이 육로가 필요해집니다."[59]

일본은 위 조약의 체결로 청을 상대로 한 군사작전을 수월하게 수행할 수 있었다. 일본은 계속해서 인천에 부대를 상륙시켜, 평양을 점령 중인 1만 5천 명의 청국 군대를 상대로 부대를 집결시켰다. 9월 중순 일본 육군이 평양을 공격했다. 청국군은 압록강을 건너 퇴각했으며, 9월 17일 일본군은 압록강 하구 인근의 해전에서 승리를 거두었다. 그 결과 조선 북부가 일본군에게 점령당했다. 이후의 군사행동은 만주에서 이루어졌다. 베베르는 전황을 예의주시한 후, 일본군 주력이 인천에 먼저, 그 이후 약 7천 명이 원산에 상륙했다는 사실을 보고했다. 부산에 수천 명의 병력을 상륙시켜 육로로 서울까지 이동시킨다는 계획은 성공하지 못했는데, 먼 거리, 적대적 감정을 지닌 현지 주민, 그리고 더위로 인해 일본 병사들 내에서 이질과 다른 질병이 발병하자 일본군 지도부는 병력을 항로로 운송할 수밖에 없었다. 베베르는 8월 20일경 일본군이 강력한 진지를 점령한 후 청국군의 공격을 기다리기 위해 육군중장 노즈 미치쓰라[野津道貫]의 지휘하에 서울에서 북서쪽으로 45베르스타의 거리에 있는 임진강을 따라 보루를 구축했으며, 북쪽의 평안도를 점령하고 있던 청국군은 대동강 북쪽 연안에 위치한 평양시를 강화했다고 보고했다.

이후 일본군은 작전계획을 바꿔서 평양을 점령하기로 결정했다. 1894년 9월 13일 베베르는 다음과 같이 보고했다. "서울, 아니 조선 전체의 운명을 결정지을 수도 있는 북쪽에 있으면서 한 달이 넘게 흘렀

59 Донесение Поверенного в делах в Корее К.И. Вебера министру иностранных дел Н.К. Гирсу. Сеул, 30 сентября 1894 г. № 205 // АВПРИ. Ф. Японский стол. Оп. 493. Д. 4. Л. 303 об-304.

습니다.… 마침내 9월 20일 일본군이 적극적인 행동에 나섰습니다. 일본군은 임진강에 구축한 보루를 남겨 두고 북쪽으로 진군했습니다. 제물포에는 일본 교통선단이 병사를 싣고 올 것이며, 원산에 상륙한 수천 명의 병사들은 서울이 아니라 후방으로부터 청국군 보루를 점령하려고 평양으로 향했습니다. 8월 31일 아침부터 제물포가 활기찬 모습을 보였습니다. 일본의 하천용 기선, 화물용 평저선 등이 정박장을 드나들기 시작했으며, 오후가 지나면서 바다에 기선이 보이기 시작했습니다. 앞에는 운항 중인 순양함 2척을 따라 병사를 실은 29척의 상선과 그 상선의 후미에 5척의 군함이 항적을 따라 단종진으로 이동했습니다. 평저선을 기선이 예인하는 형태로 병력이 수송되었으며… 9월 1일 무렵 그리고 그 이후 9월 3일 평양에서 첫 번째 전투가 시작되었으며, 다음 날(4일-역주) 아침 일본군이 청국군 진지에 맹공을 가했습니다. 여러 방면에서 평양으로 진군한 일본군은 보루에서 적군을 쫓아내고 도시를 점령했습니다. 평양의 청국군은 2만에서 2만 5천 명이었으나, 일본군의 참전병력은 1만 5천 명이었습니다. 청국군은 조·중 국경인 압록강으로 도주했는데, 압록강 양안에서 다음 전투가 있을 것으로 보입니다."[60]

전투에서 일본군이 확실히 승리했음에도 불구하고 전쟁은 지속되었다. 일본군은 조선을 일본의 경제적, 정치적 종속물로 변화시키는 과정을 쉽게 만들어 줄 개혁을 점령 지역에서 적극적으로 실행했다. 개혁을 설계하기 위해 대원군 측근의 보수주의자와 진보적 성향의 개화운동 추종자로 구성된 군국기무처가 설립되었다. 1894년 7월 30일부터 9월 29일까지 군국기무처는 200개가 넘는 새로운 법령을 입안하여 발표했

60 Донесение Поверенного в делах в Корее К.И. Вебера министру иностранных дел Н.К. Гирсу. Сеул, 13 сентября 1894 г. № 199 // АВПРИ. Ф. Японский стол. Оп. 493. Д. 4. Л. 290 об-293.

다. 한국 역사학계에서는 이를 '갑오개혁'이라고 부른다. 이 개혁은 신분 사회 및 청국을 추종하는 것과 관련된 일부 관습의 폐지, 생산물 세금을 화폐세금으로 교체, 재정 및 화폐 체제의 정상화와 국내 무역의 확대, 일본 재정가들의 통제를 받는 국립은행 설립, 국민교육 체제의 변화 등을 예정했다. 이 개혁은 본질적으로 부르주아적 성향을 지니고 있었다. 한국 사학자와 철학자들의 견해에 따르면, 이 개혁이 일본 식민주의자들의 이익에 기초하여 실행되지만 않았더라면, 객관적으로 조선 사회의 발전 과정에 긍정적 영향을 줄 수도 있었다.

그러나 개혁은 매우 더디게 실행되었다. 개혁 수립 시 모든 사안이 친일적 성향의 조선 정치인들에 의해 일본의 이익에 따라 결정되는 것을 목격한 조선 사람들의 저항을 고려했기 때문이었다. 개혁 과정을 예의주시한 베베르는 이에 대해 다음과 같이 보고했다. "서울에서는 조선의 위원회가 자신의 가난한 조국을 개혁하고, 그 나라에 시혜를 베풀어 줄 모든 포괄적인 규칙을 일본인들의 지시에 따라 수립하려고 회의를 개최했습니다. 열렬한 친일파들만이 실권을 지니고 있었던 군국기무처의 학술적 토론은 후자의 최고권자와 일본 엽기주의자들의 영향력이 서울 성벽 밖을 벗어나지 못하는 수준이라 현재까지는 사문서로 남아 있습니다. 비록 모두, 즉 정부, 관원, 백성, 동학교도 등이 개혁의 실행을 미룰 수 없는 실로 불가피한 것으로 확신하고 있음에도 불구하고 동학을 지지하는 백성들은 증오스러운 일본인들이 강요하는 이 개혁을 원하지 않고 있습니다. 일본인들이 섭정으로 만들어 주겠다는 약속을 하면서 자기편으로 끌어들이려고 헛되이 노력하는 대상인 대원군 그리고 기무처의 결정에 본의 아니게 서명하는 국왕 등 두 사람 모두 불가항력하에서 일본인들과 조선인 친일파들에게 소극적으로 저항하는 행동을 똑같이 하고 있습니다."[61]

일본인들이 강요한 일부 개혁은 서울 주재 외국 대표들의 불만을 야기했다. 즉 '군국기무처'의 새로운 규정 중 하나에 따라 모든 부처에는 '외국인' 고문을 채용해야 했다. 1894년 8월 일본인들이 이 조항의 이행을 강요하자 '외국인'이라는 명칭은 '일본인만을 암시하는 것'임을 경계해야 할 이유가 있었던 모든 서울 주재 외국 대표들은 조선 외부에 같은 통첩을 전달하여, 한 국가만의 신민을 고문으로 임명하는 것은 다른 국가와의 관계에 비우호적 행위가 될 것이며, 조약에 규정된 최혜국대우 조항의 의미를 위반하는 것이라는 점에 주의를 기울이라고 했다.[62] 베베르는 조선 외부대신 김윤식에게 통보문을 발송했다. "저는 조선 정부가 다른 국가와의 관계에서 비우호적이고 러시아와 조선 간의 조약에 존재하는 최혜국대우에 관한 조항을 위반하고 있다는 소식을 접했습니다. 그 외에도 이것은 조선이 국내 문제에서도 그리고 대외 문제에서도 자주성을 표방했던 조러조약에도 직접적으로 반하는 것입니다."[63] 베베르의 발언에 따르면 김윤식은 '같은 국적의 사람들을 초빙할 필요가 없을 것'이라는 답변을 통첩으로 받았다고 한다.

그러나 일본의 개혁에 가장 반대한 이는 조선의 백성들이었다. 조선의 지방관헌은 민족적 자긍심을 비하하는 개혁조치를 확인하고선 일본의 공식기관과 김홍집의 괴뢰정부의 지시를 거부했다. 농민들에게도 '일본 문명인'이라는 얼굴에서 침략자와 정복자의 모습만이 목격되었다.

61 АВПРИ. Ф. Японский стол. Оп. 493. Д. 4. Л. 293-293 об.

62 Донесение Поверенного в делах в Корее К.И. Вебера министру иностранных дел Н.К. Гирсу. Сеул, 5 сентября 1894 г. № 246 // АВПРИ. Ф. Японский стол. Оп. 493. Д. 4. Л. 288.

63 Копия сообщения императорского Поверенного в делах в Корее К.И. Вебера министру иностранных дел Н.К. Гирсу. Сеул, 25 августа 1894 г. // АВПРИ. Ф. Японский стол. Оп. 493. Д. 4. Л. 289.

베베르는 이에 대해서 '동학'이라는 용어가 지닌 예전의 의미가 상실되었다고 기술했다. 동학이라는 단어에는 현존하는 제도에 불만을 가진 모든 이들, 즉 궁궐을 장악하고 국왕의 위신을 실추시키며, 나라 안에서 자기 멋대로 일을 처리하는 일본인들의 행동에 모욕을 받았다고 느낀 거의 모든 조선 사람을 의미하는 것으로 보아야 했다. "지금 누가 동학교도가 아니겠습니까?" 서울에 있는 동학교도의 수가 얼마냐는 질문에 대한 한 조선 사람의 답변이 매우 특징적이다.

더구나 베베르는 일본인 스스로 개혁 실행을 어렵게 만들었다고 판단했고, 이렇게 강조했다. "특히 궁궐 점령과 같은 폭력적 행동으로 일본인들은 조선 정부와 백성들의 자존심을 지나치게 모욕했습니다. 따라서 그들이 이번 일에서 기대했던 대원군이 섭정을 거부했습니다. 국왕은 위원회가 작성한 계획에 원하지 않지만 서명할 뿐입니다. 현직 고관 중 대부분은 오로지 일본의 무력 덕분에 자신이 직책을 유지하고 있으며, 그들을 좋아하는 백성은 거의 없습니다."[64] 베베르는 현재의 곤란한 상황에서 벗어나려면 대원군 일파가 진보주의자들과 연합해야 한다고 보고 다음과 같이 주장했다. "그래야 대원군이 진보주의자들의 경험과 지식을 이용할 수 있게 될 것이며, 진보주의자들은 일본의 무력이 아닌, 대원군의 권위에 의지하여 일본의 요구와 조선의 순전한 이익이 갈라지는 그 지점에서 저항할 수 있을 것입니다." 베베르는 대원군이 시사한 바에 따라 대원군이 실제로는 개혁에 더 활동적으로 참석하길 원하는 것으로 판단했다.[65] 베베르는 이에 대한 확증으로서 대원군이 동

64 Донесение Поверенного в делах в Корее К.И. Вебера министру иностранных дел Н.К. Гирсу. Сеул, 19 ноября 1894 г. № 229 // АВПРИ. Ф. Японский стол. Оп. 493. Д. 4. Л. 302 об., 308.

65 Там же.

학교도들에게 호소문을 보내 '무기를 버리고 생업으로 돌아가서 주민을 불행하게 만든 지금의 잘못된 행정을 개혁하려는 국왕의 선한 의지가 실행되도록 도우라'고 지시한 사실을 통보했다. 동학교도들은 국왕에 대한 자신들의 충성심을 단언하며, '백성들을 약탈하는 멍청한 관원들로부터 국왕을 해방시켜 드리고 싶었을 뿐'이라고 했다.[66] 동학교도들은 대원군의 호소에 따라 평온을 유지할 것이라고 약속했다. 베베르의 정보에 따르면 충청도 동학교도의 주요 지도자들이 복종 맹세를 하고 거기에 서명한 성명서를 대원군에게 전달했다고 한다.

베베르는 조선의 정치에서 대원군의 역할에 중요한 의미를 부여하며, 기르스에게 발송한 1894년 11월 16일 자 보고서에서 일본의 정책에 대한 대원군의 관계를 보여 주었다.

"올 6월 일본 정부가 무력으로 궁궐을 장악했으며 국왕의 아버지인 대원군을 섭정자로 지정했다는 사실은 각하께서도 이미 알고 계십니다. 일본인들은 자신들이 계획대로 개혁을 단행하고자 그를 자신들의 수중에 두고 훌륭한 도구로 활용하려 합니다. 그가 국왕에 반대하는 음모를 꾸몄기 때문에 그들은 자신들의 이런 계획이 타당하다고 생각합니다. 하지만 그들은 잘못된 계산을 했습니다. 올 8월 1일 자 №. 172 보고서에서 저는 대원군이 일본인들을 지지하지 않는다는 의견을 피력했는데 지난 3개월 동안 발생한 일련의 사건들이 제 의견을 확증해 주었습니다. 조선의 합법 정부를 험악하게 대하는 일본의 태도를 통해 대원군은 새로운 질서를 도입하는 데 자신을 괴뢰로 삼아 자신의 도움을 바라고 있는 이 이국인들이 조선에서 주인 노릇을 하고 있다고 확신하게

66 Там же.

되었습니다. 대원군과 그 주변의 많은 이들은 일본 발언의 진실성과 순수성을 의심하고 있으며, 그 발언에 다양한 숨은 의도가 있다고 보아, 일본의 궁극적 목적은 조선의 종속화 또는 일본의 한 현으로 편입하는 것이라고 추측하고 있습니다. a'la pointe de l' e'pe'e(속방-역주) 조선의 보호를 목적으로 했다고 오토리 공사를 비난하는 것은 아니지만, 그의 재직 당시 일본의 모든 정책은 조선 사람들의 의심과 용서받지 못할 자선사업가에 대한 증오를 더욱 강화시켰을 뿐입니다.

이 결과 대원군은 군국기무처의 회의와 학술적 논의에는 전혀 참가하지 않음으로써 개혁 문제에서 일본인들을 더 피하고 있습니다. 그가 청국에 대한 호의를 표했으며, 일본보다는 차라리 청국이 조선을 지배하기를 바란다는 자료가 있습니다. 예를 들어, 그는 거문도를 대가로 영국이 일본에 대응하여 국왕을 도와줄 것인지의 여부를 자신의 사랑하는 손자 이준용 장군을 통해 영국 총영사 힐리어에게서 알고 싶어 했습니다. 또한 평양전투 이후 일본군 사령부는 대원군과 청국 장군들 사이의 비밀 관계를 증명하는 서류를 입수했으며, 그와 비슷한 문서들이 동학교도들에게서도 발견되었습니다.

어쨌든 일본인들은 대원군을 통해 지지를 얻으려는 자신들의 계산이 잘못되었음을 확신하고 있는 것으로 보입니다.… 이에 그들은 자신의 정책을 바꿨습니다. 혹독한 정책을 구현하던 오토리는 자신의 자리를 유명한 이노우에 백작에게 내주어야만 했습니다."[67]

실제로 오토리 게이스케는 개혁에 적당한 인물로 인정받지 못하여, 1894년 10월 더 영향력 있는 정치가인 이노우에 가오루[井上馨]로 교체

67 Донесение Поверенного в делах в Корее К.И. Вебера министру иностранных дел Н.К. Гирсу. Сеул, 16 ноября 1894 г. № 239 // АВПРИ. Ф. Японский стол. Оп. 493. Д. 4. Л. 309.

되었다. 이노우에의 첫 활동과 조선인에 대한 그의 영향력에 대해 베베르는 다음과 같이 기술했다. "국왕 알현 자리에서 보여 준 그의 유화적 분위기가 현재까지 그의 모든 행동 및 조선 당국과의 관계에서 나타나고 있습니다. 그는 근본적인 개혁의 필연성을 조선 사람들에게 확신시키려고 애쓰면서도 개혁의 실현을 위한 방법의 선택은 조선인들의 판단에 위임했습니다. 그의 자제력, 특히 평안도를 황무지로 만든 청국 군대로부터 조선의 해방, 일본 병사들의 다소 모범적인 체계와 규율 등이 조선 정부와 민중에게 일부 긍정적인 영향을 주면서, 일본인들에 대한 적대감은 위대한 천자의 군대를 괴멸시킨 민족에 대한 존경과 공포에게 자리를 양보하며 사라지기 시작했습니다."[68]

이노우에 가오루는 서울에 도착한 이후 개혁 진행 문제로 고종과 몇 차례에 걸쳐 대담을 나누었다. 베베르는 이노우에 가오루와 고종 간의 협상과 관련된 기록을 확보할 수 있었는데, 본 협상 과정에서 이노우에는 고종에게 20가지의 개혁안을 제시했다고 한다. 베베르는 이 기록을 러시아 외무성으로 전송했다. 베베르에 따르면 그 제안은 다음과 같다.

"국왕은 스스로 그리고 자신의 권력으로 불가피한 개혁을 수행해야 한다. 대원군은 왕족 중 가장 연장자로서 오직 가정사에서만 발언권을 지닐 뿐, 국가 직책을 보유하지 않은 상태에서 대신들의 소관이자 최고 단계에서는 국왕의 소관인 정부 업무에 간섭하지 않아야 한다. 또한 민씨 일파에게 편애를 보여 주는 왕비의 영향력도 제한할 필요가 있다. 만약 국왕이 원한다면 국왕의 허락 없이 오래된 법률이나 제도를 자주적으로 바꿀 권리를 지닌 개혁위원회를 폐지해야 한다. 국왕이 재가하

68 Там же. Л. 310.

지 않으면 이 위원회의 포고를 폐지할 것, 재차 조직된 위원회, 통치 및 공공업무 부처를 줄일 것, 마지막으로 모든 지출을 가능한 한 절약할 것을 강력하게 권고한다. 이에 내관의 특수계급이 폐지되어야 하며, 일본인 고용인의 수를 감원한다."[69]

그러나 일본인들의 이런 행동 변화로 조선의 개혁 속도가 빨라진 것은 아니었다. 고종은 일본인들을 신뢰하지 않았으며, 자신이 일본의 요구에 양보할 경우 백성들이 저항할까 두려워 1894년 11월 만약 개혁 논의에 일본인뿐만 아니라 다른 외국의 대표들이 참석하면, 자신이 개혁을 받아들이겠다는 뜻을 베베르에게 전달했다. 베베르는 이 기회를 놓치지 않고 고종에게 다음과 같이 지적해 주었다.

"이노우에 백작이 개혁 문제가 계속 지연될 경우 그 자신에게 완전한 행동의 자유를 제공한 뒤, 오토리 게이스케보다 더 과격한 조치를 취할 수밖에 없다고 여길 수 있는 만큼, 이 문제의 지연이 조선 정부를 위협할 수도 있습니다."[70]

1894년 가을 일본이 청국과의 전쟁에서 우월한 게 확연해졌다. 남만주를 점령한 일본군 지휘부는 웨이하이웨이[威海衛]를 점령하고 베이징으로 향하는 공격 거점에 자신의 부대를 상륙시키려 했다. 이런 상황에서 청국 정부는 일본과의 전쟁 종결 및 조선의 독립을 인정하고 열강들이 산정해 주는 전쟁배상금을 지불하는 조건에서 강화협상에 착수할 수 있게 협력해 줄 것을 베이징 주재 외국 대표들에게 요청했다. 협상이 시작되자 러시아와 외국 보도진은 어떤 조건으로 일본이 강화조

69 Перевод 20 пунктов, предложенных японским посланником в Сеуле Иноуэ Каору корейскому королю. Приложение к донесению Поверенного в делах в Сеуле К.И. Вебера от 18 ноября 1894 г. // АВПРИ. Ф. Японский стол. Оп. 493. Д. 4. Л. 314-317.

70 Там же. Л. 313.

약을 체결할 것인지 논의했다. 이런 점에서 베베르가 기르스에게 발송한 1894년 12월 21일 자의 광범위한 보고서는 상당히 흥미롭다. "전쟁 당시 일본에게 행복한 사건의 경과가 자신의 식민지 문제를 해결하기 위한 절호의 시기를 일본에 제공했으며, 따라서 식민지 문제가 어떤 나라가 일본에 병합될 운명인가, 일본 이민자들이 어디로 향할 것인가, 조선인가, 대만인가 아니면 만주인가 등을 설명하려 드는 많은 신문들에게 기사거리를 제공해 준 것이 놀랍지 않습니다." 베베르는 1894년 9월 '루스키예 베도모스티(Русские ведомости, 러시아공보)'에 실린 기사에 관심을 기울였다. "일본의 식민화와 착취에 가장 알맞은 곳은 조선이다. 일본의 가장 가까운 항구에서 불과 몇 시간만 가면 되는 곳에 위치한 조선은 그 역사와 무역상의 이익에서도 일본과 긴밀하게 연결되어 있다." 그러나 베베르는 이 의견에 동의하지 않았고, 이 점을 지적했다. "조선은 일본 식민지 문제를 해결하는 데 적절한 무대가 아니며, 아일랜드나 스코틀랜드에서처럼 주민이 밀집되어 있고 산악지형을 갖춘 곳에서는 외국에서 온 주민들을 위해 남은 장소가 많지 않습니다."

계속해서 베베르는 다음과 같이 기술했다. "그러나 조선과 일본 인민들은 공통의 역사로 연결되어 있다는 믿음이 더 이상합니다. 과거의 정치적 사건들이 그들을 서로 멀어지게 했으며, 역사적으로 형성된 조선과 일본의 적대적 마음이 조선의 개혁에 걸림돌이 되었습니다. 백성은 실로 형편없이 개혁에 착수한 뒤 아직 아무것도 이루지 못하고 있는 일본인들이 제시하는 모든 것을 의심과 불신으로 대하고 있습니다. 일본인들이 가져온 단 하나의 유용함은 바로 조선 사람들이 과거의 직권남용 근절, 행정과 재정 제도의 조정, 양호한 교통로 부설을 통한 무역 발전 등의 불가피성을 확신하게 되었다는 것이지만 그나마도 일본이 아닌 다른 외국의 도움을 받는 조건입니다. 일본이 감추며 진행하려는 조선 병탄에 대해서 말씀드리면, 그것은 유럽최고회의가 일본과 청국 간의 반목이 끝나고 난 뒤 어떤 의미에서 조선 문제를 해결할 것인가, 그리고 눈앞에 닥친 보호관계에 대한 일본의 권리를 인정할 것인가?의 여부에 달려 있다고 봅니다."[71]

베베르는 조선과 청국 영토를 침략하려는 일본의 탐욕이 유럽 열강의 동의하에서만 만족될 수 있을 것으로 예상했다. 실제로 청국과 일본 간에 1895년 4월 17일에 체결된 시모노세키[下関] 강화조약이 조선 및 러시아 극동 지역과 인접한 뤼순[Port Arthur, 旅順]과 랴오둥[遼東]반도에 일본의 공격 거점을 만들어 주면서, 러시아는 위협에 직면했다. 따라서 러시아는 일본의 랴오둥반도 점령에 반대해 러시아, 독일, 프랑스의 공동간섭 주창자가 되었으며, 결국 일본 정부는 그곳을 양보해야 했다. 1895년 5월 4일 일본 정부는 3개 열강의 요구에 동의한다는 결정을 내렸다.[72]

시모노세키 강화조약으로 청일전쟁 이전까지 조선에서 러시아의 가장 큰 적으로 여겨졌던 청국은 향후 조선 문제에서 관망자가 되었다. 이로써 일본은 물론 러시아 역시 한반도에서 활동영역을 넓힐 수 있게 되었다. 이 강화조약의 제1조에 따라 청국에 의한 조선의 독립 인정은 조선이 일본에게 완전히 정복되었을 때, 일본으로부터도 조선의 독립을 형식적으로 인정하는 것처럼 되어 버렸다. 이런 상황으로 인해 베베르를 포함한 러시아 외교관들이 조선에서 일본의 공격적 계책을 상대로 투쟁하는 게 용이해졌다.

71 Донесение Поверенного в делах в Корее К.И. Вебера министру иностранных дел Н.К. Гирсу. Сеул, 21 декабря 1894 г. № 234 // АВПРИ. Ф. Японский стол. Оп. 493. Д. 4. Л. 328-329.

72 자세한 내용은 다음의 책을 보시오. Пак Б. Б. 『Российская дипломатия и Корея. 1888-1897. Книга вторая』. С. 113-115.

Карл Иванович Вебер

제4장

청일전쟁 이후 조선에 대한 일본의 압제에 맞선 베베르의 투쟁

청일전쟁 종전, 그리고 뤼순과 랴오둥반도를 어쩔 수 없이 포기한 뒤 일본 정부는 조선에서 견고한 지위를 확보하기로 결정했다. 이전과는 달리 조선의 이웃인 중국과 러시아로부터 닥쳐오는 위협에서 약소국 조선을 보호한다는 슬로건하에 조력 제공이라는 허울로 자신의 침략 정책을 은폐시킬 수 없게 된 일본은 가장 먼저 한반도에서 자신의 군사적 지위를 노골적으로 강화하기 시작했다. 일본의 대조선 정책에서 이런 무게중심의 이동을 간파한 베베르는 1895년 6월 19일 러시아 신임 외무대신인 로바노프 로스토프스키(А.Б. Лобанов-Ростовский)에게 다음과 같은 내용의 보고서를 발송했다.

"일본은 시모노세키 강화조약으로 조선의 자주성을 장엄하게 포고했습니다만, 실제로는 이 성명이 일본의 행동과 잘 부합되지 않습니다. 조선 정부와 이곳에서의 사건과 이해관계자인 여러 나라의 의지에 반하여 조선에 진보를 도입시키는 역할을 수행 중인 일본은 이곳 국왕의 모든 주권을 유린하고, 대신들을 임면시키면서 이 나라의 모든 행정은 아닐지라도, 각 정부기관에 배치된 일본인 고문 및 그들 조수들의 도움으로 최소한 서울에 있는 정부 기관에 대한 주요 통제권을 장악하고 있습니다. 그리고 질서유지가 불가피함을 들어 자신의 군대를 수도, 항구 그리고 내륙 지역에 계속 주둔시키고 있습니다. 조선의 독립은 실로 허구입니다."[1]

베베르의 자료에 따르면 1894년 말부터 조선의 모든 부처와 일부 다른 기관에 13명의 일본인 고문과 33명의 조수들이 파견되었다. 일본은 부산에서 서울을 거쳐 의주까지 이어지는 전신선 전 노선을 따라 총

1 Копия донесения Поверенного в делах в Сеуле Вебера министру иностранных дел Лобанову-Ростовскому. Сеул, 19 июня 1895 г. // РГВИА. Ф. 448. Д. 8. Л. 2.

3,170명의 병사를 배치했다. 그 외에도 인천과 그 근교, 원산, 조선의 남서 지역, 두만강 하구에서 남쪽으로 창연과 다른 지역에 총 5,920명을 배치했다. 더구나 이런 대규모 병력을 주둔시키려고 서울 주재 일본 대리공사 임무대행(이노우에 가오루가 잠시 휴가를 떠났다-저자 주)이었던 스기무라 후카시[杉村濬]는 조선의 외부대신[2] 김윤식을 유혹하여 섣부른 일본군의 철수에 따른 우려(비록 동학봉기는 이미 진압되었다 할지라도)를 밝혀 달라고 했다. 김윤식은 내부대신 박영효 및 친일파의 강청에 따라 서울 주재 일본 공사관에 문서를 발송하여 일본군의 조선 주둔을 부탁했다. 고종은 베베르에게 '외부대신의 성명은 자기 뜻에 반하여 사전 통보도 없이' 이루어진 것이며, 며칠 후 스기무라 후카시에게 주어진 알현의 자리에서 후자에게 '이곳에 더 이상의 일본군 주둔은 무익하고 바람직하지 않다'고 말한 사실을 알려 주었다.[3]

러시아 정부는 베베르의 전문과 보고서를 통해 조선에서 일본의 우세는 현지에 주둔 중인 군부대 때문이라는 결론에 도달했다. 따라서 러시아 정부는 일본군이 더는 서울과 조선의 남부 지역에 주둔하지 못하게 만든다는 확고한 결정을 내렸다. 베베르는 1895년 4월 8일에 '일본인들이 서울, 각 항구, 7개의 주요 도시에 일본 수비대의 주둔을 허락하도록 강요하고 있다'는 내용으로 발송한 전문에 니콜라이 2(Николай II)세는 '이것은 그 어떤 형태로도 용인할 수 없다'[4]는 의견을 달았다. 또한 베베르가 '국왕께서는 진심으로 나라의 재조직을 원하고 계시지만

2 조선 외부의 조직은 1895년 4월 19일 자 칙령에 의해 규정되었다. 자세한 내용은 다음의 책을 보시오. 『Описание Кореи』. Сокр. переизд. М., 1960. С. 275.

3 Там же. Л. 2-5.

4 Телеграмма Вебера от 8 апреля 1895 г. // АВПРИ. Ф. Китайский стол. Оп. 491. Д. 3053. Л. 84.

그의 상태가 극히 곤란합니다. 국왕께서는 개혁을 구실로 실권을 장악한 일본인들의 조선 병탄에 대응하여, 러시아의 보호를 전적으로 원하고 계십니다'라는 내용으로 6월 25일과 26일에 발송한 전문에 차르는 '이 문제를 실로 진지하게 검토해 볼 필요가 있다. 일본인들에 의한 조선 점령은 일본인들이 랴오둥반도를 점령하는 것보다 우리에게 더욱 중요하다'는 의견을 달았다.[5]

베베르의 전문을 수신한 후, 그 전문 위에 니콜라이 2세가 기재한 의견에 따라 러시아 외무성은 도쿄 주재 러시아 공사 히트로보에게 다음과 같이 하명했다.

"조선의 독립을 존중하며, 자신의 행동이 그런 약속에 부응하도록 우호적으로 주의하겠다는 수차례에 걸친 약속을 일본 정부에게 상기시켜 주라." 히트로보는 이 명령에 의거하여 일본 외무대신 사이온지 긴모치[西園寺公望]와 수상 이토 히로부미를 만났다. 이토는 '결코 조선의 독립을 침해하지 않을 것이며, 조선 문제로 그리고 모든 다른 문제로 러시아와 완전한 합의에 이르기를 원하는 일본 정부의 확고한 희망에 관한 믿음'을 표명했다.[6]

러시아 외무성이 히트로보를 통해 일본 정부에 생각을 표명한 것은 한반도의 독립과 자주를 완전히 말살시킨다는 계획을 어느 정도 억제해 주었다. 1895년 6월 22일 개최된 내각회의에 일시 소환된 서울 주재 일본 공사 이노우에 가오루가 참석했다. 본 회의는 조선에서 '강경책'으로 회귀한다는 결정을 내렸다. 이런 결정은 조선 문제를 일본에 유리하

5 Секретные телеграммы Вебера из Сеула от 25 и 26 июня 1895 г. // АВПРИ. Ф. Канцелярия МИД. Оп. 470. Д. 99. Л. 12-13.

6 Секретная телеграмма Хитрово из Иокогамы от 20 июля 1895 г. // АВПРИ. Ф. Канцелярия МИД. Оп. 470. Д. 108. Л. 173.

게 해결하기 위해 즉각적인 조치를 취하자고 주장한 군부의 요청에 따른 것이었다. 또한 조선 주재 일본 공사를 결정적 행동을 주장한 미우라 고로[三浦梧楼] 자작으로 교체하자는 이노우에 가오루의 제안도 승인되었다.

베베르는 페테르부르크로 발송한 1894년 8월 8일 자 보고서에서 다음과 같이 기술했다. "이노우에 백작의 (휴가차) 짧은 방문 동안 일본에서는 조선 문제로 상당히 진지한 회의가 여러 차례 있었고 제가 올 6월 28일 자 비밀전문으로 각하께 보고 드린 바와 같이 일본이 조선에 적극 개입하기 위해 유럽의 갈등[7]이 종식되기만을 학수고대하고 있다는 우려가 듭니다.

정말로 일본 공사가 귀국할 시점(7월 8일)에 일본의 공격적 행동이 예정되어 있다는 매우 불안한 소문이 돌기 시작했으나, 다행히도 이 소문은 전혀 입증되지 않았습니다. 이노우에 백작은 지난 7월 13일 처음으로 국왕께 보고드리는 자리에서 소문과는 전혀 반대로 평화로운 기조로 일본의 대조선 정책, 즉 국가 개혁을 위해 대원군을 섭정으로 하고 지금은 이미 추방된 박영효에게 중요한 직책을 맡기려 했던 시도들이 실수였음을 공개적으로 인정했습니다.

백작이 귀국한 후 한 달간의 상황으로 판단할 수 있는 것은 그의 활동이 그의 말을 전적으로 입증하고 있다는 것입니다. 이 기간 내내 그는 상당히 조용하게 활동했고 내정과 관련하여 현재의 총리대신 박정양을 친일파인 김홍집으로 바꾸자는 것 하나만 주장했을 뿐입니다. 이 주장은 어쨌든 박정양이 자신의 지위를 보존했기 때문에 성공하지 못

7 아마도 동아프리카에서 어퍼 나일(Upper Nile)에 대한 지배권 문제로 발생한 영국과 프랑스 간의 충돌을 의미하는 것으로 보인다. 『История дипломатии』. T. II. M., 1945. C. 107-108, 120-123.

했습니다. 일본의 이러한 새로운 온건책은 청일 간 최근의 갈등 속에서 러시아가 보여 준 지위의 위용 때문으로 판단됩니다.

몇 달 전 나라를 괴롭혔던 긴장 관계가 더 이상 눈에 띄지 않고 있으며 국왕께서는 아직은 일본에 대한 적대감을 공개적으로 표현하지 않으시나, 커다란 위엄을 지니기 시작한 것 같습니다. 만약 이런 상태가 지속되면 개혁이 더 합리적인 방향으로 갈 것이며 점진적 성공을 기대할 수 있습니다."[8]

위의 보고서 이후 얼마의 시간이 흐른 뒤 베베르는 8월 17일 로바노프 로스토프스키에게 발송한 보고서에서 일본의 대조선 정책에 대한 러시아의 보다 적극적인 대응을 지지하는 발언을 했다. "제가 이전에 보내드렸던 모든 보고서에서 저는 조선의 자주권에 대한 일본의 노골적인 간섭을 염두에 둔 것은 아니지만, 일본인들이 이 나라를 예속시키고 이곳에서 최고 결정권자의 역할을 장악하려는 노골적인 목적을 갖고 있었으며 이제까지도 가지고 있다는 것을 황제 폐하의 외무성에 경고하는 것이 저의 의무라고 생각했습니다. 일본군의 주둔은 결코 조선 주권의 증거가 될 수 없으며, 만약 일본이 이곳에서 자국 군대를 철수시킨다 해도, 이곳에 남은 엄청난 수의 정보원들 덕분에 일본은 조선 점령을 목표로 활동할 것이며, 착수 이후 이미 상당히 진척된 조선의 무혈정복 정책을 지속할 것입니다. 만약 현재 상황에서 일본이 기회주의적 형태의 활동으로 한정하고 조선 문제를 제고하고 조절하는 데 더는 적극적인 참여를 하지 않는다고 해도 바로 이 정복의 가능성 때문에 저는 황제 폐하의 외무성에 러시아를 위협할 수 있는 위험에 대해 말씀드

8 Донесение К.И. Вебера князю А. Б. Лобанову-Ростовскому. Сеул, 8-го августа 1895 г. № 158 // 『Россия и Корея… Документы и материалы』. С. 361-362.

려야 한다고 생각했습니다.

이에 대해 말씀드리면서 저는 그 어떤 군사적인 조치도 전혀 생각하고 있지 않지만, 때때로 말씀드렸던 것들이 우리에게 상당히 빠르고 본질적인 이득을 가져다줄 수 있다는 강한 확신을 지니고 있습니다."[9]

베베르는 조선에서 더욱 단호한 정책을 추진해야 한다고 주장했다. 조선 주재 러시아 대리공사가 청일전쟁 발발 전 '조선에서 중국의 팽창에 대응한 인상적 제재 대책'을 외무성에 호소했으나, 당시에는 페테르부르크의 승인을 얻지 못했던, 그런 상황이 어느 정도 반복되었다. 즉 1894년 8월 18일 이노우에 가오루가 고종을 알현할 당시 베베르는 조선 정부의 일본군 철수 요구를 지지했다.[10]

러시아는 '일본은 조선의 독립 존중과 관련해 베베르가 제시한 의무를 반드시 준수해야 한다'는 러시아 외무성의 지적과 '조선 영토에서 일본군 철수'라는 베베르의 입장을 통해 조선에서의 영향력을 강화할 수 있었다. 왕비 민씨를 수장으로 하는 친러파 집단은 일본의 압제를 상대로 한 투쟁의 주도권을 잡았으며, 일본의 영향력을 제한하는 정책을 추진하기 시작했다.

1895년 4월 대원군이 조선 정부에 영향력을 행사할 때, 이를 이용하던 친척이 고종을 상대로 반역을 일으켜 체포되었다. 그 결과 민왕후 일파의 지위가 강화되었다. 1895년 5월 직권남용으로 군부대신 조희연(趙羲淵), 그를 보호하려던 총리대신 김홍집(金弘集), 탁지부대신 어윤중(魚允中), 외부대신 김윤식 등이 해임되었다. 왕비를 상대로 암살 음모를 꾸

9 Донесение К.И. Вебера князю А. Б. Лобанову-Ростовскому. Сеул, 17-го августа 1894 г. № 164 // Там же. С. 363-364.

10 Донесение К.И. Вебера князю А. Б. Лобанову-Ростовскому. Сеул, 19-го августа 1894 г. № 167 // Там же. С. 365-366.

민 죄로 내부대신 박영효가 유죄를 선고받았다. 베베르는 박영효를 자세하게 설명할 필요가 있다고 보았다. 이에 그는 로바노프 로스토프스키에게 발송한1894년 6월 29일 자 보고서에 1884년(본문의 1894년은 저자의 오타로 보인다–역주)에 궁정쿠데타가 실패한 이후 김옥균과 함께 일본으로 도주했다가 조선으로 돌아온 박영효에 대해서 자세하게 서술했다. "1884년 말 폭동이 예상했던 결과로 종결되지 않자 박영효는 조선을 떠나 일본에 숨을 수밖에 없었습니다. 이후 조선에서 최근의 불화가 시작되고 결국 일본이 조선을 실질적으로 지배하게 되자, 그는 일본의 강력한 지지를 업고 갑자기 이곳으로 돌아왔습니다. 그는 폭동에 가담한 이유로 박탈되었던 자신의 모든 칭호와 권리를 되찾을 수 있었으며, 총리부대신에 이어 궁내부대신에 임명된 뒤 빠른 속도로 배타적 업무처리권을 장악하여 총리대신이 되려 했습니다. 공평하게도 국왕은 노골적인 친일정책을 편 그를 믿지 못하여 그런 요구를 거부했습니다. 국왕에게 불만이 많았던, 그리고 국왕의 행동이 왕비와 그녀 일파의 권모술수 때문이라고 판단한 박영효는 왕비를 상대로 음모를 꾸몄습니다만, 그는 친일파의 다른 중요 인사들을 그 음모에 끌어들이지 못한 것 같습니다. 이 음모는 곧 들통이 났으며 6월 24일에서 25일로 넘어가는 밤 박영효를 체포하라는 국왕의 칙령이 하달되었습니다. 일본인들에게 훈련 받은 신식 경찰이 이번에는 완전히 국왕의 편에 섰으며 도주한 음모자들의 수색에 실제로 참석했습니다. 다음 날 외부대신이 스기무라씨(대리공사 임무대행)와 의논하기 위해 일본 공사관을 방문했을 때, 갑자기 박영효가 대화 중인 그들에게 다가왔습니다. 외부대신과 스기무라 간에 이루어진 대화의 내용을 자세히 알지는 못합니다만, 스기무라씨는 박영효가 어떤 결정적인 행동을 취하기로 굳게 결심했다는 사실을 이미 알고 있었으며, 그런 사실을 고려하여 아무런 걸림돌 없이 박영효를 제거하기 위해 몇 가지를 준비했습니다. 바로 그날 일본의 호송하에 박영효는 일본으로 가려고 제물포로 향했다는 것이 위 대화의 결과입니다."[11]

베베르는 박영효가 일본으로 두 번이나 도주한 사실을 이렇게 평했다. "무기력해졌지만 수많은 '온건한 진보주의(立憲改進黨)' 친일파가 따르는 박영효를 상대로 한 칙령이라는 사실 그 자체가 이미 국왕께 이익이 되는 것입니다. 이런 결정적 행보에서 국왕은 모든 백성들의 가장 깊고 진실한 동경의 대상이 되는바, 그것의 확연한 증거는 위에서 언급한 신식 경찰이 보여 준 기대치 않았던 지지에서 목격할 수 있습니다. 그러나 다음의 사실, 즉 이 경우 국왕께서 상황의 실체를 깊이 이해하고 있음을 보여 줬다는 게 더 의미가 있습니다. 과거에는 간계와 음모 속에 오직 의심만 남아 유형과 사형 등 일련의 조악한 폭력이 장기간 이어졌으며, 그것의 직접적인 결과로 새로운 불만과 간계가 나왔고, 그럼 다시 체포와 사형이 뒤를 이었습니다. 이번 경우에는 국왕께서 오래된 전횡과 섣부르고도 무리한 박해에 역동적으로 맞선 것으로, 국왕은 심지어 박영효의 추종자이면서도 자신들이 극단주의자가 아니라고 밝히지 않은 일부 인사들에게 걱정할 것 없다고 공표하도록 하명하셨습니다. 궁정쿠데타는 그것이 지닌 상당한 중요성에도 불구하고 유혈사태나 소요 없이 이렇게 끝났습니다."[12]

조선 정부에서 친일 성향의 대신들이 축출된 이후 정부 요직을 친러 성향의 관료들이 장악했다. 그들과 국왕 모두 러시아가 일본과의 투쟁

11 Донесение Поверенного в делах К.И. Вебера министру иностранных дел князю А. Б. Лобанову-Ростовскому. Сеул, 29-го июня 1895 г. № 115 // АВПРИ. Ф. Японский стол. Оп. 493. Д. 6. Л. 23-24.

12 Там же. Л. 25-26.

에서 유일한 지원자라는 특별한 생각을 지니고 있었으며, 러시아의 도움을 받기 시작했다. 이에 대해 이미 앞에서 언급된 6월 29일 자 보고서에서 베베르는 다음과 같이 서술했다. “제가 올 6월 28일 각하께 전문을 발송할 수 있는 영광을 누렸던 바와 같이, 국왕께서는 진심으로 나라를 재조직하고자 원하십니다. 국왕께서는 박영효를 몰아내고 이노우에 백작이 일시적으로 공석인 상황을 이용하여, 개혁 그 자체에서 일본이나 박영효가 국왕에게 강요한 어떤 강압 같은 것은 결코 없었다는 점을 백성들에게 보여 주고자 7월 1일 포고문을 발표하셨습니다. 그러나 그와 동시에 국왕께서는 자기 혼자의 힘만으로는 일본을 상대로 투쟁할 상태가 아닌 만큼, 러시아 측의 결정적이면서도 확고한 지지에 자신의 희망을 걸고 계십니다.”[13]

러시아 영향력 강화와 베베르의 역할

여름철 조선 정부는 러시아 전문가와 고문을 조선에 파견해 달라고 베베르를 통해 러시아에 요청했다. 조선 정부는 러시아어와 프랑스어 교육을 도입하여 서울의 영어학교를 확대하고자 했고, 베베르에게 ‘잘 아는, 신뢰할 수 있는 인사로서 러시아 선생의 직무를 수행하길’ 원하는 이를 지목해 달라고 부탁했다. 이에 베베르는 연해주 군사총독에게 ‘현재 착수해야 할 일에 이익을 가져다줌으로써 조선 정부가 우리에게 보여 주고 있는 그런 신뢰를 증명할 수 있는 사람을 블라디보스토크에

13 Там же. Л. 28.

서 찾을 수 있도록 협력'해 달라고 부탁했다. 베베르는 연해주 군사총독에게 발송한 공한에서 다음과 같이 기술했다. "제가 배타적인 우리의 이익을 고려하여 각하께 이 문제로 호소하면서 다음과 같이 부언하고 싶은 것은, 조선이 근시일 내에 통치권에서 일하게 될 젊은이와 어린이들의 교육이라는 실로 중요한 일을 바로 우리 러시아에게 도와달라고 한 사실입니다. 그래서 저는 이 첫 사업이 매우 훌륭하게 수행되기를 간절히 바랍니다. 이는 조선에게 친절을 베푸는 것과는 별개의 문제입니다. 이 교육사업은 … 우리에게 매우 현실적인 도움을 줄 수 있습니다. 또한 조선의 교육에 지나치게 많은 외국인, 특히 일본인 교사의 충원에 대한 평형추 역할을 할 것입니다. 초빙 교사에게 요구되는 지식은 별로 많지 않습니다. 다만 도덕성, 성실성, 절도 있는 생활 태도 등으로 이 사업의 발전에 기여함으로써 조선에서 미래지향적인 계몽이 이루어지길 기대합니다."[14]

베베르는 조선 정부의 요청을 외무대신 로바노프 로스토프스키에게 통보하며 이렇게 언급했다. "러시아 교사 초빙은 계획 그 자체로서 매우 훌륭하지만, 그에 못지않은 중요한 의미도 지니고 있습니다. 현재의 계획에 따르면 러시아 교사에게 언어뿐만이 아니라 가장 중요한 기초과목, 즉 역사, 지리 그리고 산술 교육까지 위임할 예정이어서, 지나치게 집요하면서도 극히 일방적 선입견에 사로잡힌 일본 교사들을 제거할 수 있습니다."[15]

1895년 9월 고종은 함경도 지방의 천연자원 조사를 위해 러시아 광

14 Копия с отношения д. с. с. Вебера Приморскому военному губернатору от 29 июня 1895 г. за № 113 // АВПРИ. Ф. Японский стол. Оп. 493. Д. 6. Л. 32-35.

15 Письмо К.И. Вебера князю А. Б. Лобанову-Ростовскому. Сеул, 30-го июня 1899 г. № 118 // 『Россия и Корея . . . Документы и материалы』. С. 63.

업기사 두 명을 초빙하고 싶다는 뜻을 베베르에게 전달했다. 고종은 서울에 사관학교를 설립하고 싶으며, 이를 위해 6명의 교관을 초빙하고(프랑스인 2명, 독일인 2명, 러시아인 2명), 미국인 다이 장군이 수석 교관이 되어 그들을 지휘하길 바란다고 했다. 그보다 먼저 고종은 자신을 위해 러시아 의사를, 그리고 왕비를 위해 러시아 여의사를 각각 한 명씩 초빙하고 싶다고 했다.[16]

국왕의 사절 권동수(權東壽)는 1895년 7월 노보키예프스코예를 방문하여 남우수리 지역 국경위원에게 고종의 비밀칙서를 전달했다. 러시아로 향하는 권동수에게는 '연약한 조선을 지지하고 일본의 억압으로부터 조선을 해방시켜 청일전쟁 이후 일본의 억압하에 놓여 있는 조선에 대한 보호관계를 부탁하라'는 임무가 부여되었다.[17]

러시아는 조선 정부의 이런 요청에 침묵(권동수의 건)이나 동의로 답했지만, 그나마도 매우 늦었다(러시아 교사 파견 요청의 건). 이것은 당시 조선에서 적극적이고 단호한 정책을 추진하기에는 러시아 스스로 아직 준비가 덜 된 상태라고 판단했기 때문에 일본과의 관계에서 분란을 일으키지 않고자 조선에서 매우 조심스러운 정책을 추구했다는 것으로 설명된다. 특히 극도로 조심하는 모습은 1895년 여름 러시아 대표를 조선의 고문으로 임명하는 과정에서 드러났다.

1895년 7월 베베르는 조선 궁내부 참판 이헌집[Ли Хонджип, 여러 가지로 읽힐 수 있으나, 궁내부특진관을 지낸 이헌직(李憲稙)을 말하는 것으로 보인다-역주]으로부터 다음과 같은 내용의 서한을 받았다.

16 Копия с отношения Вебера Приморскому военному губернатору от 20 июня 1895 г. // АВПРИ. Ф. Японский стол. Оп. 493. Д. 6. Л. 32.

17 РГИА ДВ. Ф. 128. Оп. 8. Д. 125. Л. 56-57.

"최근 우리는 귀 공사관의 전직 서기관 라스포포프(Распопов) 씨께서 견실한 교육을 받고 업무수행 경험 그리고 고문의 직책 수행에 매우 능력 있는 분이라는 말을 많이 들었습니다.

따라서 우리 계획을 실행하기 위해 그에게 1년 기간의 궁내부 고문직을 건의하는데 동의하시는지 여쭤 봅니다. 조선은 러시아와 함께 항상 최선의 관계를 유지하고 있으며, 러시아와 상호 우정의 길을 가고 있습니다.

이에 귀하께서는 진지한 숙고로 이 부탁에 경의를 표명해 주시기 바랍니다."[18]

라스포포프를 초빙하는 이 서한의 작성자는 고종이었다. 고종은 베베르와 의논하는 자리에서 여러 차례에 걸쳐 라스포포프를 임명하면(베베르가 그 후보자를 추천했을 수도 있다) "'궁내부'의 행정을 정돈"할 수 있으며, "개인적 조언은 물론, 서울 주재 러시아대표와의 자유로운 왕래를 위해서도 러시아 관원의 봉사를 이용할 수 있도록 국왕인 자신의 곁에 다름 아닌 러시아인 고문을" 두게 될 것이라고 했다. 베베르의 보고에 따르면 고종은 "현 상황에서 국왕께서도 실로 원하고 있지만, 일본에 의해 임명되어 일본의 이익을 위해 더 열성적이거나, 혹시 국왕께 충성할지라도 자신의 직위를 잃을까 두려워하여 국왕과 러시아 공사관 간의 중개자가 역할을 하지 못하는 대신들에 둘러싸여 있어서 러시아 대표와 자주 연락할 수 없다고 하셨습니다."[19]

베베르는 고종의 요청을 받아들여 7월 20일 로바노프 로스토프스키

18 Перевод письма министра корейского двора д. с. с. Веберу от 15 июля 1895 г. за № 113 // АВПРИ. Ф. Японский стол. Оп. 493. Д. 54. Л. 12-12 об.

19 Депеша К.И. Вебера министру иностранных дел А. Б. Лобанову-Ростовскому. Сеул, 18 августа 1895 г. № 166 // АВПРИ. Ф. Японский стол. Оп. 493. Д. 54. Л. 8-9.

에게 다음과 같은 전문을 발송했다. "궁내부에 러시아 고문을 두고 싶어 하시는 국왕께서는 현재 궁내부를 통해 라스포포프에게 1년 기간의 고문직을 제안하셨습니다. 우리의 이익을 위하고 일본의 영향력에 제한을 가하려면 조선을 지지하는 게 특히 소망스럽다고 판단하여, 공사관에서 근무하면서 무보수나 명목상의 보수를 받는 조건으로 그 제안을 받아들이도록 라스포포프에게 허락해 주어도 된다고 생각했습니다."[20]

한 명의 러시아 고문을 임명하자는 이 제안은 26명에 달하는 기존의 일본인 고문을 상대로 향후 힘의 균형을 수립하는 데 도움이 될 수 있었음에도 페테르부르크의 지지를 받지 못했다. 러시아 외무대신 로바노프 로스토프스키는 베베르에게 다음과 같은 전문을 발송했다. "조선 정부와 다른 열강(가장 우선적으로 일본-저자 주)들 간의 관계를 첨예하게 만들지 않기 위해 라스포포프의 임명에 관한 조선의 청원에 극도로 조심스럽게 응하는 게 바람직하다. 만약 이 임명이 어떤 이유에서든 조선에 대한 러시아의 직접적 내정간섭으로 해석될 경우 … 보다 편리한 시점까지 그 임명을 연기하는 게 보다 더 조심스러운 태도로 보인다."[21]

베베르는 로바노프 로스토프스키의 답신을 통해 러시아 외무성이 조선에서의 일본 지위에 대한 단호한 공격을 거절했음을 알고 자기주장을 고수하기 시작했다. 그는 1895년 8월 18일 자 보고서를 통해 라스포포프의 임명에 대한 자신의 설명을 제시했다. "지나치게 과도한 일본의 압력에 대응하여 우리 공사관과 협력해 국왕을 지지해 줄 수 있는 고문을 국왕에게 제공하는 것은 조선과 우리 모두의 이익을 위해서 매

20 Секретная телеграмма д. с. с. Вебера. Владивосток, 10 августа 1895 г. // Там же. Л. 5.

21 Секретная телеграмма д. с. с. Веберу министра иностранных дел А. Б. Лобанова-Ростовского от 13 августа 1895 г. № 157 // Там же . Л. 7.

우 유익한 것이라고 봅니다.

이런 임명이 일본의 마음에 심히 안 들 것임에 의심할 바 없습니다. 일본은 러시아인 고문에게 해를 끼치고 그의 활동을 저지하며, 그들의 언론은 우리가 보편적 평온을 위반하는 것처럼 보이게 만들려고 노력할 것입니다. 일부 외국인들이 처음에는 이 임명을 의심의 눈초리로 바라볼 수 있을 것입니다. 그러나 그들의 반대는 아무런 근거가 없습니다. 왜냐하면 조선 정부 내의 외국인 고문은 러시아인이 될 수 있는 것보다 훨씬 많기 때문입니다. 즉 미국인 고문 2명, 영국인 교관 2명, 영국인 교사 2명, 그리고 세관에 근무하는 일련의 영국인들, 일본인들에 대해서는 언급할 필요가 없는바, 이곳의 공식적인 일본인 관원이 46명이기 때문입니다."[22]

베베르는 이후의 보고서에서 '어느 정도 국왕을 지지해 줄 것인가'에 대한 외무성의 절대적인 명령이 하달되어야 한다는 바람을 표명하면서, 라스포포프의 임명 및 다른 전문가들의 서울 파견에 관한 조선 국왕의 요청을 반드시 들어줘야 하는 이유를 증명했다. 그는 로바노프 로스토프스키에게 발송한 1895년 9월 20일 자 보고서에서 다음과 같이 기술했다.

"러시아에 대한 선호와 신뢰에도 불구하고 조선 국왕의 뜻을 거부하거나 아무런 행동을 하지 않는 것은 바람직하지 않을 뿐 아니라, 이곳에서의 우리 입장에 위험한 것으로 여겨집니다. 그 까닭은 일본은 말할 것도 없고 그 어떤 열강이라도 그런 경우에 정세를 재빨리 이용해 지금 우리에게는 당연하게 보이는 특권을 영원히 우리에게서 빼앗아가려 할

22 Депеша К.И. Вебера министру иностранных дел А. Б. Лобанову-Ростовскому. Сеул, 18 августа 1895 г. № 166 // АВПРИ. Ф. Японский стол. Оп. 493. Д. 54. Л. 8-11.

것이기 때문입니다. 다른 한편으로 조선 정부도, 그에 따르는 조선 백성도 우리의 지원을 얻지 못하면 스스로 우리를 외면할 것입니다."[23] 이 부분에 니콜라이 2세는 다음과 같은 견해를 달았다. "짐은 마지막 부분에서 베베르와 의견을 같이한다." 이 이후에야 외무성의 전문이 서울로 발송되어, 베베르가 '라스포포프를 조선의 고문으로 1년 동안 임명하는 것'을 허락했다.[24]

베베르를 서울로부터 소환하기로 한 결정

베베르는 고종의 막대한 권위 및 왕비 일파와의 친근함을 이용해 조선에서의 반일적 저항에 협력하려 했다. 러시아 외무성은 베베르의 이런 행동이 마음에 들지 않았다. 청일전쟁 이후 뤼순과 랴오둥반도를 마지못해 포기한 일본을 상대로 적극 대항하는 게 일본과의 바람직하지 못한 충돌로 이어질 수도 있다고 보았기 때문이다. 당시 러시아 외무성에서는 일본이 랴오둥반도와 뤼순을 실제로 환부하고 조선에서 자국 군대를 철수시키는 시점까지 조선에서 결정적인 대일 투쟁을 연기하는, 자제력을 갖춘 온건한 정책으로 기울어 있었다. 라스포포프를 조선의 고문으로 임명하자, 서울에서 베베르를 소환하는 최종 결정이 빠른 속도로 내려졌다. 페테르부르크에서 베베르에게 불만을 가진 원인은 그가 고문 임명 문제에서 외무성과 의견을 달리하며 지나치게 자주적인

23 Его Сиятельству князю А. Б. Лобанову-Ростовскому. Сеул, 20-го сентября 1895 г. № 202 // 『Россия и Корея… Документы и материалы』. С. 186.

24 Проект секретной телеграммы Веберу от сентября 1895 г. // АВПРИ. Ф. Китайский стол. Оп. 491. Д. 3053. Л. 130.

모습을 보였기 때문인 것 같다.

조선 주재 러시아 대리공사 베베르가 다른 외교관으로 교체된다는 소문은 1895년 여름부터 돌기 시작했다. 이 소문은 고종의 귀에도 들어갔다. 이에 고종은 6월 3일 니콜라이 2세에게 다음과 같은 내용의 공한을 발송했다.

"존경하며 친애하는 형제, 러시아 황제시여.

우리 양국이 이미 수년 동안 우호적 관계를 유지했음에도, 지금까지 폐하께서 수차례에 걸쳐 저에게 경의를 표하셨으나, 감사의 뜻을 표할 수 있는 기회를 갖지 못한 점에 깊은 사의를 표하는 바입니다. 과인은 큰 어려움 속에 국가를 통치하고 있으며, 백성들이 모든 어려움을 겪고 있는 현재, 유능하고 정직함이 그지없는 폐하의 베베르 공사는 지난 오랜 시간 동안 언제나 과인에게 충고로써 양국의 이익이 되도록 걱정해 주었습니다. 그러나 얼마 전부터 과인은 베베르 공사가 중국으로 전출될 것이라는 말을 듣고 있습니다. 비록 이것이 소문에 불과하다 할지라도, 우리나라의 힘든 상황 그리고 베베르 공사와는 전혀 상관없이 우리 사이를 갈라놓으려는 적들의 술책 등을 고려하시어, 그의 이성적인 충고와 조력으로 양국의 우호적 관계가 더욱 공고해지도록, 베베르 공사가 계속해서 조선에 체류할 수 있게 허락하여 주시기를 폐하께 간청하는 바입니다. 이에 폐하의 가슴과 지혜, 공명 그리고 덕성에 호소하오니, 폐하께서 저의 바람을 신중히 읽으시고 답하여 주시길 바랍니다.

조선 개국 504년, 즉위 32년, 1895년 6월 3일.

서울, 황제 폐하의 의형."[25]

25 АВПРИ. Ф. Японский стол. Оп. 493. Д. 49. Л. 166 об. См. также: Пак Чон Хе. 『Россия и Корея』. 1895-1898 гг. М., 1993. С. 10-11; Пак Б. Б. 『Российская дипломатия и Корея. 1888-1897. Книга

고종은 니콜라이 2세로부터 베베르가 서울에 남을 것이니 안심하라는 내용의 답변을 받았다. 그러나 러시아 외무성 아시아국장 카피니스트는 7월 5일에 서울의 베베르에게 전문을 발송했다. "어제 귀관을 멕시코 주재 공사로 임명한다는 황제 폐하의 윤허가 내려졌다. 그러나 귀하는 귀하의 후임인 5등관 쉬페이예르(А.Н. Шпейер)가 도착할 때까지 그곳에 대기하고 있으라."[26] 7월 21일에 이 전문을 접수한 베베르는 이 사실을 바로 고종에게 통보했다. 고종은 바로 그날 러시아 황제에게 전문 발신용 단신을 작성하여 궁내부 부대신을 통해 베베르에게 전달해 주었다.

"제가 이미 한 차례에 걸쳐 개인적으로 폐하께 말씀드린 적이 있었습니다. 제가 지금 들으니, 폐하의 대리공사가 멕시코 공사에 임명되었다고 합니다. 이런 비탄을 연기하지 않는 것이 긍정적이라고 생각하시는 것입니까. 베베르와의 회의는 언제나 저에게 이익이었습니다. 따라서 정중하게 요청을 드리오니 장기간 동안 그를 제 나라의 전권대사로 임명하여 주십시오. 우리 사이에 존재하는 우호적 관계의 이름으로 폐하께 이를 부탁드립니다… 이형[27]"[28]

그러나 이 단신은 효과를 내지 못했다. 1895년 8월 31일 니콜라이 2세는 쉬페이예르가 서울에 도착하는 즉시 조선 국왕에게 반드시 수교해야 하는 신임장에 서명했다. 신임장을 통해 조선 국왕에게 다음과 같은

вторая』. С. 126.

26 Телеграмма Капниста, управляющего Азиатским департаментом МИД от 5 июля 1895 г. № 131 // АВПРИ. Ф. Японский стол. Оп. 493. Д. 49. Л. 138.

27 고종의 이름 이재황.

28 Там же. Л. 141-141 об. 제정러시아 대외정책문서보관소(АВПРИ)에 이 편지의 원본이 존재한다. 다음을 보시오. Там же. Л. 145.

내용이 통보되었다.

"… 우리는 우리의 4등관 겸 수훈자, 지금까지 전 조선 주재 러시아 대표였던 카를 베베르를, 행복하게도 현재 양국 간에 존재하는 우애적 관계 설립에 열성적으로 그의 노력에 보답하고자 멕시코연방 주재 특명전권 사절로 임명했습니다.

우리 관계가 단절 없이 지속되고 더더욱 견고해지길 진심으로 바라며, 우리는 5등관 겸 수훈자 알렉세이 쉬페이예르를 조선 주재 러시아 대리공사에 임명합니다…

일천팔백구십오년 팔월 31일, 통치 1년, 페테르고프(Петергоф)에서 하달됨.

니콜라이"[29]

서울로부터 베베르를 소환하고, 조선의 상황을 잘 모르는 쉬페이예르를 서울 주재 신임 대리공사로 임명한 결정은 형편없는 고민의 결과였다. 이런 결정은 1896년 초 쉬페이예르가 서울에 부임한 이후 벌어진 사건들이 보여 주는 바와 같이, 후일 쉬페이예르가 서울에서 도쿄로, 다시 도쿄에서 서울로 이전한 것을 고려하지 않고 이루어진 것이었으며, 업무를 인계해야 했던 베베르는 다시 공사관 업무를 맡아야 했다. 이후 로바노프 로스토프스키는 1897년 2월 3일 자 상주보고서에서 이 사실을 차르에게 설명해야 했다.[30] 더구나 중국과 조선에서 외교를 경험한 베베르도 새로이 멕시코로 임명된 것이 불만이었다. 베베르는 앞에서 인용된 고종의 단신을 첨부 문서로 하여 로바노프 로스토프스키에게

29 Там же. Л. 147-148.

30 Всеподданнейшая записка А. Б. Лобанова-Ростовского от 3 февраля 1897 г. // АВПРИ. Ф. Японский стол. Оп. 493. Д. 44. Л. 30.

발송한 1895년 7월 10일 자 보고서에 다음과 같이 기술했다. "제 전체 복무 기간 중 10년이 넘는 시간을 바친 조선을 … 남겨 두고 가기가 개인적으로 매우 힘듭니다."[31]

1896년 1월 12일 쉬페이예르가 서울에 도착했다. 베베르로부터 업무, 문서 암호표, 공사관 금전출납부를 인계받은 그는 바로 그날 조선 국왕에게 신임장을 수교했다. 이때 러시아 공사관은 러시아 외무성의 지령을 접수했는데, 그에 따르면 베베르는 서울에 잔류할 것이며, '특별한 허락 없이는' 조선을 떠나지 말아야 했다.[32] 쉬페이예르는 히트로보의 휴가로 인해 2월에 일본 주재 대리공사 임무대행으로 임명되어, 1896년 2월 16일 업무를 베베르에게 인계하고 도쿄로 출항해야 했다. 히트로보가 사망한 후 쉬페이예르는 신임 일본 주재 러시아 공사가 임명될 때까지 도쿄에 잔류했다. 베베르는 멕시코 공사에 임명된 상태였으나, 서울에 잔류하라는 공식 명령을 하달받았다.

1895년 9월 1일 러시아 외무성이 작성하고 황제의 재가를 받아 쉬페이예르에게 하달된 훈령은 청일전쟁 이후 러시아가 자제하고 조심스럽게 대처했던 대조선 정책 방향을 반영하여 작성되었다. 훈령에는 다음과 같이 적혀 있었다. "이 조심스러운 행동 방식은 현 시점 극동에서의 긴장된 상황과 관련 있다. 현 상황은 일본과의 랴오둥 문제가 완전히 해결될 때까지 지속될 것이다. 우리 정책의 당연한 목표는 당분간 개괄적 형태로 입안될 수 있을 따름이다. 우리는 조선을 상대로 침략적 의도를 갖고 있지 않으나, 다른 국가의 그런 의도 역시 용인할 수 없다.

31 Донесение Поверенного в делах в Сеуле К.И. Вебера министру иностранных дел А. Б. Лобанову-Ростовскому. Сеул, 10-го июля 1895 г. // АВПРИ. Ф. Японский стол. Оп. 493. Д. 49. Л. 140.

32 АВПРИ. Ф. Японский стол. Оп. 493. Д. 44. Л. 26.

우리는 청일전쟁 이전까지 중국과 투쟁했던 것처럼 서울에서 일본의 우월함과 투쟁해야 할 필요가 있음에 의심의 여지가 없다. 차이점이라면 일본의 요구가 중국의 그것보다 훨씬 더 심각하다는 것이다. 우리의 이익과 연관된 역사적 과제의 해결을 무조건 따르지만, 우리는 모든 곳에서와 같이 조선에서도 우리를 바람직하지 못한 분란으로 끌어들일 수 있는 모험적이고 도적적인 제반 행동을 피할 것이다."[33]

전반적으로 온건한 러시아의 대조선 정책 노선은 조선에서의 점진적 지위 강화 추구라는 일본의 과제 수행을 손쉽게 만들어줬다. 일본의 압제로부터 조선 해방에 배신한 자들을 권력으로부터 제거하고, 친일적 성향의 정치인을 국가통치로 끌어들이는 국가개혁이 고려되었다.

을미사변과 명성황후 시해사건 주모자 색출을 위한 베베르의 활동

미우라 고로는 신임 일본 공사의 자격으로 1895년 9월 2일 서울에 도착했다. 베베르는 그 즉시 이 사실을 페테르부르크에 통보했다.

"일본 공사 이노우에 백작의 자리에 새로이 임명된 육군중장 미우라 남작은 8월 20일 서울에 도착하여, 22일에 알현 석상에서 자신의 신임장을 국왕에게 제출하고 난 뒤, 이곳 공사관의 관리에 착수한다는 것을 외국 대표들에게 통보했습니다."[34]

33 Его Высокородию А. Н. Шпейеру. С. Петербург, 1-го сентября 1895 г. № 205 // АВПРИ. Ф. Миссия в Сеуле. Оп. 768, 1884-1908 гг. Д. 6. Л. 57-67 об.

34 Донесение Поверенного в делах в Корее К.И. Вебера министру иностранных дел А. Б. Лобанову-Ростовскому. Сеул, 24-го августа 1895 г. // АВПРИ. Ф. Японский стол. Оп. 493. Д. 6. Л. 43.

미우라 고로는 부임 직후 조선에서의 일본군 철수와 조선 독립의 완전한 폐지를 목표로 가혹한 노선을 택했다. 그는 고종에게 '전신선 보호를 위해 배치된 모든 일본 병력을 유지할 것'이라고 하면서, 각 도시에 주둔 중인 경비대의 수를 1,200명으로 감원하는 것에만 동의했다. 여기서 미우라 고로는 고종이 직접 일본군의 조선 잔류를 일본에 요청하도록 요구했다.[35] 신임 일본 공사의 주된 목적은 조선 내 모든 반일파, 특히 반일파 수장이었던 왕비 민씨를 물리적으로 제거하는 것이었다. 운테르베르게르(П.Ф. Унтербергер)[36]의 발언에 따르면 왕비는 '조선의 가호는 러시아의 우정과 보호에 달려 있다고 굳게 믿고 있었으며, 그런 생각을 누구 앞에서도 숨기지 않고 자기 삶의 마지막 순간까지 도처에서 실행했다'[37]고 한다.

미우라 고로는 서울 주재 일본 공사관 서기인 스기무라 후카시 및 오카모토 류노스케[岡本柳之助, 조선 군부의 일본인 고문]와 함께 왕비 민씨의 시해가 예정된 서울에서의 궁정쿠데타를 준비했으며, 쿠데타 이후 친일파로 구성된 새로운 괴뢰정부를 수립할 계획이었다. 장래의 친일 정부에 힘을 실어주기 위해 미우라 고로는 실권한 상태에서도 민씨 일족들을 상대로 계속해서 투쟁 중이었던 대원군과 공모했다. 무력으로 궁궐을 점령하고 대원군을 입궐시킬 예정이었다. 궁궐을 공격하면서 일본 교관에 의해 조련된 조선 병사로 이루어진 훈련대, 서울에 주둔 중인 일본군 그리고 고용된 살인자들인 소시(壯士, 전직 사무라이 중에서 국수주의적 성

35 다음 책에서 재인용. Пак Б.Б. 『Российская дипломатия и Корея』. 1888-1897. Кн. II. С. 132.

36 연해주의 군무지사.

37 『Россия и Япония на заре XX столетия. Аналитические материалы отечественной военной ориенталистики. Под редакцией генерал-майора В.А. Золотарева』. М., 1994. С. 134.

향을 띠고 있었던 젊은이들－저자 주)를 이용한다는 결정이 내려졌다.

1895년 9월 25일에서 26일로 넘어가는 밤 무력을 동원한 궁궐 점령과 왕비 시해가 이루어졌다. 그날부터 베베르는 왕비를 시해한 이들을 적발하여 처벌하기 위해 막대한 업무를 처리했다. 베베르는 고종 및 고종의 차남(후일의 순종－역주)에게서 증언을 확보했다. 세자는 사건 전말을 지켜보진 않았지만 왕비와 가장 가까운 상궁 중 한 명에게서 들은 얘기를 서울 주재 미국 대리공사에게 얘기해 주었다. 이후 베베르는 전직 농상공부대신 이범진, 왕실경비대의 책임자 중 한 명인 조선인 부령 이학균, 참령 현흥택, 음모자들이 궁궐을 침략할 당시 당직근무 차 궁궐에 체류 중이던 러시아 신민 세레딘 사바틴(Середин-Сабатин), 서울 주재 프랑스 주교 구스타프 뮤텔(Gustave Mutel) 등으로부터 정보를 입수했다. 이 중 가장 중요한 것은 고종과 그의 차남의 증거이다.

고종의 증언한 내용을 베베르는 이렇게 적었다. "전직 일본인 오카모토(전 조선군부 고문), 스즈키[鈴木] 그리고 와타나베[渡辺]가 국왕의 목전에서 일본도를 빼어든 상태로 궁궐 내전을 침입했으며, 앞의 두 명이 왕후를 휘어잡았습니다… 여기서 국왕은 의식을 잃었으며, 더 이상 아무것도 기억하지 못하십니다."[38] 고종의 차남의 증언은 다음과 같았다. "일본인들은 왕후와 궁녀들이 거처 중이던 내실로 돌진해 들어갔다. 궁내부대신이 몸을 던져 그들을 막고 나서면서 그들과 왕후 사이에 서 있었다. 그는 자비를 구하며 두 팔을 들었다. 그와 동시에 일본인들이 칼로 그의 두 팔을 베어 자르자, 그는 피를 흘리며 쓰러졌다. 일본인들은 '왕후는 어디에 있는가?!'라고 소리치며 궁녀들에게 달려들었다. 그녀(그날

38 Сообщение короля // 『Россия и Корея… Документы и материалы』. С. 275.

의 사태를 얘기해 준 상궁-저자 주)와 모든 궁녀들은 왕후께서는 여기에 안 계신다고 대답했다. 그 순간 왕후께서 복도를 따라 몸을 피하셨다. 그러자 한 명의 일본인이 왕후의 뒤를 쫓았으며, 왕후를 움켜잡은 뒤 바닥에 내던졌다. 그는 왕후의 가슴으로 뛰어오르듯 발로 세 번을 짓밟은 다음 살해했다(칼로 찔러서?). 궁녀 중에 가장 나이든 이가 수건으로 왕후의 얼굴을 덮어주었다. 얼마간의 시간이 흐른 후, 일본인들이 왕후를 근처의 작은 숲으로 끌고 갔다. 궁녀들은 더 이상 눈으로 확인할 수 없었으나, 궁궐에서 근무하는 사람 중 한 명이 그녀에게 말하기를 일본인들이 왕후의 시체를 불살랐다고 한다."[39]

9월 29일 베베르는 페테르부르크로 전문을 발송했다. "9월 26일 새벽에 일본인에게 훈련받은 조선 군인들과 대부분 군도로 무장한 50여 명의 일본인 무리가 일본 군인들과 함께 왕후를 시해하기 위해 무리지어 궁궐에 난입했습니다. 왕후는 궁궐로부터 몸을 숨겼습니다. 그 이후 그녀의 운명이나 그녀가 숨은 곳은 알려지지 않았습니다. 몇몇 궁녀들과 궁내부대신, 장군 한 명, 십수 명의 병사들이 살해되었습니다. 특히 궁녀들을 살해하는 데 일본인들이 개입했습니다. 아침에 대원군이 몇몇 조선인들과 함께 입궐했습니다. 혹자들은 일본군과 함께 입궐했다고도 합니다. 그가 섭정을 행할 가능성이 있습니다. 미우라 공사와의 면담에서 그는 안녕을 보장했습니다."[40] 같은 날 베베르는 9월 26일의 사건에 대해 로바노프 로스토프스키에게 국왕의 증언이 첨부된 방대한 양의 보고서를 발송했다. 이 보고서는 목격담에 개인적 인상이 보강된 것으

39 Там же. С. 282.

40 Секретная телеграмма действительного статского советника Вебера. Сеул, 27 сентября 1895 г. // 『Россия и Корея… Документы и материалы』. С. 274.

로서 잔인한 일본인들의 짐승과 같은 범죄를 전반적으로 옳게 묘사하고 있다.[41]

"각하께서 상기 문서들을 통해 인지하고 계시는 바와 같이, 일본군 분견대, 평상복에 일본도를 찬 일본인들, 역시 일본인에게 훈련받은 조선의 신식 군대 등이 모든 방향에서 궁중으로 접근하던 밤 4시 무렵 임박한 사변에 관한 불안한 소문이 처음으로 궁중에 알려졌습니다. 음모자들은 동시에 서로 다른 방향에서 성벽을 넘어 궁궐 안으로 들어가려고 심지어 사다리를 준비할 정도로 어느 모로 보나 치밀한 계획을 준비했습니다. 새벽 5시 무렵 그들이 궁궐 안으로 침입했습니다. 수차례에 걸친 산발적인 총성과 그 뒤를 이은 몇 번의 일제사격이 있은 후, 경계근무 중이던 수비대가 도주했습니다. 이 시점에서 음모자들이 두 개의 무리로 나뉜 것 같습니다. 즉 일본인들은 왕후께서 어디에 계신지 위협적으로 물어보면서 곧바로 왕후의 처소로 향했습니다. 조선인들은 주변의 궁궐을 따라 배치된 상태로 밖에 남아 있었습니다. 여기서 지적할 점은 조선인 중 단 한 명도 그곳에 있던 궁궐 관리들이나 병사들에게 총격을 가하지 않았다는 것입니다. 그들은 허공을 향해 사격했으며, 대부분의 탄환은 가장 인접한 곳의 사람이 살지 않는 건물 지붕에 떨어졌습니다.

여인들의 처소를 침범했으나, 왕후의 얼굴을 모르는 것처럼 보였던 일본인들은 무방비상태의 궁녀들, 특히 왕후와 연령이 비슷해 보이는 여인들을 무차별하게 살해하기 시작했습니다. 궁내부 대신 역시 그곳에서 살해되었습니다. 현재로선 이후 이어진 사건을 구체적으로 묘사하기

41 자세한 내용은 다음의 책을 보시오. Пак Б. Б. 『Российская дипломатия и Корея. 1888-1897. Книга вторая』. С. 136-140.

곤란합니다. 그 이유는 다수의 상반되는 증언들로 인해, 그것들을 충분히 검토하고 사실을 과장 및 허구로부터 구분할 시간이 필요하기 때문입니다. 심지어 시간이 지난 뒤에도 본 사건의 상황을 현실적이고 완전하게 복구하는 게 가능할 것 같지는 않습니다. 이런 증언들 중에서 유일하게 확실한 사실은, 오로지 일본인들만이 살해에 가담했으며, 왕후가 그들의 살해 목표라고 노골적으로 소리쳤다는 점입니다.

첫 번째 경보가 있었을 당시, 즉 아직 해가 뜨기 전에 전직 궁내부 협판이자 최근 농상공부 대신의 직책을 수행하면서 국왕의 두터운 신임을 받고 있는 이[42]가 성벽을 넘어 힘들게 궁궐을 탈출하여 찢어진 머슴 옷을 입고 우리 공사관까지 뛰어왔습니다. 그는 일본인들이 궁궐에서 학살을 자행하고 있는데 아마도 왕후를 시해하려는 것 같으며, 국왕께서는 미국과 러시아 대표가 입궐하여 도와주기를 애타게 원하신다는 단 두 마디의 사실을 통보해 주었습니다. 얼마 안 있어 그의 뒤를 따라 궁궐에서 당직근무 중이던 세레딘 사바틴이 달려와 사태에 관한 몇몇 사실을 상세하게 전달해 주었습니다. 이에 미국 대리공사와 저는 시간을 아끼려고 복장을 제대로 갖추지도 못한 상태에서 서둘러 궁궐로 향했습니다.

우리는 입궐에 앞서 미우라 자작을 방문했으나, 만나지 못한 채 궁궐에 도착했습니다. 그 무렵 첫 번째 공포가 진정된 상태였습니다. 궁궐 내에서 우리는 수석 군사교관인 미국인 다이(W. M. Dye) 장군을 만났습니다. 그 뒤를 이어 르장드르(Charles W. Le Gendre, 李善得) 장군과 그레이트하우스(Clarence Ridgley Greathouse, 具禮), 총세무사 브라운(John Mcleavy Brown

42 이범진(李範晉)

柏卓安) 등과 같은 고문들과 몇 명의 조선인 고관들이 점차 모여들었습니다. 이에 우리들은 국왕을 알현했습니다(보고서 No214 참조). 그 이후 대원군을 만났는데, 그는 매우 자연스럽게 우리들을 맞이했습니다. 대원군을 만나고 나오면서 저는 일본 공사에 관해 물어보았습니다. 그러자 주변 사람들이 그 역시 여기에 있다며 그 장소를 가리켜 주었습니다. 제가 그를 만나 지난 사건에 관하여 질문을 던지자, 그는 본 사안과는 전혀 관련이 없는, 이전에 있었던 조선의 신식훈련대와 경찰 간의 충돌에 관해 논하기 시작했습니다. 우리가 반론을 제기하고 모두가 강청하자 오후 5시 30분 일본 공사관에서 만나는 데 동의했습니다.

12시 30분 무렵 궁궐을 나선 우리 일행은 우리보다 늦게, 즉 오후 2시경에야 국왕을 알현한 영국 및 독일 대표에게 위 사실을 통보해 주었습니다.

일본 공사관에서의 만남에는 예외 없이 모든 대표들이 참석했습니다. 일본 공사는 매우 냉정하면서도 거리낌 없는 모습으로 끝없이 말하기 시작했습니다. 그는 이번 사태에 대해서는 전혀 언급하지 않은 채, 조선의 신식훈련대와 경찰 간의 충돌로 인해 궁궐에서 소요가 야기된 것처럼 논의를 전개하기 시작했습니다. 이에 저는 궁궐 내에는 경찰이 전혀 없었으며, 그가 언급하는 것이 본 사안과 관련이 없음을 지적한 뒤, 불확실하고 용인하기 어려운 원인에 의거해 궁궐 내에 일본인들이 있었으며, 바로 그들이 살인을 자행했다는 사실을 그에게 강조한 후, 우리 모든 동료의 이름으로 그의 이야기를 중단시켜야만 했습니다.

당혹해하던 미우라 자작은 일본의 관행에 따르면 군부대 내에는 몇 명의 마부들이 실제로 있을 수 있기 때문에, 그런 사실에 결정적인 의미를 부여할 필요가 전혀 없다고 언급한 뒤, 재차 이 문제에 관한 논의에서 벗어나려 했습니다. 이에 저는 미우라에게 사안은 몇 명의 마부에 관한 것이 아니라, 전통복장에 무장을 한 일본인 30~40명(본 내용이 실린 원문을 확인한 결과 본 저서에 게재된 80~90명은 오타가 명백하다-역주)으로 구성된 전체 무리에 관한 것으로서, 그들을 본 목격자도 있고 필요한 경우 심지어 그들 중 일부를 그림으로 묘사할 수도 있으며, 얼굴을 알아볼 수도 있다는 사실을 보다 더 강하게 성명했습니다. 그 외에도 우리는 첫째, 궁궐에서 무례함과 살인을 저지른 일본인들은 누구인지 둘째, 사람들이 언급하는 바와 같이, 대원군은 조선 병사들뿐만 아니라 일본군의 호위를 받으며 교외에 위치한 자택에서 서울로 이동한바, 그런 대원군 호송에 관한 사안은 물론 궁궐 내에서의 사건에 일본군이 참가한 사실 등을 미우라 자작에게 강조했습니다.

아무런 답변을 찾지 못한 미우라 자작은 반드시 사건을 조사하겠으며, 궁궐 내에 완전한 안정이 정착될 수 있도록 배려할 것임을 보장한다는 말뿐이었습니다. 그날 저녁 궁궐을 방문한 외국인들은 외관상 실제로 질서가 회복되었음을 확인했습니다. 그러나 일본 공사관에서의 만남에 참석한 이후 모든 외국 대표들이 받은 전반적인 인상은 미증유의 소름끼치는 현 사건이 전적으로 일본인들에 의해 자행되었다는 것이었습니다. 영국 총영사는 저와 은밀하게 나눈 대화 중 위와 같은 의미에서 이미 런던으로 전문을 발송했으며, 영국 정부가 일본인들의 행위에 어떻게 대응할 것인지 비록 예견할 수는 없지만, 자신이 언급한 확신 중에서 단 한마디도 포기하지 않기로 확고하게 결정했음을 저에게 통보해 주었습니다. 그러자 미국 대리공사 임무대행 알렌(Horace N. Allen,安運) 박사는 자신 역시 위와 같은 의미에서 전문을 도쿄 주재 미국 공사에게 발송하여, 휴가차 일본에 체류 중인 서울 주재 미국 공사 실(Sill, J.M.B.)에 전달할 수 있도록 조치를 취했다는 사실을 영국 총영사의 발언에 추가했습니다.

왕후의 죽음에 관한 증언을 설명하면서 불가피하게 지적해야 할 사실은 아직까지는 그 증언들 중의 단 하나도 전적으로 신뢰해서는 안 된다는 것입니다. 대원군도, 일본인들도 왕후가 생존해 있으며, 심지어 왕후가 아무런 위험에도 처하지 않았다는 소문을 유포하는 데 지나치게 관여하고 있다는 점입니다. 다른 한편으로 조선 측은 왕후의 시해와 시체 소각에 대한 가장 정확하고 세세한 사실을 주장하는 것처럼, 음모자들의 조심스럽고도 광적인 본성을 약화시킬 수 있는 다른 방법을 발견하지 못하고 있습니다.

본 보고서를 마치며, 현재 우리는 전 세계의 역사에서 전례가 없는 그런 범죄적 상황에 관여해야 한다는 사실을 언급하지 않을 수 없습니다. 평화의 시기에 타국 사람들이 심지어 자국 군대 또는 외견상 자국 공사관의 비호하에 무리를 이루어 왕궁을 침입하여 왕후를 시해한 뒤, 시신을 불에 태워 버리고, 또 다른 비열한 살해와 폭력 등을 총체적으로 저지른 것도 놀라운데, 이에 더하여 모든 이들의 눈앞에서 자신이 저지른 사실을 부정하는 후안무치함까지 보이니 이는 지금껏 단 한 번도 본 적 없는 일입니다. 조선에 대한 유럽 열강의 무관심, 그리고 처벌이 완전히 불가능하다는 사실을 계산한 일본인들은 이미 어떤 법에도 자신을 구속시킬 필요가 없다는 판단을 내렸습니다."[43]

베베르가 보고서에 묘사한 사건이 발생하고 있는 동안, 미우라 고로가 궁궐에 도착했다. 그는 대원군과 함께 고종을 방문하여 민 왕후의

43 Донесение Поверенного в делах в Корее К.И. Вебера министру иностранных дел А. Б. Лобанову-Ростовскому. Сеул, 27-го сентября 1895 г. № 211 // АВПРИ. Ф. Японский стол. Оп. 493. Д. 6. Л. 58-65 об.

폐서인에 관한 칙령에 서명하라고 요구했다. 그는 왕비라는 높은 칭호에는 그녀가 부족하다는 것을 보여 줌으로써 이미 이루어진 범죄의 의미를 퇴색시킬 필요가 있었다. 그러나 고종은 자기 손가락을 자른다 해도 미우라 고로가 준비한 칙령에 절대 서명하지 않을 것이라며 그의 요구를 단호하게 거절했다. 이 정보는 이범진이 베베르에게 전한 9월 26일 자 증언으로 확인된다. "대원군이 병사들과 함께 남쪽 문을 통해 입궐했으며, 거의 그와 동시에 일본 공사 미우라도 입궐했습니다. 그 둘은 지체 없이 국왕에게 향했습니다. 당시 그 자리에 있었던 내관의 증언에 따르면, 그들은 국왕에게 왕후의 폐서인에 관한 조칙에 서명할 것을 요청했습니다. 그러나 국왕은 그들의 강요와 협박에 굴복하지 않으셨습니다." 그럼에도 그 이후 미우라의 강요로 국왕은 대원군의 맏아들 이재면(李載冕)을 궁내부 대신에 임명하는 칙령에는 서명했으며, 궁궐 수비대를 훈련대로 교체하는 것에 동의했다. 당시 고종 역시 정부를 재조직할 필요가 있었다. 김홍집이 총리대신으로, 김윤식은 외부대신으로, 어윤중은 탁지부대신으로 정부에 다시 입각했다. 이때부터 고종은 실질적으로 궁궐 내의 포로가 되었다. 국왕과 죽은 왕비 일파에 대한 박해가 시작되었다. 그들 모두 서울을 벗어나 도피해야 했으며, 다른 이들은 외국 공사관으로 피신했다. 베베르는 1895년 9월 28일 자 보고서에 이런 변화를 페테르부르크에 보고했다.

"9월 26일 밤의 사건이 있은 직후부터 국왕에게 충성을 바쳤던 이들 혹은 왕후의 당파에 속하는 모든 이들에 대한 박해가 눈에 띄기 시작했습니다. 그다음 날 일부 대신, 협판 그리고 다른 요직 관리자들의 해직 명령서가 공표되었습니다. 서울 전체가 경찰 밀정으로 가득한데, 그들은 대원군의 눈 밖에 난 이들을 추격하라는 명령을 받았다는 소문이 집요하게 들끓고 있습니다. 대원군이라는 이름에 이미 수많은 사람들의 목숨이 달려 있는데, 대원군의 평판을 보면 체포된 모든 이들에게 비참한 운명이 따를 것임에 의심의 여지가 없습니다.

많은 조선인들이 피신했으며, 가족들도 스스로 서둘러 수도를 떠나고 있습니다. 전임 농상공부대신과 이학균 부령은 국왕의 명령에 따라 현재까지 발생한 사건에 관한 소식을 우리 공사관에 전해 주고 있는데, 이들은 자신의 목숨을 걱정하면서도 탈출 여부를 아직 결정하지 못한 상태입니다. 일곱 명이 미국 공사관으로 도주했습니다. 이들 중 일부는 친일파입니다. 선교사들에게 피신한 이들도 있는데 그중에는 국왕의 차남도 있습니다. 일본인들은 전반적인 흥분 상태와 공황을 이용하여 가장 이상한 소문을 유포하고 있으며…"

베베르가 '러시아 수병들이 몇 차례에 걸쳐 왕래한다면 조선 사람들의 눈에 보다 더 인상적으로 보일 것'이라 판단하여 포함 '코레예츠(Кореец)'호에서 우선 단 9명이라도 병사를 호출해야 한다고 생각할 정도로 서울에서의 상황이 첨예했다.[44]

조선의 새로운 정부는 이미 9월 26일에 서울 주재 외국 대표들에게 지난밤의 사건과 관련하여 통첩을 발송했다. 이 통첩에 기술된 바에 따르면 9월 26일 사건의 원인은 사실과는 반대로 다음과 같았다.

"며칠 전 우리나라의 새로이 훈련을 받은 군사들과 현지 경찰 사이에 충돌이 발생했습니다. 경찰 소속의 일부 대원이 사망했으며, 다른 이들은 부상을 입었습니다. 이 사건으로 서울에서 일시적인 폭동이 야기되

44 Донесение Поверенного в делах в Корее К.И. Вебера министру иностранных дел А. Б. Лобанову-Ростовскому. Сеул, 28-го сентября 1895 г. № 212 // АВПРИ. Ф. Японский стол. Оп. 493. Д. 6. Л. 87-88.

었으며, 그에 더하여 소요를 유발한 부대는 무장 해제되는 즉시 해산될 것이라는 소문이 유포되었습니다. 이런 소문에 불만을 품은 조선 군사들은 자신의 운명을 걱정하여 소규모 무리의 형태로 모여들어 해산을 강력하게 거부했습니다. 오늘 새벽 그들은 궁궐 문으로 침입하여 자신들의 요구를 소리 높여 밝히면서 부당함에 불평을 늘어놓았습니다. 그러나 국왕 전하께서 공평한 성명을 발표하심에 따라 그들의 흥분상태는 가라앉았으며, 그 즉시 궁궐에는 평온이 찾아들었습니다. 군부대신과 경무사는 자신의 직책에서 파면되었으며, 처벌을 받게 될 것이니, 이는 국왕 전하의 목전에서 향후 그런 모습이 반복되는 것을 예방하려는 의도입니다."[45]

다음 날, 10월 9일 서울에서 발간되던 일본 신문에도 9월 26일의 사건을 묘사하는 기사가 게재되었다.

"최근 궁궐 내에서 폭동이 발생했을 당시 국왕과 세자께서는 전적으로 안전한 상태이셨다. 다만 왕후 한 분만이 사라지셨으며, 지금 어디에 계신지 어느 누구도 알지 못한다.

폭동이 막 시작된 순간 우리 일본군 부대는 질서를 복구하려고 궁궐로 진입했다. 우리 부대가 모습을 나타내자 모든 궁궐수비대원은 도주했다. 일본군 부대는 아침 8시에 철수할 수 있었다. 총격이 중단되자, 국왕 전하께서는 김기군(Ким Гигун)을 일본 공사에게 보내셨으며, 이에 일본공사는 그 즉시 궁궐에 도착하여 평온을 되찾게 하셨다. 러시아와 미국 대표들이 아침 8시에 역시 궁궐에 도착하여, 국왕을 알현하려 했다."[46]

45 Перевод статьи, помещенной 27-го сентября 1895 г. в японской сеульской газете // Там же. Л. 85.

46 Копия ноты корейского министра иностранных дел от 26-го сентября 1895 г. в объяснение событий предшествовавшей ночи // АВПРИ. Ф. Японский стол. Оп. 493. Д. 6. Л. 83.

이후 서울 주재 일본 공사와 새로운 정부는 왕비가 살아 있으며, 어디엔가 숨어 있다는 소문을 퍼트렸다. 이런 소문은 왕비가 힘든 시기에 국왕을 버려두고 도망쳤다는 것을 보여 주어야 했던 일본에게 필요했다. 9월 29일 김윤식은 베베르에 다음과 같은 내용의 국왕의 통첩을 전달했다.

"국왕폐하께서 다음과 같은 조칙을 승인하셨음을 귀하께 통보하여 드리는 영광을 지니게 되었습니다.

'과인이 보위에 오른 지 이미 32년이 지났다. 그러나 국가의 통치에 있어 그 어느 것도 개선된 바가 없다. 민씨 집안 출신의 왕후는 자신의 척족들을 끊임없이 과인에게 강요하여, 마침내 과인을 민씨로 둘러싸이게 만들었다. 그들은 과인의 통찰력을 흐리게 만들었으며, 과인과 과인의 백성들 사이에 뚫지 못할 벽을 쌓아 올렸다. 또한 그들은 과인의 무지를 이용하여 백성들을 학대했으며, 법령의 해석을 혼란스럽게 만들었고 매관매직하여 돈벌이만 찾음으로써 국가를 파멸로 몰아넣을 수 있는 인민 폭동과 사회적 불안을 수차례에 걸쳐 야기했다. 왕후의 간계함을 과인이 몰랐던 것은 아니나, 왕후의 강력한 친족과 그 추종자들에게 맞서 과인이 할 수 있었던 것은 과연 무엇이었겠는가? 그에 더하여 왕후 척족들의 전횡을 타파하기로 궁극적이고 확고하게 결정한 과인은 작년 1월 종묘의 선왕들을 찾아 민씨 일당이 오래도록 국정에 참여한 행위를 더 이상 용인하지 않겠다고 엄숙하게 약속드렸다. 과인은 왕후가 자신의 행동을 회개할 것이라 믿었으나, 그것이 실수였다. 그녀는 계속해서 제멋대로 자신의 동조자들을 입궐시켰으며, 자신의 종복에게 시킨 것과 같이 그들에게도 역시 과인의 가장 사소한 행동까지도 감시하고, 대신들의 각료회의도 염탐하도록 하명했다. 또한 마치 과인이 하명한 것처럼 하여 여러 가지 상이한 명령을 하달함으로써 군사들을 혼란에 빠뜨렸으며, 과인이 일부 부대의 해산을 결정했다는 소문도 유포시켰다. 궁궐에서 발생한 폭동의 주요 원인이었던 왕후는 현재의 이런 곤란한 순간에 10년 전처럼 과인을 버려두고 어디론가 도주하여 피신했다. 과인은 왕후를 찾기 위해 모든 대책을 다 동원했으나, 찾을 수 없었으며, 왕후는 돌아오지 않았다.

이런 식으로 자신의 고귀한 의무를 파기한 왕후는 더 이상 자신이 지닌 최고의 직위를 유지하기에 적절치 않으나, 그녀의 이름은 종묘에 남아 있다. 이에 과인은 이전의 실수를 보상하고자 이로써 민씨의 왕후 직위를 박탈하고 폐서인한다.'

국왕께서는 종묘의 선왕들 앞에 인생에 있어서 이렇게 중요한 이혼이라는 행위를 선포하셨습니다. 진실로 우호적인 양국 관계, 평화 및 조선의 안녕에 대한 귀하의 연민과 동참을 고려하여 본인은 각하께 상기의 내용을 통보해 줄 의무가 있다고 생각합니다."[47]

그러나 위 칙령에는 국왕의 서명이나 옥쇄가 날인되어 있지 않았다. 그 위에는 대신들의 직인만이 있었으나, 그나마도 그들 중 일부는 칙령에 따라 무력에 굴복하여 서명한 후 사직했다. 김윤식의 통첩을 수령한 베베르는 9월 30일 페테르부르크에게 다음과 같은 질문을 제출했다. "왕후께서 살해되셨음에 틀림없으나, 국왕 전하의 칙령에 의하여 왕후의 지위가 박탈되었습니다. 가능한 후계자들을 제거한 뒤, 대원군의 손자(종손자 이준용-역주)를 후계자로 포고하는 경우를 조심해야 합니다. 국왕께서는 반역자들의 수중에 완전히 장악되어 계십니다. 과연 이런 상

47 다음의 책에서 재인용. Пак Б. Б. 『Российская дипломатия и Корея. 1888-1897. Книга вторая』. С. 144.

황을 인정해야만 합니까?"[48] 로바노프 로스톱스키는 다음과 같은 지령이 담긴 답신을 베베르에게 발송했다. "히트로보의 전문에 따르면, 일본 정부는 서울에서 발생한 사건에 분노하고 있으며 외무성 정치국 국장인 고무라를 보내어 그 사건을 조사할 것이라고 한다.… 페테르부르크 주재 일본 공사는 혼란의 원인을 왕비가 해산하려 했다는, 일본 교관에 의해 훈련받은 조선 병사들에게 전가하고 있다. 조선인의 안전을 배려하고자 노력하라. 그렇게 되기 전까지는 어떤 것도 당연한 것으로 인정할 수 없을 것이다."[49]

10월 2일 베베르는 조선 외부에 9월 27일과 29일 자 통첩에 대한 답변이 담긴 통첩을 발송하여 조선 정부에 대한 불신과 불승인을 강력한 형태로 표명했다.

"저는 지난 9월 26일 아침 불만을 가진 병사 무리가 궁궐을 점령한 사건 및 소위 왕후가 사라져버린 것과 관련하여 취해진 조치들에 관한 27일 자와 29일 자 각하의 통지를 접하는 영광을 지니게 되었습니다.

지난 9월 26일에 발생한 사건과 관련하여 증인들의 확실히 믿을 만한 증거에 근거하여 도시에서 떠도는 소문과 각하께서 전해 주신 첫 번째 통첩의 내용이 다르며, 특히 왕후의 운명과 관련하여 각하께서 두 번째로 전달한 통첩의 내용도 전혀 일치하지 않습니다.

이러한 사건에 대한 견해를 간략하게 명확히 말씀드리면, 일련의 병사 무리가 그들 사이에 질서를 세우려던 자신들의 지도자를 궁궐 문 뒤에서 미리 죽인 뒤, 민간인 복장으로 위장한 상태로 무기를 지닌 한 무

48 Секретная телеграмма действительного статского советника Вебера. Сеул, 30 сентября 1895 г. // АВПРИ. Ф. Японский стол. Оп. 493. Д. 6. Л. 100.

49 Копия с секретной телеграммы Поверенному в делах в Сеуле от 2-го октября 1896 г. // Там же. Л. 103.

리의 난도들과 함께 갑자기 궁궐에 난입했습니다. 지난 9월 26일 새벽녘에 그들은 몇 군데로 나뉘어 궁궐로 진입했습니다. 민간인 복장을 한 무리들은 장교의 지휘를 받고 있으며 군복을 입은 군인들의 호위를 받는 상태에서 왕후의 내궁으로 향하여, 그곳을 샅샅이 뒤져, 왕후를 찾아내서는 야수처럼 왕후를 시해하면서 왕비 근처에 있던 수 명의 상궁과 궁내부대신도 자기들 손으로 살해했습니다.

국왕과 왕가 모두의 안전, 조선의 평화와 발전, 그리고 제가 거기에 참가하고 있음은 전혀 과장됨이 아님을 고려하시어 제게도 소식을 전달해 주셔야 하며, 제가 위에 기술한 관점이 옳다는 사실에 그 누구도 추호의 의문을 제기하지 않는 바, 현 상황은 그 관점에 따라 전 방위적으로 철저히 조사되어야 하고, 그 주모자들과 비열한 범죄행위에 참가한 사람들은 조사받고 법에 따라 응분의 처벌을 받아야 합니다.

각하의 통보를 오랫동안 심사숙고한 결과, 각하께서 국왕으로부터 입수했다는 두 번째 보고서의 내용과 결정을 저는 인정할 수 없습니다."[50]

베베르는 답변 통첩을 발송한 후 외부를 방문하여 김윤식과 대담하는 자리에서 매우 단호한 어조로 자신의 답변 통첩 내용을 재차 반복하면서 '왕후 시해라는 확실한 목적을 가지고 야밤에 무장한 폭도들이 궁궐로 난입했다'는 사실을 외부대신에게 강조했다. 계속해서 베베르는 '현 조선 정부는 모두가 생각하고 있는 바와 같이 왕후를 시해하고 난 뒤 다른 많은 사람들을 죽인 자들을 잡아들이지 않고, 전혀 처벌하지 않았다는 점에서 극도의 의혹'을 김윤식에게 표명했다. 베베르는 결론 부분에서 '첫째, 철저한 조사 실행, 둘째, 살인자들과 공모자들에 대

50 Копия ответной ноты д. с. с. Вебера министру иностранных дел Кореи от 2 октября 1895 г. по поводу событий 26 сентября // Там же. Л. 115.

한 처벌, 셋째, 일련의 사건 주모자로 지목된 자들을 궁궐에서 축출하는 것 등이 취해지지 않는 한 현재의 질서를 더는 인정할 수 없다'고 김윤식에게 성명했다.

이후 베베르는 왕후의 폐서인에 관한 조칙 문제로 넘어가면서 그 조칙의 '터무니없는 성격'을 상기시킨 후, 이렇게 지적했다. "만약 왕후가 아직 살아계신다면, 그녀 입장에선 살인자들을 피하는 것이 당연합니다. 거의 모두가 주장하는 바와 같이, 실로 그녀가 시해되었다면, 결국 왕후는 사망한 것이기 때문에 그녀의 폐서인을 언급할 필요가 없습니다." 베베르는 범죄자에 대해서도 지적했다. "당연히 군인들에게 전적으로 죄를 돌려서는 안 됩니다. 지휘관들은 그들의 무지를 악용하여 그들에게 명령을 내렸습니다. 주범은 여론에서 이름이 거론되고 있는 장교들이며. 그다음은 모든 사건의 주모자들과 함께 통치권을 장악하고 있는 자들로 각하께서 잘 알고 계시는 고위 관료들입니다." 이후 베베르는 강조했다. "저는 바로 그런 인물들로 형성된 정부가 취한 조치에 반대하지 않을 수 없습니다. 저는 직책상의 의무는 물론, 조선의 운명을 마음으로 밀접하게 받아들이는 한 사람으로서 현재 선택된 노선을 따르는 것의 위험성을 지적해 주어야만 합니다."[51]

베베르는 조선 내 상황과 김홍집 괴뢰정부가 집행 중인 정책을 면밀히 조사하여 조선의 실질적 주인이 일본이며, 고종은 일본과 조선 배신자들의 포로라는 것을 알게 되었다. 만약 러시아와 다른 열강들이 저항하지 않으면, 정부와 다른 모든 직책이 고종에게 문서로 알리지도 않고 새로운 정부에 의해 임명된 사람들로 채워질 상황이었다. 베베르는 폐

51 Донесение Поверенного в делах в Корее К.И. Вебера министру иностранных дел А. Б. Лобанову-Ростовскому. Сеул, 13-го октября 1895 г. №. 232 // Там же. Л. 112-114 об.

테르부르크로 발송한 1895년 10월 9일 자 전문에서 이런 사실을 직접적으로 지적했다. "모든 권력은 일본인들의 수중에 있음. 정부의 활동을 인정하기 곤란한바, 사전의 엄격한 조사, 죄인의 처벌 그리고 예전 질서의 수립 등을 외무대신에게 성명했지만, 아직 특별한 변화 없음. 국왕이 아닌, 친일파가 국왕의 차남(뒤의 내용을 보면 실수로 보인다. 5남이다. 이하 원문에 따라 '차남'으로 한다-역주)을 유럽 공사로 임명했음."[52]

베베르는 외무성으로 발송한 1895년 10월 13일 자 보고서에서 고종의 차남인 이강(李堈)의 특징을 다음과 같이 묘사했다. "이강 왕자는 왕후의 아들이 아니라 소실의 태생입니다. 그는 12세로 아직 어리며 상당히 재능 있고 자유분방한 분으로 이곳 외국인 사회에 종종 모습을 드러냅니다. 일부 사람들은 그를 장래의 세자로 보고 있으며, 그가 현재의 매우 지능이 낮아 보이는 세자보다 더 기품이 있다는 것을 정당하다고 하지 않을 수 없습니다. 그러나 국왕은 이강보다 현재의 세자를 더 사랑하고 있음에 의심할 바 없습니다." 외부대신 김윤식은 베베르에게 고종의 차남인 이강을 유럽의 공사로 임명했다고 통보했다. 베베르는 답변으로 보낸 통첩에서 조선 정부는 지금까지도 '왕비의 운명을 밝혀 내기 위한' 대책을 마련하지 않았으며, '흉계를 꾸민 자들을 처벌'하지도 않았다는 사실을 재차 외무대신에게 상기시켜 주었다. 계속해서 베베르는 이런 사실을 고려할 때 '왕자를 임명한 것이 우리 정부에 어떤 인상을 줄지' 언급하기 힘들다고 했다.[53]

베베르는 이강이 작별인사를 하려고 방문한 기회를 이용하여 어떻게

52 Секретная телеграмма действительного статского советника Вебера. Сеул, 9 октября 1895 г. // Там же. Л. 110.

53 「Ку Хангук вэге мунсо (Сборник дипломатических документов старой Кореи)」. Т. 17. Часть1. Сеул, 1964. С. 336-337.

공사로 임명됐는지 밝혀 내려 했다. 1895년 10월 9일 이강은 베베르를 찾아가 조선의 내각이 자신을 임명했으며, 임명된 후 그 사실을 국왕에게 가장 먼저 통보했다고 부언했다. 베베르는 이와 관련하여 다음과 같이 통보했다. "국왕께서는 예전에는 비슷한 생각을 안 하셨는지 몰라도 현재는 그것에 전혀 반대하지 않으실 것인바, 첫째, 유럽에 있으면 이곳의 실로 가능한 위험으로부터 아들을 구할 수 있으며, 둘째, 자기 모국의 불행한 상황을 유럽에서 공개적으로 설명할 수 있는 기회를 왕자에게 주는 것이기 때문입니다."[54] "왕자를 (왕자께서 유럽으로 향할 때 피할 수 없는) 일본으로 보내고, 조선의 운명을 결정짓는 일본인들은 하다못해 여행경비가 없다거나 아니면 외국 궁정에서 지켜야 할 필수 의식이나 형식을 가르쳐 준다는 핑계를 들어 왕자를 일본에 잡아 둘 것입니다. 세간에서 말하기를 대원군이 사랑하는 손자도 조만간에 일본에 갈 것이라고 하는데, 일본인들은 심지어 그마저도 그런 식으로 일본에 잡아 둘 가능성이 있습니다. 두 명의 왕자를 확실한 인질로 잡아 놓으면, 언제든지 국왕과 대원군 일파를 상대로 압력을 행사할 수 있는바, 조선에서 일본인들의 무제한적 전권에 아무 장애가 존재하지 않게 될 것입니다."[55]

베베르의 예상은 곧 증명되었다. 베베르는 페테르부르크로 발송한 1895년 12월 5일 자와 12일 자 등 두 개의 보고서에서 이에 관해 설명했다. 첫 번째 보고서의 내용은 다음과 같다.

"금년 10월 13일 자 №233 보고서로 국왕의 차남 이강이 유럽 공사

54 Донесение Поверенного в делах в Корее К.И. Вебера министру иностранных дел А. Б. Лобанову-Ростовскому. Сеул, 13-го октября 1895 г. № 233 // АВПРИ. Ф. Японский стол. Оп. 493. Д. 84. Л. 2-4 об.

55 Донесение Поверенного в делах в Корее К.И. Вебера министру иностранных дел А. Б. Лобанову-Ростовскому. Сеул, 15-го октября 1895 г. № 235 // Там же. Л. 6-7 об.

로 임명되었다는 사실을 외무성에 통보했습니다.

조선에서 일본의 이상한 행동으로 인해 저는 그 당시 왕자가 임지까지 갈 수 없을 것이며, 어떤 것이든 그럴듯해 보이는 구실을 들어 그를 사적인 인질로 일본에 잡아 둘 위험이 있다고 했습니다. 조선 외부대신은 11월 16일 왕자가 발병하여 그를 공사직에서 사면시킨다고 외국 대표들에게 서면으로 공식 통보했습니다. 최근 이곳의 일본 신문도 왕자께서 일본군사학교에 입학했다는 소식을 게재했습니다. 이런 식으로 조선을 관리하는 일본인들은 더 적절한 핑계를 찾지도 않고 조선의 공사를 그냥 학교에 입학시켰으며 … 만약 그를 감시할 필요가 있다면, 근거를 갖고 판단하건데, 학교는 감시에 가장 적절한 조건을 제공한다는 것입니다."[56]

두 번째 보고서에서 베베르는 다음과 같이 통보했다.

"10월 13일 №233 보고서에서 본인이 언급한 슬픈, 그리고 이강 왕자가 일본에서 억류된 상태라는 사실로써 이미 부분적으로 증명된 예상이 신속하고도 참으로 근심스럽게도 계속되고 있습니다.

12월 13일 이곳의 신문은 대원군이 사랑하는 손자 이준용이 자신의 직책에서 해고되어 일본에 갈 것이라고 게재했습니다. 소문에 따르면 일본인들은 후일 조선왕국에 번영과 평화의 모든 자료를 제공할 수 있도록 조선을 위해, 진정한(?) 문명의 위대함으로 실로 충만한 통치자를 양성할 유일한 방법이라며, 자신들의 방식을 강하게 권고하면서 세자를 일본으로 보내도록 충고하고 있습니다."[57]

56 Донесение Поверенного в делах в Сеуле К.И. Вебера министру иностранных дел А. Б. Лобанову-Ростовскому. Сеул, 5-го декабря 1895 г. № 322 // АВПРИ. Ф. Японский стол. Оп. 493. Д. 84. Л. 8-9 об.

57 Донесение Поверенного в делах в Сеуле К.И. Вебера министру иностранных дел А. Б.

일본인들의 범죄적 악행과 관련해 베베르가 막대한 양의 자료를 수집한 것, 왕비 시해의 조직자들과 직접적인 가담자들을 폭로한 것 등은 처음에는 '몇 명의 일본인들'이 그리고 나중에는 미우라 고로가 서울에서 발생한 9월 26일의 사건에 직접 참가했음을 일본 정부가 인정하도록 만들었다. 일본은 고무라 주타로[小村壽太郎]를 새로운 서울 주재 일본 대표에 임명했으나, 나중에 9월 26일의 사건에 대한 '진정한 연민'을 고종에게 표명하기 위해 일본 천황의 특별사절이라는 자격으로 이노우에 가오루를 서울로 파견했다. 미우라 고로는 다수의 서울 주재 일본 공사관원들과 함께 일본으로 출항했으며, 시모노세키에 도착한 즉시 체포되었다. 그러나 조선의 대신들은 처벌을 받지 않고 자신의 직책을 그대로 유지했다. 이에 대해서 베베르는 페테르부르크에 다음과 같이 보고했다. "일본 정부는 이곳 공사관의 모든 직원, 교관, 고문, 그리고 다른 인사들을 조사하고 처벌한다는 명목으로 소환했습니다. 더구나 영국과 미국 대표의 성명 및 궁궐 내에 이전의 질서가 복구되도록 배려해야 한다고 고무라 변리공사에게 보낸 저의 성명에도 불구하고, 조선의 내정불간섭이라는 핑계로 일본의 조력하에 국왕과 궁궐의 고위직을 장악하고 있는 조선의 배신자들은 아직 처벌을 받지 않고 자신의 직책에 남아 있습니다."[58]

1896년 1월 체포된 미우라 고로, 스즈키 후카시, 오카모토 류노스케 그리고 40명이 넘는 일본인 등 9월 26일의 쿠데타와 왕비 시해 사건 참가자들의 재판 과정에서 단막극이 벌어졌다. 법원은 왕비 시해에 가담한

Лобанову-Ростовскому. Сеул, 17-го декабря 1895 г. № 335 // АВПРИ. Ф. Миссия в Сеуле. Оп. 768. Д. 91. Л. 157.

58 Секретная телеграмма Вебера. Владивосток, 6 ноября 1895 г. Почтой из Сеула // АВПРИ. Ф. Канцелярия МИД. Оп. 470. Д. 99. Л. 39.

것을 문죄할 수 있는 증거가 불충분하다고 그들 모두 무죄 방면했다.

주한외교사절회의와 조선의 질서회복을 위한 베베르의 제안

궁정쿠데타와 왕비 시해 사건에서 서울 주재 일본 공사관의 미우라 고로와 다른 관원들에게 죄가 있다는 것을 일본 정부가 인정한 이후, 베베르의 외교투쟁에서 중심이 된 것은 조선에서의 현상유지 복구, 즉 1895년 10월 8일(러시아력 9월 26일) 사건 이전에 존재했던 그 상태의 복구였다. 이에 베베르는 서울 주재 외교관들의 회의를 종종 이용했다.

10월 13일 베베르와 왕비 시해 사건 이후 휴가에서 돌아온 미국 공사 실의 주장에 따라 미국 공사관에서 외국 대표들의 첫 번째 회의가 소집되었다. 이 회의에는 러시아(베베르), 미국(실), 일본(고무라), 영국(힐리어), 독일(크리인, Ferdinand Krien) 그리고 프랑스(조르주 르페브르, Georges Lefevre)의 공사들이 참석했다. 회의에서 이루어진 베베르의 결정적인 발언, 일본 공사의 잔꾀를 그대로 묘사하기 위해 '1895년 10월 13일 휴가에서 복귀한 미국 대표가 소집한 회의의 의사록'을 발췌하겠다.

"실 씨: 최근의 사태가 일어나는 동안 저는 이곳에 없었습니다. 따라서 귀하 여러분에 비하면 제가 처한 상황이 좋지 않습니다. 저는 제 동료 중 일부가 조선 국왕의 운명에 가장 적극적으로 관여하고 있음을 알고 있습니다. 현재 국왕께서는 적들의 수중에 장악되어 가혹한 감시를 받고 계십니다. 국왕의 적들은 한 장소에서 다른 장소로 계속해서 국왕의 거처를 옮기고 있으며, 국왕께서는 전적으로 자신의 생명을 걱정하실 이유가 있다는 점에 의심의 여지가 없습니다. 국왕께서는 왕후를 시해한 모든 자들에게서 위험을 느끼고 계십니다. 저는 이 중요한 문제에 있어서 우리가 어떤 방침에 따를 것인지를 해결하려고 여러분을 이곳에 초청했습니다.

힐리어 씨는 자신에게 의견을 물어보자 고무라 씨의 말을 인용했다.

고무라 씨: 저는 얼마 전에 서울에 도착했습니다. 따라서 사건의 현재 상황을 완전히 파악하지 못했습니다. 다른 분이 국왕의 안전을 위한 어떤 대책이나 방법을 제안해 주시는 것이 어떨까 합니다. 저는 언제든지 그 대책이나 방법에 따를 준비가 되어 있습니다.

베베르 씨: 현재 상황은 가장 비정상적입니다. 9월 26일의 궁궐 폭동이 발생한 날로부터 이미 상당한 시간이 흘렀습니다. 그러나 죄인들은 아직 권력을 지니고 있습니다. 가장 먼저 우리가 지향해야 할 유일한 사안은 평온과 안정이 지배적이었던 9월 26일 이전의 질서를 회복하는 것입니다.

힐리어 씨: 만약 제가 틀리지 않았다면, 폭도들이 궁궐을 수비하는 것은 전적으로 비정상적인 상황이라는 점에 대해서 미우라 씨가 이미 사건 발생 당일에 동의하셨으며, 따라서 그들이 철수할 것을 권고하겠다고 약속하셨습니다. 고무라 씨, 미우라 씨의 말씀이 실행되었는지 그 여부를 여쭤 봐도 되겠습니까?

고무라 씨: 제가 알고 있는 한, 미우라 씨는 그런 대책을 권하지 않았습니다.

베베르 씨: 지금이라도 그것을 행할 수 없습니까?

고무라 씨: 우리가 가장 원하는 것은 서울에서의 완전한 질서와 안정입니다. 그렇지 않습니까? 한 가지만 여쭤 보겠습니다. 만약 친위대가

궁궐에서 철수할 경우, 질서와 안정을 책임질 수 있습니까?

힐리어 씨: 모든 것은 친위대가 어떻게 철수하는가에 달려 있습니다. 저는 국왕께서 친위대의 철수를 반가워하실 것이라 확신합니다. 문제는 단지 어떻게 그 일을 실행할 것인가입니다.

베베르 씨: 서울 시내에는 모든 것이 평온합니다. 소요는 궁궐에서 발생했습니다. 그래서 어떻게 하면 그 소요가 바로 이 궁궐에서 반복되지 않을 것인가라는 사실에 모든 위험이 존재합니다. 제가 보기에는 힘으로 강탈한 무기를 지닌 자들을 궁궐에 남겨 두는 것은 무분별한 행동인 것 같습니다. 저는 그들을 점진적으로 퇴거시킬 것을 권고해 드립니다. 그들 중 다수는 스스로 도주했으며, 우리는 최근 들어 그들의 수가 확연하게 줄어든 것을 어제 명백하게 확인할 수 있었습니다.

힐리어 씨: 이런 변화가 아무런 충돌도 야기하지 않은 듯합니다.

베베르 씨: 우선 무기 없이 그들을 퇴거시키고 그들이 나가고 난 다음에 그들의 무기를 회수하면 될 것입니다. 이런 방법을 적용하면 길거리에서 무력 충돌의 위험을 완전하게 제거할 수 있을 것입니다.

실 씨: 귀하께서는 이 방법이 국왕에 대한 어떤 위험과 연결되었을 수도 있다고 생각하지 않으십니까? 국왕께서는 왕후를 시해한 이들의 수중에 계십니다. 왕후를 시해하도록 만든 원인은 국왕과 왕세자의 제거로 이어질 수도 있습니다. 고무라 씨, 우리들은 귀하의 공사관에서 제시하는 모든 조언에 당연히 관심을 보일 것입니다. 귀하께서는 이런 긴장된 상황을 멈추기 위해 그 무엇을 실행해 주시면 안 되는 것입니까? 심지어 저는 그것이 무엇이든 그 자체로서 옳은 방책을 채택할 필요가 있다면, 그것도 용인할 준비가 되어 있습니다. 저는 이곳으로 이노우에 백작이 돌아오신다는 소식을 들었습니다. 그러나 저는 그가 이곳에 도착

하기 이전에 귀하께서 문제 해결을 위하여 어떤 안전 대책을 제시해 주실 수 있기를 바랄 뿐입니다.

고무라 씨: 저는 국왕의 평온과 안전을 위하여 제가 해야 하는 모든 것을 이행하고, 이 문제와 관련된 모든 제안에 관심을 기울일 준비도 되어 있습니다.

베베르 씨: 의심의 여지없이 현 상태의 주모자인 인물의 수는 매우 한정되어 있습니다. 그들의 수괴가 바로 군부대신이라는 것 또한 실로 중요한 사안입니다. 만약 그가 제거된다면, 특별한 어려움 없이 병사들을 제거할 수 있을 것입니다.

(실 씨는 자신이 앞에서 언급한 견해를 반복했다.)

고무라 씨: 만약 우리들이 현직 군부대신을 제거할 경우, 친위대가 폭동을 일으킬 것입니다.

힐리어 씨: 그런데 본인은 어제 저녁 병사들이 대신들을 찾아가 일부 새로운 대책을 실행해 줄 것을 요구했다는 소식을 들었습니다. 이를 거절할 경우 병사들은 무력을 동원하여 대신들이 자신들의 요구에 강제로 동의하도록 만들 것이라고 위협했습니다. 이를 통해서 궁궐 친위대의 제거가 현실적으로 위험을 동반할 수도 있다는 사실이 확인됩니다.

실 씨: 만약 고무라 씨께서 폭도들에 관한 입장을 그들에게 들려주신다면, 그들은 아마도 심각하게 생각해 볼 것입니다. 고무라 씨, 저는 당신이 지닌 영향력을 전적으로 확신합니다.

베베르 씨: 현재 군부대신은 자신의 수중에 나머지 모든 장교들을 장악하고 있습니다. 만약 고무라 씨께서 자신의 힘을 보여 주시어 30명의 병사들을 배치하신다면, 300~400명의 조선인 병사들은 모두 도주할 것입니다. 이런 경우 무조건적으로 역동적인 행동이 필요합니다. 군

부대신 조(조희연[趙羲淵]-역주)는 의심의 여지없이 궁궐 침략에 참가했습니다. 그럼에도 불구하고 전혀 조사가 이루어지지 않은 덕분에 권좌에 머물러 있는 것입니다.

고무라 씨: 저는 궁궐 내에서의 안정을 유지하기 위하여 모든 것을 행할 준비가 되어있으며, 이 문제와 관련하여 누구의 의견이든 그것을 경청할 수 있다면 매우 기쁠 것입니다.

베베르 씨: 저라면 이러한 경우에는 지금 즉시 군부대신을 체포해야 한다고 권고해 드렸을 것입니다. 이것은 본 사태를 최종적으로 해결해 줄 것이며, 그 이후에는 활동이 훨씬 용이해질 것입니다.

힐리어 씨: 군부대신은 계속해서 궁궐에만 있습니까?

베베르 씨: 필요에 따라 궁궐에 있을 때도 있고, 서울 시내에 있을 때도 있습니다.

실 씨: 군부대신을 제거하면 모든 군벌들이 몰락하는 결과를 얻어낼 수 있을 만큼, 그 사람의 권력과 의미가 실로 그렇게 대단합니까?

베베르 씨: 그 사람 한 명과 함께하는 참령 두 명이 더 있습니다. 그들의 이름은 오범순[우범선(禹範善)-역주]과 예다웅[이두황(李斗璜)-역주]입니다.

실 씨: 이노우에 백작이 돌아오면, 그들이 극단적으로 변할 수 있으며, 심각한 혼란이 야기될 수도 있습니다. 이러저러한 구실하에 무슨 일이 있어도 그 사람[59]을 반드시 제거해야만 합니다. 그러려면 강압적인 방법이 필요합니다. 고무라 씨, 만약 귀하께서 군부대신을 체포하신다면, 귀하의 병사들은 궁궐 밖에 대기하고 있다가 다른 모든 이들이 입궐하는 것을 막을 수 있을 것입니다.

59 Секретная телеграмма Вебера. Владивосток, 6 ноября 1895 г. Почтой из Сеула // АВПРИ. Ф. Канцелярия МИД. Оп. 470. Д. 99. Л. 39.

베베르 씨: 제 생각에는 조(희연)와 그를 따르는 두 명의 참령을 함께 체포해야 합니다. 그 이후에 50명의 인원을 동원하여 어느 문이든 궁궐 문 한 곳으로 접근하여 병사들에게 문 앞에 무기를 내려놓고 막사로 향하라고 명령을 내리는 것입니다. 그런 다음 나머지 다른 문에서도 동일한 행동을 반복하는 것입니다. 이런 식으로 하면 궁궐 내에는 단 한 명의 병사도 남지 않게 될 것입니다.

다른 문제는 왕후의 운명과 관련된 것입니다. 만약 왕후가 정말로 시해되었다면, 과연 어디에 왕후의 시체가 매장되어 있는지를 알아내는 것이 관심 대상일 것입니다. 몇 명의 조선인들이 저에게 궁궐 내의 한 곳을 지적해 주었습니다. 그러나 저는 그들의 증언이 신빙성을 갖는지 보장할 수 없습니다. 조선인 병사들 역시 왕후가 묻힌 곳으로 예상되는 장소를 저에게 알려 주었습니다만, 그들의 증언은 더 믿을 수 없습니다.

실 씨: 왕후의 운명이 어떻게 되었는지 반드시 최종적으로 밝혀 내야만 합니다.

베베르 씨: 조(희연)와 그의 동료들은 모든 결과를 예상할 수 있었습니다.

힐리어 씨: 이런 식으로 우리들은 재차 애초의 상황으로 되돌아가게 됩니다. 결국 조희연과 그의 지휘를 받는 친위대가 제거되지 않는 한, 우리는 아무것도 할 수 없을 것입니다.

베베르 씨: 국왕을 다른 장소로 이어시킬 것이라는 소문은 의심할 바 없이 왕후의 유해와 어느 정도 관계가 있습니다.

힐리어 씨: 국왕께서는 이런 장소 이동을 전혀 원하지 않으십니다. 국왕께서 원하시는 유일한 것은 친위대의 철수입니다.

베베르 씨: 궁궐 내에 대원군이 계신 것 역시 위험한 사안이 될 수 있

습니다. 그러나 친위대의 지지가 없다면 당연히 그의 권력은 심각하게 미약해질 것입니다.

실 씨: 고무라 씨, 귀하께서는 이런 계획을 실행하는 데 특별히 곤란한 점은 없다고 보십니까? 귀하께서는 일부 일본군 병사를 이용하여 지금 우리들이 언급한 둘 또는 세 명의 인물들을 체포하실 수는 없으신 겁니까? 그리고 이런 방식으로 국왕께서 왕후에게 닥쳐왔던 운명으로부터 피하실 수 있도록 만들어 드릴 수 없으십니까?

(크리인 씨는 견해가 무엇인가라는 질문을 받았다. 이에 그 역시 현재의 상황을 당연히 인정할 수 없다고 말씀하셨다. 그러나 이 문제를 해결하기 위한 전적으로 안전한 방책이 없어 보인다고 하셨다.)

베베르 씨: 여기에는 그 어떤 위험성도 존재하지 않습니다. 저라도 병사 50명만 동반하면 모든 것을 실행할 수 있습니다.

힐리어 씨: 제 견해 역시 베베르 씨와 전적으로 동일합니다. 이런 대책을 수행하는 데 있어 심지어 외국 대표들도 참석할 수 있을 것입니다. 이것이 가능한지의 여부를 결정하는 것은 이제 고무라 씨의 몫입니다.

고무라 씨: 저는 모든 사태를 평화적 방법으로 해결하고자 합니다. 그러나 그것은 시간을 필요로 합니다. 우리가 힘에 의존하지 않은 상태에서 급속하게 처리해 낼 수 있는 일은 아무것도 없습니다.

힐리어 씨: 일을 지연시키는 모든 행위는 위험합니다.

고무라 씨: 저는 그때까지 아무런 사건도 발생하지 않도록 모든 대비책을 마련하겠습니다.

실 씨: 절망에 다다른 병사들은 다른 이들을 파멸시킬 수만 있다면, 자기도 죽을 준비가 되어 있을 것입니다. 이것을 예방할 수 있는 대책을 반드시 마련해야만 합니다.

힐리어 씨: 제가 보기에, 고무라 씨께서는 아직까지도 역동적이고도 신속한 행동을 취할 수 있는 준비를 완전히 갖추신 것 같지 않다는 판단이 듭니다. 귀하께서는 모종의 결정을 내리시는 시점에서 저희들에게 그 사실을 알려 주시겠습니까?

고무라 씨: 기꺼이 알려드리겠습니다.

실 씨: 귀하께서는 이 문제에 관해 내일쯤 저희에게 통지해 주실 수는 없으십니까?

고무라 씨: 현재 불가피한 위험은 존재하지 않고 있습니다. 저는 어떠한 경우에도 반드시 필요한 예방 대책을 채택할 것입니다.

실 씨: 만약 제가 다음의 사실, 즉 작금의 문제를 만족스럽게 해결하기 위하여 모종의 강압적 방법(당연히 제한된 형태)을 채택하는데 우리들은 그 누구도 반대하지 않을 것이라는 사실을 말씀드리면, 그것이 우리 동료 분들의 견해에 모순되는 것은 아닙니까?

힐리어 씨: 저는 고무라 씨의 결정을 경청하고 싶습니다. 또한 공동의 안전에 도움이 될 수 있도록 기꺼이 그와 하나가 되어 행동할 것입니다. 이런 공동 대응은 개별적 행동보다 더 좋다는 것에 의심할 바 없다고 봅니다.

고무라 씨: 준비되는 대로 여러분에게 그 사실을 알려드리겠습니다.

힐리어 씨: 그럼 그 시점까지 우리들은 국왕 전하에게 아무런 해가 가지 않도록 모든 대비책을 마련하겠다는 고무라 씨의 보장을 신뢰할 수밖에 없을 것입니다."[60]

60 АВПРИ. Ф. Японский стол. Оп. 493. Д. 6. Л. 217-222.

회의록을 통해 확실해진 것은 베베르가 회의 참석자들로 하여금 가장 먼저 (비록 9월 26일 사건 이후 많은 시간이 흘렀지만) 쿠데타와 왕비 시해의 조직자들이 아직도 권력을 장악하고 있다는 사실에 관심을 갖도록 만들었다는 것이다. 베베르가 이 회의에서 가장 불가피하다고 본 것은, 음모자들이 구성한 정부를 해산시킨 뒤 이 사건이 발생하기 이전에 조선에서 존재했던 그 상태를 복구하는 것, 회의에서는 일본 교관들에 게 훈련을 받아 모든 부분에서 그들의 명령을 따랐던 훈련대를 지칭했던 친위대를 궁궐로부터 철수시키는 것 등이었다. 베베르는 군부대신 조희연과 9월 26일의 사건에 참가했던 그의 공범자들을 체포하는 것에서부터 시작하자고 제안했다. 심지어 베베르는 만약 자신에게 50명의 병사를 주면 자기가 직접 그 일을 하겠다고 단호하게 성명하기도 했다. 그러나 고무라 주타로는 영국 대표 힐리어의 지원하에 베베르의 제안, 즉 필요한 경우 군사력을 이용하여 궁궐에서 훈련대를 제거하고 정부의 구성원을 교체하도록 일본 정부에 권고한 제안에 대한 토론을 본질적으로 와해시켜 버렸다.

일본은 고종의 해방과 조선 내 현상유지 복구라는 문제의 해결을 일시적으로 연기할 수 있었다. 그러나 도쿄의 위정자들은 사안이 여기서 멈추지 않을 것임을 익히 알고 있었다. 고무라 주타로가 9월 26일 이후 권력을 장악한 음모자들을 유지하지 못할 수도 있음을 두려워한 일본 정부는 조선 국왕에게 일본 황제의 서한을 수교한다는 명목으로 이노우에 가오루를 파견하여 그를 도와주기로 결정했다.

고종의 안정 보장과 궁궐로부터의 훈련대 철수 문제에 대한 일본 정부의 입장을 밝히기 위해 외국 대표들의 새로운 회의 소집 필요성이 무르익었다. 베베르는 단체행동을 계획하기 위해 미국 및 영국 공사를 만났다. 이에 일본 공사관을 방문하여 1895년 9월 26일 이전에 조선에서 존재했던 상황을 복구할 수 있는 대책이 기술된 단신을 이노우에 가오루에게 전달한다는 결정이 내려졌다. 베베르는 이 단신을 작성하는 데 적극적으로 참여했다. 바로 그의 주장에 따라 이 단신 안에 모든 요구사항들이 포함되었으며, 나중에 열린 새로운 회의에서 그 요구들이 일본 대표에게 제시되었다. 그 단신 안에는 다음과 같이 언급되어 있었다.

"오늘 이노우에 백작이 국왕을 알현하게 될 석상에서, 국왕 전하께서는 9월 26일의 사건에 단 한 명의 일본인도 참가하지 않았으며, 궁궐을 장악한 신식 조선 군대 소속의 장교들을 제외하고는 그 누구도 그날 아침에 발생한 사건에 책임이 없으며, 심지어 관여조차 되어 있지 않았다고 말씀하시도록 강압 받고 계신다는 사실을 우리들이 알게 되었습니다. 이것이 잘못된 증언이라는 사실에 의심의 여지가 없습니다. 우리는 가장 신뢰할 수 있는 정보원에 기초하여, 만약 국왕 전하께서 그런 말씀을 하신다 해도, 그것은 진실이 아니며(그 이유는 국왕께서는 사실이 그렇지 않다는 것을 그 누구보다 잘 알고 계시기 때문입니다), 단지 권력을 강탈한 내각의 구성원들에 의한 강요와 죽음의 위협하에서 그렇게 언급하실 수밖에 없으셨기 때문이었다고 말할 수 있습니다. 궁궐 내에서의 이런 상황을 알고 있는 우리들은 이노우에 백작에게 이 사실에 대해서 말씀드리는 것은 물론, 4주 전에 자행되었던 것(왕비 시해-역주)보다 못하다면 최소한 동등한 그런 행위가 불가피하게 궁궐에서 자행될 위험이 있다는 사실 역시 반드시 통보해 드려야만 한다고 판단했습니다.

병사와 장교들에게 포위되어 계신 국왕께서는 현재의 상황에 도달하게 만든 폭동과 폭력 그리고 유혈사태로 인하여, 생존을 위해 필요한 식사와 휴식을 취하실 수도 없는 지경에 이르실 정도로 지속적인 생명의 위협 속에 처해 계십니다. 국왕께서는 이런 공포와 고초를 겪고 계시며, 심지어 국왕의 일거수일투족을 엿듣고 있는 첩자들이 자신을 계속해서 둘러싸고 있다는 사실을 인식하고 계십니다. 따라서 국왕께서는 자신은 물론 다른 모든 이들도 거짓임을 알고 있는 사실을 말씀하실 수밖에 없을 만큼 억압받고 계십니다. 달리 말하면 국왕께서는 정작 본인이 원하시는 것을 밝히실 수 없는 상황에 처해 계십니다.

자신의 말 한마디가 법과 동등한 효력을 지녀야 하는 국왕께서는 이곳에서 유일하게 조선인으로 구성된 강력한 부대를 보유하고 있는 소규모 당파의 포로가 되신 상태입니다. 심지어 국왕 자신의 견해는 물론 가장 처참한 방식으로 시해되신 왕후에 대한 국왕의 가장 섬세한 감정마저도 매도되었습니다. 이런 모든 요구에 동의하셔야만 하는 상황은 최고의 수준에서 나라의 평화와 국내에서의 유익한 개혁을 수행하려는 모두에게 방해가 될 것이며, 대외관계를 위해서도 위험한 것입니다.

조선의 국왕에게서 위임을 받아 조선의 평화와 국왕의 안전에 가장 적극적으로 참가하고 있는 우리들은 그 어떠한 경우에도 극도로 긴장되고 현재의 위험한 상황을 형성해서 지속해 나가고 있는 사건을 인정할 수 없으며, 그런 상황을 억제하고 현상을 복구하며 국왕 개인의 자유와 안전 그리고 활동능력을 복구시켜 주는 것에 이노우에 백작이 참가해 줄 것을 주저하지 않고 부탁드립니다.

이런 목적을 달성하기 위한 가장 우선적이고 논쟁할 바 없이 유일한 조치는 현재 국왕을 포위하고 있는 폭동을 일으킨 부대와 관리들을 제거하여 국왕 전하께서 신임하시는 수비대로 교체하는 것입니다. 일본 공사관의 명령을 받고 있는 군사력으로도 당연히 이것은 어려울 바 없을 것이며, 우리들은 자신이 보유한 군사력만큼 협력할 준비가 되어 있습니다. 그러나 이런 변화가 일어나지 않을 경우, 우리들은 이후 발생할 수도 있는 결과에 대한 책임이 일본에게 전가될 것이라는 사실을 걱정하고 있습니다.

궁궐로부터 현재의 친위대를 제거하고 국왕께 행동과 발언의 자유를 복구시켜 줌으로써 우리가 관심을 지니고 있는 이 사건의 진실과 함께 평화와 신뢰가 복구될 것입니다. 이것은 장래의 전적인 안정을 유지하기 위해 반드시 필요하며, 이노우에 백작의 진정한 바람인 것만큼, 우리들의 바람이라는 것을 실로 확신하고 있는 바입니다."[61]

외국 대표들의 두 번째 회의는 1895년 10월 24일 서울 주재 일본 공사관에서 개최되었다. 이 회의에는 베베르, 실, 힐리어, 일본의 이노우에 가오루(특명사절) 그리고 고무라 주타로 등이 참석했다. '1895년 10월 24일 일본 공사관에서 개최된 일부 외국 대표들의 비공식적 회의의 의사록'에는 다음과 같이 언급되어 있다.

"실 씨는 자신과 자신의 동료들이 매우 심각하다고 판단하는 현재의 상황과 관련하여 이노우에 백작 및 고무라 씨와 논의하고자 외국 대표들이 일본 공사관을 방문했다고 설명했다. 이노우에 백작의 허락을 받아 실 씨는 외국 대표들이 방문한 원인이 전반적 형태로 설명되어 있는 문안을 이노우에 백작 앞에서 낭독한 후, 이 문안에 기술되어 있는 조항들과 관련하여 이노우에 백작의 의견을 문의했다. 문안을 낭독하면서 실 씨는 이 문안이 최종적으로 편집되는 즉시, 그것의 사본을 이노우에 백작에게 전달하겠다고 제안했다. 이노우에 백작은 이 회의를 비공식적인 것으로 간주해도 되는지 문의했다. 실, 베베르 그리고 힐리어

61 АВПРИ. Ф. Японский стол. Оп. 493. Д. 6. Л. 223-224.

씨는 본 회의에 사적인 성격을 부여하고 현 상황에 대한 의견을 교환하는 것이 실제로 더 만족스러울 것이라고 대답했다.

힐리어 씨는 자신이 보유하고 있으면서 이노우에 백작 및 고무라 씨의 관심을 끌 수 있는 모든 정보를 다 같이 공유하기 위하여 이러한 비공식적인 의견 교환에 참석하자는 자기 동료들의 초청에 자신이 응한 것이라고 부언했다. 또한 국왕의 안전을 위해 공동의 합의하에 제시된 모든 대책을 실현하기 위해 전적으로 협력하고 자신들도 봉사할 것을 제안하려는 것이며, 이노우에 백작과 고무라 씨 역시 다른 모든 외국 대표들과 마찬가지로 상기 대책들을 마음 가까운 곳에서 받아들일 것으로 확신한다고 첨언했다.

이노우에 백작은 방금 언급된 모든 것들을 기꺼이 확인해 줄 수 있으며, 최근 사태에 일본 정부가 관여되어 있다는 그 어떤 혐의도 일본 정부가 받아야 할 이유가 없다고 답변했다. 실, 베베르 그리고 힐리어 씨는 이 사실을 확인했다.

이노우에 백작은 자신이 조선에 도착하면서 지금의 상황에 대해 자신이 가지고 있던 견해를 본질적으로 변화시켜 버리는 수많은 사실들이 자신의 귀에도 들어왔으며, 아직까지도 듣고 있다는 사실을 말했다. 그는 국왕을 위협하고 있는 모든 위험을 전적으로 인식하고 있으며, 국왕이 현재 처해 계신 감금 상태로부터 국왕을 자유롭게 만들어 주어야만 한다는 공동의 견해에도 동의한다고 말했다. 이노우에 백작은 미우라 자작의 행동이 불행하게도 조선인들 내에서 뿐만이 아니라, 모든 열강 내에서도 일본의 행위에 대하여 의심하도록 만들었음을 지적하고, 만약 조선에 주재 중인 해외 열강 대표들의 협력 없이 일본만의 힘으로 궁궐의 친위대를 퇴거시키고 현상을 복구시킬 경우, 이런 일본의 행동이 다른 측면으로 해석될 수도 있을 것이고, 부정적인 비판에 처해질 수도 있을 것인 만큼, 공동 행동이 불가피하다는 판단을 내렸다.

실 씨는 최근 조선 내에서는 방자한 행동들이 정말 많으며, 실 본인은 그런 행동을 강력하게 비난한다고 말했다. 그러나 일본이 위에서 언급된 목적을 달성하기 위해 지금 이 시점에서 행동에 착수해야 한다는 독단적 판단을 내릴지라도, 이노우에 백작은 목적 달성을 위해 실 자신의 완전하고도 무제한적인 지원을 확신해도 된다고 말했다.

베베르 씨는 그와 유사한 내용을 언급하면서, 자신도 협력하겠다고 말했다.

힐리어 씨는 '공동 행동'이라는 표현에서 이해하고 있는 바가 무엇이냐는 질문을 이노우에 백작에게 던졌다. 국왕께서는 자신의 보호를 위해서 초병을 궁궐로 파견하기 위해 일본 공사관과 공조하라고 수차례에 걸쳐 힐리어와 그의 동료들에게 부탁하셨음을 언급했다. 그러나 힐리어 씨는 이노우에 백작 그 자신 혹은 일본 정부가 동시에 그런 것을 제안하지 않는 한, 그와 같은 모든 제안을 자국 정부에 전달하는 것을 단호하게 거절했다. 힐리어 씨는 이노우에 백작이 권고한 공동 행동이 어느 정도까지에 해당되는지 알았으면 좋겠다고 했다.

이노우에 백작은 공동 행동이 궁궐에서 친위대를 퇴거시키는 일에 미국, 러시아 그리고 영국 상륙부대의 적극적인 참여를 의미하는 것은 아니라고 설명했다. 즉 각국 대표들이 공개적으로 일부 자국인들을 궁궐로 진입시키는 것을 원하지 않을 경우, 일본 수비대만으로도 친위대를 제거할 수 있다는 것이다. 이노우에 백작은 모든 대표들이 일정한 조치를 채택해야 할 필요성에 동의하고 있으며 공동으로 행동하고 있다는 사실을 자국 정부에 보고할 수 있기를 바란다고 했다.

실, 베베르 그리고 힐리어 씨는 현재의 긴장된 상황을 중단하기 위해 대책을 채택함에 있어 이노우에 백작에게 협조할 준비가 되어 있다고 밝혔다.

이노우에 백작은 위의 발언을 경청한 직후, 새로운 내각의 일부 인사들이 자신이 실행하고자 하는 것을 여러 차례 밝혀 내고 싶어 했으나, 그들의 호기심을 만족시켜 주지 않았으며, 자신은 일본 천황의 특명사절 자격으로 이곳에 머물고 있을 따름이며, 조선의 국왕께 천황의 애도 친서를 전달하기 위해 이곳에 머물고 있을 뿐이라고 밝혔다. 이노우에 씨는 국왕의 증언(아래를 보시오)이 강압에 못 이겨 이루어진 것임을 미리 알려 주셔서 매우 고마웠으며, 그 자신은 여기에 우연한 사건이 발생하지 않도록 배려할 것이라고 했다. 이노우에 백작은 친서와 선물만을 전달할 것이며, 그것을 마치는 순간 국왕 전하에게 작별인사를 고할 것이다. 그날 아침 이노우에 씨는 다음 날 접견하고 싶다는 내용으로 총리대신(Первый министр)이 발송하신 서한을 접수했으며, 동료들(외국 대표들)의 승인하에 자신의 개인적인 견해를 밝히지 않는 상태에서 현재의 상황에 대한 조선 정부의 견해를 총리대신으로부터 알아보고 싶다는 의사를 밝혔다. 다만 일본 정부가 자신의 전임 공사와 최근의 음모에 참석한 것으로 의심을 받고 있는 다른 인물들을 재판부에 회부한 것을 고려하여 이노우에 씨는 만약 조선 정부가 무엇인가 취한 조치가 있다면, 이런 면에서 어떤 조치를 취했는지 확인해 보길 원한다고 했다. 그는 이와 관련해 이루어진 대화의 결과를 가능한 한 빠른 시간 내에 외국 대표들에게 통보할 것이라고 했다. 국왕을 해방시켜 드리는 대책과 관련해 이노우에 씨의 견해에 따르면, 가장 중요한 것은 궁궐로부터 현 상황의 주범인 대원군을 제거하는 것이라고 했다. 이노우에 씨가 입수한 정보에 따르면, 궁궐에 있는 것이 바람직하지 못하다는 사실을 대원군에게 납득시키는 것이 어렵지 않다는 것을 감지할 수 있으며, 그를 제거한 다음에야 국왕의 보호 문제에 관심을 가질 수 있을 것이라고 했다. 고무라 씨는 이노우에 백작의 견해에 동의를 표명하며, 조선의 군부대신도 이미 이해하고 있는 것과 같이 일본 군대가 궁궐로 진입하는 데 저항이 있을 것으로 보이지는 않는다고 말했다. 그러나 어떤 조치를 취하기 이전에 반드시 일본 정부의 허락을 받아야만 한다고 했다.

이때 서울 주재 독일 영사 크리인이 회의장에 도착하여 동참했다. 이후 궁궐의 친위대를 퇴거시키는 시점에서 국왕을 보호하는 대책을 논의하기 시작했으며, 퇴거의 순간에 일부 외국 대표들이 국왕 전하와 함께하는 것이 매우 유익할 것이라는 결정이 내려졌다. 이후 일본 군대에 의한 궁궐 점령은 오직 일시적이어야만 하며, 국왕께서 신뢰하실 수 있는 새로운 조선 수비대가 충원되는 즉시 일본 군대는 성 밖에 위치한 자신의 막사로 복귀해야 한다는 점이 명백하게 확인되었다."[62]

이노우에 가오루가 회의에서 한 발언을 유심히 살펴보면, 그는 궁궐에서 훈련대의 철수 및 국왕의 안전보장과 관련된 외국 대표들의 제안에 본질적으로 이의를 제기하지 않았다. 그러나 그는 외국 대표들의 발언에 동의하는 동시에 그런 대책의 실행을 어렵게 만드는 모든 것을 행했다. 그러나 베베르, 실 그리고 힐리어가 이노우에 가오루의 예상에 반하여 이노우에의 제안에 동의를 표하자, 이노우에와 고무라 주타로는 자신들이 일본 정부의 허락을 받을 때까지 그 문제의 해결을 미뤄야 한다며 그 제안의 실행을 연기할 수밖에 없다고 성명했다.

62 Там же. Л. 221-223.

베베르는 1895년 10월 24일에 이루어진 의견 교환에 관한 내용을 로바노프 로스토프스키에게 즉시 통보했다. 베베르는 다음과 같은 전문을 발송했다. "일본 공사관에서 있었던 외국 대표들의 비공식적 만남에서 무력적 방법을 적용하지 않는 한 예전의 질서를 수립하는 것이 불가능하다는 결론에 도달했습니다. 이노우에는 다른 대표들이 참석한 상태에서 잠시 동안 궁궐을 점령해야 할 필요성, 음모자들의 손아귀로부터 국왕을 해방시켜야 할 필요성을 공식적으로 자신의 정부에 성명했습니다. 그러나 이런 방법이 다른 열강들과의 혼란이라는 결과를 갖게 될 수도 있음을 우려하고 있습니다. 러시아 측으로부터의 방해가 없을 것임을 확인해 주는 것이 중요하다고 봅니다."[63]

이번에는 페테르부르크가 베베르의 행동을 지지하기로 결정했다. 러시아 외무성은 조선에서 입안된 노선을 거절할 의사가 없었으나, 만약 어떤 대책을 수립하지 않으면, 일본인들 스스로 머지않은 장래에 조선의 독립을 끝낼 것이라는 것을 목격했다. 러시아는 조선 문제로 인해 일본과의 관계가 첨예해지지 않도록 노력하고 있었지만, 그것을 인정할 수는 없었다. 따라서 로바노프 로스토프스키는 베베르의 전문에 즉각 답했다. "만약 귀관이 현지에서 그것이 불가피하다고 판단한다면, 음모자들의 위협으로부터 국왕을 보호하기 위한 모든 행동을 우리는 승인한다."[64] 이런 내용의 전문이 도쿄 주재 러시아 공사 히트로보에게도 발송되었다. "이노우에는 음모자들의 손아귀에서 국왕을 보호하려면 일시적으로 외국 공사관들의 배석하에 궁궐을 일시적으로 점령하는 것이

63 Секретная телеграмма д. с. с. Вебера. Сеул, 24 октября 1895 г. // АВПРИ. Ф. Японский стол. Оп. 493. Д. 6. Л. 148.

64 Копия с телеграммы Лобанова Веберу от 27 октября 1895 г. // 『Россия и Корея… Документы и материалы』. С. 302.

불가피하다고 생각하고 있지만, 열강들과의 대외적 분란을 겁내고 있다는 내용으로 베베르 씨가 전문을 보냈습니다. 만약 베베르 씨가 필요하다고 생각한다면, 우리는 국왕의 보호를 위한 모든 행동을 승인할 것이라고 답했습니다."[65]

일본 공사관에서의 회의가 끝난 후 1895년 11월 5일 고종은 외국 대표들을 자신의 왕궁으로 초치하여 실과 베베르에게 다음의 사실을 전했다.

"1. 11월 6일 미카도의 친서를 전달하기 위해 이노우에 가오루의 알현이 예정되어 있다.

2. 군부대신 조의 요구에 따라 그(고종)는 알현 중에 반드시 이노우에에게 9월 26일(10월 8일-저자 주)의 폭동과 살인에 '일본인들은 아무런 관계가 없다'는 것과 조선 장교들 중 일부만이 죄인이라는 것을 성명할 것.

3. '국왕이 평복으로 갈아입은 후 러시아 공사관으로 도주할 계획'이라는 점을 고려하여 군부대신 조의 명령에 따라 궁궐 전체에 경계병이 이중으로 배치되었다.

4. 만약 이 요구를 수행하지 않을 경우 왕을 살해하겠다고 위협하고 있으며, 따라서 그는(고종은) '실과 베베르가 알현장에 직접 배석해 주거나 아니면 알현 중에 궁궐에 위치해 주고, 고종 측이 상기의 성명을 하지 못하도록 방해해 줄 것을 절박하게 요청했다."

65 Копия с секретной телеграммы статс-секретаря князя Лобанова к гофмейстеру Хитрово. С. Петербург, 27 октября 1895 г. // Там же. С. 301.

이 소식에 초조해진 베베르와 실 그리고 힐리어는 11월 6일 아침 이노우에를 방문하여 다음의 사실을 성명했다. "첫째, 자신들에게 유리한 대로 국왕을 속박할 수 있는 모든 수단을 장악한 배신자들에 의해 국왕이 포위되어 있음을 알고 있는 만큼, 국왕의 그 어떤 성명도 아무런 가치를 갖지 못할 것이다. 둘째, 비록 우리 역시 국왕의 공식적 알현장에 함께 배석하는 것을 편하게 생각하지는 않지만, 최근 사건에 대해 어떤 논의에도 몰입하지 않도록 그리고 만약 국왕이 스스로 배신자들의 요구에 따라 말씀을 시작하시더라도 멈추실 것을 우리가 국왕 본인에게 충고할 것이다. 셋째, 만약 이노우에가 사건의 실체를 아는 것이 유리하다고 판단한다면, 우리는 국왕과 우리의 사적인 만남에 함께 배석할 것을 제안한다. 물론 그 만남에서 국왕은 사건이 어떻게 일어났으며, 현재 어떠한지를 모두 언급하실 것이다. 넷째, 우리의 관계가 군부대신 조에게까지 미칠 수 있기 때문에 군부대신이 국왕의 안전을 침해하지 못하도록 모든 방책을 수립하라고 제안한다."

이노우에 가오루는 실, 베베르 그리고 힐리어의 제안에 동의할 수밖에 없었다. 고종과의 알현 이후에 이노우에는 베베르에게 자신의 아들을 보내어 다음의 사실을 전했다. "의식은 10분이 채 안 되게 진행되었으며, 배타적으로 공식적 성격을 지녔다. 고종께서 백작을 불러 앉게 하셨을 때, 사적인 대화를 나누길 원하시는 것을 알아차린 그는 주제에서 벗어나기 위해 왕에 대한 존경을 표시하고 서둘러 작별인사를 고함으로써 아침에 미국, 러시아 그리고 영국의 외교 대표들이 전해 준 충고를 완수했다."[66] 그러나 이후의 사건들 그리고 이노우에 가오루의 태도 등

66 자세한 내용은 다음의 책을 보시오. Пак Б. Б. 『Российская дипломатия и Корея. 1888-1897. Книга вторая』. С. 154-155.

은 일본이 궁궐 내에서의 현상유지 복구 및 고종의 자유와 안전보장을 책임질 의도가 없었음을 증명해 준다.

세 번째 회의가 1895년 10월 31일 일본 공사관에서 개최되었다. 이 회의의 회의록이 보존되어 있으며, 이를 통해 궁궐에서의 안정 수립, 음모자 대신들로 이루어진 정부의 추방, 궁궐로부터 훈련대의 철퇴 등과 같이, 일본의 대조선 정책에 대응한 베베르의 단호한 행동을 추적할 수 있다.

회의에는 사전 협의에 의거하여 이노우에 씨의 공사관에 모인 실, 베베르 그리고 힐리어 등이 참석했다.

"실 씨는 이번 방문이 사태의 현재 상황과 관련돼 있으며, 만약 그 자신이 틀리지 않았다면, 베베르 씨께서 몇 가지 비공식적 성격의 통보를 할 것이라고 언급한 뒤, 베베르 씨에게 발언을 시작해 달라고 요청했다.

베베르 씨는 다른 무엇보다도 우선적으로, 자신이 언급할 것들 중에서 많은 것들은 개인적 의견의 표현으로 판단해 주시기를 바란다고 했다. 베베르 씨는 첫째, 러시아는 조선에 가장 근접한 이웃 국가라는 상황의 논리에 따라, 조선의 번영에 관한 문제에 있어 다른 모든 열강들보다 더는 아니라 할지라도, 최소한 그 정도의 관심을 가질 수밖에 없다는 점을 강조해야 할 것 같다고 말했다. 10년 전 베베르 씨는 서울 주재 러시아 대표로 임명되었으며, 자신에게 하달된 훈령의 전반적 의미는 평화와 화합을 유지하고 국왕과 그 영토의 행복을 위해 전력을 다하여 노력하는 것으로 귀결된다고 했다. 베베르 씨는 자신의 능력에 따라 이런 훈령에 따라 행동하려고 진력을 다했다고 말했다. 그러나 현 시점에서 베베르 씨는 러시아 정부가 근심하며 유지하려는 대상인 이런 평화와 화합이 최근 15개월 동안 네 차례 이상이나 위배되었다는 점을 지적해야만 할 것 같다고 했다.

첫 번째 위배는 평화로운 시기였던 작년 7월 일본군이 궁궐을 점령하면서 발생했다고 했다.

두 번째 위배는 은퇴하여 칩거하던 대원군을 그곳으로부터 끌어내어 그에게 권력을 하사했던 당시로써, 당시 베베르 씨는 대원군을 비호하고 개혁을 실행하면서 무력을 사용하는 것이 위험하다는 사실을 적절한 시점에서 오토리 씨에게 경고해 주셨다. 결국에는 오토리 씨 역시 동일한 결론에 도달했다.

세 번째로는 국왕이나 조선 정부가 결코 좋아하는 인물이 아니었던 박영효가 조선으로 귀국하면서 강력한 동요가 발생했으며, 그가 정치 무대에 다시 등장하면서 조선에서의 평온이 깨졌다고 했다. 당시 실 씨와 베베르 씨는 모든 위험이 비슷한 방식으로 제시되었다는 사실에 오토리 씨가 주의를 기울여 줄 것을 요청했다. 실 씨와 베베르 씨는 자신들의 예상이 다음에 발생한 사건에 의해 옳았던 것으로 판명되었다고 말씀하셨는데, 즉 박영효의 반역죄가 두 번째로 폭로되면서, 그는 자신의 출세에 종지부를 찍었기 때문이라고 했다.

마침내 네 번째로 조선에서의 평온이 위배되었던 것은 9월 26일의 사건이었다. 베베르 씨는 이 마지막 경우에는 일본의 군사교관들과 고문들, 실제로 복무 중이던 일본인 장교들과 병사들, 소시[壯士, Soshi][67]와 일본 신문사의 특파원들의 도움을 받아 그들의 승낙하에 사건이 실행되었다고 했다. (의미에 따른 것이 아니라 순서에 따라서) 결국 이 사건에는 일본 공사관 자체가 개입된 것으로 판명되었다고 했다. 이노우에 백작은 이

67 전직 사무라이 중에서 19세기의 군국주의적 성향을 지닌 젊은이들.

곳에 체류하면서 알렌을 통하여 외국인 대표들에게 조선의 총리대신과 가졌던 대담에 대해 통보해 주었다. 이노우에 백작은 대담하는 동안 왕후의 폐서인에 관한 조령의 공표를 '조선의 역사에 있어 가장 암울한 오점'이라고 했다. 그러나 베베르 씨는 일본 공사관 덕분에 권력을 장악한 조선의 대신들에 의하여 왕후가 폐위되셨다는 점에 주의를 기울여 달라고 부탁했다. 따라서 베베르 씨는 왕후 시해(이 범죄가 실질적으로 자행되었는지 아닌지는 다른 문제이다)라는 확실한 목적을 지니고 있었던 외국의 신민들이 궁궐을 습격한 것은 이노우에 백작이 그렇게 엄밀하고도 공정하게 비난했던 왕후의 폐비보다도 조선이라는 국가의 역사에 있어서 훨씬 더 암울한 오점일 것으로 보인다고 했다. 또한 베베르 씨는 자행된 범죄를 수사하기 위하여 현 시점까지도 이루어진 것이 전혀 없다는 사실에 관심을 기울여야만 한다고 말했다.

베베르 씨는 자신이 위와 같이 조선에서의 평화와 평온이 위배된 다양한 경우들을 언급한 이유는, 이런 무질서들이 애석하게도 일본 공사관의 행위에 의하여 발생했기 때문이라고 했다. 따라서 이노우에 백작께서 며칠 전 러시아 공사관을 방문하셔서, 평온을 복구하기 위한 특별한 제안이 없는 한 일본 정부는 자국 군대를 이용할 의도가 없다고 말씀하셨을 때, 베베르 씨는 과거의 사건들, 특히 현재의 사건들을 고려할 때, 일본 정부는 스스로 솔선하여 이 사태를 해결해야 하는 직접적 의무를 지니고 있다는 사실을 지적했음을 밝혔다. 또한 베베르 씨는 조선, 그리고 특히 자신의 부인을 잃으신 조선의 국왕께 가해진 해악을 바로잡아야 할 책임이 일본 정부에게 있는 것으로 생각한다고 말했다. 베베르 씨는 계속해서 이 세상의 모든 정부들은 일본 스스로가 이런 불행을 정정하기 위한 첫 행보를 취하는 모습을 기대할 것이며, 그런 조치를 취하도록 일본 정부에 제의하고 그런 조치들이 승인될 것임을 보증한다면 아마도 모든 정부들은 실로 놀라워할 것이라고 했다. 그럼에도 불구하고 베베르 씨는 일부 외국 대표들의 회의에서 국왕의 안전, 평화와 안정은 오직 강력한 (강제적인) 방법으로 복구될 수 있으며, 그런 방법을 채택해야 하는 필요성은 공통적으로 인정된 사안이고 따라서 일본 부대가 국왕을 보호하기 위해 몇 가지 조건하에 궁궐로 진입하라는 제안이 이뤄졌다는 사실을 이미 본국 정부에 전문을 발송했다고 했다. 고무라 씨는 이 전문을 발송하면서 일본 정부는 해외 열강들과 분규가 발생할 수도 있다는 위험 때문에 강력한 대책을 채택하기로 결정을 내리지 못하고 있다는 사실을 이미 성명했다. 이에 대해 베베르 씨는 자국 정부로부터 전문을 수령했으며, 본 전문에서 러시아 정부는 질서의 회복을 위해 일정한 제한이 가해진 모든 방법을 채택하는 것에 동의한다는 점을 통보해 온바, 이제는 그런 사실을 고무라 씨에게 말씀드릴 수 있다고 했다. 베베르 씨는 이것을 다른 말로 표현하면, 일본 정부는 군사력에 의존할 경우 저항에 직면할 수도 있다고 생각하고 있으며, 따라서 현재 우유부단한 모습을 보여 주고 있으나, 그런 우려와는 반대로, 베베르 씨 자신이 이미 동의를 표한 바로 그런 제한적 조건하에서 군사력에 의존할 경우, 러시아 정부로부터 아무런 제재도 가해지지 않을 것임을 고무라 씨에게 확신시켜 줄 수 있다고 했다. 그리고 질서와 안정 그리고 국왕의 안전 역시 동일하게 회복시킬 수 있는 방법의 경우 지난번 의사록에 개략적으로 설명되어 있으며, 나중에 실 씨가 고무라 씨와의 만남에서 보충해 드렸다고 했다. 결론 부분에서 베베르 씨는 자신이 원하는 가장 중요한 것은 질서, 평화 그리고 안정이 복구된 모습과 국왕의 권위가 보장된 모습을 목격하는 것이라고 했다. 따라서 베베르 씨는 일본 정부는 앞서 언급한 목적을 위해 어떤 대책을 실행에 옮길 계획인지를 고무라 씨에게 문의해야만 할 것 같으며, 동석한 동료들 역시 자신과 함께 이런 질문을 던지자고 제안했다. 베베르 씨는 상황이 비관적이라고 하면서, 안정은 아직 보장되지 않았으며, 아무런 조치도 취하지 않으면 날을 거듭할수록 위험은 배가될 뿐이라고 하셨다.

고무라 씨는 러시아 정부의 우호적인 태도 및 질서와 평화를 회복하고 국왕의 안전을 보장하기 위한 조치를 지지할 준비가 되어 있다는 점을 높이 평가한다고 대답했다. 고무라 씨는 만약 외국 대표들이 자국 정부의 훈령에 기초하여 제안하지 않을 경우, 일본 정부는 자신의 군부대를 궁궐로 진입시킬 의사가 없다고 자신의 동료들에게 말했다. 이에 고무라 씨는 실 씨와 힐리어 씨의 경우 자국 정부가 사태를 해결하기 위해 위와 같은 방법을 승인했는지의 여부를 확인해 보고 싶다고 말했다.

실 씨는 자신과 자신의 동료들이 질서와 안정 그리고 국왕의 안전을 위하여 만약 불가피하다고 밝혀질 경우 군사력을 사용하도록 절실히 권고하고 있다는 내용을 이미 두 차례에 걸쳐서 본국 정부에 전문을 발송했으며, 동료들의 권고라는 형식을 이용하여 만약 본국 정부가 자기 동료들이 옳지 않다고 판단할 경우 자신의 행동을 중단시킬 수 있는 가능성을 본국 정부에 제공했다고 답했다. 이런 식으로 실 씨는 침묵은 동의를 의미할 수 있는바, 훈령의 필요성을 느끼지 않는다고 하셨다. 그러나 이후 모든 요구 사항을 만족시키려는 의도에서 그리고 고무라 씨의 강력한 요청을 고려하여 실 씨는 정부의 답변을 요구하는 전문을 재차 발송했다고 했다. 그럼에도 직접적인 답변은 없을 가능성이 매우 높지만, 실 씨는 자국 정부가 자신의 신중함에 신뢰를 표명할 것으로 확신한다고 했다. 실 씨는 위에서 제안된 조치가 의심할 바 없이 승인받을 것이라고 단호하게 성명할 준비가 되어 있음을 밝혔다. 실 씨는 일본 정부가 조선과 조약을 체결한 모든 열강들로부터 행동에 임해 달라는 제안서를 요청하고 있는 것은 너무나 도가 지나친 것임을 부언했다. 고무라 씨는 자국 정부가 행동 개시를 위해 조선에 자국 대표를 상주시키고 있는 모든 열강들로부터 답변을 기대하고 있다는 말씀을 하지 않아 주시기를 바란다고 했다.

고무라 씨는 실제로 그런 요구가 있었다고 반박했다. 실 씨는 그렇다면, 일본 정부는 행동에 절대로 착수하지 않겠다는 뜻이라고 지적했다. 실 씨는 일본 정부가 자국민들이 피고인인 죄를 씻으려고 모든 해외 열강의 허락을 진심으로 기대하고 있다는 것을 상상할 수 없다고 했다.

베베르 씨는 지금 이것이 문제의 제기를 완전하게 왜곡하는 것을 의미할 수도 있다고 했다. 그러면서 일본의 의무는 상황을 개선하는 것이지, 관심의 차이가 있는 열강들이 행동을 개시해 달라고 일본에게 부탁할 때까지 양팔을 끼고 있는 것이 아니라고 지적했다. 또한 러시아 정부는 일본 정부가 행동해 줄 것을 제안하지 않았으며, 만약 일본이 자신의 직접적인 의무를 실행할 경우, 그런 일본의 행동을 상대로 최소한 러시아는 아무런 분규를 야기하지 않을 것이라고 성명했을 따름이었다는 점을 고무라 씨에게 상기시켜 주었다.

실 씨 역시 일본이 필요한 조치를 취하도록 제안할 것을 자국 정부에 요청하지 않았다고 성명했다.

힐리어 씨는 다소간 수준 차이는 있지만 자신도 실 씨와 동일한 입장이라고 고무라 씨에게 밝혔다. 힐리어 씨는 일본군의 궁궐 진입에 관해 두 차례에 걸쳐 자신이 국무대신에게 전문을 발송한바, 첫 번째는 외국 대표들이 이런 의견을 일본 대표에게 제안했고, 고무라 씨가 그것을 승인했다는 점을 말씀드리기 위해서였으며, 두 번째는 이노우에 백작과 고무라 씨가 이런 조치가 불가피하다는 것에 동의하셨으며, 고무라 씨의 경우 이 조치가 저항에 직면하지 않을 것으로 거의 확신하고 계신다는 사실을 보고하기 위해서였다고 말했다. 힐리어 씨는 일주일 전에 발송된 두 번째 전문에 대한 답신을 아직 수신하지 못했다고 하면서, 자신의 견해에 따르면 답변이 없다는 것은 영국 정부가 모든 외국 대표들이 승인한 조치에 동의할 준비가 되어 있음을 충분히 명확하게 증명하는 것이라고 했다. 만약 일본 정부가 이 사안에 대한 영국 정부의 견해를 확인하고 싶다면, 도쿄 주재 영국 공사를 통해서 혹은 런던 주재 일본 대표를 통해서 확인하는 방법이 가장 직접적일 것이라고 했다. 힐리어 씨는 자신의 입장에서 조선에 체류하면서 일본 정부 스스로 의논할 수 있는 도쿄 주재 영국 공사와 일본 정부 문제에 관하여 자신의 의견을 토론하는 것이 전적으로 편리한 것은 아닐 수 있으나, 영국의 외무성은 힐리어 씨 자신의 견해를 이미 인지하고 있다고 했다.

고무라 씨는 정황이 그렇다면 그 자신은 동료 분들의 동의하에 현재의 대화 내용, 즉 실 씨, 베베르 씨 그리고 힐리어 씨가 일본 정부는 일본 군대를 동원하여 일시적으로 궁궐을 점령하는 방법으로, 질서 회복 및 국왕의 자유와 안전을 보장하기 위해 주도적 역할을 담당해야 한다는 의견을 표명했다는 그런 내용으로 지금 즉시 본국 정부에 타전할 수 있다고 했다. 또한 고무라 씨는 위 대표들이 '일시적'이라는 단어를, 국왕 또는 외국 대표들에 의해 일본 경비대가 궁궐 내에 더 이상 주둔

할 필요가 없다고 인정될 경우, 그 즉시 궁궐 점령을 중단한다는 의미로서 이해하고 있다는 사실도 타전하겠다고 부언했다.

이런 전문의 내용은 승인을 받았다.

베베르 씨는 현 상황이 위험하다는 것에 주의를 돌렸다. 즉 베베르 씨의 설명에 따르면, 권력을 찬탈한 내각은 아무런 조치도 취하지 않는 일본의 행위를 보면서, 다른 열강들도 일본에 암묵적으로 동의하고 있다는 판단을 내렸다는 것이다. 따라서 현 내각은 더 이상의 외국 대표들로부터의 간섭을 걱정할 필요가 없다고 생각하는 것 같다는 사실을 밝혔다. 따라서 이 내각의 행동이 시간이 지날수록 더욱더 과감해지고 있다는 사실을 다시 한번 지적했다. 이에 베베르 씨는 조속한 시일 내에 국왕의 알현을 완전하게 금지하는 조치가 취해질 것이라고 전적으로 예상할 수 있는 만큼, 다음의 사실, 즉 향후 베베르 자신은 러시아 수병들의 호위를 받아 입궐할 것인데, 만약 자신의 입궐이나 국왕의 알현을 금지하려는 어떤 시도나 조치가 이루어질 경우, 그로 인하여 발생할 수도 있는 충돌의 모든 책임은 고무라 씨에게 있다는 사실을 고무라 씨에게 반드시 경고해 두어야 할 것으로 판단된다고 했다. 그 이유는 고무라 씨가 자신의 힘으로 예방할 수 있는 상황에 의해 충돌이 야기되었기 때문이라고 설명했다.

실 씨 역시 아무런 행동도 취하지 않은 상태에서 지나가고 있는 하루하루가 현재의 비합법적 내각에 힘을 실어주고 있으며, 이미 길거리의 인민들은 해외 열강들이 국왕을 도와주는 것을 원하지 않거나 아니면 도움을 주기 위해 할 수 있는 것이 아무것도 없다는 말을 하기 시작했다고 언급했다. 실 씨는 이틀 또는 삼일 전에 내각의 신임을 얻고 있는 인물을 통해 과거는 묻어 버리고 현재의 내각을 인정하고 지지하는 것이 보다 더 분별 있는 행동일 것이라는 암시를 직접 전달받았음을 밝혔다. 실 씨는 일본에서 발행되며, 세간에서 추측하는 바와 같이 일본 정부의 견해를 대변하고 있는 한 외국 신문의 기사에서 이와 비슷한 생각이 발견된다는 사실을 부언할 수 있다고 했다.

실 씨는 모든 위험은 뒤늦게 조치를 취하는 것과 연관이 있다는 사실을 다시 한번 강조했다."[68]

회의록을 보면, 일본은 반드시 고종의 안전을 보장하기 위해서 그리고 궁궐에서 훈련대를 철퇴시키기 위해서 대책을 수립해야 할 필요가 있다고 베베르가 강력하게 요구했으나, 일본 공사는 만약 외국 대표들이 자국 정부의 훈령에 입각하여 그 방법을 지지해 주는 것이 아니라면, 일본 정부는 자신의 부대를 궁궐에 진입시킬 의도가 없다는 것을 성명하는 선에서 그쳤음을 알 수 있다. 일본 공사는 실, 베베르 그리고 힐리어의 의견, 즉 일본 정부는 자국 군대를 궁궐로 진입시켜 그곳을 임시로 점령할 필요가 있으며, 그 일본 군대는 질서를 복구한 이후 그곳으로부터 철수해야 한다는 점이 반영되어 있는 전문을 도쿄로 발송하겠다는 것에만 동의했다. 고무라 주타로의 전문에 일본 정부가 어떤 답을 보냈는지는 아직 모르지만, 익히 알려진 사실은, 이 전문이 일본 정부의 입장에 영향을 주지 못했다는 점이다. 즉 일본 정부는 조선 정부로부터 배신자 대신들을 축출하기 위한 어떤 대책도 수립하지 않았다.

1895년 11월 5일 서울 주재 미국 공사 실은 자신이 입수한 신뢰할 수 있는 정보를 베베르에게 전달해 주었다. "일본 정부는 서울에서의 안정된 상태를 위반할 수 없으며, 그에 더하여 그것은 내정불간섭의 원

68 АВПРИ. Ф. Японский стол. Оп. 493. Д. 6. Л. 225-230.

칙에 위배된다는 성명을 했다."[69] 이와 같이 1895년 9월 26일의 쿠데타와 왕비 시해로 위배된 조선에서의 현상유지를 되돌리고 조선으로부터 일본군을 철수시키려 했던 베베르의 모든 노력은 조선에 자신의 보호관계를 수립하려 했던 일본의 저항으로 인해 성공하지 못했다.

베베르의 애국적 항일운동에 대한 지원

1894~1895년의 청일전쟁 이후 조선에서 일본의 침략적 간계를 강화시켜 주었던 1895년 9월 26일 쿠데타와 왕비 시해 사건은 조선 전국에서 거대한 애국적 반일운동을 불러일으켰다. 이 운동에는 의병, 계몽운동, 심지어 음모자들의 친일 정부에 반대하는 지배 계급의 봉건군주제 성향의 일원 등 조선 사회의 모든 대표들이 포함되어 있었다. 애국운동주의자들은 일본인들의 행동을 폭로하면서 조선과 조약을 체결한 외국 열강 중 그 어느 나라도 일본 정책을 비난하지 않고 있으며, 일본에 벌을 주기 위해 협력하지도 않고 있음을 격렬하게 비판했다.

1895년 11월 말 베베르와 서울의 다른 외국 대표들에게 조선 5개 도(경기도, 경상도, 충청도, 전라도, 강원도)의 애국단체로부터 편지가 배달되었다. 이 단체의 지도자들은 조선에서 일본인들이 행한 강탈과 살인을 규탄하면서 다음과 같이 서술했다.

"예로부터 이런 범죄는 사형에 처해졌으며, 국제법은 모든 국가들이 죄인들을 처벌하도록 협력할 것을 요구하고 있습니다. 그러나 지금까

69 Секретная телеграмма Вебера. Сеул, 7 ноября 1895 г. // АВПРИ. Ф. Канцелярия МИД. Оп. 470. Д. 99. Л. 51.

지 외국 열강 중 그 어느 나라도 그 일을 감당하지 않고 있는 바, 아마도 일본은 강하나, 조선은 약하고 도움을 받지 못하기 때문인 것 같습니다.… 만약 어떤 나라든 조약과 국제법을 지지하고 싶다면, 왜 다른 국가들에게 호소하지 않고 있으며, 다른 국가들과 함께 일본인들과 조선의 배신자와 우리 국모의 살인자들을 처벌하지 않는 것입니까? 왜 우리를 구하려는 이들은 아무도 없으며, 우리 국왕을 보호하고 죄인들을 처벌하려는 이가 아무도 없는 것입니까? 우리에게 남은 할 일이 무엇이겠습니까? 충성스런 군대를 모집하여 스스로 일본인들과 배신자들을 쫓아내는 것입니다. 이것이 우리의 마지막 희망입니다."[70] 이 서신은 베베르의 표현에 따르면 '본 서신에는 간결하고도 함축성 있게 조선의 불행한 상황과 조선에서 일본인들의 행위에 대한 평가가 거짓 없이 묘사되어 있다. 그다음에는 일본의 약탈적인 방자함에도 조선을 냉담하게 방치해 버린 해외 열강들에 대한 실망감이 표명되어 있는 것'이었다.[71]

1895년 11월부터 조선의 지배 집단 내에서 이범진, 박정양(朴定陽), 이윤용(李允用) 등을 리더로 한 친러파 집단은 적극적 활동을 펼치면서, 고종을 일본과 배신자 대신들의 수중으로부터 빼내 오고, 자신들의 정부를 구성하기로 결정했다. 베베르는 친러파 집단을 지원하기로 결정했다. 마침 그때 베베르는 고종으로부터 비밀 통보를 받았는데, 서울에 소규모 해병대를 보유하고 있는 영국, 러시아 그리고 미국 대표들에게 '각각 50명 정도라도 배정하여 궁궐 보호를 담당해 달라'는 부탁을

70 АВПРИ. Ф. Миссия в Сеуле. Оп. 768. Д. 25. Л. 374-375.

71 Донесение Поверенного в делах в Сеуле К.И. Вебера министру иностранных дел А. Б. Лобанову-Ростовскому. Сеул, 22-го ноября 1895 г. № 322 // АВПРИ. Ф. Японский стол. Оп. 493. Д. 6. Л. 175.

공식적으로 호소하고 싶다는 내용이었다.[72] 베베르는 국왕이 러시아 한 곳에 도움을 요청하는 것이 더 낫다는 이유를 들어 고종이 집단조력의 요청을 단념하도록 설득했다. 고종은 베베르의 충고에 따라, 11월 7일 전문으로 자신의 개인서한을 페테르부르크의 니콜라이 2세에게 전달해 달라며 베베르에게 보내왔다.

"러시아 황제 폐하께,

조선의 배신자 관원 일파들은 일본군의 도움을 받아 범죄적 음모를 꾸몄으며, 쿠데타를 일으켰습니다. 왕비는 시해되었으며, 저는 목숨의 위협을 느끼고 있습니다. 이에 전적인 믿음으로 다시 한번 황제의 공사 베베르 씨에게 도움을 청했습니다. 현재 단 하루도 조선에서 다른 어떤 쿠데타가 발생하지 않을 것이라고 보증할 수 없습니다. 이에 전문을 발송하오니 전문을 통해 황제의 공사가 저를 보호하기 위해 군사력에 의존할 수 있기를 바랍니다.

조선 개국 504년, 10월 3일.

이형."[73]

11월 15일 잠시 동안 친일파에 속했던 조선 외부 부대신은 서울 주재 일본 공사, 영국 대표 그리고 베베르에게 11월 15일 조선의 애국파들이 고종을 보호하기 위해 국왕에게 자유를 돌려주고 배신자 대신들을 제거하려는 목적으로 봉기할 것이라고 통보했다. 베베르는 부대신이 외국 대표들에게도 잘 알려진 몇몇이 지도자라고 언급하면서 음모의 상세한

72 Секретная телеграмма Вебера от 8 ноября 1895 г. // АВПРИ. Ф. Канцелярия МИД. Оп. 470. Д. 99. Л. 40.

73 Перевод секретного и собственноручного письма Его Величества Корейского Короля. Передано г. Поверенному в делах в Сеуле Веберу генералом Лежандр и переводчиком Короля 7 ноября 1895 года // АВПРИ. Ф. Миссия в Сеуле. Оп. 768. Д. 25. Л. 395-396. 다음의 책에서 재인용. Пак Б. Б. 『Российская дипломатия и Корея. 1888-1897. Книга вторая』. С. 163-164.

내용까지 통보한 것을 고려하여, 그리고 과거의 예를 볼 때, 일본인들의 간섭과 난폭한 행동을 우려하여 공사관 보좌관인 라스포포프에게 궁궐로 향하여 11월 15일 밤에 일어나게 될 모든 것을 주의 깊게 살펴보되, 그 어떤 일파에도 속하지 말고 궁궐 안으로도 들어가지 말라고 엄명했다. 또한 여러 장소에서 사건의 진행을 동시에 추적하고 적시에 그 내용을 공사관으로 통보할 수 있도록 공사관 내의 해병 지휘관, 당시 서울에 체류 중이던 러시아 육군탐사대 소속 장교인 쿠지민(Кузьмин) 그리고 카자크 병사 2명이 로스포포프와 함께 동행했다.

밤 1시 무렵 라스포포프가 보낸 카자크 병사가 첫 번째 소식을 가지고 왔는데, 성벽 북동쪽 구석에서 세 발의 총성이 울렸으며 아마도 신호인 것 같다는 내용이었다. 약 2시쯤 두 번째 카자크 병사가 소식을 가지고 왔다. 그에 따르면 무장한 조선 사람, 병사 그리고 민간인들이 북동쪽 성벽으로부터 궁궐로 접근하고 있다는 것이었다. 30분 후 대규모로 운집한 이들이 궁으로부터 북쪽으로 위치한 연병장을 돌아서 이동했다. 곧이어 해병대 지휘관이 돌아와서는 궁궐 공격이 시작되었다고 통보했다. 그때(약 02시 30분) 커다란 소음과 궁궐 방향 쪽에서의 비명이 들린 후 영국과 미국의 대표들이 러시아 공사관에 도착했다. 실은 자신이 확보한, 궁궐로 향하는 이들의 포고문을 베베르에게 전달해 주었다.

국왕을 가능한 위험으로부터 보호하기 위해 베베르는 영국 및 미국 대표, 러시아 전함 '오트바즈늬(Отважный)'호의 함장, 러시아 육군 탐사대장 대위 소코브닌(Соковнин) 그리고 공사관 서기서리 쉬테인(Е.Ф. Штейн) 등과 함께 조선 외부 부대신을 동반하여 서둘러 궁궐로 향했다. 북동쪽 성벽 뒤쪽, 그러나 궁궐 담 밖에서의 목소리를 들은 베베르는 외부 부대신에게 앞으로 가서 무슨 일인지 알아보라고 했다. 부대신은 곧 돌아와서는 사람들이 베베르 및 그와 함께 온 사람들의 뒤를 따라 궁궐로 들어가기 위해 베베르 일행을 기다리고 있다고 전했다. 이에 베베르 일행은 자신들을 봉기의 지도자로 만들려는 의도를 간파하여 더 이상 앞으로 향할 수 없다고 말한 후 공사관으로 되돌아왔다. 11월 16일의 사건 묘사를 마치면서 베베르는 다음과 같이 통보했다. "저는 … 조선에서의 최근 사건들로 인하여 무의식적으로 갖게 된 마지막 생각을 말씀드리지 않을 수 없습니다. 현재까지 이곳의 조선인들은 외국인들이 그들의 정직한 활동으로 일본인들의 충격적인 폭력으로부터 자신의 나라를 보호해 줄 것이라는 희망에서, 외국인들을 경멸하지 않았을 뿐만 아니라, 심지어는 사랑과 존경으로 외국인들을 상대했습니다. 이제는 선천적인 모든 선량함과 불행한 조선 백성의 엄청난 인내력에도 불구하고 모욕을 받은 민족 감정은 모든 이성보다 더욱 강력하게 감정에 호소하고 있습니다. 자신들이 이해할 수 없는 외국인들의 무위와 일본인들에 의지하고 있는 불한당 일파들의 유례가 없는 파렴치함을 목격한 조선의 백성들에게서 우리들에 대한 호의는 급속도로 약화되고 있습니다. 이런 통탄할 현상이 단지 일시적인 정신력 쇠약에 의하여 야기된 것인지 아니면 일본과 중국에서 유럽인들에게 낙인을 찍어버렸던 그런 치욕적인 경멸이라는 위험한 성향을 내포하고 있는지의 여부를 당연히 아직까지 단정 지을 수는 없습니다. 그러나 조심스러운 일본인들은 이런 새로운 분위기를 이미 완전히 인식했으며, 정치적 청렴이 없는 그들 특성에 의거하여 이런 분위기를 자신의 목적에 맞게 향후 더 이용하는 것을 망각하지 않았으며, 앞으로도 망각하지 않을 것이라는 사실 하나만은 논쟁의 여지가 없습니다. 조선에 대한 애도와 동정, 계몽적 배려, 9월 26일의 잘난 이들에 대한 형식적 처벌 그리고 기타 등등의 것과 관련된 일본인들의 요란한 수사들은 모두 거짓일 뿐만 아니라, 항의를 제기하고 있는 열강들의 이익과 명예를 가장 추잡하게 비웃으며, 자신들이 조선에서 수립해 놓은 질서를 향해 직접적으로 세상에 외치는 것입니다."[74]

결론 부분에서는 베베르가 예전처럼 조선에 대한 일본의 강요에 대응하는 보다 결정적인 대책을 바라면서, 그렇게 하지 않을 경우 러시아는 조선 사람들로부터의 모든 신뢰와 명령을 잃게 될 것이라고 외무성을 설득하고 있다. 베베르는 가능한 한도 내에서 심지어 페테르부르크의 사전 허락을 받지 않고서도 자신의 힘으로 그런 대책(이후 사건이 보여 주는 것처럼)을 취하려 했다.

1895년 11월 16일의 춘생문 사건은 진압되었다. 그러나 전국을 뒤덮었던 대규모 소요로 인해 일본은 조선에서의 자기 지위와 배신자 대신들의 상황을 강화시키기 위해 신속한 조치를 취해야 했다. 서울 주재 일본 대표들은 질서를 복구하고자 원하고 있음을 보여 주기 위하여 군부대신 조희연과 경무사(警務使)를 경질했다. 왕비의 사망에 관한 공보가 배포되었으며 국장이 선포되었다. 베베르는 1895년 11월 23일 자 보고서를 통해 외국 대표들이 그 소식을 어떻게 통보받았고, 배신자 대신들이 고종을 어떻게 감시하고 있는지 통보했다.

"사적인 알현 석상에서 한 번은 국왕께서 우리 외국 대표들을 상대로 자신의 의지와는 상관없이 궁내부대신[흥친왕 이재면(興親王 李載冕), 국왕

74 Донесение Поверенного в делах в Сеуле К.И. Вебера министру иностранных дел А. Б. Лобанову-Ростовскому. Сеул, 22-го ноября 1895 г. № 322 // АВПРИ. Ф. Японский стол. Оп. 493. Д. 6. Л. 178-179; 1895년 11월 28일의 사건에 대한 자세한 내용은 다음의 책을 보시오. Пак Б. Б. 『Российская дипломатия и Корея. 1888-1897. Книга вторая』. С. 164-165.

의 형이자 대원군의 아들-역주]이 공식적인 전체 알현에 우리들을 초청할 것이라는 사실을 통보하여 주셨습니다. 실제로 이틀이 지난 뒤 초청장이 배달되었으며, 모든 공사들이 궁궐에 모였습니다. 국왕께서는 우리를 인견하셨지만, 한마디 말씀도 하지 못하셨습니다. 그러나 궁내부대신은 국왕의 이름으로 국왕께서 우리를 보니 매우 반가우시며, 왕후의 위호 회복에 관한 조령을 준비하여, 그것을 우리들 앞에서 낭독하기 이전에는 궁궐을 떠나지 말아 달라고 부탁하셨다고 언급했습니다.

거의 한 시간을 기다린 후에야 그 조령을 가져왔으며, 군부대신 조와 경무사[권형진(權瀅鎭)-역주]를 파면하는 어명과 함께 위 조령을 낭독했습니다. 이후 재차 국왕을 알현한 우리들은 국왕의 의지를 위와 같이 공식적으로 성명한 것을 진심으로 축하했으나, 사안의 진상을 인지하고 있는 우리들은 왕후의 폐서인에 관한 조령을 단 한 번도 진본 문서로 인정한 적이 없다는 사실을 다시 한번 밝혀야 할 것 같다고 말씀드렸습니다.

외국 대표들 중에서 그 누구도 처음에는 내각에서 발생한 변화의 의미를 완전하게 파악할 수 없었습니다. 그러나 그런 변화의 진정한 의미는 금방 폭로되었습니다. 국왕에 대한 감시는 더욱 삼엄해졌습니다. 그리고 국왕의 인근에서 근무하는 사람들이 주장하는 바와 같이 신임 군부대신은 어떠한 일이 있어도 반드시 국왕께서 외국 대표들과 해로운 만남을 지속하지 못하도록 해야 한다고 노골적으로 언급했습니다."[75]

1895년 11월 19일 조선의 외부는 외국 대표들에게 시해당한 민 왕후

75 Копия с донесения Поверенного в делах в Сеуле от 23-го ноября 1895 г. № 301 // АВПРИ. Ф. Японский стол. Оп. 493. Д. 5. Л. 186-188. 다음 책에서 재인용. 『Россия и Корея… Документы и материалы』. С. 306.

의 장례식에 관한 공식 발표문을 발송했다. 서울 주재 외국 공사관의 모든 관원들이 그 즉시 회의를 소집하여 왕비의 사망 인정에 관한 문제를 제기했다. 길고도 아무것으로도 귀착되지 않았던 논쟁 이후 일본 공사 고무라는 자신이 왕비의 죽음을 보증한다고 단호하게 성명했으나, 일정 정도 유력한 증거를 제시하지 않았다. 서울의 외국 공관에서는 조기가 게양되었다. 이후 베베르도 공사관에 조기를 게양해야 했다. 러시아 대리공사는 시해사건을 조사하고 죄인들을 처벌하는 게 가장 필요하다고 판단하여 어쩔 수 없이 조기를 게양했다. 그는 왕비의 국장 발표 목적이 외국 대표들로부터 고종을 고립시키는 데 있다고 평가했는데, 이 경우 궁내부대신이 장례식을 핑계로 고종과의 면담을 거부할 수 있는 전적인 권리를 지니기 때문이었다. 베베르는 죽은 왕후에게 닥친 운명과 관련된 가능한 대화를 단절시키려는 목적에서 고종 및 서울 주민들과 외국인들 간의 모든 접촉을 금지시키는 새로운 내각의 조치를 페테르부르크에 통보했다. 베베르는 조선 정부가 11월 24일 국왕의 유럽인 고문들이 있는 건물에서 떨어진 곳으로 고종을 이주시키고, 외국인과 외국어로 대화를 나누는 모든 이들은 체포, 고문, 사형에 처하기로 결정했다는 사실을 기술했다.[76] 이외에도 베베르는 왕비가 살아 있기를 바랐다.[77]

베베르는 라스포포프에게 조선 외부로 향하라고 하명했다. 이에 라스포포프는 외부에서 거의 모든 외국 대표들을 만났으며, 외부대신의 답변 연설을 마칠 때까지 배석해 있었다. 외부대신은 현재까지 겁에 질

76 Там же.

77 Копия с донесения Поверенного в делах в Сеуле от 26-го ноября 1895 г. № 302 // АВПРИ. Ф. Японский стол. Оп. 493. Д. 5. Л. 189-190.

려 누구도 증언하기로 결정하지 못했으나, 지금은 세 명의 증인이 있으니, 바로 상궁 한 명, 궁궐 수비대의 장교 한 명 그리고 조선 사람 한 명이라고 했다. 이 증인들은 자신의 눈으로 왕비의 시체를 목격했다고 확언했으며, 이에 정부는 빠른 시일 내에 왕비의 유해를 매장할 것이라고 성명했다.

이런 식의 문제 해결은 베베르를 만족시키지 못했다. 그는 왕비 시해의 모든 상세한 것들이 공표되고 시해를 꾸민 이들과 시해를 행한 이들 모두 처벌되어야 한다고 요구했다. 베베르는 페테르부르크로 다음과 같이 보고했다. "이런 식의 주장은 믿거나 혹은 심지어 단순히 주의할 가치가 있지만, 반드시 얘기해야 할 것은 아닙니다. 간과하면 안 될 것은 '단호한' 주장이 제기된 게 이미 한 번이 아니라는 것입니다. 1882년 대원군의 음모에 따라 왕비를 시해하고자 정확하게 이런 식으로 궁궐을 공격한 후, 왕비의 사망이 공식 발표되었고 장례까지 예정되어 있었습니다. 그러나 실제로는, 조선 네 개 신식대대 지휘관으로 폭도들을 저지하기 위하여 몸을 내던져 순식간에 일본인들에게 살해당한 홍(홍계훈[洪啓薰]-역주)에 의하여 왕비께서 생존해 계셨습니다. 현재 왕비께서는 죽음을 피하시는 데 성공하셨을 수도 있습니다. 어떠한 경우에도 의심할 바 없는 것은 만약 왕비의 도피 사실이 밝혀질 경우, 왕비를 기다리는 것은 불가피한 죽음이라는 점입니다."[78]

이런 상황 속에서 러시아 공사관은 서울 주재 러시아 공사 수신으로 작성되었으며, 전 종묘 관리인 박형옥, 유생 이진홍 그리고 다른 항일애국운동 참가자들이 서명한 편지 한 통을 익명의 조선인으로부터 받았

78 Там же.

다. 그 편지는 다음의 사실을 통보해 주었다. "9월 26일 밤에 그들 모든 패거리들은 대원군이 은둔해 살고 있던 별장(마포 공덕리에 있던 대원군의 별장을 말함-역주)으로 향했습니다. 그리고 그를 궁궐로 모셔 갔고, 왕후를 죽였습니다. 이 전 과정에서 그들은 완전히 비정상적이고 불법적으로 일을 저질렀습니다. 바로 그것으로 이제 그들은 왕후가 이전에 누리던 명성을 국왕이 대신하고 모든 인민에게 왕후의 국상을 알리라고 국왕에게 강요했습니다?! 정말로 그 언제 이보다 더 수치스러운 범죄가 저질러진 적이 있었습니까?! 춘추[79]에서 이르기를 '폭도들이 아직 처벌을 받지 않는 한 그리고 범죄의 죄 값을 치르지 않는 한 장례에 대해서는 생각할 수 없습니다.' 폭도들이 완전히 불법적으로 날뛰고 있는 이러한 상황에서 어찌 국상을 치를 수 있겠습니까! 협판 이건창과 협판 이남규는 그들의 분노를 억누르는 억압 세력에 굴복하지 않고, 상소문을 국왕께 올렸습니다. 그러나 역적들은 국왕이 전혀 이 모든 사실들을 알아채지 못하도록 상소문을 국왕에게 전달하지 않았습니다. 이제 저희 둘은 이 혼란함을 더 이상 참지 못하고, 이 사실을 어디에 호소해야 할지 모르나, 모든 외국 공사관 대표들께서 이 사건이 올바로 해결되도록 참여해 주시기를, 그리고 우리의 철전지 원수이자 이 땅에서 우리가 함께 할 수 없는 일본으로부터 우리를 구원해 주시기를 요청하는 바입니다. 그리고 더 이상 시간을 허비하지 않고, 자신들 스스로 대신과 참판을 참칭한 역적들의 처벌을 요청 드리는 바입니다. 그때 우리 국왕의 통치체제가 이전과 같이 회복될 것이고, 왕실은 강화될 것입니다."[80]

79 기원전 722-481년의 조나라 시대 연대기.

80 Перевод письма, переданного 28 ноября 1895 г. привратнику Миссии неизвестным корейцем // 『Россия и Корея··· Документы и материалы』. С. 308-310.

베베르는 1895년 12월 11일 자 보고서를 통해 이 편지를 로바노프 로스토프스키에게 전달했다. “이 편지는 백성들의 소요와 일본에 대한 증오의 새로운 증거이자 조선의 실제 상황에 대한 전적으로 일정한 인식과 같은 것입니다.” “상황은 더 긴장된 상태가 되고 있으며, 만약 예전 질서의 회복을 위해 아무 대책이 수립되지 않으면, 심각한 폭동이 가장 근시일 내에 발생할 것임을 부언합니다. 모든 새로운 폭동은 조선에서 일본군을 소환했기 때문에, 그리고 조선은 질서와 평온을 유지할 수 있는 능력이 없기 때문에 발생했다고 설명하려는 일본인들에게 적절한 게 될 것입니다.”[81]

베베르는 왕비 시해의 진정한 목적을 폭로하고 시해의 죄인들을 처벌하기 위해 국왕이 일본의 손아귀에서 벗어나게끔 모든 노력을 기울였다. 1895년 12월 5일 자 보고서에서 베베르는 서울 주재 일본 대표와 그의 주구들이 새로운 곳으로 처소를 옮긴 국왕을 엄히 감시하고 있다는 사실을 러시아 외무성 지도부에게 강조했다.[82] 그에 더해 1895년 12월 18일 고종은 단발을 하고, 모든 백성들에게 단발하라는 칙령을 하달해야 했다. 이 단발령은 전국에서 분노의 폭풍을 야기했다. 이에 대해 베베르는 로바노프 로스토프스키에게 다음과 같이 보고했다.

“제가 보내드린 오늘자 비밀전문에 추가하여, 조선인들의 전통적인 머리모양(정수리에 팽팽하게 말아 작은 매듭으로 모아올린 머리털 묶음)이 마치 표트르 치세 이전 루시 시대의 턱수염과 같이 조선 백성들이 미신에 가까운

81 Донесение Поверенного в делах в Сеуле К.И. Вебера министру иностранных дел А. Б. Лобанову-Ростовскому. Сеул, 11-го декабря 1895 г. № 328 // АВПРИ. Ф. Японский стол. Оп. 493. Д. 6. Л. 193.

82 Копия с донесения Поверенного в делах в Сеуле от 23-го ноября 1895 г. № 301 // АВПРИ. Ф. Японский стол. Оп. 493. Д. 5. Л. 187-188. 다음의 책에서 재인용. 『Россия и Корея… Документы и материалы』. С. 306-307.

경건함으로 대하고 있는 아주 오래된 특징적인 머리 장식이라는 점을 급히 알려드리는 바입니다. 일본인들이 문명화를 위해 조선인들의 머리를 자르고 있다는 불안한 소문이 오래전부터 나라를 동요하게 만들면서, 터무니없는 이런 의도의 주체를 상대로 강한 분노를 불러일으켰습니다. 그래서 만약 현재의 대신들이 수단과 방법을 가리지 않고 자신들의 무한한 권력을 확고하게 만들고 동시에 국왕이 보기 흉한 모습으로 대중들 앞에 나서게 만든다고 해도 놀랄 일은 아닙니다. 가장 소중한 전통을 버린 자로서 그가 증오하는 법령을 강제로 공포하게 하고 스스로 모범이 되도록 만들었습니다.

오늘 12월 19일 국왕께서 단발을 하셨고 모든 신민들도 그를 따르도록 제안했다는 소식이 공식적으로 발표되었습니다. 대원군, 왕세자, 모든 궁내인들, 군인, 경찰들이 상투를 잘랐고 대중들에게는 문명화된 일본인들이 받아들인 모습으로 스스로 바꾸는데 7일의 시한을 주었다고 합니다. 대중들의 절망과 동요는 시시각각 늘어나고 있으며 최악의 심한 폭동을 피할 수 있을지 확신하기 어렵습니다. 오랫동안 침묵하며 일본의 뻔뻔함과 모든 권리에 대한 수도 없는 조롱에도 침묵하고 있었던 열강들로부터 불개입 약속을 받아낸 일본은 군대의 존재와 평화로운 점령이 필수불가결하며 이 불행한 나라에 대한 감동적인 후견행위라고 의도적으로 선동하고 있습니다."[83]

베베르는 조선에서의 상황이 긴장된 상태여서 새로운 소요가 발생할 수 있다는 사실을 페테르부르크에 전달했다. 실제로 국왕의 단발령이

83 Донесение Поверенного в делах в Сеуле К.И. Вебера министру иностранных дел А. Б. Лобанову-Ростовскому. Сеул, 19-го декабря 1895 г. № 336 // АВПРИ. Ф. Японский стол. Оп. 493. Д. 6. Л. 204 об.

발표된 이후 전국에서 소요가 일었다. 특히 서울 근교에서 매우 큰 규모의 소요가 일어났는데, 중동(Чундон, 구 경기도 고양군, 현재 남가좌동을 중동 또는 중리라고 했다-역주)에서는 봉기한 이들이 지방 당국을 해산시키고, 무기고와 식량 창고를 점령하여 서울로 이동하기 시작했다. 이런 상황 속에서 일본인들은 조선에서 자신들의 체제를 약간 유연하게 할 필요성을 느껴, 자국 군대 중 일부를 철수시켰으나, 전신선 보호와 배신자들의 정권 유지를 위해 충분한 군사력은 조선에 남겨 두었다.

Карл Иванович Вебер

제5장

조선 독립의 강화와 고종의 러시아 공사관 이어(移御) 시기 조러 협력 증진을 위한 베베르의 기여

1896년 12월 29일 조선 주재 신임 러시아 대리공사 쉬페이예르가 서울에 도착했다. 베베르는 1895년 12월 러시아 외무성으로부터 쉬페이예르가 도착하더라도 서울에 잔류하라는 명령을 하달받았다. 새로운 러시아 대리공사가 부임하자, 러시아 공사관이 베베르 시절과 동일한 정책을 계속해서 고수할 것인가에 조선 사람들의 관심이 모아졌다. 러시아 공사관 내에서는 독특한 이중권력이 형성되어, 쉬페이예르가 페테르부르크로 공한을 발송할 때 베베르가 작성한 보고서의 내용에 따랐으며, 공사관 활동에서 중요한 문제의 결정도 베베르의 결정에 따랐다. 이런 이중권력은 쉬페이예르가 도쿄 주재 러시아 공사관 업무를 담당하기 위해 잠시 도쿄로 출장을 간 1896년 2월 말(도쿄 주재 러시아 공사 히트로보가 휴가를 갈 때)까지 계속되었다.

쉬페이예르의 부임이 전반적인 대조선 정책의 방향을 바꾸지 못했다는 점을 반드시 강조해야 한다. 서울 주재 러시아 대표 두 명은 조선 정부에서 친일적 성향의 관원들을 제거하고 고종이 직접 대신을 선발하여 새로운 정부를 구성할 수 있도록 만들어 주는 것을 자신들의 가장 중요한 과제로 삼았다. 따라서 쉬페이예르는 베베르의 이전 보고서를 참고하며 1896년 1월 2일 조선에서의 정황에 관한 자신의 첫 번째 보고서를 작성했다. 여기에서 그는 조선 내 일본인들의 '뻔뻔스러운 주인행세'가 도쿄의 일본 고관들이 한 얘기, 즉 '군사력을 동원한 어쩔 수 없는 일시적인 조선 점령' 및 이 문제로 러시아와 우호적 협약을 체결할 준비가 되었다는 말과 어느 정도 수준에서 상반되는지를 지적했다. 쉬페이예르는 이렇게 예상했다. "일본인들의 목적은 조선을 일본화하는 것입니다. 그들은 이 목적을 달성하려고 가까운 미래에 대한 확신이 없는 어린아이처럼 조급하게 서두르고 있습니다. 또 말과는 전혀 다른 목적을 숨기고 있는 사람처럼 졸렬하게 행동합니다. 9월 26일의 시해 사건, 포로가 된 국왕, 피로 오점을 남긴 모반자들의 권력 장악, 납득할 수 없는 수준의 내정 간섭, 강제로 거리에서 상투를 잘리며 일상생활에서 벌어지고 있는 이 모든 치욕을 참을 수밖에 없는 도시의 백성들 등 이 모든 것들은 개화된 이웃을 상대로 자라고 있는 조선인들의 뿌리 깊은 증오심을 강화시킬 뿐입니다." 이어 쉬페이예르는 다음과 같이 확신했다. "이곳에서 벌어지고 있는 모든 것은 조선을 잘 아는 토박이(베베르를 말한다-역주)가 그렇게 느끼는 것처럼, 이곳이 낯선 사람(쉬페이예르 본인을 말한다-역주)도 말로 다 할 수 없는 그런 언짢은 인상을 갖게 만듭니다."[1]

쉬페이예르는 러시아 외무성 아시아 국장 카피니스트에게 발송한 1896년 1월 4일 자 개인 서한에서 서울 주재 러시아 공사관이 해결해야만 하는 최우선 과제를 다음과 같이 서술했다. "현존 질서의 급진적 변화를 위해서는 지금 바로 국왕이 그의 지지자들 중에서 고문을 선택하는 것에 일본이 동의하게 만드는 것과 궁궐로부터 대원군을 지체 없이 제거하는 것이 필요하다고 감히 생각하는 바입니다. 일본과의 협약을 통해서 또는 일본에 대한 영향력의 방법으로든 오직 그것을 달성한 이후에야 우리는 이 불행한 나라에 질서가 복구되었다고 판단할 수 있을 것입니다." 쉬페이예르는 왕권이 복구될 경우 1895년 9월 26일의 사건 이후 러시아 공사관으로 피신한, 진정으로 러시아에 충성스러운 조선의 고관 이범진이 새로운 내각에서 확연한 지위를 점해야 할 것이라는 점에 주의를 기울였다. 쉬페이예르의 발언에 따르면, 이범진은 삼엄한 감

1 Донесение Поверенного в делах в Сеуле А. Н. Шпейера министру иностранных дел князю А. Б. Лобанову-Ростовскому. Сеул, 2-го января 1896 г. № 2 // 『Россия и Корея… Документы и материалы』. С. 315-316.

시를 받고 있는 조건 속에서도 베베르와 쉬페이예르에게 그 내용을 전달하라는 고종의 하명을 받고 매일 서신을 전달해 주는 사람이었다.

자존심이 강했던 쉬페이예르는 서한 속에서 서울 주재 러시아 공사관에 동시에 두 명의 공사가 있는 것이 불편하다는 사실에 러시아 외무대신이 관심을 갖게 만들려고 노력했다. "우리 둘은 우리가 동시에 서울에 체류하면서 경험하고 있는 정신적 불편에 대해서 얘기하는 것이 아니라, 크지 않은 건물에서 두 가족이 같이 동시에 생활하는 게 두 가족 모두에게 극도로 불편하다는 것입니다. 그래도 특별한 허락 없이는 서울을 떠나지 말라고 베베르에게 내려진 외무성의 명령을 군말 없이 받아들였습니다. 당연히 저는 이런 명예로운 시험기를 벗어나기 위해 모든 노력을 기울일 것입니다만, 백작 각하, 개인적으로 말씀드리지 않을 수 없는 것은 우리 외무성이 제 자존심을 위해 현재 제가 처한 민감한 상황을 가장 불가피한 기간 이상으로 지속시키지 않고, 이 먼 오지에서 제가 유익하게 근무하기 위해 저에게 매우 필요한 그런 믿음을 저에게 선물해 주시기를 바랍니다."[2]

이후 자신의 업무에 임한 쉬페이예르는 1월 14일 로바노프 로스토프스키에게 발송한 1월 14일 자 전문에서 보다 광범위한 형태로 배신자 대신들의 정부 전복 및 국왕의 권력 복구 계획을 서술했다. "베베르와 본인은 비록 우리의 간섭이 갈등을 야기할 수도 있다는 모험을 할지라도, 만약 우리가 조선을 일본에게 완전하게 양보할 게 아니라면, 이곳의 상황상 우리가 적극적 역할을 거부할 수가 없다고 감히 생각합니다. 협상만으로 조선 문제를 우리 의도대로 해결한다는 것은 불가능합니다.

2 Частное письмо Шпейера директору Азиатского департамента МИД Д. А. Капнисту от 4-го января 1896 г. // АВПРИ. Ф. Японский стол. Оп. 493. Л. 44. Л. 25-26 об.

일본은 현재의 대신들과 대원군을 쫓아내지 않을 것입니다. 왜냐하면 그것은 조선을 포기하는 것과 같은 뜻이기 때문입니다. 우리는 일본과 동등한 부대를 서울에 주둔시키는 경우에야 그것(친일 대신과 대원군의 축출-역주)을 달성할 수 있을 것입니다. 부대의 파병 동기는 평온의 조속한 복구, 조선의 실질적인 독립에 협조하겠다는 열망 등에서 쉽게 찾을 수 있으며, 이 목적을 달성하는 순간, 일본과 동시 철병에 동의할 수도 있을 것입니다. 급격한 일본군의 철수도 소요와 유혈사태를 야기할 것이어서 바람직하지 못합니다. 힘이 쇠진한 일본이 우리와의 갈등을 택할 것으로 보긴 힘들며, 우리의 행동이 더 조속하고 더 결정적일수록 조선의 국제적 후견인의 가능성을 덜 위험하면서도 더 확실하게 제거할 수 있을 것입니다."[3] 일본과의 분규를 두려워한 러시아 외무성은 자국 군대를 조선으로 파견하자는 제안을 거부하고, 도쿄 주재 러시아 공사 히트로보에게 '이 시점에서 순수한 조선 국내 질서에 관한 문제를 자극하는 것은 불편하다'는 사실을 쉬페이예르에게 전달하라고 하명했다.[4]

조선 국왕의 안전 보장과 김홍집을 수장으로 하는 조선 내 친일파 괴뢰정부의 전복 정책을 신속하게 처리한다는 결정을 내린 쉬페이예르와 베베르는 1895년 12월부터 1896년 1월까지 대규모 민중 궐기가 전국을 뒤덮었다는 사실을 고려했다. 이 궐기는 일본의 명령에 따라 정부가 도입한 개혁, 특히 단발령에 대한 저항의 표시로 시작되었다. 1월 16일 자 보고서에서 쉬페이예르는 '조선 사람들에 대한 강제 단발이 예상대로 거의 모든 장소에서 강력한 소요를 야기했다'고 기술했다. 쉬페이예르

3 АВПРИ. Ф. Японский стол. Оп. 493. Д. 5. Л. 69-70. Цит. по: Пак Б.Б. 『Российская дипломатия и Корея. 1888-1897. Книга вторая』. С.168-169.

4 АВПРИ. Ф. Японский стол. Оп. 493. Д. 5. Л. 69-70. Цит. по: Пак Б. Б. 『Российская дипломатия и Корея. 1888-1897. Книга вторая』. С. 168-169.

의 의견에 따르면 백성들이 비무장이었기 때문에 이 소요가 심각한 의미를 지닐 수는 없었다. 정부는 질서를 복구하고 진압하기 위해 일본인 교관에 의해 훈련된 3개 분견대를 파견해야 한다고 보았다. 이 분견대 중 병력 260명에 4명의 일본 교관으로 구성된 1개 분견대가 서울의 북서쪽에 있는 2개 도로 파견되었고, 병력 315명에 6명의 일본인 교관으로 구성된 다른 분견대는 서울에서 남쪽의 2개 도로, 그리고 동일한 병력으로 구성된 세 번째 분견대는 백성들이 소규모의 정부 무기고와 화약고를 강탈하는 데 성공하여 가장 위험한 지역으로 분류된 강원도로 파병되었다. 위 분견대 외에도 부산과 그 근교에 주둔 중이던 일본군 630명이 강원도로 파병되었으며, 일본인에게 훈련받은 병력 중에서 서울에 있는 나머지 840명의 조선 병사들도 파견될 계획이었다.[5]

위 보고서를 발송하고 3일이 흐른 뒤인 1896년 1월 20일 쉬페이예르는 소요가 심각해졌다고 보고했다. "운동의 중심지는 강원도인데 그곳에는 대원군 주창자인 이서준이라는 이가 이끄는 도당들이 약탈에 성공한 후 관찰사를 추방하고, 강원도의 중심지인 춘천 부사를 죽였으며, 주변 도에서 온 호랑이 포수들의 도움을 받아 서울에서 춘천으로 파병된 관병들을 살해했습니다."[6] 이 사실을 알게 된 당국은 1895년 9월 25일 공석인 군부대신에 음모의 주요 참가자이자 과거 군부대신의 경험을 지니고 있었으나, 궁궐에서의 살육에 지나치게 적극적으로 가담했던 것 때문에 해임되었던 조희연을 다시 임명했다. 서울에 주둔 중인 조선의 경비대 중에서 절반, 즉 420명의 병력을 폭동 진압에 파병하고 수도 방

5 Донесение Поверенного в делах в Сеуле А. Шпейера министру иностранных дел А. Б. Лобанову-Ростовскому. Сеул, 16 января 1896 г. № 7 // АВПРИ. Ф. Японский стол. Оп. 493. Д. 5. Л. 23-24.

6 다음을 보시오. Пак Б. Д. 『Россия и Корея. Изд. второе, дополн』. М., 2004. С. 237.

위를 위해 800명을 더 소집한다는 결정이 내려졌다.

그날 저녁 국왕은 대리인을 쉬페이예르와 베베르에게 보내어, 친대원군 세력이 서울로 향하고 있다면서, 만약 폭도들이 서울을 점령하면 자신은 지금 정부의 관원 중 누군가에게 살해될 수도 있고, 대원군 일파에 속하는 이서준이 지휘하는 폭도들이 자신을 위협할 수도 있다고 했다. 쉬페이예르는 이 소식을 접한 즉시 페테르부르크로 전문을 발송했다. "국왕을 둘러싸고 있는 사람들은 모두가 예외 없이 국왕에게 악의를 지니고 있는 자들이며, 국왕의 눈앞에서 이미 상당히 무례하게 구는 것에 더해, 국왕의 현 상황을 유지하고 싶어 합니다. 또한 그들은 국왕의 응징을 피하려고 주저 없이 자신의 두 손에 피를 묻히는 이들입니다. 국왕은 이를 인지하고 계시며, 이런 희망 없는 상황으로부터의 출구를 찾고자 노력하신 것이 헛되이 되지 않을지 걱정하고 계십니다." 쉬페이예르는 이런 이유를 들어 폭도들이 서울로 접근하게 되면 국왕의 운명이 위협받지 않을 수 없다고 보고했다.[7]

이에 고종은 러시아 공사관의 조력을 받아 그런 상황에서 벗어나려 했다. 1896년 1월 21일 고종은 이범진을 통해 쉬페이예르와 베베르에게 다음과 같은 지급공보를 전달했다.

"역도 패거리들이 지난 9월부터 저를 집요하게 감시하고 있습니다. 최근 외국인들의 외모를 본 따 취해진 단발령은 전국적으로 분노와 폭동을 촉발시켰습니다. 매국노들은 나와 내 아들을 죽이는데 이러한 기회를 이용할 수 있습니다. 나는 왕세자와 함께 다가오는 위험에서 벗어나고자 러시아 공사관에 보호를 구하고 싶습니다. 이에 대해 두 명의

7 Там же.

공사는 어찌 생각하십니까? 만약 허락하시면 나는 수일 내 하룻밤을 선택하여 러시아 공사관으로 비밀리에 피신하고자 합니다. 그 날짜를 선택하여 나에게 알려주기 바랍니다. 나를 구할 다른 방법은 없습니다. 두 공사는 나를 보호하고 지켜줄 방법을 마련해 주기를 진정으로 원하는 바입니다."[8]

쉬페이에르의 보고에 따르면 사건은 다음과 같은 형태로 전개되고 있었다.

"1월 21일 국왕은 번역된 비밀 단신을 보냈습니다. 여기에서 그는 며칠 전 세자와 자신의 눈앞에 닥친 생명의 위협을 피할 은신처로 우리 공사관을 택했다고 적었습니다. 국왕은 자신들을 받아들이고 보호해 달라고 간청했으며, 자신의 도주 날짜와 시간을 우리(쉬페이에르와 베베르-저자 주)에게 미리 알려주겠다고 했습니다. 그가 이 위험한 행보의 성공 가능성을 최대한 보장받기를 원해 아직 며칠의 준비 기간이 더 필요하다고 했습니다.

… 4등관 베베르와 저는 … 국왕의 단신을 전달한 이범진에게 궁궐에서 공사관으로 이동할 때, 특히 궁궐 담 근처에서 국왕이 위험에 처할 수도 있다고 분명히 지적해 주었습니다. 이범진은 만일 우리가 국왕을 받아만 준다면 국왕은 그 정도 위험은 감수할 만큼 결심이 확고하다고 했습니다. 궁궐이 그에게 있어서는 더 위험한 곳이기 때문입니다. 우리는 국왕의 계획에 동의할 수밖에 없었습니다. 국왕에게는 수많은 난관이 가로놓여 있습니다. 우리는 이런 처지의 그에게 이외에는 다른 어떤 출구도 없다고 확신했습니다.

8 『Россия и Корея… Документы и материалы』. С. 323(321의 오타로 보인다-역주).

다음 날 국왕은 제국 공사관에 자신의 은신처를 제공하기로 한 우리에게 뜨거운 감사를 표했습니다. 그 후 국왕은 우리에게 도피 계획의 준비 상황을 매일같이 알려 왔고, 궁궐 내 소수의 추종자 중 두 명의 충복이 함께 행동하기로 약속했음을 알려 왔습니다. 이 두 명의 충복은 국왕과 세자가 입게 될 의상 준비와 도피 계획을 상세하게 성실히 검토하고 있답니다. 1월 26일 저녁 국왕은 거의 모든 준비가 끝났으며 28일 저녁 우리에게 올 것이라고 통보해 주었습니다.

저는 이에 대해 각하께 보고드릴 수가 없었습니다. 1월 24일부터 지금까지 조선의 수도와 유럽을 연결하는 유일한 통신선인 서울과 부산 사이의 전신선이 파손되었기 때문입니다.

1월 28일 국왕은 공사관에 오지 않겠다고 알려 왔습니다. 가장 결정적인 이유는 우리 공사관 병사의 수가 너무 적다는 것이었습니다. 국왕은 이 부분을 개선해 줄 것을 간절히 요청했습니다. 이에 저는 우리 군함에게 많은 수의 군인을 파병해 달라고 요청했습니다. 그렇지 않으면 국왕은 자신의 안전을 결코 확신하지 못할 것 같았습니다. 저는 국왕의 요청을 받아들이기로 했습니다. 저는 제국 공사관의 치안 담당을 위해 파견된 해군소장 알렉세예프에게 순양함 아드미랄 코르닐로프(Адмирал Корнилов)를 이용해 대규모의 무장 해병대를 급히 공사관으로 파병해 달라고 요청했습니다. 순양함의 1등 함장 몰라스(Молас)는 조금도 지체 없이 이를 실행했으며 100명의 무장 군인이 1월 29일 저녁 무사히 공사관에 도착했습니다. 그리고 이범진은 국왕이 1월 30일 새벽에 우리에게 오기로 결단했다고 알려 왔습니다.

정말 오늘 오전 7시 30분에 공사관의 마당에는 가림막이 된 여성용 가마 한 쌍이 도착했는데 거기에는 여장한 국왕과 세자가 앉아 있었습니다. 국왕이 도착하자마자 곧 그와 세자를 위해 준비된 두 개의 방이 정리되었습니다. 그 즉시 저는 이곳의 모든 외국 대표들에게 다음과 같이 통보했습니다. '국왕은 불안한 현 정치 상황으로 인해 궁궐에 계속 머무르는 것이 위험하다고 판단하시어 세자와 함께 공사관을 은신처로 택하셨다.' 이와 동시에 국왕은 이곳 외교단 대표와 미국 대리공사 실에게 오늘 정오에 자신을 알현하라는 전문을 보냈습니다. 국왕은 그들을 영접한 뒤 자신이 러시아의 도움을 찾아 도주하게 된 이유를 설명했습니다. 외국 대표들은 앞다투어 현 상황에 깊이 공감했습니다. 또 우리의 이러한 도의적 성공을 진심으로 축하해 주었습니다. 그러나 일본 대리공사가 보인 반응은 달랐습니다. 하지만 새로 전개된 상황에 대해 가능한 한 정중한 모습을 보였습니다. 또 자제심을 잃지 않고 평정심을 유지하려고 무척 애쓰는 모습이었습니다.

국왕은 이후 4시간 동안 백성을 향한 칙령을 작성하셨습니다. 이 격문에서 국왕은 그가 궁궐에서 탈출할 수밖에 없었던 이유를 설명하셨습니다. 또한 이후로는 불만을 초래할 수 있는 행동은 절대 하지 않을 것이며, 나라를 통치하면서 어떠한 불안도 야기하지 않겠다고 약속하셨습니다. 그리고 가능한 한 이른 시일 내에 불필요한 내분과 불화를 종식시킬 것이니 이를 믿고 질서와 안정을 지켜 달라고 호소하셨습니다. 이 격문의 번역문을 각하께 보고하게 되어 영광입니다.

이외에도 국왕은 새로운 대신들의 임명안에 서명했습니다. 경무사, 군부대신, 궁내부대신, 외부대신, 내부대신을 임시로 임명했습니다.

새로 임명된 대신들의 취임은 아무런 저항을 받지 않고 아주 빠른 속도로 진행되었습니다. 군부대신 임무대행의 요구로 서울의 경찰 수는 800명으로 증가되었고, 조선 군부대는 국왕에 대한 복종과 국왕의 완벽한 권력 복구에 협력하겠다는 뜻을 밝히고자 400명에 달하는 대표자를 파견했으며, 국왕은 그들이 제시한 봉사를 감사히 받아들이셨습니다.

국왕은 새 대신들을 임명하면서 파면된 구 관료들에 대해서도 적절하게 배려해야만 했습니다. 우리는 국왕에게 최대한 중용과 관대함을 지켜야 한다는 조언을 했고 국왕은 이 조언을 따르겠다고 약속하셨습니다. 그런데 국왕은 지난 몇 개월 동안 모반자들의 박해에 시달려서 비통함에 젖은 서울시민들에 대한 배려를 잊고 말았습니다. 이에 시민들은 친일파를 상대로 최근 자신들이 겪어야 했던 고통에 대한 분풀이를 할 좋은 기회를 놓치려 하지 않았습니다. 국왕의 명에 따라 경찰이 모반의 수뇌부인 총리대신(김홍집-역주), 내부대신, 농공상부대신(정병하[鄭秉夏)-역주)을 체포했는데, 이송 도중 일본군이 내부대신을 빼앗아 자신의 막사로 데리고 갔고, 총리대신과 농공상부대신은 경찰에 끌려가는 도중 군중들의 손에 탈취되어 참수되었습니다. 강력한 경찰만이 백성을 괴롭혔던 자들의 시체 위에서 벌어진 우매한 군중들의 애달픈 분풀이를 막을 수 있었습니다.

우리는 국왕에게 서울에 거주하는 일본인들에게 가해질 민중들의 모욕적인 행위를 막아야만 한다고 강청했습니다. 국왕은 우리의 요청을 받아들였으나 불행한 사건이 발생했습니다. 전 민중이 환호하고 있을 때 중국인 한 명과 두 명의 일본인 사이에 싸움이 벌어졌는데 중국인이 일본인 한 명을 죽이고 말았습니다. 그리고 군중들이 중국인을 도우며 끼어들어 두 번째 일본인을 죽여 버렸습니다. 4등관 베베르와 저는 이 사건에 대한 소식을 들은 즉시, 이 사건이 일본인들의 불평과 비난을 불러일으킬 것이며 이는 국왕에게 아주 위험한 일이 될 수도 있다고 말했습니다. 우리는 곧바로 이곳 일본 대표에게 아주 공손한 표현으로 전문을 보내라고 국왕을 설득했습니다. 전문에서 국왕은 고무라 씨에게 국왕이 직접 죄인들을 본보기로 처벌하는 것은 물론, 일본 공사관이 원하는 것에 미리 동의한다고 약속하셨습니다.

제국 공사관의 정신적 지원하에 국왕께서 진행한 평화적 개혁은 무조건 성공적으로 종결될 것 같습니다. 기쁨과 환호로 가득 찬 민중들은 충성심과 존경심을 전하기 위해 국왕을 만나게 해달라고 요구하고 있습니다. 그러나 애석하게도 기쁨으로 충만한 이 분위기는 일본과의 심각한 오해로 인해 금방 암울해질 수 있습니다. 이런 오해는 가장 사소한 사건에서 초래될 수 있습니다. 서울을 지배하고 있는 지적 흥분 상태로 인해 그런 오해를 예방하는 것이나, 오해의 발생을 예측하는 것 모두 어렵습니다.

… 물론 우리는 국왕과 새 대신들이 사려와 조심성을 잃지 않도록 모든 노력을 다하겠습니다. 그래야만 이 개혁의 결과를 강화시키고 공고하게 만들 수 있기 때문입니다."[9]

서울의 백성들은 고종이 러시아 공사관으로 이어한 소식을 반겼다. 베베르의 다음과 같이 증언했다. "수를 헤아릴 수 없는 다수의 고관들과 수천 명의 백성들이 공사관 담장에 몰려들었으며, 공사관으로 향하는 모든 길이 군사, 경찰 그리고 자신의 국왕이 일본의 손아귀로부터 자유로워졌다는 소식에 기뻐하면서 국왕에게 축하를 표하려는 군중들로 가득 메워졌습니다. 이것은 백성들의 축제였습니다. 우리의 경비대는

9 Донесение Поверенного в делах в Сеуле А. Н. Шпейера министру иностранных дел князю А. Б. Лобанову-Ростовскому. Сеул, 30-го января 1896 г. № 11 // 『Россия и Корея… Документы и материалы』. С. 323-328.

100명인 것에 반해 서울에 주둔 중인 일본군 병사는 1,000명이 넘음에도 불구하고 일본인들과 조선의 친일파들은 공황 상태에 빠져들었습니다."[10] 조선 사람들은 러시아가 고종에게 도피처를 제공하여 일본의 압제로부터 국왕을 해방시켜 주고 국가 통치권을 재조직할 수 있게 도와줄 거라고 확신했다. 조선에서 지배적이던 이런 기분은 당시 조선의 신문에도 반영되었다. 『Korean Repository』지는 고종의 아관파천을 '왕국과 관련된 일을 처리하고, 국왕이 스스로 선발한 대신들의 도움을 받아 완전히 자유롭게 개혁을 수행하는 모습을 보고 싶어 한 러시아의 바람이 표현되기 시작한 것'이라고 적었다.[11]

다수의 일본 정기간행물들은 아관파천에서 중요한 역할을 수행한 이로 베베르를 지목했다. 이런 의미에서의 대표적인 기사는 『The Japan Weekly Mail』이 1896년 2월 17일 자 『추오심분[中央新聞-역주]』에서 인용하여 게재한 '베베르와 민씨'이다. 이 기사에는 다음과 같이 언급하고 있다.

"최근 조선에서의 쿠데타를 논의하면서 무엇보다 고려해야 하는 것은 바로 최근 몇 년 동안에 걸친 베베르 씨의 행동 양식이다. 그는 죽은 왕비의 신뢰를 확보할 줄 알았으며, 서울에서 그를 소환하여 멕시코로 임명한다는 자국 정부의 지급공보를 접수하자 그 뛰어난 여성과 연합하여 비밀리에 결정적 조치를 취할 계획을 세웠다. 그보다 전에는 러시아 언론사들이 베베르 씨가 조선에서의 러시아 대표라는 중요한 자리를 담당할 능력이 없다고 비판했는데, 결국 정부 역시 그런 의견에 동의

10 다음을 보시오. Пак Б. Д. 『Россия и Корея』. М., 1979. С. 127.

11 다음을 보시오. McCune G. Russian Policy in Korea: 1895-1898 // 『Far Eastern Surveys』. Vol. XIV, № 19, 1945. С. 274.

할 수밖에 없었으나, 정부 내에서 이런 의견이 먼저 언급되지 않았을 뿐이었다. 지급공보는 러시아 대표나 왕비 모두에게 가혹한 충격이었다. 그들은 교체를 막기 위한 조치를 취하자고 합의했으며, 그들의 회의 결과가 차르에게 보낸 국왕의 친서였다. 국왕은 친서에서 베베르 씨의 멕시코 전직 소식에 너무나 슬프다며, 국정수행 시 국왕에게 많이 봉사한 베베르 씨가 조선에 남기를 실로 원한다고 했다.

더구나 베베를 씨가 서울에 남도록 요청한 국왕의 이런 청원은 이미 처음이 아니다. 당연히 베베르 씨는 자신이 생각한 계획을 자신의 대리인(쉬페이예르-저자 주)이 도착할 때까지 실로 이행하고 싶어 했다. 이에 이노우에 백작이 서울을 떠나고, 그 뒤를 이어 미우라 남작이 부임하자 김(홍집-저자 주)의 내각을 전복시키려고 강력한 소요를 일으키려 했다. 그러나 음모는 발각되었으며, 미우라 자작 덕분에 소요를 막을 수 있었다."[12]

조선 내정의 안정화를 위한 러시아 공사관의 협력

러시아 공사관에서의 첫날 고종은 나라의 정치적, 경제적 상황을 안정시키기 위해 일련의 조치를 통해 주민을 안심시키고, 평화적 개혁 이후 조선에서 형성된 상황을 해외 열강들로부터 인정받으려 했다. 국왕은 새로운 정부를 조직하면서 반일 성향의 정치인들만을 선발했다. 즉 이재순(궁내부), 김병시(영의정), 박정양(내부대신), 조병직(법부대신), 이완용(외무대신), 윤치호(학부대신), 고영희(통상농업대신), 윤용구(재무대신), 안경수(경찰대

12 The Japan Weekly Mail. 17 февраля 1896 г.

장) 그리고 이윤용(군부대신) 등이었다. 이어 베베르와 쉬페이에르 조언에 따라 백성들에게 러시아 공사관으로 피신할 수밖에 없었던 이유를 설명하는 호소문을 발표했다.

"국왕은 자기 백성의 보호자이자 보루이다. 국왕이 없으면 백성이 보호를 받지 못한다. 따라서 과인이 왜 궁을 떠났는지 설명해 주어야 한다. 왜 과인이 세자와 함께 러시아 공사관에 피신했는지, 그 주된 이유는 과인이 배신자들의 포로였을 때 혹시나 어떤 폭동이 일어나지 않을까 걱정하여 불가피하게 피신했다. 태왕후와 왕세자비는 다른 궁궐에 있다. 과인은 장교들에게 폭도의 수괴를 체포하라고 명령했으며, 그 일이 완수되면 환궁할 것이다. 과인은 백성들이 직접 그들을 체포하여, 죄인들을 믿기 어려운 잔인함으로 갈기갈기 찢어 죽였다는 소리를 들었다. 또한 말하기를 나머지 음모자들을 잡지 못하여 백성들이 심히 흥분하고 격노했다 한다. 이후로는 과인이 왜 어디로 옮겼는지 자세하게 설명할 필요가 없다고 여겨진다. 이제 모든 것이 다시 예전으로 돌아갔으며 궁궐 내에는 모든 것이 평온하다. 따라서 만약 가능하다면 가까운 시일 내에 과인은 궁궐로 돌아갈 생각이다. 그러니 백성들은 의심하거나, 과인을 걱정하지 말고 평소처럼 안심하고 자신의 생업에 종사하라."[13]

이후 고종은 백성과 군대를 상대로 자신에게 복종하도록 일련의 호소를 했다. 그 외에도 고종은 러시아 공사관 부지 안에서 조선군과 서울 경무대의 관직자들을 사열하면서 병사들에게 상금을 하사했다. 또한 1월 30일의 칙령에서 약속한 대로 1894년 7월 1일까지 밀려 있던 체납세금을 면제해 주었고, 배신자 대신들에게 감금되었거나 유배되었던

13 Королевское объявление // АВПРИ. Ф. Японский стол. Оп. 493. Д. 5. Л. 49-50.

이들을 모두 풀어주었다. 고종은 이전 정부가 파병한 의병 진압부대를 서울로 소환했다. 그 외에도 친일파 내각이 전복된 이후의 첫 기간 동안 왕명에 따라 1895년 9월 26일의 민왕후 시해 사건의 조사에 착수했다. 예전의 김홍집 내각은 서울 주재 일본 공사관의 비밀스런 지도를 받아 이 명예롭지 못한 사건을 사법조사하여 세 명의 조선 사람에게 사형을 선고했다. 즉 이들 중 한 명은 일본식 겉옷을 입고 음모자들과 함께 궁궐에 침입하여 직접 민왕후를 시해했다는 죄목, 다른 한 명은 궁궐로 침입한 음모자들에게 길안내를 해 주었다는 죄목, 세 번째는 감히 왕비의 유해를 만져서 매장했다는 죄목이었다.

사법 심리 과정에서 획득된 증거물들은 일본인들이 시해로 기소당하지 않도록 철저하게 그들을 보호해 주었으나, 법원의 판결이 공포된 직후 전국에서 불만이 폭발했다. 따라서 고종은 9월 26일 아침 궁궐에서 일어났던 모든 일을 반드시 신속하게 조사하는 게 자신의 의무라고 판단했다. 조사는 법부대신 겸 경무대장에 임명된 이범진이 담당했다. 유럽 수준으로 조사하고 장래의 어떤 비난도 피하려고 당시 조선에서 근무 중이던 전 상하이 및 요코하마[橫濱] 주재 미국 총영사관의 미국인 법률고문이었던 그레이트하우스(C. Greathouse)가 법부대신 보좌관에 임명되었다.

새로운 조사는 1896년 3월에 이루어졌다. 이 조사는 왕비 시해의 주모자로 일본인을 지목했다. 조선 정부는 공식적인 조사기록을 『Korean Repository』지에 게재했다. 그러나 이 기록은 베베르가 다음과 같이 보고한 것처럼 절반에 불과했다.

"가장 눈에 띄고 위험한 대원군의 역할은 아직 거의 손도 대지 못한 상태로 남아 있습니다. 그레이트하우스 씨는 사안이 대원군과 연관될 때마다 매번 극복하기 힘든 방해를 받고 있습니다. 그레이트하우스 씨는 대원군이 자유롭게 행동할 수 있도록 놔두면, 이번 음모의 실질적인 원인은 영원히 손대지 못한 상태로 남을 것이며, 시해와 폭동의 위협이 중단되지 않을 것임을 노골적으로 인정해야 했습니다. 대원군에 대한 공포는 그 누구도 그에 반하는 말을 할 수 없을 정도로 대단하며, 아시아식 야만의 대표자인 그가 지닌 잔인한 에너지는 조선에서의 안전과 질서에 대한 어떤 희망도 남겨두지 않습니다. 이런 사실의 한 증거로 다음의 것을 들 수 있는 바, 국왕께서 우리 공사관에 머물기 시작한 첫 시기에 심한 위험이 밝혀졌는데, 9월 26일 살육에서 가장 눈에 띄는 인물들 중 하나였던 전 서울 주재 일본 공사관 제1서기 스기무라가 대원군 뒤에 있었으며, 며칠 후 그가 두 번째로 서울에 왔을 때는 일본 재판부가 일본 문명을 조선에 최종적으로 도입하고자 무죄 방면했던 (을미사변의-역주) 바로 그 소시들이 그의 뒤를 따랐습니다."[14]

동시에 러시아 공사관에서 고종과 새로운 조선 정부를 위한 공간 배치가 급속하게 이루어졌다. 공사관 서기인 쉬테인(Е.ф. Штейн)이 독특한 '새로운 조선 궁궐'을 흥미롭게 묘사했다. "국왕은 자신의 궁에서는 갖지 못했고, 앞으로도 갖지 못할 그런 환경과 편의시설이 제공되는 훌륭하고 높은 천정의 방 2칸을 점유하고 계십니다. 공사관 건물 근처에 국왕용 수라간을 만들기 위한 대규모 막사가 건설되었으며, 공사관 마당은 각기 다른 모양의 조선식 건물로 가득 찼는데, 그 안에 주요 부처의 관방이 마련되었습니다. 그곳에서 대신들은 자신의 보고 순서를 기다리기도 했으며, 현안을 처리했습니다. 국왕의 이어 직전 국왕께서 수시로

14 Донесение К.И. Вебера князю А. Б. Лобанову-Ростовскому. Сеул, 22-го марта 1896 г. № 22 // АВПРИ. Ф. Японский стол. Оп. 493. Д. 5. Л. 58-60.

연락을 취하셨던 궁내부 및 군부를 연결하는 전화가 부설되어, 국왕이 원하시면 어느 때고 양 대신과 통화하실 수 있습니다. 수많은 국내 인사, 내관 그리고 후궁들이 자기 군주의 명령을 기다리며 공사관을 메우고 있습니다. 해병 80명이 위대한 귀빈의 신성함을 지키고 있는데, 자기 방 창문을 통해 국왕은 매일 우리 용감한 수병들의 뛰어난 전열 훈련을 목격하실 수 있습니다. 정문 앞에 있는 공사관 마당에는 대포가 멋지게 배치되어 있었으며, 공사관의 모든 외벽을 따라 경비 초소가 배치되어 있습니다. 불쌍한 국왕께서 원하시는 무엇인가가 더 있을까요?"[15]

러시아 공사관에서 체류를 시작한 첫날부터 고종은 파천에 대한 일본의 태도를 걱정했다. 그는 서울 주재 일본 공사에게 두 차례에 걸쳐서 알현을 허락하겠다고 통보했다. 그러나 일본 공사는 시급한 일이 있다는 핑계로 모습을 드러내지 않았다. 고종은 이를 통해 '일본은 조선에서 자신의 압도적 지위를 지키기로 결정했으며, 현재는 자신이 러시아 공사관을 나와 궁궐로 돌아갈 때까지 기다리면서 자세한 행동 계획을 짜는 중'이라고 생각했다.[16]

서울에서 한글로 출간되는 일본 신문이 고종의 아관파천 이후 '자신의 궁궐을 떠나서 외국 열강에게 보호를 요청한' 국왕을 폐위해야 한다고 조선 백성들에게 노골적으로 호소하는 기사를 게재했다. 이에 조선의 외부대신 이완용은 (고종의 명령에 따라) 서울 주재 일본 대표에게 '조선에 대한 일본 언론의 그런 태도는 배은망덕'하다는 통첩을 발송했으며,

15 Выписка из частного письма состоящего при миссии в Сеуле Штейна. Сеул, 20-го февраля 1897 г. // АВПРИ. Ф. Японский стол. Оп. 493. Д. 7. Л. 32-33. Цит. по: Пак Б. Б. 『Российская дипломатия и Корея. 1888-1897. Книга вторая』. С. 173-174.

16 Донесение Поверенного в делах в Сеуле А. Шпейера министру иностранных дел А. Б. Лобанову-Ростовскому. Сеул, 7-го февраля 1896 г. № 12 // АВПРИ. Ф. Японский стол. Оп. 493. Д. 5. Л. 45-46.

'향후 일본 신문에서 그런 선동성 기사가 게재되지 않도록' 진지한 조치를 취해 달라고 일본 공사에게 요청했다. 이후 그런 기사가 더는 게재되지 않았지만, 고무라 주타로는 그 통첩에 답하지 않았다.

이완용은 위 통첩과 함께 고무라 주타로에게 다른 통첩도 전달하여, '국왕께서 현재 일본군이 점령 중인 궁궐 가까운 곳의 군용 막사에 조선군을 배치하고자 원하시니 그 막사를 비워 달라'고 요청하면서, 그 막사를 대신해 일본군에게 다른 적절한 공간을 제공하겠다고 약속했다. 일본 공사관은 그 통첩에 표명된 조선 정부의 요청에 원칙적으로 동의했으나, 그 문제에 따른 협상이 지연되면서 아무런 결과도 낳지 못했다. 협상 당시 일본 장교들은 조선의 군부대신에게 중단된 조선군 훈련을 계속할 것인지를 문의했다. 군부대신은 '현재 군부대의 대부분이 (러시아 공사관에 있는) 국왕 소재지의 입구를 경비 중이거나 질서 복구를 위해 국내 각지로 파병되었기 때문에 훈련이 불가능하다'고 답했다.[17] 군부대신의 이런 대답은 당시 고종이 러시아에 군사교관의 파견을 부탁하고 페테르부르크의 답변을 기다리는 중이었다는 것으로 설명된다. 2월 중순 새로운 조선 정부는 조선 재정의 대일 의존을 해결하기 위한 대책 마련에 착수했다. 이에 조선 정부는 도쿄 주재 조선 공사에게 일본 차관 5백만 (멕시코-역주)달러 도입과 관련하여 이전 내각이 착수한 협상을 중단하라고 하명했다. 새 정부는 이전 친일 정부가 가능하다고 생각한 조건에 동의하지 않았다.

고종이 궁궐을 떠나 도피했기 때문에 러시아 공사관에서의 국왕 체류 기간이라는 문제가 매우 첨예해졌다. 베베르와 쉬페이에르는 고종

17 Донесение Поверенного в делах в Сеуле А. Шпейера министру иностранных дел А. Б. Лобанову-Ростовскому. Сеул, 14-го февраля 1896 г. № 15 // Там же. Л. 33-35.

이 외국 공관에 장기간 체류하면 불만에 찬 백성들이 나라와 백성의 이익을 경시하는 자기 군주를 비난하게 될 것으로 이해하고 있었다. 따라서 새로운 정부가 구성된 직후 그 둘은 조속한 환궁이 바람직하다는 사실을 고종에게 이해시키려 했다. 국왕은 베베르와 쉬페이에르의 의견에 동의했으나, 일본의 간교함이 걱정되어 한동안 공사관을 떠날 수 없다면서 러시아인을 정부 수석고문에 임명하고, 군사 교관단을 파견하도록 러시아 정부에 청원해 달라고 부탁했다. 쉬페이에르는 이 사안을 페테르부르크에 다음과 같이 통보했다. "사회 여론은 황제의 공사관에서 국왕의 장기간 체류를 이해할 수 없고 설명 불가능한 것으로 생각할 것인바, 그런 여론을 진정시키기 위해 국왕의 조속한 환궁이 필요하다는 우리들의 충고가 국왕에게는 숨길 수 없는 공포로 여겨지고 있으며, 애석하게도 국왕은 매번 이에 대한 답변으로서 만약 러시아군이 궁궐을 경비하지 않으면, 자신의 환궁이 더 모험적 행보라고 판단하기 때문에 그 조언에 따를 수 없다고 말씀하십니다." 계속해서 쉬페이에르는 이렇게 결론지어 통보했다. "이곳 조선에서는 일본군이 현 체제에 반하는 비우호적 행동을 할 것임에 누구도 의심하지 않는 바, 그들이 조선에 있는 한 우리 조언에 따르도록 국왕을 설득하는 게 쉽지 않아 보입니다."[18]

고종은 자신의 조력 요청에 대한 러시아 정부의 긍정적 답변을 받기 전까지는 러시아 공사관을 떠나지 않기로 결심했다. 그는 1896년 2월 2일 베베르와 쉬페이에르를 초빙하여 다음과 같이 요청했다.

18 Донесение Поверенного в делах в Сеуле А. Шпейера министру иностранных дел А. Б. Лобанову-Ростовскому. Сеул, 7-го февраля 1896 г. № 12 // АВПРИ. Ф. Японский стол. Оп. 493. Д. 5. Л. 45-46.

"러시아 일국의 조언과 지시에 따라 모든 중요한 국가 업무를 관장해야 하는 무조건적 필요성을 인식하신 고종께서는 황제의 정부가 조선 정부 내각의 수석 고문으로 일하게 될 신뢰할 수 있는 인물을 파견해 주시면 그를 조선 대신들의 지도자이자 스승으로 삼고, 모든 회의에 참석시켜 조선 고관들의 행동이 공정하게 이성적인 진보의 방향으로 향하도록 지도해 주길 원하고 계십니다. 경험 없는 조선 정부를 위해서는 현재 완전히 잘못된 기초에 입각하여 수립된 재정 정책 분야에서 러시아 고문의 지시가 특히 값진 것일 수 있습니다.

군사 업무를 올바로 조직하는 것 역시 조선을 위해 적지 않게 중요하고도 필요합니다. 국왕께서는 믿을 만하고 잘 훈련된 일단의 부대를 우선적으로 3천 명 정도 규모에서 창설하고자 원하십니다. … 왕국의 빈약한 재정으로 인해 더 광범위한 과제를 염두에 둘 수 없을 뿐만 아니라, 국왕께서는 상대적으로 적은 수의 부대가 내란 및 조선의 독립에 대한 외부적 침해로부터 국가를 지키기에 충분하다는 견해를 갖고 계시기 때문입니다.

만약 러시아가 조선에서 군부대 창설에 관한 성가신 일을 맡아 준다면 국왕께서는 행복해하실 겁니다. 우리의 동의로 그는 두려움 없이 미래를 내다 볼 수 있을 것이며, 러시아에 의해 창설된 부대의 보호 아래 나라의 풍부한 자원 개발에 전력을 기울일 수 있게 될 것입니다."[19]

쉬페이예르가 1896년 2월 8일 고종의 요청을 기술한 위 전문은 서울과 유럽을 연결하는 전신선이 당시에는 없었기 때문에 도쿄주재 러시아공사 히트로보를 통해서 페테르부르크로 발송되었다. 그러나 히트로

19 Пак Б. Б. 『Российская дипломатия и Корея. 1888-1897. Книга вторая』. С. 176.

보는 쉬페이예르의 전문을 발송하면서 "충고는 비공식적으로도 전달될 수 있는 것인 만큼, 러시아 고문과 교관에 관한 공식적인 문제를 부각시키는 것은 시기상조입니다"라는 자신의 결론을 첨부했다. 여기서 히트로보는 서울에서의 문제에 지나치게 집중하면 일본 정부가 '국왕에 반하는 엽기적 정책을 취하거나, 아니면 다른 열강들에게 바람직하지 않은 호소를 하도록 만들 것'이라고 경고했다. 로바노프 로스토프스키는 도쿄 주재 러시아 대표의 충고에 따라 쉬페이예르 수신의 1896년 2월 6일 자 전문을 통해 '고종을 보호하고 그의 안전에 신경을 쓰면서 일본과의 충돌로 이어질 수 있는 모든 행동을 자제하라'고 하명했다.[20] 또 러시아 정부는 2월 12일 자 전문을 통해 "국왕에게 조언을 제공할 준비가 되어 있으나, 지금의 경고적 상황을 고려하여 고문과 군사 교관에 관한 공식적 문제를 제기하는 것은 시기상조"라는 점을 쉬페이예르에게 전달했다.[21]

그러나 조선에서의 상황에 대한 평가 및 일본을 의식하지 않는 결정적 조치의 수립 필요성에서 베베르와 견해를 같이하고 있었던 쉬페이예르는 2월 9일 히트로보를 통해 페테르부르크로 전문을 한 통 더 발송했다. "페테르부르크로 전달해 주십시오. 국왕께서는 사활적 문제에 우리가 도움을 주리라 기대하면서 자신이 문의했던 것에 대한 각하의 결정이 빨리 도착하기를 기다리고 있습니다. 이곳에 일본군의 주둔이 본인에게 심각한 위협이라고 판단하고 계신 국왕께서는 처소 예정지인 공

20 Телеграмма министра иностранных дел А. Б. Лобанова-Ростовского российскому Поверенному в делах в Сеуле А. Шпейеру от 6 февраля 1896 г. // АВПРИ. Ф. Японский стол. Оп. 493. Д. 5. Л. 87.

21 Телеграмма министра иностранных дел Лобанова-Ростовского Поверенному в делах в Сеуле Шпейеру от 12 февраля 1896 г. // Там же. Л. 8.

사관 옆의 왕궁을 수비할 해군부대를 지원해 주지 않으면 공사관을 떠나시지 않을 것입니다. 우리 두 사람(베베르와 쉬페이예르–저자 주) 모두 위 요청을 실행하는 데 뜻을 같이하고 있습니다."[22] 이번에는 히트로보가 쉬페이예르의 전문에 다음과 같은 자신의 결론을 더해 발송했다. "러시아 고문과 교관에 관한 문제 그리고 일본군의 철수에 관한 문제는 연기해야 할 것입니다." 쉬페이예르의 2월 9일 자 전문은 답변을 받지 못했다. 로바노프 로스토프스키는 '조선 문제로 일본과의 인접한 합의 가능성'이라는 히트로보의 지적에 무게를 두었던 것이다.

이처럼 향후 조선에서의 강화된 지위를 계속 유지하면서도, 조선과의 관계에서 분규를 두려워했던 러시아 외무성은 조선 문제로 일본과 평화적인 협약을 체결하려 했다. 이런 결정에 동의하지 않던 베베르와 쉬페이예르는 조선에서 적극적 정책을 실행해야 한다는 자신의 관점을 계속해서 주장했다. 이런 관점은 쉬페이예르가 로바노프 로스토프스키에게 발송한 1896년 2월 14일 자 보고서에 반영되었는데, 아래의 본문을 보면 알 수 있듯이 이 전문은 베베르와 함께 작성한 것이었다.

"국왕께서는 왕조의 질서와 평안을 신속히 회복시키려면 조선에 주둔 중인 일본군의 철수가 현실적일 뿐만 아니라, 불가피한 것으로 인식하고 계십니다. 충분히 강력한 일본군이 서울에 주둔 중임을 고려하신 국왕께서는 만약 우리가 소규모이지만 우리 해병대로 외교구역 옆의 궁궐을 경비하지 않을 경우, 공사관을 두고 그 궁궐로 이어하시는 것이 불가능하다고 단호하게 생각하실 정도로 일본을 불신하고 계십니다. 더구나 국왕께서는 자신의 이어가 아직도 제정러시아에 제출한 청원의

22 Секретная телеграмма Гофмейстера Хитрово. Токио, 14 февраля 1896 г. // Там же. С. 336.

답변에 달려 있다고 생각하시고 계십니다. 심지어 우리(쉬페이예르와 베베르-저자 주)가 우리 해군으로 궁궐을 경비해 달라는 국왕의 요청을 원칙적으로 수용할지라도, 우리는 국왕께서 조속한 시일 내에 공사관을 떠나시도록 만들 수 없습니다.

4등관 베베르와 저는 우리가 국왕에게 행한 이러한 양보에 대한 책임을 질 필요가 있다고 생각하는바, 국왕께서 앞으로도 계속 러시아 공사관에서 체류하시는 건 우리에게도 소망스럽지 않기 때문입니다. 일본인들은 이미 이러한 비정상적인 상황을 악용하기 시작했으며, 향후 그들의 선동은 결국 백성들 속에서 왕권의 위신을 갉아먹지 않을 수 없을 것이며, 아마도 모든 것이 아주 복잡한 상황으로 빠져들 것입니다.

최근 우리가 한국의 보호자와 후원자로서 수행한 역할과 관련하여 말씀드리면, … 만약 우리 제정이 극동에서 혼란을 피하려고 이런 역할을 거부했다면, 우리는 목적을 달성하지 못했을 것인바, 우리가 조선의 현 상황에 적극적으로 간섭하지 않았다면 피치 못하게 간섭할 수밖에 없는, 훨씬 더 복잡한 상황이 이곳에서 형성되었을 것이기 때문입니다. 그에 더해 이렇게 복잡한 상황에서 우리의 이익을 도출하는 게 전적으로 불가능했을 것이나, 그 반대, 즉 우리의 품속, 그러니까 우리 수중으로 들어온 이 왕국의 운명을 최종적으로 받아들인 행동은 향후 예상되는 혼란의 성격을 완화시킬 것임은 물론, 태평양 연안에서 우리의 지위를 견고하게 만들어 줄 것이 확실합니다.

조선에서 일본의 지위는 불법이기 때문에 일본은 그 지위를 확실하게 수호할 수 없을 것입니다. 우리가 일본에게 상업적 이익, 그리고 아마도 이게 비통한 일은 아닐 것인바, 조선 국가 경제의 재정 분야 확립에서 주도적인 역할을 제공하는 조건으로 일본과의 협약에 실로 손쉽게 도달할 수 있습니다." (조선에서의 무역과 재정 분야를 일본에 양보하자고 제안했던 베베르와 쉬페이예르는 조선 재정의 완전한 쇠망을 고려하고 있었다.) "현재 조선 정부의 재정 상태는 다음과 같습니다. 즉 이 정부의 재무표에는 겨우 백만 달러 정도가 있으나, 청일전쟁과 그에 앞서 일어난 동학 봉기, 그리고 거의 전국적으로 확산된 최근의 혼란과 폭동으로 인해 조선 대부분의 지역이 파괴되었기 때문에 올해 들어올 수입은 거의 없어 보입니다. 더구나 정부의 지출이 엄청나게 증대했습니다. 이전에 지방재원으로 조달하던 지방행정기구들의 요구가 이제 중앙정부에 큰 부담으로 작용하고 있습니다. 그에 더해 거의 모든 곳에서 가난한 농민들을 중앙정부가 도와주어야 합니다."[23]

국왕의 명령에 따라 영의정 임무대행은 외부대신과 함께 현재의 곤란한 상황에서 어떻게 벗어날 것인지에 대해 베베르와 쉬페이예르에게 조언을 구했다. 이에 두 사람은 외부대신의 관점을 모르는 상태에서 조선 정부에 러시아 정부의 협조를 약속할 수는 없으며, 그에 더하여 긴급한 지원이 요구되는 만큼, 조선 정부가 사용할 수 있는 자금의 지출을 가능한 한 줄이라고 조언하는 것에서 선을 그었다. 베베르와 쉬페이예르는 그런 조언과 함께, 현재 조선의 세수입 상황과 올해 긴급히 지출해야 할 예산에 대해 최대한 빨리 상세하게 알려 달라고 요청했다.

베베르와 쉬페이예르는 이런 상황 속에서 '조선 정부가 현재의 난관에서 벗어날 수 있는 유일한 길은 일본에 부탁하여 한국에게 최대한 유리한 조건으로 필요한 자금을 빌리는 것'이라고 말했다. 그러나 '일본이 이미 자신들의 배타적인 소유물로 간주하는, 감히 그런 복종 상태를 벗

23 Донесение А. Н. Шпейера князю А. Б. Лобанову-Ростовскому. Сеул, 14-го февраля 1896 г. № 16 // 『Россия и Корея… Документы и материалы』. С. 331-332.

어나려고 용기를 낸 나라에 그런 도움을 줄 것으로 기대할 수는 없다'고 확신되는 만큼, 두 사람은 '조선에게 보다 더 바람직한 것은' 상하이에 새로이 개점한 러청은행이라고 판단했다. 조선 정부는 1년에 80만 달러가량의 순수익을 올리는 자신의 세관을 이자 지급과 부채 상환의 담보물로 이 은행에 제공할 것으로 보았다. 베베르와 쉬페이예르는 러시아 정부가 그 문제의 해결에 '정신적으로 참가'해야 '소망스럽게 여겨지는 정도로 신속하게 실행될 수 있을 것'으로 보았다.[24]

니콜라이 2세는 쉬페이예르의 보고서에 다음과 같은 주비(硃批)를 달았다. "전적으로 이성적이고 공정하다." 외무대신 로바노프 로스토프스키는 쉬페이예르의 2월 14일 자 보고서에 언급된 제안을 '일본과의 실질적인 흥정 가능성의 간접적인 확인'이라고 판단하여, 재무대신 수신의 공한에서 이 제안의 본질을 다음과 같이 기술했다. "쉬페이예르는 조선 국왕의 바람에 따라 조선을 우리의 보호권으로 받아들일 것을 고수하면서, 일본에게 일부 무역상의 이익, 심지어 조선 국가경제의 재정 분야 수립에서 지도적 역할 같은 것을 제시하는 것도 가능하다고 생각하고 있습니다. 이런 생각은 조선의 재정적 궁핍과 긴밀하게 연관되어 있습니다. 조선의 완전한 자금난으로 인해 우리의 조선 주재 대리공사는 조선에게 불가결한 것을 재차 일본에게 요청하거나, 혹은 러시아 정부가 정신적으로 참가하고 조선 세관을 담보로 삼아 상하이에서 다시 조직된 러청은행을 통해 차관을 체결하는 것이 그런 상황으로부터 탈출하는 유일한 방법이라고 판단하고 있습니다."[25]

휴가를 떠나는 히트로보로부터 공사관 업무를 인수하기 위해 쉬페이

24 Там же. С. 334.

25 АВПРИ. Ф. Японский стол. Оп. 493. Д. 5. Л. 128.

예르가 도쿄로 되돌아간 후, 1896년 2월부터 특명공사 겸 전권사절[26]이었던 베베르가 서울 주재 공사관을 관리했다. 그는 '조선의 운명에 합법적으로 참가할 수 있는 몫을 확실하게 주장하고 확보해야 하는' 문제를 러시아 외무성에 제기했다. 베베르는 로바노프 로스토프스키에게 발송한 1896년 2월 21일 자 보고서에서 특히 강력하게 이 문제를 제기했다.

"일본에 대한 모든 조선 백성의 극단적 노여움과 증오는 오래전부터 가장 심각한 소요가 일어날 위험으로 나라에 위협이 되었습니다. 일본인들이 배반, 살인, 그리고 조선에 대한 노골적 적의로 얼룩진 친일파들로 내각을 구성할 수 있었던 9월 26일 이후 상황이 더욱 첨예해졌으며, 단발령으로 인해 1월 30일의 혁명(아관파천-역주) 얼마 전까지 극도의 긴장 상태에 도달했습니다.

심지어 수도 근처에서는 그곳에 군대가 주둔 중임에도 불구하고 일단의 폭도들이 나타나기 시작했으며, 수도의 먼 곳에서는 폭도의 규모가 커졌습니다. 이들은 조직화되고 강화되어 주요 도로, 상점 그리고 군사적으로 중요 지점을 장악할 시간이 있었습니다. 일본군 덕분에 지금까지 직위를 유지했던 증오의 대상자인 관찰사와 부사를 추방하거나 살해한 소식이 도처에서 들려오기 시작했습니다. 살해 사건도 몇 차례 있었으며 … 자신들의 모든 권리가 너무 오랫동안 조롱의 대상이 되자, 백성들은 분노했습니다. 이런 상황 속에서 일본인들의 상황이 매우 위험해졌습니다.…

일본인들이 우려했던 일은 예상보다 큰 성공을 거두었습니다. 일본

26 1895년 가을 베베르는 멕시코주재 특명공사 및 전권사절의 직함을 받았다. 「Ку Хангук вэге мунсо (Сборник дипломатических документов старой Кореи)」. Т. 17. Часть 1. Сеул, 1964. С. 361.

거류지가 포위된 형국이며, 극도로 조심하라는 명령이 하달되었습니다. 일본군은 질서 감시를 위해 각 항구에서 각 지역으로 집결 중이고, 많은 일본인들은 가족을 모국으로 돌려보내고 있으며, 심지어 일부 일본인들이 살해되었음에도 소시[壯士]들의 악명 높은 난폭함은 … 전혀 없었습니다. 끝없는 일련의 추악한 음모를 지니고 있으면서 갑자기 세계적으로 알려진 일본 정부는 군부대를 강화하고 군용식품을 조선으로 수송하여 조선에 대한 자신의 이해관계를 강조하면서도 이전의 부도덕한 놀이는 계속하지 않기로 했습니다. 그러나 그와 동시에 과거 자신이 지니고 있었던 절대적 열정을 이미 단념하면서, 전체는 아닐지라도 우리 러시아와 함께 조선 문제를 조정해야 한다는 것을 비공개적으로 인정하고 있습니다. 이처럼 우리가 생각할 수도 없었던 러시아를 위한 그런 상황이 저절로 형성되고 있습니다.

그 누구의 혐의를 제기하지 않고, 그리고 러시아인이 아닌 모든 교관이나 고문을 조선에서 추방하거나, 우리 러시아인만을 교관이나 고문으로 강요하는 등의 불필요한 서두름 없이도 우리는 조선의 운명에 관여할 수 있는 합법적 지분을 주장하여 영구히 확보할 수 있습니다.

숙명적으로 불가피하게 우리에게 제기된 첫 번째 문제는 바로 조선에 대한 물질적 지원입니다. 이 나라는 파산했습니다. 동학교도들의 봉기, 청일전쟁, 무정부 상태, 봉기 그리고 마침내 조선으로 몰려온 일본 상인들의 노골적인 약탈 등이 백성을 극도로 피폐하게 만들었습니다. 국고로 들어오는 수입은 매우 빈약하며, 지방 각지의 봉기가 사라지고 도시 경제가 완전한 궤도와는 거리가 멀지라도 과거의 형태로라도 복구되려면 많은 시간이 지나야 할 것입니다.

고귀한 우정을 지닌 일본에게 항복하는 게 당연히 빠르고 쉽습니다.

그러나 일본의 봉사 뒤에는 보장, 이율, 점령, 이권, 다양한 악은 수단꾼들과 실로 빠르게 조선을 파멸과 행정적 쇠망으로 이끈 바로 그 문명인들의 권리가 제기될 것입니다.

국왕은 페룰라[27] 밑으로 다시 들어가면 위험하다는 것을 잘 알고 있으며, 그런 점에서 국왕이 수차례에 걸쳐 집요하게 보호를 요청했다는 사실을 볼 필요가 있습니다. 국왕이 피신할 수 있도록 해 주고 … 마침내 배신자 대신들이 국왕을 감금시켰던 그런 노예 상태를 타파함으로써 러시아는 무관심하지 않다는 사실을 조선 전체에 보여 주었음에 의심의 여지가 없습니다. 각하께서는 조선을 위해 아무것도 하려 들지 않고 할 능력도 없다고 모든 외국인들을 비난한 '조선 5개도 애국자 단체의 선언서'를 기억해 주셨습니다. 이 항의서에는 이미 과거의 모든 사건에서 받은 인상이 설득력 있게 기술되어 있습니다. 즉 일본인들이 주인 행세를 하며 명령했으나, 다른 모든 사람들은 그런 모습을 쳐다보다 간혹 흉내 내듯 했으나 절대로 하지 않았던 것입니다. 조선 사람들은 그 누구도 도와주지 않는 것을 보고, 유일하고 실제로 무엇인가 하는 사람은 역시 일본인이며, 그들의 행동이 증오스럽기는 했지만, 그래도 그들에게서는 무엇인가 기대할 수 있다는 결론에 도달했습니다.…

따라서 1월 30일의 평화로운 쿠데타는 우리에게 전혀 새로운 의미를 지니고 있습니다. 쿠데타로 인해 일본은 조선의 애국자들이 외국 열강들을 비난했던 그런 입장에 처했습니다. 일본은 현재 아무것도 하지 않고, 앞으로 나가지 않는 것은 물론, 양심으로 고통받는 것처럼 자기 보호만 생각하고 있습니다."

27 라틴어임. 회초리, 매라는 뜻

보고서의 마지막 부분에서 베베르는 조선 내 일본의 행동이 심지어 영국 신문에서조차 비난받고 있음을 지적했다. "결론적으로 최근 동방의 언론에서 발생한 결정적 반전을 지적하지 않을 수 없었습니다. 일본의 추잡하고도 애매모호한 행동에 대응하여 분노한 목소리가 영중 언론은 물론, 마치 이상스럽지도 않은 듯 심지어 영일 언론에서도 울려 퍼지기 시작했습니다. 『Japan Daily Mail』 그리고 『Kobe Chronicle』 같은 가장 과격한 언론기관은 조선의 왕비 시해와 관련하여 폭력과 반법률적 행위를 신랄하게 비판했습니다. 지금까지 우리에게 적대적이었던 영국 언론도 이미 수차례에 걸쳐 최근 러시아 공사관 내에서 이루어졌지만 조금의 압력도 존재하지 않는 상태에서 이루어진 개혁에 대해 합법적이면서도 전혀 강제성이 없었다는 성격을 강조했습니다."[28] 1896년 4월 5일 육군부에서는 수석참모부장 오브르체프(В.А. Обручев)의 주재하에 회의가 소집되어 베베르의 이 보고서를 토론했다. 프리아무르 군관구 사령관 육군중장 두호프스코이(С.М. Духовской), 수석참모부 육군학술위원회 회장 임무대행 육군중장 펠드만(Фельдман), 수석참모부 산하 아시아부의 부장 육군중장 프로첸코(А.С. Проценко), 육군대령 푸탸타(Д.В. Путята)와 예브튜닌(Евтюнин) 등이 회의에 참석했다.

"회의는 예상하는바, 만약 군사개혁과 동시에 조선에 우리 고문을 임명할 자리가 생길 경우 이 고문의 지위와 그에게 주어질 행동반경에 질서 보장이 고려되어야만 하며, 만약 국가 내정 건설 및 국가의 재정적 수입원의 개발과 동시에 조선의 대외정책이 안정적이고 일정한 방향을 유지할 경우, 우리 교관들의 파견은 러시아의 영향력을 위해 의미를 지

28 Донесение К.И. Вебера князю А. Б. Лобанову-Ростовскому. Сеул, 21-го февраля 1896 г. // АВПРИ. Ф. Миссия в Сеуле. Оп. 768. Д. 365. Л. 42-45.

니면서 러시아 극동지역 군사적 정책과제에 부응할 수 있을 것이다."

이후 결정에서 다음과 같이 명료해졌다.

"그러나 조선 국왕이 개인의 안전을 위해 무장 경비를 필요로 함을 고려하여, 우리 러시아 전함에서 파견된 해병대로 경비대를 구성하는 게 유익하다고 판단된다. 따라서 회의는 조선 전체 육군의 재조직에 대한 토론을 하는 것이 아니라, 경비대의 조직을 상세하게 규정했다. 경비대는 각 중대당 250명의 병사로 구성된 4개 중대가 1개 보병대대로 편성되어야 한다. 경비대 훈련, 파견 그리고 경비대의 운영관리는 다음과 같은 구성으로 파견될 러시아 장교와 하급 병사들에게 일임되어야 한다. 즉 대대장 직책의 참모장교 1명, 중대장을 위한 위관 4명, 부관 및 경리장교 직책의 위관 1명, 특무상사 4명, 하사관 8명, 나팔수 1명, 고수 1명 그리고 의사 1명 등이다. 조선에서 러시아 장교와 하사관들은 대대장의 명령을 따라야 하며, 모든 군인들은 최고 육군 당국 및 국왕에게 복종한다. 대대 무장에 베르당 소총 1천 정과 소총 1정당 200발의 실탄을 조선으로 운송한다."[29]

이처럼 위 회의는 조선으로 러시아 군사 교관을 파견하는 것에 원칙적으로 반대하지 않으나 그 문제의 최종 해결은 일정한 조건하에서 미래로 연기되었다. 국왕 개인의 안전 보장을 위한 경비대대의 편성 문제는 해결되었다.

베베르는 로바노프 로스토프스키에게 발송한 1896년 3월 17일 자 보고서에서 일본의 대조선정책이 지닌 특성을 재차 언급했다. "일본의

29 Представление генерал-адъютанта Обручева военному министру с заключением совещания по вопросу о посылке военных инструкторов в Корею. 9 апреля 1896 г. // РГВИА. Ф. 448. Ед. хр. 9. Л. 1-2, 4.

대조선 정책이 지닌 전반적 특성에 관해 언급하면서, 본인은 수차례에 걸쳐 일본의 주요 과제를 지적했습니다. 그중 첫 번째는 어떠한 대가를 치르더라도 일본의 배신자 대신들을 보호하는 것입니다. 두 번째는 국왕을 무기력하고, 무능하여 결국 가장 신성한 권리와 백성들의 호감을 위반한 자로 만드는 것입니다." 이와 관련하여 베베르는 일본에서 조선까지 '경고적 성격'의 소문이 들려오고 있으며, 그 소문에 기초하여 다음의 사실을 경계해야 할 수도 있다고 경고했다. "일본인들이 우리와 공동으로 조선 문제의 해결에 자신들이 진지하게 대응하고 있다는 것을 외견상 강조하고 있으나, 실제로는 새로운 쿠데타로 이어질 물밑 선동이 강화되고 있으며, 그 경우 일본 정부가 자신에게 씌워졌던 모든 오명을 표백하는 데 지금까지 사용해 왔던, 정부의 시중을 잘 드는 소시들이 자각 없고 무책임한 영웅이 될 것입니다." 따라서 베베르는 조선 문제를 해결하는 데 있어 '일본 고관들의 정중함과 위선 때문에 앙양된 호감 하나에만 관심을 보일 게 아니라, 일본 현실 정책 및 많은 이들의 경우 친러주의와는 전혀 거리가 멀고 러시아의 철천지원수 이외에는 그 어떤 것이 되지도 않았었고, 되지도 않을 것이며, 될 수도 없을 그런 일본 현실 정치가들에 대해서도' 관심을 가져야 한다고 러시아 외무성에 끈질기게 호소했다. 베베르는 그런 점에서 '서울에서 일본인들의 행동을 목격했고 가까운 장래에 그 일본인들과 러시아의 이익, 그리고 러시아의 존엄 수호에 기초하여 그 일본인들과 충돌하게 될' 쉬페이예르의 도쿄 임명에 더 많은 희망을 걸었다.[30] 서울 주재 러시아 외교 대표 베베르는 도쿄 주재 러시아 대표를 생각하여 일본의 대조선 정책에 대한 관

30 Донесение К.И. Вебера князю А. Б. Лобанову-Ростовскому. Сеул, 17-го марта 1896 г. // АВПРИ. Ф. Миссия в Сеуле. Оп. 768. Д. 365. Л. 46-47.

점이 자신과 확연히 달랐던 러시아 공사 히트로보를 가장 먼저 염두에 두었다. 히트로보는 페테르부르크로 발송한 자신의 보고서에서 1896년 1월 30일 이후 일본이 러시아와의 조속한 합의가 바람직하다는 결론에 도달했음을 증명하려 했다. 히트로보는 상식에 맞지 않게 일본의 정책을 칭찬하면서 다음과 같이 기술했다. "일본 정부는 조선에서의 사건에 대해 특히 분별력 있게 전술적, 이성적으로 대응했으며, 대조선 정책의 이전 실수 덕분에 자신이 게임에서 졌다는 것, 그리고 현재 우리 러시아와의 가능한 분규를 어떤 일이 있어도 예방할 필요가 있고, 그것이 일본 정부를 위해 현재의 난관에서 벗어날 유일한 출구임을 이해하고 있습니다."[31] 일본 정책에 대한 히트로보의 이런 부절적한 해석은 러시아 극동정책의 목적과 과제에 대한 그의 개념에서 유래하는 것으로, 이런 개념의 본질은 그가 로바노프 로스토프스키에게 발송한 편지에 기술되어 있다. 그는 중국의 완전한 파산 상태를 증명한 청일전쟁의 결과 러시아 입장에서 극동지역의 유일하고도 진정한 강대국은 일본이라고 적었다. 극동에서 무엇이든 실행하려면 일본의 가능한 적대감을 반드시 제거해야 한다는 것이다. 그리고 일본과의 적절한 '전방위적 합의'를 통해 보다 손쉽게 그것을 달성할 수 있다고 했다. 히트로보의 의견에 따르면 러일관계에서 조선 문제를 제외한 다른 분쟁이 없고, '일본에 있는 대부분의 사람들도 조선이 조만간에 러시아의 재산이 될 것으로 확신하고 있으며,' 일본은 조선에서 퇴각하기에 적당한 동기가 필요할 뿐인바, 그런 합의에 도달하는 것은 어떠한 일이 있어도 어렵지 않다는 것이

31 Донесение посланника в Токио М. А. Хитрово министру иностранных дел А. Б. Лобанову-Ростовскому. Токио, 8 февраля 1896 г. № 12 // АВПРИ. Ф. Японский стол. Оп. 493. Д. 901. Л. 39-42.

었다.[32]

선견지명을 보여 주지 못한 히트로보의 개념에 격분한 베베르는 로바노프 로스토프스키에게 발송한 보고서에서 일본 고관들의 위선적 성명에 따라 일본 정책을 판단해서는 안 된다는 사실을 증명하면서, 조선에 대한 일본의 간계를 폭로하는 수많은 예를 들었다. 베베르의 정확성은 훗날 여러 차례 증명되었다.

그러나 로바노프 로스토프스키는 히트로보의 견해를 지지하여, 그 역시 조선 문제로 일본과 협약을 체결해야 한다고 보았다. 1896년 2월 8일 일본 외무대신 서리 사이온지 긴모치가 히트로보를 초청하여 일본 정부는 조선 문제로 일본과 러시아 간의 합의 필요성을 확신하고 있다는 사실을 통보한 다음, 서울 주재 일본 대표인 고무라와 러시아 대표인 베베르에게 보낼 공동 훈령에 관하여 협상을 시작하자고 제안하자, 그 즉시 로바노프 로스토프스키는 러시아 정부도 일본 측과 의견을 같이하고 있다는 내용의 전문을 히트로보에게 발송했다. 고무라와 베베르 간의 협약은 고종의 아관파천으로 발생한 가장 첨예한 문제들의 조정에 우선 순위를 두었다. 러시아와 일본 모두에게 이익이 되는 모든 사안을 해결하기 위해 니콜라이 2세의 대관식에 맞춰 모스크바에서 또 다른 하나의 협약을 체결하기로 했다. 이처럼 1896년 2월 중순 러시아와 일본은 조선 문제로 두 개의 협약을 체결하기로 합의했다.

32 Частное письмо М. А. Хитрово А. Б. Лобанову-Ростовскому // АВПРИ. Ф. Секретный архив министра иностранных дел. Д. 159. Л. 2-9.

러일교섭과 베베르-고무라 각서

일본 정부는 협상에 임하면서 아관파천으로 증대되는 러시아의 영향력을 약화시키고 자신의 잃어버린 지위를 복구하려 했다. 러시아는 획득한 지위를 유지하면서, 일본이 조선 내 특별한 권리를 포기하게 만들려 했다. 이에 사이온지 긴모치는 일본의 안을 히트로보에게 제시했으며, 페테르부르크 주재 일본 공사는 2월에 그 안을 러시아 외무성에 전달했다. 일본 정부가 러시아 정부에 제안한 본 안은 다음과 같다.

1. 고종은 환궁을 불편하게 판단해서는 안 된다고 본다. 일본은 서울 주둔 일본군을 일본 공사관, 영사관, 자국의 신민 보호 그리고 극단의 경우 국왕 경호를 위해서만 사용하는 데 동의할 준비가 되어 있다.
2. 필요한 경우 그 어느 정파에 속하지 않은 인사들로 새로운 정부를 구성할 것을 고종에게 충고하도록 조선 주재 일본 대표와 러시아 대표에게 명령을 하달하도록 희망을 표명한다.
3. 조선 당국이 자신의 정치적 적들에게 가한 가혹한 괴롭힘을 고려하여, 조선 정부가 자기 반대자들을 사형(私刑)으로 처벌하지 않을 것을 조선 정부에 조언하도록 서울 주재 러시아 대표에게 하명한다.[33]

이 안을 잘 음미하면 일본 정부가 공동 훈령이라는 형태로 조선에서의 자국 영향력을 1월 30일 이전의 형태로 복구하려 했음을 알 수 있다.

33 다음을 보시오. Японское уведомление от 13 февраля 1896 г. // АВПРИ. Ф. Японский стол. Оп. 493. Д. 5. Л. 109.

즉 고종의 환궁, 새로이 구성된 정부의 재조직, 민왕후 시해 음모의 조직에 관여한 일본 주구들의 생명 유지 등이다. 동시에 일본의 제안에는 일본군의 조선 주둔에 관한 문제가 의도적으로 언급되지 않았다. 당연히 러시아 외무성은 일본의 안에 동의할 수 없었으며, 이에 자신의 수정 대안을 제시했다. 이 안에는 공동 훈령의 기초로서 다음과 같은 조건이 제시되었다.

1. 조선 국왕은 언제나 자유롭게 환궁할 수 있으며, 서울 주재 러시아 대리공사는 당연히 그것에 반대하지 않는다.
2. 러시아와 일본의 대표는 조선 국왕에게 적절한 대신을 권고하는 데 동의하며, 자신의 백성에게 자비를 베풀도록 촉구한다.
3. 러시아와 일본의 대표는 전신선 보호를 위해 외국 군대가 아직도 필요한지 그리고 그 수는 얼마인지를 밝힌다.
4. 러시아와 일본 대표는 필요한 경우 공사관이나 영사관의 보호를 위해 상응하는 조치를 취해야 할 경우 그 조치에 대해 합의한다.
5. 협상은 상호 조화의 정신에서 진행될 것이다.[34]

러시아 안의 마지막 조항은 가장 전반적 의미로 작성되어, 러시아 정부가 일부 양보할 수 있음을 보여 주었다. 러시아 정부가 국왕의 환궁과 관련하여 제시한 안은 환궁 문제를 국왕 자신의 결정에 맡기는 것이었다. 러시아 안의 제2조는 대신이 적절하지 않다는 구실하에 새로운 내각의 대신을 교체하라고 주장할 수 있는 권리를 제공했다는 점에서

34 Телеграмма министра иностранных дел А. Б. Лобанова-Ростовского посланнику в Токио М. А. Хитрово от 16 февраля 1896 г. // Там же. Л. 110.

일본에게 크게 양보한 것이었다. 그와 동시에 자비를 베풀도록 국왕에게 충고한다는 제안은 왕비 시해 사건에 관여한 일본의 주구와 조직자들에게 법원이 무자비했다는 일본의 과도한 주장을 인식한 것으로 그들이 처벌을 피하는 데 도움을 주었다. 3조와 4조는 일본 안에서는 언급되지 않았던 문제들이다. 러시아 안의 제3조에서 일본 전신선 보호를 위한 병력 유지와 그 규모를 조정하는 규칙의 합목적성 문제가 제기되었다. 제4조에서는 일본이 공사관과 영사관 보호라는 구실하에 주둔 중인 군부대에 관한 언급이 이루어졌다. 이 조항에 따라 일본군과 러시아군의 수에 관한 문제가 제기되었다.

일본의 외무대신 무쓰 무네미쓰는 러시아 안에 동의했다. 이후 베베르는 상기 5개 조항에 기초하여 고무라 주타로와 협상에 임하라는 통지를 받았다. 그러나 1896년 3월에 시작된 협상은 베베르와 고무라에게 내려진 훈령이 불명확했기 때문에 지연되었다.

3월 10일 고무라 주타로는 4개 조항으로 이루어진 각서의 안을 베베르에게 수교했다.

1. 아관파천으로 조선에 '비정상적 상황'이 형성되었기에 고종은 환궁한다. 양국 대표는 다른 열강 대표들과의 사전 협의를 거쳐 고종에게 상응하는 조언을 한다. 일본군은 궁궐 주변에 배치된 막사에서 이동할 것이며, 일본인 소시에 대한 실질적 통제가 마련될 것이다.
2. 일본 대표와 러시아 대표는 질서 복구와 유지를 목적으로 강력한 정부를 만들기 위해 적절한 인물을 조선 정부의 관원에 임명하도록 국왕에게 권고한다. 이때 상대 정파에 대한 다른 정파의 복수를 위해 사법(司法)을 이용하지 않아야 한다.

3. 현 상황에서 부산과 서울을 잇는 전신선의 보호를 위해 조선 내 일본군을 주둔시킬 필요가 아직은 있다. 향후 일본군 정규 부대가 200명을 넘지 않는 헌병 경비대로 교체될 것이다.
4. 서울과 개항장에서의 일본 거주지와 신민을 보호하기 위해 일본군 4개 중대까지 조선으로 파병할 수 있다. 이때 각 중대당 병력은 200명을 넘지 않는다.[35]

고무라 주타로의 각서 본문에는 양국 정부가 합의한 훈령이 빠져 있었다. 고무라 제안의 제1조는 러시아 정부가 거부했던 일본 훈령안 1조를 반복했다. 고무라는 고종에게 환궁을 조언할 것을 재차 제안했다. 제2조에서는 1월 30일의 사건으로 집권한 친러 성향의 대신들을 새로운 '적절한' 인사들로 교체하자고 주장하여 러시아의 영향력을 훼손하려 했다. 제4조에서 일본 대표는 공사관, 영사관 그리고 전신선의 보호를 위해 일본군의 수와 주둔지를 거론하면서 그런 권리를 러시아에 부여하는 것은 언급하지 않았다.

사이온지 긴모치가 '4개 조'의 내용을 전달할 당시 도쿄 주재 대리공사 히트로보의 임무대행이었던 쉬페이예르는 이 각서에서 러시아에게 불리한 내용을 간과하고 말았다. 그는 로바노프 로스토프스키에게 보낸 보고서에서 다음과 같이 서술했다. "사이온지 후작이 고무라가 제안한 정책의 합목적성에 대한 제 의견을 알고 싶다는 바람을 표명했습니다. 이에 저는 조선 내 새로운 상황의 공고하고도 최종적인 기초는 당연히 양국 정부의 협상에 의해서만 설정될 수 있지만, 저는 임시 조치로서의

35 Первый японский проект меморандума, врученный К.И. Веберу. 10-го марта 1896 г. // АВПРИ. Ф. Миссия в Сеуле. Оп. 768. Д. 81. Л. 46-47.

고무라 씨의 제안이 전적으로 합목적적이며 유익해 보인다고 언급했습니다. 저의 성명에 사이온지는 확연히 만족해하면서, 우리 정부 대표자들이 본 사안을 이렇게 충성스럽게 다루고 있는데 가까운 시일 내에 우리와 일본 간의 합의가 성립되지 않을 수 없을 것이라고 단언했습니다."[36]

그러나 베베르는 고무라의 각서에 달리 대응했다. 그는 (본인의 뜻을 고려하지 않은)국왕의 환궁, 정부 구성원의 교체 그리고 조선 영토 내 일본군의 합법적 주둔 등에 대한 합의는 힘의 관계를 일본에 유리하게 변화시킬 것으로 판단했다. 따라서 베베르는 고무라의 각서에 대한 답변으로 수정 대안을 제시했다. 고무라 주타로에게 전달된 1896년 4월 1일자 답변에서 베베르는 국왕의 아관파천은 왕비 시해의 죄인들로 구성된 배신자 대신들의 내각이 국왕의 권력을 찬탈한 결과였다고 일본 대표에게 상기시켜 주었다. 따라서 베베르는 환궁의 중요 조건은 국왕의 안전 보장이라고 언급했으며, 제1조에서 환궁 문제의 해결은 '국왕의 안정이 궁궐 내에서도 보장되었다고 확신하게 될 때' 국왕 본인의 판단에 맡긴다는 것을 명시했다. 베베르는 안전 보장이 이행되어야만 국왕에게 환궁을 권고할 거라고 했다.[37]

베베르는 고무라 주타로의 제2조와 관련하여, 조선 정부의 관원은 자유주의적이고 진보적인 활동가로 유명했던, 그리고 이전에도 여러 번 관원을 역임했던 이들 중에서 국왕이 임명하는 것으로 한정을 짓자고 제안했다. 전신선 문제에 대해 베베르는 고무라 주타로의 제안을 받아들이는 것은 일본의 전신선 보유권을 러시아가 인정해 주는 것으로 이

36 Донесение Шпейера князю А. Б. Лобанову-Ростовскому. Токио, 27-го марта 1896 г. № 1 // АВПРИ. Ф. Японский стол. Оп. 493. Д. 901. Л. 89.

37 Ответный меморандум Вебера // АВПРИ. Ф. Миссия в Сеуле. Оп. 768. Д. 81. Л. 35-37.

해했다. 따라서 베베르는 자신의 답변에서 다음과 같이 전신선의 향후 운명에 관한 문제를 제기했다. "… 독립 국가 내에서 일본의 전신선 보유는 비정상적입니다. 전신선을 판매하거나, 조선의 오래된 전신선이 복구될 경우 또는 일본 전신선의 판매 가격에서 합의에 이르지 못했을 경우 일본 전신선을 완전히 파괴하여 일본 정부가 이런 비정상적인 상황을 종식시켰다면, 조선에서의 평화에 부합되었을 겁니다."[38]

베베르는 이런 식의 문제 제기로 공동 훈령의 범위를 넘어서 버렸다. 그러나 그는 일본인들이 이런 양보를 하도록 만들 필요가 있다고 판단했다.

계속해서 베베르는 서울, 부산, 원산의 일본인 거류지 근처에 일본 수비대가 주둔하는 것에 반대했다. 그는 일본군이 철수할 경우 조선군이 민중 봉기를 진압하지 못할 것을 두려워하여 일본군의 조선 주둔에 동의했다는 식으로 화두를 이끌어, '러시아 정부는 자신의 공사관과 영사관 보호를 위해 경비대를 유지할 수 있다'고 규정함으로써 일본과 동등한 권리를 확보하려 했다.[39] 베베르의 답변은 고무라 주타로가 제시한 모든 조항에 많은 수정을 가한 것이었다. 이에 일본 정부는 즉각적인 반응을 보였다. 1896년 4월 8일 일본 외무대신 무쓰 무네미쓰는 쉬페이예르를 초치했다. 만남 중 무쓰는 세 번째 조항의 뒷부분, 즉 베베르가 일본 소유의 서울과 부산 간 전신선을 조선 정부에 양보하거나 파괴하자고 충고한 내용을 각서에서 빼고 싶다고 말했다. 여기서 무쓰는 다음과 같이 언급했다. "일본은 가격이 정해지지 않으면, 당연히 이기적 계산에 따라 서울과 부산 간의 전신선을 조선에 양보할 의도가 있으나,

38 베베르의 제안 본문을 보시오. Приложение к донесению Шпейера князю А. Б. Лобанову-Ростовскому от 11 апреля 1896 г. // АВПРИ. Ф. Японский стол. Оп. 493. Д. 901. Л. 107-108.

39 Ответный меморандум Вебера // АВПРИ. Ф. Миссия в Сеуле. Оп. 768. Д. 81. Л. 35-37.

조선 정부와 이 협상을 직접적으로 진행하길 원하며, 일본이 직접 주도해서 협상을 시작하고 싶습니다." 이후 일본 외무대신은 베베르의 각서 제4조 마지막, 즉 조선 주재 공사관과 영사관의 보호를 위해 무장 경비대를 보유할 수 있는 러시아 정부의 권리와 관련하여 그 경비대의 최대치가 규정되었으며, 상황이 요구하는 그 시점까지만 러시아가 그 권리를 사용하기를 바란다고 했다.

쉬페이예르는 무쓰의 얘기를 경청한 후 그에게 '본질 적으로 사소한 이런 문제를 페테르부르크에 통보하여 토론하게 만들지 말라'고 조언한 뒤, 베베르에게 협약의 내용을 직접 통보하겠다고 자원하면서 베베르가 아마도 일본 정부가 원하는 대로 수정할 것으로 추측했다.[40]

베베르의 각서에 대한 고무라 주타로의 답변은 무쓰 무네미쓰가 쉬페이예르에게 언급했던 수정사항을 그대로 담고 있었다. 제1조는 베베르의 수정 대안을 받아들였으나, 궁궐 주변의 일본군 숙영지를 다른 장소로 이전한다는 의무사항이 거론되지 않았다. 고무라 주타로는 베베르의 제2조를 인정했으나, 향후 내각의 구성이 변경될 경우 양 공사(고무라와 베베르)는 온화하고 계몽된 인사를 임명하도록 국왕에게 충고한다는 사실을 추가했는데, 이것은 베베르가 내린 규정의 본질을 바꾸지 못했다. 고무라 답변의 제3조에서는 일본 전신선의 매각 또는 파괴에 관한 베베르의 제안이 빠져 있었다. 고무라는 자국 공사관과 영사관의 보호를 위해 군대를 주둔시킬 권리가 러시아에게 있음에 동의하면서, 다음과 같은 내용을 보충했다. "이 경비대의 수는 서울 주재 일본군의 수를 결코 넘지 않으며, 조선 국내에 평온이 완전히 복구되는 즉시 군대

40 Донесение и. д. посланника в Токио Шпейера князю А. Б. Лобанову-Ростовскому. Токио, 11 апреля 1896 г. № 12 // АВПРИ. Ф. Японский стол. Оп. 493. Д. 901. Л. 103-105.

는 철수한다." 부가 조항에 따르면 러시아군의 병력은 서울에 주둔 중인 일본군의 수를 넘지 말아야 한다고 규정하고 있었던 반면, 당시 일본은 서울은 물론 다른 도시에도 부대를 주둔시킬 권리를 보유하고 있었기 때문에, 고무라의 부가 사항은 러시아보다 일본에게 훨씬 많은 권리를 제공하는 것이었다. 베베르는 반대를 용인하지 않는 '결코'라는 단어를 받아들일 수 없었다. 베베르는 고무라의 수정에 동의할 수 없다고 판단하여 자신이 제안한 전신선에 관한 조항을 협약 안에 포함시키고 마지막 조항에서 '결코'라는 단어를 삭제했다.

당시 러시아 외무성은 (모스크바에서 니콜라이 2세의 대관식으로 인해) 서울에서 협상이 완수되도록 서두르면서 도쿄 주재 러시아 공사에게 베베르와 고무라 간의 협상 과정에 대해 문의했다. 쉬페이에르는 1896년 4월 19일 로바노프 로스토프스키에게 전문을 발송하여 무쓰 무네미쓰가 '아주 사소한 문제에서 베베르의 고집'에 불평하고 있음을 전했다.[41] 니콜라이 2세가 쉬페이에르의 전문에 '나쁜 게 아니다'라는 주비를 달았음에도 불구하고 로바노프 로스토프스키는 '현 시점에서 실로 바람직하지 못한 분규를 피하려면 협약이 불가피하니' 도쿄 주재 러시아 공사관과 항상 연락을 취하면서 '가장 우호적 의미로 서울에서의 협상을 진행하라'고 베베르에게 하명했다.[42] 일본 정부도 베베르를 공격하기 시작했다. 1896년 4월 23일 러시아 외무성 아시아국 국장 카피니스트는 페테르부르크 소재 일본 공사관으로부터 '가능한 한 신속하게 상호이해에 도달하는 것이 가장 중요하다고 판단한 일본 정부가 화해의 정신에 따라 협상이 조속히 만족스럽게 종결되도록 그에 맞는 명령을 내려 달

41 Телеграмма Шпейера Лобанову-Ростовскому от 19 апреля 1896 г. // Там же. Л. 15.

42 Телеграмма А. Б. Лобанова-Ростовского Веберу от 21 апреля 1896 г. // Там же. Л. 15.

라고 청원하고 있음'에도 베베르가 비타협적이라는 내용의 비망록을 전달받았다.[43]

4월 24일 페테르부르크 주재 일본 공사 니시 도쿠지로[西德二郞]가 로바노프 로스토프스키를 방문하여 베베르가 협상에서 좀 더 양보하게끔 훈령을 내려 달라고 부탁했다. 외무대신은 화해의 정신에서 협상을 진행하여 쟁점이 되는 문제를 일본에 유익한 방향으로 해결하도록 이미 하명했다고 답했다. 또한 협상 과정에 관해 보고하라고 베베르에게 하명했다. 베베르는 이에 대한 답변으로서 합의된 각서의 조건을 간략하게 서술한 뒤 전신선에 대한 하명을 요청했다.[44] 그러나 외무대신은 전신선 문제의 해결을 장래에 맡김으로써 베베르를 지지하지 않았다.[45] 베베르는 자신의 의견을 고수하면서도 로바노프 로스토프스키의 명령에 상응하는 내용으로 고무라와의 각서에 합의해야만 했다. 5월 2일 베베르와 고무라 간에 4개 조항으로 이루어진 러일 한성각서가 체결되었다.

"서울 주재 러시아와 일본 대표는 그들 간의 회의에서 양국 정부의 공식적 훈령에 따라 아래와 같은 결론에 도달했다.

1. 고종의 환궁 문제는 조선 국왕의 개인적 판단과 결정에 맡기며, 양 대표는 국왕의 안전에 모든 의심이 사라지는 즉시 환궁을 우호적으로 충고한다. 일본 대표는 일본 소시를 감시하기 위해 가장 완전하고 실질적인 대책이 수립될 것이라는 신뢰를 주어야 한다.

43 Памятная записка японского представителя от 22 апреля 1896 г. // Там же. Л. 18.

44 Телеграмма Вебера министру иностранных дел Лобанову-Ростовскому от 25 апреля 1896 г. // АВПРИ. Ф. Канцелярия. Д. 157. Л. 26.

45 Телеграмма министра иностранных дел А. Б. Лобанова-Ростовского К.И. Веберу от 28 апреля 1896 г. // АВПРИ. Ф. Миссия в Сеуле. Оп. 768. Д. 81. Л. 47.

2. 현 내각을 구성하고 있는 대신들은 국왕의 개인적 선택으로 임명되었으며, 대부분은 이미 최근 2년간 각 부서 및 다른 고위 직책을 담당한 이들로, 문명인이자 중용적 인사들이다. 양국 정부는 문명인이자 중용적 인물 중에서 대신을 임명하고 자신의 신민들에게 자애를 베풀도록 국왕께 충고하고자 항상 노력할 것이다.

3. 러시아 대표는 조선의 현 상황에서 부산 서울 간의 전신선을 보호하기 위해 몇몇 지역에 일본 경비대를 보유해야 하는 필요성 및 현재 3개 전열 중대로 구성된 이 경비대를 첫 가능성하에서 귀환시키고 아래와 같이 배치된 헌병대로 교체해야 할 필요가 있다는 일본 대표의 의견에 전적으로 동의한다. 현재 배치된 병력은 대구에 50명, 경흥에 50명, 부산과 서울 간의 중간 초소에 각 10명이다. 비록 이 배치에 일부 변화가 있을 수 있지만, 헌병의 총 수는 어떠한 경우에도 200명을 넘지 못하며, 조선 정부에 의해 평화와 질서가 충분히 복구된 지역에서는 순차적으로 소환된다.

4. 토착민들의 가능한 공격에 대비하여 서울과 개항장에 있는 일본인 거류지 보호를 목적으로 일본군은 서울에 2개 중대, 부산과 원산에 각각 1개 중대 배치될 수 있다. 각 중대의 병력은 200명을 넘지 못한다. 이 부대는 거류지 근처에 배치될 것이며 위와 같은 공격의 위험이 사라지면 그 즉시 철수된다. 러시아 공사관과 영사관의 보호를 위해 러시아 정부는 일본군의 병력 수를 넘지 않는 경비대를 위의 지역에서 보유할 수 있으며, 국내의 안정이 복구되는 즉시 철수된다.

1896년 5월 2일, 서울"[46]

46 『Сборник договоров и дипломатических документов по делам Дальнего Востока. 1892-1905 г.』. СПб., 1906. С. 146-148.

각서의 최종본은 고무라 주타로가 5월 10일 베베르에게 제출했던 초안과 확연하게 달랐다. 일본 대표는 거의 모든 조항에서 양보했다. 베베르는 아관파천 이후 조선에서 형성된 질서를 일본이 인정하게 만들었다. 일본은 환궁 문제를 국왕 '개인의 판단'에 맡기기로 하고, 새로운 정부의 대신들을 '국왕 개인이 선택'한 것으로 판단했기 때문에, 조선에서 러시아의 압도적 영향력을 인정할 수밖에 없었다. 베베르의 큰 공적은 조선에서 일본과 동수의 무장 병력을 일본 경비대가 주둔 중인 곳에 보유할 수 있는 권리를 획득한 것에 있다.

그러나 베베르가 아관파천 이후 형성된 유리한 상황으로 인해 러시아 앞에 펼쳐진 모든 가능성을 이용할 수 없었다는 점, 그리고 조선에서 러시아의 우월한 지위를 더 강화시키지 못했다는 점 등에서 베베르와 고무라의 각서는 화해적 성격 또한 지니고 있었다. 일본은 조선에서 1896년 1월 30일 이전에 보유했던 일부 우월권을 유지했다. 제3조에서 고무라 주타로는 일본 거류지와 전신선 보호를 위한 헌병대와 일본군의 주둔에 러시아의 공식적 동의를 받아 냈다. 서울과 부산 간의 전신선을 조선에 양도하라는 베베르의 제안은 받아들여지지 않았다.

전반적으로 베베르와 고무라 합의는 일본에게 불리한 것이었다. 이에 니콜라이 2세의 대관식에 파견된 야마가타 아리토모[山縣有朋] 대장은 모스크바에 도착하는 즉시 러시아 정부와 조선 문제로 협상에 임하여 이전의 협상에서 거론했던 것보다 더 폭넓게 일련의 문제를 논의하라는 명령을 받았다. 결과적으로 로바노프 로스토프스키와 야마가타 아리토모 사이에 '모스크바의정서'로 잘 알려진 두 번째 러일협약이 체결되었다. 이 의정서는 4개 조항과 2개 비밀조항으로 이루어졌다. 공개 조항은 만약 개혁이 필요하다고 판단될 경우 조선이 그 개혁을 수행할 수 있도록 해외차관을 제공하는 데 러시아와 일본 양국 정부의 (전력을 다한) 협력을 명문화했다. '3자의 도움 없이 통상 질서를 유지'하는 데 충분한 수의 '토착민으로 구성된 군사력'과 경찰을 창설하고 유지하는 데 도움을 주고, 조선 내 일본의 전신선 관리권이 유지되는 반면, 조선과 러시아 국경 간의 전신선 부설권이 러시아에 있음을 인정했다.

비밀조항의 제1조는 필요한 경우 러시아와 일본의 상호 동의하에 추가 병력을 조선에 파병할 수 있으며, 이 경우 '양국 군대 사이에 어떤 형태의 점령으로부터도 자유로운 공간을 남겨 두기 위해' 양국 부대의 활동 지역이 규정된다는 것이었다. 제2조에 따르면 '본 의정서의 명확한 조항 중 2조에 언급된, 조선에서의 토착민 군대가 창설될 때까지 조선 내 동수의 군대를 주둔시킬 수 있는 권리에 관하여 4등관 베베르와 고무라 간에 체결된 사전 협약은 효력을 유지한다. 국왕 개인의 안전과 관련해서는, 국왕의 안전을 위해 마련된 현 질서 역시 특별히 복무하게 될 토착민 분견대가 창설 중인 동안에는 그대로 유지된다.'[47] 이 조항은 러시아에 상당한 우월권을 제공했다.

모스크바의정서는 양측에게 중요한 일부 문제를 해결하지 못했다. 본 의정서는 조선에서 '군사력과 경찰의 창설'을 허용하면서도, 그것의 훈련을 위해 반드시 필요한 교관에 대해서는 침묵했다. 외국인 고문의 초빙 절차 및 기타의 것들 역시 명문화되지 않았다. 따라서 이 의정서는 조선의 장래와 관련된 모든 문제에 대한 완전한 합의가 아니었다. 러일 간에 체결된 이 두 번째 협약으로 조선에서 러시아와 일본의 법률적 동등권이 인정되었으며, 양 체약국은 이 협약으로 조선에서 개별 행동을

47 Нольде Б. Э. Внешняя политика. Исторические очерки. СПб., 1915. С. 246-247; 『Россия и Корея… Документы и материалы』. С. 371-373.

취할 수 없게 되었다. 국왕 보호라는 러시아의 권리만이 예외였다. 러시아 외무성은 조선에서 일본의 절대적 영향력을 중지시킴으로써 일본으로부터 조선의 영토적 불가침성과 독립을 유지할 수 있었다는 점에서 이 협약의 주된 의미를 찾았다. 모스크바의정서에 대한 이런 평가는 로바노프 로스토프스키가 베베르에게 하달한 1897년 7월 2일 자 비밀훈령에 그대로 담겨 있었다.

"위에서 언급한 의정서의 제1항과 2항은 조선의 재정적, 군사적 문제에 관련된 것이며 향후의 일은 결정하지 못했다. 완전한 자주국으로서 조선은 그들이 도움을 얻고자 하는 외국인 고문과 군사 교관단을 선택하는 모든 국내외 정치문제와 관련하여 아무런 조건에도 구속되지 않고 완전한 활동의 자유를 보존한다. 양국 정부는 차관을 체결할 때 매우 필요한 경우 조선의 국고에 적극적으로 공조할 의무만을 지닐 뿐이다.

우리는 한반도의 질서가 붕괴되는 경우 일본과 러시아 정부의 공동 군사행동의 가능성을 규정한 조항에 큰 의미를 부여하지 않으며, 양측의 활동영역 사이에 중립지대를 남겨 두는 것의 합목적성을 지지한다.

군사적 개입의 조건들이 발생한다는 것은 향후 거의 기대하기 어려운데 이것은 이 조건들이 매번 현존하는 복합적인 상황들에 종속되어 있기 때문이다. 만약 상황이 군사적 개입을 요구한다면 이것은 공개조항의 제4항에 기초한 회담의 대상이 된다.

상대적으로 중요한 의미를 지니는 것은 조선의 토착민 군대가 편성될 때까지 귀하와 고무라 씨 사이에 체결된 임시협정이 효력을 가진다는 두 번째 비밀조항으로, 이로써 우리는 조선에서 일본인들과 같은 수의 군대를 보유할 수 있게 된다. 같은 조항에는 조선 국왕에 대한 현재의 개인 경호 질서가 유지되어 있다. 두 가지 중 첫 번째 조건은 필요할 경우 서울에 있는 우리 상륙부대를 강화할 수 있게 해 준다. 두 번째는 우리가 배타적으로 국왕의 신변을 보호하는 것이다.

우리의 요청에 따라 야마가타 원수와 조인한 의정서는 양국 정부 간 사전합의 없이는 발표되지 않는다는 점을 덧붙여 언급한다. 비밀조항들은 물론 비밀에 부쳐질 것이다."[48]

러시아 정부는 모스크바의정서의 조건들이 일본과의 관계 조정에 부응하는 동시에, 일본의 강요로부터 조선의 독립을 충분히 보장해 줄 것으로 판단했다. 외무성 내에서는 러시아가 의정서로 얻게 된 조선 내에서의 특권을 다시 평가하기 시작했다.

조선은 독립국으로서 대내외 정책에서 자유를 누려야 한다고 판단한 페테르부르크는 교관 및 고문에 관한 문제의 해결에서 완전한 자유를 조선 정부에 제공하고, 조선이 러시아에 도움을 요청할 경우 러시아가 일본을 상대로 그 어떤 의무도 지니지 않게 만들 두 번째 러일협약을 검토하고 있었다.

조선사절단의 니콜라이 2세 대관식 참석 준비와 베베르의 관여

고종의 아관파천 이후 조선 정부는 페테르부르크에서 발송된 니콜라이 2세의 대관식과 관련하여 공식 초청장을 접수했다. 이에 고종과 조선 정부는 니콜라이 2세를 축하하고 조선에 도움을 주는 문제로 러시아 정부와 협상을 진행하기 위해 모스크바로 특별사절단을 파견하기

48 Проект конфиденциальной инструкции Поверенному в делах в Сеуле. Петербург, 2-го июля 1896 г. № 2 // 『Россия и Корея⋯ Документы и материалы』. С. 374-375.

로 했다.[49] 베베르는 조선사절단의 러시아 파견 준비에 직접 참가했으며, 사절단원은 베베르의 조언이나 동의에 따라 고종이 직접 선발했다. 당시 고종은 사절단의 고문으로 러시아 관원 중 한 명을 포함시키자고 베베르에게 요청했다. 베베르는 이 문제로 1896년 2월 28일 페테르부르크에 전문을 발송했다. "조선 정부가 대관식에 사절단을 파견합니다. 러시아 관원을 고문으로 삼아 함께 파견하자는 조선 국왕의 요청을 실행할 필요가 있다고 판단합니다. 쉬테인이나 그로스(Гросс)에게 문서전령의 급료와 일당을 주어서 보낼 생각입니다." 니콜라이 2세는 이 전문을 읽은 후 '좋다'는 주비를 달았다.[50] 서울 주재 러시아 공사관 서기로서 조선의 상황과 조선사절단의 정치적 관점을 익히 알고 있었던 쉬테인이 러시아인 고문으로 예정되었다. 이후 조선사절단이 상하이를 거쳐 모스크바로 향한다는 결정이 내려졌다.

3월 19일 베베르는 포함 '그레먀쉬(Гремящий)'호의 함장에게 전문을 발송했다. "내일, 즉 3월 29일 특명공사 민영환(閔泳煥) 그리고 사절단 전권사절고문 윤치호(伊致昊), 서기, 통역관 그리고 하인 등으로 구성된 조선사절단이 서울을 출발할 것입니다. 그 외에도 사절단을 러시아까지 안내하기 위해 사절단과 함께 러시아 관원인 쉬테인이 파견될 것입니다. 각하께 삼가 요청드리니 상기 언급된 인사들을 귀하의 전함 승객으로 받아주시어 상하이까지 안내해 주시기 바랍니다. 만약 귀하께서 상하이에 기항한다고 제독께 통보했는데도 제독에게서 특별한 명령을 받지 못하실 경우, 상하이에 최대 4일간 체류하시다가 귀항하실 것을 제

49 자세한 내용은 다음의 책을 보시오. Пак Б. Б. 『Российская дипломатия и Корея. 1888-1897. Книга вторая』. С. 186-198.

50 Секретная телеграмма д. с. с. Вебера. Сеул, 28 февраля 1896 г. // АВПРИ. Ф. Китайский стол. Оп. 491. Д. 3258. Л. 117.

안합니다."[51]

다음 날, 즉 1896년 3월 20일 베베르는 페테르부르크로 다음과 같은 전문을 발송했다. "오늘 특명공사 민영환과 고문 윤치호, 서기, 통역관 등으로 구성된 조선사절단이 출발했습니다. 쉬테인을 제외하고 총 4명으로 이루어졌습니다. 미국을 거쳐 5월 8일에 모스크바에 도착할 예정입니다. 국경에서 협력해 주실 것과 모스크바에 숙소를 마련해 주실 것을 요청드립니다."[52] 이 전문을 발송하고 난 다음인 3월 22일 베베르는 로바노프 로스토프스키에게 발송한 보고서에서 조선사절단의 수석, 즉 민영환과 윤치호에 관해 약간의 정보를 제공했다.

"첫 번째 인물인 민영환은 조선의 옛 법도에 따라 수도에 있는 부대 중 한 부대의 장군이었습니다. 조선에서 호감을 받지 못하는 민씨임에도 불구하고 민영환은 절도와 청렴으로 조선의 다양한 정파들은 물론 외국인들 사이에서도 전반적으로 존경과 신뢰를 받고 있습니다. 현재 민영환은 왕족일 뿐 아무런 벼슬을 지내지 않고 있습니다. 국왕께서 사절단장으로서 적당한 인사를 추천해 달라고 요청하셨을 때, 저는 민영환을 지목했고, 국왕께서도 지체 없이 전적으로 동의하셨습니다. 저는 민영환이 국왕의 가장 높은 신뢰를 받고 있으며, 그에게 출발하기 전에 모든 현안을 최대한 알려 주고자 제가 할 수 있는 모든 것을 다 했습니다.

윤치호는 처음엔 친일파에 속했으며, 1884년의 폭동(갑신정변을 말한다-저자 주)에 직접적으로 참가하지는 않았음에도 조선을 떠나는 게 분별 있는 행동이라고 생각했습니다. 그는 일본과 미국에서 상당히 오랜 기

51 Телеграмма К.И. Вебера командиру мореходной канонерской лодки 'Гремящий'. Сеул, 19 марта 1896 г. // АВПРИ. Ф. Миссия в Сеуле. Оп. 768. Д. 91. Л. 123.

52 Телеграмма д. с. с. Вебера. Сеул, 20-го марта 1896 г. // АВПРИ. Ф. Китайский стол. Оп. 491. Д. 3258. Л. 125.

간 생활했으며 일본어와 영어를 견실하게 배웠습니다. 최근 그는 학부 부대신이었다가, 이후 일본이 구성한 내각에서 외부대신의 직위를 맡았지만 매우 자제하듯 행동했습니다. 일본의 음모로 자신이 외부대신이 되었다고 확신한 그는 완전히 일본을 등졌으며, 아마도 작년 11월 16일 음모(러시아 구력. 춘생문 사건을 말한다-역주)에서 국왕을 위해 간접적으로 참가한 것으로 보입니다. … 저는 이 사람을 사절단원에 임명한 게 특히 유익하다고 판단하는바, 첫째, 그가 교육 받은 계몽된 인물이기 때문이며, 둘째, 그에게 유럽을 접할 기회를 주면, 그 스스로 결론을 도출하여 조선의 문명화에 대한 더욱 결정적인 관점을 정립하게 될 것인바, 그것이 일본에게 유리할 리 없기 때문입니다."[53]

베베르의 이런 보고서 이후 쉬테인은 외무성에 사절단의 특성을 추가로 설명한 보고서를 제출했다. "민영환은 최종 임명될 때까지 아무런 관직을 맡지 않은 왕족 중의 한 명이었으나, 선천적인 절도를 지닌 소박하면서도 품위를 지닐 줄 아는 사람입니다… 그의 습성이나 관점으로 볼 때 그는 진실한 사람으로서, 자기 모국, 심지어 중국의 문명화에 즈음하여 유럽의 많은 문명 현상에 동감하고 있습니다." 또 윤치호에 대해서는 다음과 같이 기술했다. "사절단의 고문인 윤치호는 학부대신이며 지력이 뛰어나고 재능을 갖춘 사람으로서 북미 대학의 한 곳에서 3년 과정을 이수했으며, 영어와 일본어 그리고 중국어를 완벽하게 구사하고 독서량이 많습니다. 그는 자신의 아버지와 함께 국왕을 해방시키고자 실패로 끝난 11월 16일의 음모에 가담했습니다. … 조선의 조건과 상황을 탁월하게 인식하고 심각하게 고민하는 사람이며, 사절단

53 Донесение д. с. с. Вебера князю А. Б. Лобанову-Ростовскому. Сеул, 22-го марта 1896 г. № 21 // АВПРИ. Ф. Китайский стол. Оп. 491. Д. 3258. Л. 148-149.

원 중에서 유일하게 지적이고 유럽식 개념에서의 교육을 받은 자로서, 자기 모국의 상황과 필요에 대한 조선 지식인 계급의 관점을 러시아제국 정부에 제출해 줄 수 있는 유일한 사람입니다." 쉬테인은 사절단의 통역관인 김도일(金道一)의 특징도 흥미롭게 기술했다. "사절단의 통역관은 정교를 받아들인 러시아 신민으로 12살에 블라고베셴스크 신학교에 입학하여 승직을 준비하며 6년 동안 수학했습니다. 과정을 마치지 않은 그는 조선 국왕에게 사적으로 복무하는 조건으로 초빙된 3명의 통역관 중 한 명으로 조선에 부임했습니다. 그는 탁월한 러시아어 지식 덕분에 복무에 배정되어 직위를 받았으며, 월급 50엔에 사절단의 러시아어 통역관이 되었습니다."[54] 여기 열거된 사람들 외에 사절단장 민영환의 강력한 요청에 따라 민영환의 개인비서인 김득련(金得鍊)과 하인을 데리고 갈 수 있었다. 국경에서 조선사절단을 환대하고 러시아에 체류 중 동행 임무에 러시아 외무성 관원인 플란손(Г.А. Пласон, 러일전쟁 이후 조선 주재 초대 러시아 총영사－역주)이 임명되었다.

포함 '그레먀쉬'호로 상하이에 도착한 조선사절단을 러청은행 상하이지점장 포코틸로프(Д.Д. Покотилов)가 맞이하였다. 포코틸로프는 쉬테인과 토론한 뒤 향후 있을 조러 회담에 적지 않은 관심을 보인 재무대신 비테(С.Ю. Витте)에게 보고서를 발송했다.

"러시아로 조선사절단을 파견하자는 생각은 아마도 베베르의 것으로 보이고, 조선 사람들에게 맡겨만 진다면, 조선인들은 자치할 수 있는 능력이 있다는 베베르 생각의 결실이며, 당연히 사절단원은 모두 러시아에

54 Докладная записка кол. секр. Штейна, сопровождавшего корейское посольство из Сеула в Россию от 15 мая 1896 г. № 12 // АВПРИ. Ф. Японский стол. Оп. 493. Д. 72. Л. 2-3. 다음 책에서 재인용. Пак Б. Б. 『Российская дипломатия и Корея. 1888-1897. Книга вторая』. С. 187-188.

우호적인 이들로, 일본인들을 가장 증오하는 것으로 평가하고 있습니다만, 왜인지 지금도 일본인들을 죽을 만큼 두려워하고 있습니다."[55]

모스크바에 도착한 사절단은 대관식에 참석한 다음, 러시아 정부와 협상하기 위해 페테르부르크로 향하여, 6월 5일부터 협상에 들어갔다. 러시아 외무대신과의 협상 첫날 민영환은 러시아에 대한 조선 정부의 요청 5개 조가 서술된 메모를 외무대신에게 수교했다.

1. 완비된 조선군의 창설 시점까지 러시아 군사력으로 국왕을 경비할 것.
2. 군대와 경찰 교육에 충분한 수의 교관을 파견해 줄 것.
3. 궁내부, 내각 그리고 공업 및 철도기업 지도 등을 위한 3명의 고문 파견.
4. 3백 엔의 차관 제공.
5. 조선과 러시아 사이의 전신선 연결.[56]

로바노프 로스토프스키는 협상이 종결되자 그 결과를 베베르에게 비밀리에 통보해 줄 필요가 있다고 판단하여 1896년 7월 2일 다음과 같은 공한의 안을 작성했다.

"지난 6월 20일 자 본관이 보내드린 비밀전문으로 황제 폐하의 대관식 참석차 러시아에 도착한 조선 공사의 요청에 대한 우리의 답변을 귀하께 이미 알려드린 바 있다. 지금 귀관에게 앞에 언급한 요청에 대한

55 Рапорт Покотилова министру финансов Витте. Шанхай, 29 марта 1896 г. // РГИА. Ф. 560. Оп. 28. Д. 24. Л. 33 об.

56 Меморандум Мин Юнг Хуана от 24 мая 1896 г. // АВПРИ. Ф. Японский стол. Оп. 493. Д. 147. Л. 1-4.

답변이 포함된 5개 조항의 사본을 보낸다. 이 문서에서 귀관은 현재 조선의 요청을 즉시 실행할 수 없으며, 일부는 보류할 수밖에 없다는 점을 보아주기 바란다.

조선 공사는 군대 및 경찰 분야의 러시아 교관을 서울로 파견해 줄 것, 몇 명의 러시아 고문들을 지명해 줄 것, 조선에 3백만 달러의 차관을 제공해 줄 것 등을 우리에게 요청했다. 우리는 조선 군대, 특히 토착민으로 편성된 국왕 경호대의 조직 문제를 회담하게 될 비밀인사를 조선으로 곧 파견하겠다는 약속 및 상응하는 재정적 대책 입안을 위해 나라의 경제적 상황을 파악하겠다는 약속으로 제한했다. 조선 공사의 설명에 따르면 국왕의 환궁이 왕권에 대한 존경심을 유지하기에 바람직하지만, 국왕은 우리 해병대가 왕궁에 배치될 것이라는 확신이 없으면 결정을 내리지 않을 것이라고 했다.

이 마지막 요청의 실행이 우리 입장에서는 다음과 같은 판단 때문에 곤란하다.

1. 왕궁에서 러시아 수비대가 국왕을 경호하는 것은 조선 자주권 원칙과 일치하지 않는다.
2. 이것은 다른 열강, 그중에서도 특히 일본의 노골적인 불만을 불러일으킬 수 있으며 조선의 정치적 상황을 복잡하게 만들 수 있다. 야마가타 원수가 모스크바에 체류할 당시, 일본의 사회적 여론이 조선 국왕의 러시아 공사관 체류 사실을 받아들이고는 있지만, 국왕이 왕궁으로 이어할 때 우리 수비대가 왕궁에 머물게 된다면 일본 정부가 상당히 수습하기 힘든, 지식인들의 동요를 불러일으킬 수 있다고 본관에게 솔직히 언급했다.

앞서 언급한 이유로 본관은 조선 공사에게 국왕께서 필요하거나 편안하다고 판단하실 때까지 우리 제국 공사관의 보호하에 계실 수 있으나 환궁하실 경우 국왕의 안전에 대해 정신적 보장만이 가능하다고 설명했다.

이에 대해 제국의 외무성은 모든 신변의 위협으로부터 조선 국왕을 막아주는 데는 러시아의 보호라는 매력 하나만으로도 충분하다고 굳게 확신하게 되었다. 본관은 이것을 확인하기 위해 조선 국왕에 대항한 모든 적대적 행동을 자제한다는 약속을 받아 내고자 일본 정부와 대화하여 전적으로 긍정적인 답변을 받았다.

전체적으로 우리는 서울 주재 러시아 공사관과 일본 공사관이 조선 내에서의 질서 유지를 희망한다는 내용의 러일 양국 공동성명을 도출한 것이 국가와 수도의 평온을 왜곡하려는 의도를 가진 궁내의 유해한 음모들과 간계를 차단하는 가장 좋은 수단이라고 확신하고 있다.

필요하다면 귀하의 일본 동료와 회의를 가져 그런 성명서를 낼 권한을 귀관에게 부여한다.

결론으로, 문서로 답변을 받고자 원하기에 본관이 조선사절단에 전달한 답변 5개 조항의 사본을 첨부한다. 이 조항 중 첫 번째 조항에는 우리 공사관을 수비하고 있는 상륙부대를 철수시킬 예정이 없으며, 오히려 반대로 필요한 경우 증강시킨다는 의미가 있다. 국왕께서 왕궁에서 습격의 위협을 받을 경우 우리 해군에 의지할 수 있겠냐는 조선 정부의 질문에 나는 갑작스러운 상황을 예견할 수는 없으나 우리 러시아 해병대는 서울 주재 러시아 대표의 치밀한 지휘하에 왕궁에서 엎어지면 코 닿을 데에 현재도, 그리고 앞으로도 있게 될 것이라고 답변했다."[57]

57 Проект доверительного письма [министра иностранных дел] к Поверенному в делах в Сеуле. Петергоф, 2-го июля 1896 г. // АВПРИ. Ф. Секретный архив министра иностранных дел. Оп.

이 공한에 '조선 사절에게 제시한 답변 조항'이 첨부되었다.

"Ⅰ. 국왕이 러시아 공사관에 머무는 동안 러시아 경호원들이 그의 신변을 보호한다. 국왕은 자신이 원하는 만큼 그곳에 체류할 수 있으며, 만일 환궁을 원할 시, 러시아 정부는 국왕의 신변안전에 대한 도의적 책임을 진다. 공사관에 주둔하는 러시아군 병력은 공사의 지시에 따라 공사관에 남으며 필요한 경우 증강도 가능하다.

Ⅱ. 교관에 관한 문제를 해결하기 위해 가까운 시일 내에 고위급 러시아 장교가 서울로 파견되며, 그는 러시아 정부의 전권을 위임받아 해당 안건을 가지고 조선 정부와의 회담에 참석한다. 그가 풀어야 할 가장 시급한 사안은 조선 국왕의 경호부대를 재편성하는 것이다. 또한 러시아 정부는 조선의 경제 상황과 필수적인 금융 관련 정책을 조사, 연구하기 위해 경험자를 현지로 파견한다.

Ⅲ. 조선 정부에 협력하기 위해 러시아 고문을 파견하는 안건은 앞선 조항에 따라 해결되며, 위에 언급된 위임된 인물이 조선 주재 러시아 공사의 지휘하에 군사와 재정 분야의 업무를 진행할 것으로 보인다.

Ⅳ. 조선 정부에 차관을 제공하는 문제는 경제 상황에 대한 조사가 끝나는 대로 정부의 필요에 따라 결정한다.

Ⅴ. 러시아 정부는 조선과 육로 전신선을 연결하는 문제에 동의하며 이와 관련한 사업에 협력할 것이다."[58]

467. Д. 153/159. Л. 41-44. 다음 책에서 재인용. 『Россия и Корея… Документы и материалы』. С. 376-378.

58 Проект ответных пунктов послу. Ильинское, 14 июня 1896 г. // АВПРИ. Ф. Китайский стол. Оп. 491. Д. 18. Л. 21-22. 이 답변 조항은 1928년 다음의 책에서 최초로 발표되었다. Б. А. Романов.

‘조선 사절에 제시한 회답안’과 베베르에게 발송한 로바노프 로스토프스키의 밀서들은 조선사절단과의 협상에서 러시아 외무성이 우유부단했음을 보여 준다. 이런 우유부단의 본질은 조선의 독립을 유지하고 조선에서 다른 열강, 특히 일본의 절대적 영향력을 허용하지 않는 동시에 조선 문제로 인한 일본과의 무력충돌 위험을 제거하려 했기 때문이다. 자신에게 부과된 과제들을 이행하지 못한 조선사절단은 협상 결과에 만족할 수 없었다. 따라서 사절단은 러시아가 고문, 군사 교관 그리고 차관을 제공하겠다고 확언해 주길 바라며 출국을 늦추고 있었다. 사절단은 8월 말에 페테르부르크를 떠나 1896년 10월 9일 서울에 도착했다.

베베르는 조선 문제의 어중간한 해결에 동의할 수 없었다. 그러나 그는 러시아가 조선에 실질적인 지원을 제공하도록 만들고, 회답안에 들어 있는 약속을 실현시키고자 조선 주재 러시아 공사로서 가능한 모든 것을 실행했다.

고종이 러시아 군사 교관을 조선에 파견해 주도록 러시아 정부에게 부탁하라고 특사단에게 하명한 사실을 알고 있었던 베베르는 외무대신에게 발송한 1896년 4월 14일 자 전문에서 고종의 부탁을 만족시켜 줘야 할 필요성을 다음과 같이 증명했다. “우리 러시아의 군사 교관을 가능한 한 빨리 파견해야 합니다. 그것은 국왕의 권력을 강화하고 질서를 유지하며 일본인들을 제거하는 실질적인 방법으로서 반드시 달성되어야 하는 것인바, 첫째, 조선 정부가 육군에 있는 일본 교관들을 원하

『Россия в Маньчжурии』 (М., 1928. С. 144-145). 이외에도 다음의 책을 보시오. 『Россия и Корея… Документы и материалы』. С. 138; Пак Чон Хе. 『Россия и Корея』. 1895-1898 гг. М., 1993. С. 52; 『고종시대사』. 4권. 서울, 1951. 135-136쪽; Kim Chol-choon. 『The History of Korea』. Seoul, 1970. p.220.

지 않기 때문이며, 둘째, 일본 교관들은 조선 병사들 내에서 국왕에 대한 충성심을 파괴하고, 폭동을 심는 등의 방법으로 일본 정부의 내정간섭과 조선에서의 일본군 주둔을 정당화하려고 자유로운 지위를 이용하고 있기 때문입니다."[59]

태평양 분함대장 알렉세예프는 프리아무르 군관구 사령관에게 행한 전열보고서 편으로 조선 국왕이 러시아 군사 교관을 원하는 것에 대해서, 그리고 1896년 4~5월의 서울 방문에 대해서 다음과 같이 통보했다.

"저는 4월 19일 서울에 도착하여 공사관에 머물고 있습니다. 공사관에 도착하여 조선 국왕의 지시에 따라 몇몇 대신과 현 정부의 다른 인사들을 만났습니다. 다음 날 국왕을 알현하는 석상에서 조선 국왕께서는 최근의 사건들에 대해 황제께서 지원을 해 주시어 예전의 왕권을 복구하도록 만들어 주신 것에 깊은 사의를 표한다고 하셨습니다. 황제께서 교관과 무기를 보내도록 허락해 주신 사실을 우리 공사에게 전해 들으시고 조선 국왕께서는 매우 깊은 감동을 받으셨으며 대화 중에 황제 폐하께 특별히 감사를 드린다는 말씀을 몇 번이나 반복하셨습니다. 이와 동시에 조선 국왕께서는 자신이 전적으로 신임하고 있는 4등관 베베르가 공사의 직위로 조선에 계속 머물기를 희망한다고 하셨습니다.

조선 국왕께서는 순양함 '아드미랄 코르닐로프'의 상륙부대에 대해 언급하시면서 자신이 공사관 안에서 완전한 평온과 러시아 황제 폐하의 보호를 받고 있으나, 이 공사관의 수비가 쉽지 않음을 모두 알고 계시다면서 칭찬을 아끼지 않으셨습니다. 이에 국왕께서는 서울에서 수비

59 Секретная телеграмма д. с. с. Вебера. Сеул, 14 апреля 1896 г. // АВПРИ. Ф. Канцелярия. Д. 157. Л. 21.

를 담당했고 현재까지도 하고 있는 장교들과 하사관들의 노고에 감사의 뜻을 전해 달라고 하명하셨습니다."[60]

조선 정부는 페테르부르크에서의 협상 중에 고종의 환궁 조건으로 러시아 병사들이 궁궐에서 국왕을 보호해 달라고 제안하면서 러시아 공사관 근처의 크지 않은 궁궐을 지목했는데, 로바노프 로스토프스키는 이 청원을 거절했다. 그는 러시아 공사관 전체 혹은 그 일부를 그 궁궐로 임시 이전하면, 조선 현지민의 특별 경호대가 편성될 때까지 러시아 해병의 보호를 받는 공사관 건물 내에서 국왕에게 더 여유로운 공간을 제공할 수 있을 것이라고 제안했다.[61] 외무대신은 베베르에게 민영환과 나눈 이 대화 내용을 전문으로 발송하면서 이 문제에 대한 결론을 내려 달라고 베베르에게 부탁했다.

베베르는 로바노프 로스토프스키의 제안에 단호하게 반대하면서 다음의 사실을 지적했다. "국왕께서 차지하고 계신 공사관 내에서의 공간은 충분하며, 우리가 비좁게 살고 있습니다. 그러나 본인은 작은 궁궐로 이전하는 것이 불가능하다고 판단합니다."[62] 조선사절단이 로바노프 로스토프스키에게 지적한, 러시아 공사관 근처의 작은 궁궐은 시해 당한 민 왕후의 유해를 그곳으로 옮긴 다음, 그곳에서 국왕과 왕세자가 장례식을 거행하기 위해 축조한 것임을 베베르도 알고 있었음에 틀림없다. 1896년 7월 1일 베베르는 러시아 군사 교관들이 조선에 조속히 도착하게 만들고자 페테르부르크로 다음과 같은 내용의 전문을 재차 발

60 Выписка из строевого рапорта начальника эскадры в Тихом океане Алексеева от 21-го мая 1896 г. // АВПРИ. Ф. Японский стол. Оп. 493. Д. 5. Л. 176.

61 Секретная телеграмма Лобанова-Ростовского Веберу от 29 июня 1896 г. // Там же. Л. 158.

62 Телеграмма Вебера князю статс-секретарю Лобанову-Ростовскому. Сеул, 13-го июля 1896 г. № 118 // Там же. Л. 163.

송했다. "우리 군사 교관들의 도착이 지연되는 것은 현 체제에 반대하도록 백방으로 백성들을 자극하는 대원군을 도와주는 것입니다. 그의 부인, 즉 국왕의 모친께서는 국왕의 부친에게 매수된 살인자들이 국왕의 목숨을 위협하고 있으니 국왕이 공사관을 떠나지 않게 해달라고 비밀리에 저에게 간청했습니다. 우리는 초병이 보호하지 않는 공사관 밖에서 국왕의 안전을 도덕적으로 보장할 수 없습니다. 안전은 국왕의 부친을 제거하고 교관들이 도착해야만 수립될 수 있습니다."[63]

'조선 사절에 대한 회답안'의 실천을 위한 베베르의 활동

로바노프 로스토프스키는 베베르의 7월 18일 자 전문을 수신한 후, 그 즉시 '조선사절단에 제시한 회답안'의 약속에 따라 '군사 교관 및 가능한 한 가까운 시일 내에 국왕 개인의 보호를 위해 현지인으로 편성된 부대의 창설 문제로 조선 정부와 협상하기 위해' 조선 정부의 군사고문으로도 근무할 수 있는 '대리인'을 서울로 파견해야 할 필요가 있다고 육군대신에게 부탁했다. 로바노프 로스토프스키는 조선 및 일본과의 관계에서 모든 복잡한 사안을 고려하여 훈령 작성에 특별히 신경을 써달라고 부탁했다.[64] 7월 중순 육군대신 반노프스키(П.С. Ванновский)는 총참모부 소속의 대령으로 중국 주재 육군무관을 역임하고 조선의 상황

63 Секретная телеграмма д. с. с. Вебера. Сеул, 1 июля 1896 г. // АВПРИ. Ф. Миссия в Сеуле. Оп. 768. Д. 365. Л. 51.

64 Записка министра иностранных дел Лобанова-Ростовского начальнику Главного штаба Обручеву от 18 июля 1896 г. // АВПРИ. Ф. Секретный архив министра иностранных дел. Оп. 467. Д. 153/159. Л. 31-52.

에 익숙한 푸타타(Д.В. Путята)를 파견할 것이라고 통보했다. 차르는 이를 승인했다.

얼마 후 푸탸타는 러시아 군인이 주둔해 있으면 보호 대대의 창설 및 조선 군대의 훈련에 착수하기 쉬울 것으로 판단하여, 150~700명으로 구성된 부대를 서울에 입성시키고, 전신선을 부설하고 보호하도록 200명으로 구성된 분견대를 파병하자고 제안했다. 그러나 외무성이 반대하면서 이에 대한 결정은 푸탸타가 현지에서 상황을 파악할 때까지로 연기되었다.[65]

푸탸타 대령은 조선으로 귀국하는 민영환 특사 일행과 함께 페테르부르크를 출발하여 극동에 도착한 후, 조선에서 보호 대대의 창설 및 다른 일들을 지도하기 위해 장교와 하사관 여러 명 그리고 의사 등을 조선에 파견하자고 프리아무르 군관구 사령관 두호프스키 장군에게 제안했다. 프리아무르 군지휘부는 푸탸타의 요청을 승인하였으며, 두호프스키 장군은 두 명의 젊은 장교와 10명의 하사관 그리고 의사 1명을 파견하기로 했다. 이들은 조선사절단, 푸탸타와 함께 블라디보스토크를 출발하여 1896년 10월 9일 서울에 도착했다.

고종은 니콜라이 2세에게 다음과 같은 내용의 전문을 발송했다. "민 특사는 귀국한 후 우리에게 선물과 폐하의 신임장을 수교하였습니다. 이것은 양국 간 우호관계의 증표가 되고 있습니다. 사절단에게 베풀어 주신 호의적 접대와 훈장 수여에 감동을 받았습니다. 우리가 필요한 개혁을 진행하도록 도와주고 있는 러시아 공사 베베르가 현재의 어려운 시기에 우리의 믿을 수 있는 고문으로 앞으로도 오랫동안 우리 궁궐에

65 Письмо Лобанова-Ростовского Ванновскому от 31 июля 1896 г. // Там же. Л. 70-71.

남아 있기를 바랍니다. 폐하의 대관식에 모든 신의 은총이 하늘로부터 내려오기를 바랍니다. 이형. 국왕."[66]

서울에 도착한 러시아 군사 교관들은 그들에게 특별히 배정된 공간에 거처를 정했는데, 예전에 고종의 고문들이 생활했던 장소였다. 푸탸타의 증언은 다음과 같다. "호기심 많고 실로 경원하며 러시아인의 도착을 가장 중요한 사건이자 조선을 위해 새로운 시대의 시작으로 바라보고 있었던 대규모 군중들이 자신들을 수행하여 그곳으로 안내했습니다. 거처와 가장 근접한 모든 거리와 골목길은 밤늦도록 해산하지 않았던 백성들로 가득했습니다. 다음 날 국왕 알현이 이루어졌습니다. 이 자리에서 저는 권한을 지닌 군부 소속의 인물이 군사개혁 프로그램을 작성할 수 있도록 위원회 임명에 관한 명령을 하달해 달라고 국왕에게 부탁했습니다. 국왕께서는 진심으로 감사를 표하면서 그의 요구를 모두 이행하도록 하명하겠다고 답하셨습니다."[67] 이후 조선 정부, 특히 군부대신이 러시아 교관들에게 궁궐경비대의 편성에 즉각 착수해 줄 것을 강력히 요청했다. 베베르는 이에 대해 페테르부르크에 문의했으며, 외무부대신 쉬시킨으로부터 인가를 받았다.[68] 이처럼 10월 말에 러시아 교관들은 전체 조선군(약 3,500명) 중에서 300명을 선발하여 부대의 훈련에 착수했다.

러시아 군사 교관들은 훗날 '러시아 대대'라고 불렸던 경비대대와 1896년 2월에 고종의 요청에 따라 개교된 '사관학교' 간부후보생들을

66 Телеграмма в SPb. Из Дармштадта. 27.10.1896. His Imperial Majesty Russia. Emperor // АВПРИ. Ф. Японский стол. Оп. 493. Д. 5. Л. 178.

67 Рапорт полковника Путяты в Главный штаб, Сеул, 18 октября 1896 г. // РГВИА. Ф. 448 (Корея). Оп. 9. Ед. хр. 9. Л. 25-28.

68 АВПРИ. Ф. Японский стол. Оп. 493. Д. 144. Л. 89-90.

훈련시키며 많은 고생을 했다. 1897년 1월까지 군부대신의 요청에 따라 훈련받은 36명의 조선인 하사관들이 각 대대에 배치되었다. 1897년 2월에 '사관학교' 간부후보생들이 교육을 이수했다. 이 간부들은 '러시아 대대' 소속의 각 중대에 분산 배치되었으며, 다른 대대의 교관이 되었다. 또한 경비대대에 추가 선발이 이루어졌으며, 병사와 장교의 수가 1,000명으로 증원되었다.

일본 외교관들은 처음에는 러시아 군사 교관들의 활동에 담담하게 응했다. 조선군 부대의 교육이 시작된 직후 서울 주재 일본공사 가토 다카아키[加藤高明]는 경비대대의 목적을 설명해 달라고 베베르에게 요청했다. 베베르는 다음과 같이 답했다. "훈련 중인 부대는 국왕 경비대로 편성될 것이며, 그 부대가 궁궐에서의 경비 업무를 수행할 수 있는 준비가 되는 즉시, 국왕께서는 만약 원하신다면 러시아 공사관에서 이어하실 수 있다."[69] 러시아 외무성은 러시아 부대가 국왕이 환궁하려는 궁궐 내에서 국왕을 보호하지 못할 것으로 보았기 때문에 국왕의 안전을 도덕적으로만 보증했을 뿐이었다. 바로 이게 베베르가 조선 사람들로 편성된 국왕 경비대의 창설을 위해 러시아 교관들의 신속한 조선 파견에 집요하게 매달린 이유였다. 가토 다카아키는 위와 같은 베베르의 답변에 만족을 표명했다. 따라서 최소한 그 당시에는 일본 외교관들이 페테르부르크에서도, 도쿄에서도, 서울에서도 1차 러시아 교관단의 활동에 문제를 제기하지 않았다. 일본은 조선의 경비대 훈련에 반대할 수 있는 근거를 찾지 못했는데, 궁궐 경비대의 전투능력이 갖춰져야만 조만간 고종의 환궁이 이어질 것이기 때문이었다.

69 Телеграмма д. с. с. Вебера от 31 октября 1896 г. / Там же. Л. 91.

러시아 군사 교관들이 인정한 바와 같이 모든 상황이 국내의 안정 수립 및 조선 사람들에 대한 일본인들의 관계 개선에 부응하고 있었다. 이런 점에서 주목할 만한 것은 1896년 11월 러시아 외무성 아시아국에 전달된 태평양 분함대 사령관 해군소장 알렉세예프의 공한이다. "조선에서의 안정 회복, 국왕 권력의 강화, 재무질서 수립 등은 조선 국왕이 우리 공관으로 파천한 이후 조선에서 발생한 사건 진행에 미친 러시아 영향력의 결과임에 의심의 여지가 없습니다. 이런 상황은 조용하지만, 베베르의 일관된 행동과 조선과 조선 사람들에 대한 그의 지식, 특히 그에 대한 국왕의 특별하고도 폭넓은 신뢰로 달성되었습니다. 저는 세 차례에 걸친 서울 방문과 국왕 알현을 통해 이런 사실을 확인할 수 있었습니다. 국왕은 우리 대표에 대한 자신의 신뢰를 직접 보여 주셨으며, 어려운 사건이 발생했을 때 베베르의 행동 양식을 높이 평가하셨습니다. 국왕께서 저에게 그런 말씀을 하신 것은 이런 사실이 황제 폐하께 보고되기를 바라셨기 때문입니다. 제가 마지막으로 국왕을 알현할 당시 국왕께서는 간절한 말씀으로 서울에서 베베르 씨를 소환한다는 소문에 국왕께서 심히 비통해하시며, 만약 소환이 불가피하다면 국왕께서 베베르를 고문으로 초빙할 수 있도록 허락해 달라고 요청하실 것이니, 이를 외무대신 각하께 통보해 달라고 부탁하셨습니다."

또한 알렉세예프는 계속해서 이렇게 기술했다. "서울에 우리 러시아의 현 공사가 존재하는 것은 모든 면에서 러시아에 유익하며, 러시아 정부에게 바람직하지 못한 분규를 일으키지 않고서 러시아의 영향력을 점차 확대시킬 것으로 인식해야 합니다. 현재의 서울 주재 러시아 대표를 대신하게 될 인사는 그 누가 될지라도 우리 러시아가 이미 달성한 모든 것들을 유지하는 데 상당한 어려움을 겪게 될 것입니다. 그러나 일본인들의 지원을 받는 일부 당파들이 계속해서 들끓고 있는 와중에 조선에서 우리가 점유하고 있는 영향력에 견고함을 더하는 것이 우리에게 매우 중요하지만, 이것이 새로운 인물에게는 매우 힘든 과제가 될 것입니다. 새로운 인물은 현지의 일부 정치적 상황을 간과할 수도 있으며, 그 결과 조선과 같은 나라에서는 실로 예측 불가능한 사건이 발생할 수 있습니다."[70]

푸탸타 대령에게 부여된 임무는 경비대 창설로 종결되는 것이 아니었다. 그는 조선 육군의 창설에 관한 자신의 견해를 제시해야만 했다. 푸탸타는 서울에 도착한 지 약 한 달이 흐른 후 6천 명으로 구성된 조선 육군의 창설 및 향후 3년 내 병력을 4만 명으로 증강하는 계획을 작성했다. 포병대, 기병대, 공병대 그리고 순검과 함께 질서를 보장하게 될 현지 헌병대도 창설하고, 5년제 유년학교와 2년과 3년 과정의 군사학교 그리고 2년 과정의 하사관 학교 역시 설립할 예정이었다. 러시아 군사 교관은 총 29명의 장교와 131명의 하사관으로 구성되었다. 계획안의 10조와 11조에는 조선 정부가 국가 수입의 1/4을 매년 군사 분야에 지출하고, 러시아 교관 이외의 다른 교관들을 두어서는 안 된다고 규정되어 있었다.[71] 베베르는 푸탸타 대령의 계획안에 제3국과의 분규를 야기할 수 있는 내용이 전혀 없다고 보아 그 계획을 지지했다. 이후 공동의 노력으로 베베르와 푸탸타는 계획의 합목적성 및 실행 가능성과 관련하여 특별한 어려움 없이 국왕과 조선 정부를 설득했으며, 실행에 옮기자는 동의를 받을 수 있었다. 1896년 12월 13일 베베르는 요절한 로

70 Копия письма начальника эскадры в Тихом океане контр-адмирала Алексеева от 14 ноября 1896 г. за № 2143 // АВПРИ. Ф. Японский стол. Оп. 493. Д. 7. Л. 173-175.

71 다음을 보시오. Рапорт полковника Путяты начальнику Главного штаба, от 20 ноября 1896 г. // АВПРИ. Ф. Японский стол. Оп. 493. Д. 144. Л. 91-100.

바노프 로스토프스키를 대신하여 다시 러시아 외무대신으로 임명된 무라비요프(M.H. Муравьев)에게 전문을 발송하여, 조선 국왕이 원칙적으로 푸탸타 대령의 제안에 동의했으니, 러시아 정부의 의견을 묻는다는 사실을 통보했다.[72]

육군대신 반노프스키도 푸탸타의 계획을 지지했다. 니콜라이 2세는 이 문제와 관련한 보고서에 조선군 부대 창설이 매우 중요한 사안이며 '이 문제를 긍정적 의미에서 해결하는 것'이 바람직하다는 주비를 달았다. 그러나 일본 정부의 부정적 반응을 두려워한 외무대신은 심지어 차르의 의견에 반하여 조선 육군의 창설 문제에서 중립적 입장을 취하기로 했다. 그와 동시에 외무대신은 도쿄의 쉬페이예르에게 푸탸타의 계획안과 관련하여 질문을 발송했다. 쉬페이예르는 조선 육군의 창설은 그것이 어떤 규모이든 '일본의 심각한 불만을 야기할 것'이기 때문에, '일본 측의 가능한 반응을 전혀 고려할 필요가 없으며, 오직 재정적 판단에 따라 행동할 필요가 있다'고 답했다. 쉬페이예르는 일본이 심하게 저항하지 못할 것으로 판단하여, '조선 육군의 훈련 문제를 결정하는데 주저하지 말라'고 제안했다.[73]

베베르의 견해 역시 이와 같았다. 베베르는 조선군 훈련에 대한 러시아의 배타적 권리에 일본이 동의하지 않더라도 조선군의 조직에 착수하자고 제안했다. 베베르는 조선의 재정이 '4만 병력은 고사하고, 6천 병력의 육군에 대한 지출을 견딜 수 없음'을 강조하면서, 당분간은 '보다 적은 수인 3천 병력'으로 한정 짓자고 조언했다.[74]

72 Телеграмма Вебера от 1 декабря 1896 г. // Там же. Л. 94.

73 Телеграмма Шпейера Муравьеву от 4 февраля 1897 г. // Там же. Л. 123.

74 Доверительное письмо министра иностранных дел Муравьева военному министру от 22

베베르와 쉬페이예르의 이런 결론이 러시아 외무대신에게 영향을 주지 않을 수 없었음에도 무라비요프는 답변을 늦추고 있었다. 무라비요프는 1896년 3월에야 '우리 러시아의 교관들을 조선으로 파견하는 문제를 긍정적 의미에서 결정하는 것이 바람직하다'고 보지만, 반드시 조심해야 하며 사안의 결정을 서두르지 말아야 할 것으로 판단된다는 답변을 육군대신에게 전달했다. 달리 표현하면, 무라비요프는 조선의 군사력 창설에 따른 과제의 이행을 무한정 연기한 것이다. 이런 식의 수세적 입장은 외무대신이 다른 열강, 특히 일본과의 가능한 분규라는 관점에서 볼 때 가장 위험한 군사 문제의 해결에 착수하기 이전에 우선 재정을 필두로 하는 다른 분야에서 러시아의 지위를 강화하는 것이 불가피하며, 그런 다음에야 다른 과제의 해결에 착수해야 한다는 뜻으로 설명된다. 따라서 무라비요프는 조선 국왕을 위해 조선에 대한 차관 제공과 재정고문 문제를 조속히 해결하자고 재무대신에게 요청하는 동시에 군사 교관단의 파견을 연기하자고 주장했다.

러시아 정부 내에서는 조선사절단과의 협상이 종결되기 전에 이미 조선에 대한 차관 제공 문제의 해결에 착수했다. 1896년 6월 조선 정부가 차관 5백만 달러를 50년 기간으로 제공하겠다고 제안한 프랑스의 '피브릴(Fives-Lille)'사와 협상을 하고 있으며, 상하이 주재 영국은행과도 협상을 진행 중이라는 베베르의 전문에 놀란 로바노프 로스토프스키는 영국은행과의 협상은 '차관 제공을 위한 협력과 관련된 조선사절단의 청원과 모순되는 것'임을 조선 정부에 경고하고, '특히 영국 자본가들과의 대규모 흥정을 중단해야 하는' 독특한 이유를 조선 정부에 지적해

февраля 1896 г. // Там же. Л. 128-138.

주라고 베베르에게 하명했다.[75]

6월 18일 로바노프 로스토프스키는 서울에 파견할 인물의 선발 및 조선에게 차관을 제공하는 것에 대한 의견을 밝혀 달라는 간단한 요청을 달아 모스크바의정서와 '조선 사절에 제시한 회답안'의 본문을 비테에게 발송했다.[76] 비테는 7월 5일에야 답변했다. 그는 자신이 대표로 임명하여 특별명령을 띤 재무부 관원이자 러청은행 상하이 지점장인 포코틸로프(Д.Д. Покотилов)가 '조선 재무 상태와 조선이 체결을 원하는 대외차관 상환용 수입을 객관적으로 파악하고자 서울을 방문할 것'임을 외무대신에게 통보했다. 비테는 이와 관련해 포코틸로프의 조선 방문 사실을 베베르에게 통보하고 적절한 훈령도 하달해 달라고 요청했다.[77]

8월 초 서울에 도착한 포코틸로프는 조선의 재정 상태와 가능성을 신속하게 파악했다. 8월 17일에 이미 포코틸로프는 조선 재정의 현금이 1895년 일본으로부터 수령한 차관 300만 멕시코 달러 중 남은 액수인 125만 멕시코 달러라는 사실을 페테르부르크에 통보했다.[78] 이와 같이 조선은 러시아에게서 차관을 받아야 일본 차관을 변제할 수 있는 상황이었다. 또한 포코틸로프는 러청은행이 조선에게 3백만 엔의 차관을 제공하고 1897~1898년에 만기가 돌아오는 일본 차관의 상환을 보장해 달라는 국왕과 조선 정부의 요청을 조선 탁지부대신이 자신에게 전달

75 Телеграмма министра иностранных дел. Лобанова-Ростовского Веберу от 21 июня 1896 г. // АВПРИ. Ф. Японский стол. Оп. 493. Д. 147. Л. 5.

76 Телеграмма министра иностранных дел Лобанова-Ростовского министру финансов Витте от 18 июня 1896 г. // АВПРИ. Ф. Секретный архив министра иностранных дел. Д. 159. Л. 35.

77 Секретное письмо Витте Его Сиятельству А. Б. Лобанову-Ростовскому от 5 июля 1896 г. № 51 // РГИА. Ф. 560. Оп. 28. Д. 24. Л. 21-21 об.

78 멕시코 달러는 19세기 말 극동지역에서 유통되던 화폐였다. 1894년의 환율에 따르면 1멕시코 달러 또는 일본 1엔은 동전으로 0.65루블, 1895년에는 0.67루블이었다.

했다는 사실도 통보했다.[79]

그러나 재무부는 차관 제공을 서두르지 않았다. 이에 신뢰감을 상실한 조선 정부는 상하이 주재 영국은행과 차관에 관한 협상을 재개했다. 9월 말 홍콩 주재 영국은행의 요원이 서울에 도착하여 협상에 임했다. 협상이 시작되었다는 소식이 페테르부르크에 알려지자 재무부 부대신 이바셴코프(Иващенков)는 경보를 울리면서 9월에 외무성으로 공한을 발송하여 '조선에서 영국 영향력의 강화는 극도로 바람직하지 못하다는 사실'을 지적했다. 그는 '개설 중인 조선은행에도 조선이 예상하고 있는 대외차관의 체결에도 영국인들이 참가하지 못하도록 하라'는 내용의 훈령을 서울 주재 러시아 대표인 베베르에게 지체 없이 하달하자고 제안했다.[80] 로바노프 로스토프스키가 사망한 이후 외무대신 임시대행의 직을 수행하고 있었던 람즈도르프는 9월 21일 '영국 영향력의 강화가 바람직하지 못한 것을 고려하여 가능한 모든 노력을 다하여 국왕이 영국인들과의 그런 거래를 거절하도록 하라'고 베베르에게 하명했다.[81]

당시 람즈도르프는 차관 제공이 조선에서 러시아의 영향력 강화를 위한 가장 실질적이고 무해한 방법이라는 사실을 인식하고 있었다. 동시에 러시아의 자금 지원이 일본의 차관 상환에 도움이 된다는 것도 이해하고 있었기 때문에 재무부를 상대로 지연되고 있는 서울에서의 협상을 신속하게 종결지어 달라고 요구했다. 람즈도르프는 이바셴코프의 9월 18일 자 공한에 대한 답변으로, 서울로 훈령을 발송했음을 통보

79 Донесение Покотилова министру финансов Витте от 17 августа 1896 г. // РГИА. Ф. 560. Оп. 28. Д. 24. Л. 38, 122.

80 Письмо товарища министра финансов Иващенкова временно управляющему делами МИДа Ламздорфу от 18 сентября 1896 г. // АВПРИ. Ф. Японский стол. Оп. 493. Д. 157. Л. 18-19.

81 Телеграмма Ламздорфа Веберу от 21 сентября 1896 г. // АВПРИ. Ф. Миссия в Сеуле. Оп. 768. Д. 80. Л. 9.

해 주면서 가차 없이 언급했다. "순수하게 정신적인 영향력 외에는 러시아 대표인 베베르가 사용할 수 있는 다른 영향력 행사 방법이 없는 것에 반해, 다른 나라의 대표들은 조선이 겪고 있는 어려움을 이용해 유혹적인 제안을 하고 있으며 결국에는 그들이 제안한 것 중에서 어떤 것이 인정받고 있음을 고려할 때 베베르의 노력이 바람직한 결과에 쉽게 도달하지 못할 수도 있을 것입니다." 람즈도르프는 결론 부분에서 '최근까지 우리가 서울에서 부정확한 약속이나 한 것에 그쳤던 것 이상으로 베베르가 어느 정도라도 러시아 측의 조속한 물질적 원조를 보다 긍정적으로 확언할 수 있게 된다면 그의 활동이 결과를 도출할 것'이라고 강조했다.[82]

그 무렵 영국은행과의 협상 경과에 관하여 페테르부르크에서 발송한 전문을 수령한 베베르는 협상이 조선은행에서 일할 '영국인 회계사'에 관한 것이며, 그런 일이 성사될 리 없다고 통보하여 외무대신을 안심시켰다.[83] 이 전문을 발송하고 한 달이 흐른 뒤, 베베르는 10월 26일 자 전문을 통해 홍콩 주재 영국은행의 요원이 조선은행 설립 문제로 협상하기 위해 서울에 도착한 후 아무런 결과를 얻지 못한 채 되돌아갔다는 사실을 쉬시킨에게 보고했다. 그와 동시에 베베르는 조선 정부에 대한 차관 제공을 러시아가 조속히 결정해야 한다는 의견(포코틸로프도 전적으로 동의하고 있었다)을 표명했다.[84]

베베르의 전문을 접수한 쉬시킨은 신속하게 차관을 제공해 달라는

82 Письмо Ламздорфа Иващенкову от 24 сентября 1896 г. // АВПРИ. Ф. Японский стол. Оп. 493. Д. 157. Л. 20–21.

83 Телеграмма Вебера от 29 сентября 1896 г. // АВПРИ. Ф. Миссия в Сеуле. Оп. 768. Д. 80. Л. 10.

84 Телеграмма Вебера от 26 октября 1896 г. // Там же. Л. 12.

요청이 담긴 공한을 비테에게 발송했다. “각하께서도 알고 계시는 바와 같이 7등 문관 포코틸로프가 이 문제로 서울에서 협상하였으며, 조선이 도입한 일본 차관을 러시아 차관으로 조기에 상환하는 것을 전제함으로써 일본에 대한 향후의 재정적 의존을 단절시키는 것입니다. 우리의 차관에 대한 상환은 다른 수입으로 보장될 것입니다.”[85]

비테는 외무성의 요청을 전해 들은 다음에야 ‘적절한 시점이라고 판단되는 순간에’ 러청은행이 조선에 차관을 제공하는 것에 동의한다는 내용의 전문을 서울로 발송하라고 하명했다. 비테는 토지세와 세관 수입에서 차관의 이자를 받는 것을 필수조건으로 하여 ‘토지세 수입과 세관 수입이 러시아 재정고문의 직접적인 감시를 받을 수 있도록’ 요구했다.[86]

조선에 차관을 제공하는 것에 비테의 동의를 받은 베베르와 포코틸로프는 그 즉시 고종을 방문했다. 고종은 비테가 제시한 조건으로 제공되는 차관에 동의했는데,[87] 이것은 탁지부대신이 포코틸로프에게 발송한 공한을 통해 확인되었다. 그러나 이 공한에는 차관 상환으로 지목된 수입을 통제할 수 있는 러시아 고문의 권리가 언급되지 않았으며, 조선의 국고가 현 상황에서 상당한 자금을 보유하고 있는 만큼, 차관의 체결을 6개월 정도 늦추는 게 합목적적일 것으로 언급되어 있었다. 마지막 표현은 조선 정부가 여름철에 원했던 것만큼 러시아의 도움을 필요로 하지 않았다는 의미였다.[88] 그러나 전반적으로 비테의 제안에

85 Письмо товарища министра иностранных дел Шишкина министру финансов Витте от 1 ноября 1896 г. // РГИА. Ф. 560. Оп. 28. Д. 20. Л. 96-98.

86 Письмо Витте Шишкину от 2 ноября 1896 г. // АВПРИ. Ф. Японский стол. Оп. 493. Д. 157. Л. 28-35.

87 Телеграмма Вебера от 8 ноября 1896 г. // АВПРИ. Ф. Миссия в Сеуле. Оп. 768. Д. 80. Л. 15.

88 Письмо корейского министра финансов Покотилову от 18 ноября 1896 г. // Там же. Л. 13.

국왕의 동의와 조선 탁지부대신의 공한이 말해 주는 것은 베베르가 협약의 즉각적 체결을 주장할 수 있는 충분한 근거를 확보했다는 사실이다. 그러나 비테가 재정적으로 이익이 되지 않는 기업에 대한 자금투자를 꺼렸기 때문에 협약 체결이 이루어지지 않았다.[89]

베베르는 자신의 주장을 굽히지 않고 차관의 긴급한 해결을 요구했다. 그는 차관 제공이 세관 및 다른 수입에 대한 통제 가능성을 열어 준다고 판단했기 때문에, 조선의 수입에 대한 러시아 대표의 통제라는 조건을 반드시 주장할 필요가 없다고 보았다. 베베르는 쉬시킨에게 발송한 1896년 12월 1일 자 보고서에서 이렇게 통보했다. "차관의 정치적 측면에서 모스크바의정서 중 러시아와 일본 양국 정부는 조선에게 해외 차관을 제공하기 위해 공동으로 협력한다고 규정한 제1조가 특별한 이유 없이 우리의 행동에 다소 제약을 가하고 있습니다. 작년에 일본인들은 위에 언급한 차관을 제공했고, 자국 교관으로 조선 군대를 훈련시켰으며, 조선의 모든 정부기관에 일본인 고문 5~6명을 배치시켰습니다. 당시 다른 외국 대표들은 일본의 뻔뻔스러운 행동에 반대하여 항의했지만, 쓸데없는 짓이었습니다. 일본은 공동행동의 원칙을 깼을 뿐만 아니라 다른 외국 대표들의 뜻에 반하는 행동을 했습니다."

베베르는 또 다음과 같이 서술했다. "5월의 협상 결과, 저는 될 수 있는 한 차관 문제와 관련된 교섭에 적극적으로 개입하지 않으려고 했는데, 이는 이 교섭의 사적인 성격을 더욱 강조하기 위해서였습니다. 저는 우리와 일본 사이의 어떤 협약도 조선 정부를 압박할 수 없으며, 조선 정부가 영국, 프랑스 혹은 러시아 등의 그 어떤 민간은행과의 재정 거래

89 Письмо Витте Шишкину от 16 ноября 1896 г. // АВПРИ. Ф. Японский стол. Оп. 493. Д. 157. Л. 41-42.

를 하지 못하도록 의무를 지울 수 없기 때문입니다." 베베르는 계속해서 조선 정부가 세관 수입 및 그것으로 부족할 경우 토지세로 상환을 보장한 상태에서 러청은행에 차관을 요청했으며, 조선 정부로부터 이자를 받기 위해 은행 요원이 조선을 방문한 것에 관하여 통보하면서, 조선이 일본의 차관을 상환하지 못할 경우 일본은 그 즉시 조선 내정에 간섭하거나, 예고된 상환기간의 연장으로 일본의 영향력을 더욱 강화시켜 주는 철도나 광산이권을 획득할 것임을 지적했다. 베베르는 이런 상황을 예방하고 일본의 영향력을 제거하기 위해서는 '일본에 대한 의무로부터 벗어나려는 목적을 지닌' 조선을 거부하는 것은 '극도로 바람직하지 못하다'고 판단했다.

또한 베베르는 재정적 관점에서 조선에 3백만 엔의 차관을 제공하는 것이 불이익이라는 비테의 걱정을 단호하게 부정하면서, 조선의 자원이 전액 상환을 허용하기 때문에 차관 제공이 모험이 아니라는 것을 증명했다. 베베르는 조선의 재정에 관한 자료를 이용하여 보고서를 작성했다.

"국가는 점점 안정되고 올해 풍년이 들면서 무역이 다시 번성하기 시작했으며, 국고로 들어오는 수익은 다달이 증가하고 있습니다. 금년 12월 초 국고의 현금 보유액은 거의 150만 달러 정도인데, 이는 3백만 달러의 차관 가운데 올해 초의 잔액과 같은 금액입니다. 이런 식으로 조선의 재정 상태가 개선되고는 있지만, 외국의 도움을 받지 않고 자신들이 보유한 자금만으로 일본의 부채를 갚을 수 있을 것이라고 기대할 수는 없습니다. 게다가 다방면의 개혁을 실행하기 위해서는, 특히 군대의 재조직에 대규모 특별 예산이 필요합니다."

보고서의 결론 부분에서 베베르는 다시 한번 다음의 사실을 상기시켰다. "만약 다른 어떤 걸림돌만 없다면, 조러 차관 계약의 체결은 우리에게 정치적으로 불가피하며, 1895년의 조일협정에서는 이에 대한 규정이 없음에도 현재 일본인들이 가지고 있는 세관 수입과 다른 수입에 대한 감독과 직접적인 관리권을 결국에는 우리가 가져올 수 있는 근거가 될 것입니다."[90]

베베르의 보고서가 페테르부르크로 전달될 무렵 서울 주재 일본 대표인 가토 다카아키는 자국 정부의 1897년 1월 13일 명령에 따라, 러시아와 체결한 차관에 관한 11월 30일 자 예비협약의 조건을 알려 달라고 조선 외부에 요청했다.[91] 페테르부르크에서는 가토 다카아키의 질문에 관한 베베르의 전문과 베베르가 발송한 12월 1일 자 보고서를 동시에 수령하면서 러시아 외무성이 분주해졌다. 무라비요프는 가토 다카아키의 질문과 관련해 '사기업인 러청은행과의 협약은 모스크바의정서와 양립하는 것'으로 일본 공사에게 해명하라는 명령을 베베르에게 하달했다.[92] 그러나 비테는 계속해서 새로운 조건들을 제시하여 문제 해결을 복잡하게 만들고 질질 끌면서 조선에 대한 차관 제공에 동의하지 않았다.[93]

이번에는 비테의 논증에 러시아 외무성이 결정적으로 저항하고 나섰다. 무라비요프는 비테가 요구하는 훈령을 하달할 필요가 없다고 보아, 러시아 재정고문이 도착할 수 있는 '토양을 마련하라'는 내용의 공한을 베베르에게 발송했다.[94] 무라비요프는 재무대신 비테에게 발송한 공한

90 Конфиденциальное донесение Посланника в Корее д. с. с. Вебера Его Превосходительству Н. П. Шишкину. Сеул, 1 декабря 1896 г. // РГИА. Ф. 560. Оп. 28. Д. 20. Л. 175-178 об.

91 АВПРИ. Ф. Миссия в Сеуле. Оп. 768. Д. 80. Л. 37.

92 Телеграмма Муравьева Веберу от 31 января 1897 г. // АВПРИ. Ф. Японский стол. Оп. 493. Д. 157. Л. 59.

93 Письмо Витте Шишкину от 12 февраля 1896 г. // АВПРИ. Ф. Миссия в Сеуле. Оп. 768. Д. 80. Л. 43-46.

94 Письмо Муравьева Веберу от 27 марта 1897 г. // Там же. Л. 55-57.

을 통해 조선에 대한 차관 제공의 불이익에 관한 비테의 논증을 반박하면서 '조선 정부의 재정고문 직책에 임명할 대상자의 선발을 가능하면 더 이상 미루지 말 것'을 요청했다.[95] 러시아 외무대신의 단호함은 이미 때늦은 것이었다. 조선 정부는 러시아가 차관 도입 문제를 끝없이 연기하면서 애매한 답변만 내놓자, 냉담하게 반응하기 시작했다. 1897년 5월 조선 정부는 일본 채무 중 1백만 엔을 미리 상환했다.

차관 제공에서 베베르의 실패는 러시아의 일관성 없는 대조선 정책의 이중성을 보여 주는 직접적인 증거였다. 그런데 이 점은 러시아 군사교관 문제에 있어서도 그랬다. 민영환을 대표로 하는 조선사절단이 러시아 방문 중에 도달했던, 그리고 그것의 실현을 위해 베베르가 막대한 노력을 쏟아부었던, 조선의 경제 및 군사정치 시스템의 개혁에 관한 합의는 이처럼 절반만 이행되었다. 국제적 요인, 극동에서 러시아 관심의 중심이 조선에서 만주로 이동한 것 그리고 1896년 2월 고종의 환궁 등이 실행의 걸림돌이 되었다.

고종의 러시아공관에서의 환궁

고종의 환궁을 주장했던 것은 누구보다 일본 외교관들이었다. 그들은 조선에서 일본의 영향력을 회복하려고 무던히도 애를 썼으나, 고종이 러시아 공사관에 체류하는 동안에는 그런 노력이 모두 허사였다. 이런 상황 속에서 일본은 영국과의 협력하에 모든 가능한 방법을 동원하

95 Доверительное письмо министра иностранных дел Муравьева министру финансов Витте от 8 марта 1897 г. // Там же. Л. 47-54.

여 고종이 환궁하도록 압력을 가했다. 여기에 더하여 러시아 교관들에게 훈련받은 대대가 국왕 보호업무를 이행하기 시작하면서 고종의 환궁 의지가 강력해졌다. 1월 말에 이미 친일적 성향의 조선 정치인들과 그 지지자들, 대원군의 측근들은 조선 국왕의 환궁을 재촉하는 시위를 조직했다. 그들은 매일 고종에게 환궁하라는 상소를 올렸다. 백성들도 대체로 국왕이 환궁해야 한다고 생각했다. 서울 주민들 내에서도 국왕이 러시아 공사관에 체류하면서 조선의 독립과 자주에 손상을 입히고 러시아에 유리한 정책을 추진하고 있다는 생각이 확산되었다.

베베르뿐만 아니라 1896~1897년에 조선에 체류했던 러시아의 다른 대표들 역시 고종의 아관 체류 및 환궁의 원인을 매우 흥미롭게 설명했다. 그들은 고종에 대한 베베르와 다른 러시아인들의 호의를 증언하고 있다. 이런 점에서 관심을 끄는 문서는 재무부 대표인 포코틸로프가 재무부 관방실장 로마노프(П.М. Романов)에게 발송한 1896년 9월 4일 자 보고서이다.

"물론, 조선의 국왕이 우리의 빈객으로 얼마나 머물 것인지 판단하기 어렵습니다만, 여하튼, 그가 우리 공관에 꽤 장기간 머물게 될 것이라는 사실만은 명백합니다. 공사관 안에 모든 부처들을 배치했습니다. 추측컨대, 많은 사람들이 이런 상황을 불편해하는 것 같습니다. 그들은 빠른 시일 내에 다시 궁궐로 이어할 수 있다는 믿음을 주는 특별보고서들을 주저 없이 제출하고 있습니다. 그럼에도 불구하고, 국왕은 환궁을 고려하지 않고 있습니다. 국왕은 우리 공사관 건물의 오른쪽, 즉 서쪽 절반을 모두 차지하고 있습니다. 이외에도 반대편 중앙에 있는 가장 좋은 방이 조선 의정부의 집무실로 제공되었으며, 칸막이가 처져 있는 모든 방의 칸칸을 각 부처 또는 각 부처 산하의 사무실들이 차지하고 있습니다. 우리 대리공사의 재량으로 3개 내지 4개의 방은 그냥 비어 있습니다. 추측해 보건데, 지난 해 9월 왕후가 비극적인 죽음을 맞이한 후, 궁궐 내 자신의 처소에서 심한 불안과 불면의 밤을 보내던 국왕은 이곳에서 휴식을 취하면서 스스로 매우 편안함을 느끼고 있는 것 같습니다. 불행한 국왕은 매일 밤 일본인들이 보낸 자객에 의한 죽음에 대비하고 있었으며, 나중에는 아예 잠자기를 포기했습니다. 아직까지도 그는 이 공포감을 떨쳐 버리지 못하고 있습니다. 공사관 뜰에서 약간 이상한 소리가 들릴 때마다, 제가 도착하기 바로 직전에 경비병이 부는 호루라기 소리가 들릴 때마다 얼굴이 아주 창백해집니다. 어느 날 해병대원 중 한 명이 무심코 사격을 했는데 국왕의 처소에서는 말 그대로 공황이 발생했습니다.

베베르 자신도, 특히 그의 부인과 공사관의 살림살이를 돌보면서 공사관에서 거주하고 있는 먼 친척 손탁(Зонтаг, Antoniette Sontag, 1854~1925. 알자스로렌 출신의 독일인. 베베르의 처형뻘-역주) 여사도 자신의 빈객을 직접 대접하지 않고 있습니다. 그들은 국왕에 대해서 그리고 국왕이 언제 어떤 사안과 관련해 이미 행동한 것이나 언급한 것들에 대해 긍정적으로 말하지 않고 있습니다. 그럼에도 모든 사람들은 국왕의 후비들을 '마마'라고 부르는 등 실제의 궁궐 관습을 따르려고 애쓰고 있습니다. 손탁 여사는 국왕의 갖은 가사를 직접 관리하고 있습니다. 저는 이와 관련하여 제가 알게 된 사실을 각하께 은밀히 보고 드리는 게 제 본분이라고 생각합니다. 러시아 대표와 그의 가족들이 국왕의 개인사와 궁궐 전반의 업무에 관여하는 것이 심하게 눈에 띄어 외견상 서울에 사는 외국인 중 누구에게도 비밀이 될 수 없다는 것입니다. 그런데 이런 상황은 일정 정도는 베베르가 국왕의 고문 역할을 맡으면서 야기되었습니다. 이는 우리 정부가 국왕의 고문 직책에 적합한 인물을 아직까지 임명하지 않았기 때문입니다. 물론, 이런 상황은 국왕과 우리의 대리공사 사이에 정착된 개인적인 친분 관계 때문에 발생한 것일 수도 있습니다."[96]

러시아 육군무관 스트렐비츠키(И.С. Стрельбицкий) 대령은 1897년 1월의 군사보고서에서 고종이 환궁할 수밖에 없었던 원인, 그리고 장기간 동안 러시아 공사관을 떠나지 않으려 했던 이유에 주의를 기울였다. 스트렐비츠키는 다음과 같이 서술했다.

"백성은 자신이 원하지 않았던 일본식 계몽 활동을 제거할 수 있는 담보와 순수한 민족 정치의 시대를 국왕의 아관파천에서 목격하여 당시에는 파천을 열렬하게 환영했습니다. 그러나 거의 1년에 걸친 경험이 조선 애국자들의 그런 희망을 완전히 정당화시켜주지 못한 것으로 보입니다. 실제로 일본의 진보적 테러가 중단되었지만, 구습, 즉 중요한 것은 조용한 은둔생활이 되돌아오지 않고 있다는 점입니다. 돌아가신 왕비와 민씨 일족들, 그들과 함께하는 모든 양반들의 통치 당시 부과되었던 과중한 공식적, 비공식적 세금으로부터 나라를 해방시키기 위해 지금까지 정부가 이룬 성과는 거의 없습니다. 따라서 지금은 국왕이 환궁하기를 바라는 목소리가 더 커지고 있는 것 같습니다. 백성들은 지배계급의 중상으로 인해 조선 정부가 외국의 형태를 따라 조선을 개혁하는 쪽으로 기울 수 있다고 생각하여 내정에 대한 외부인의 영향을 무조건 두려하기 시작했습니다. 이런 확신에 찬 일파들의 목소리 뒤에는 마음대로 궁궐 음모를 꾸미고 여러 가지 일들을 진행했으나, 국왕에게 배

96 Донесение представителя министерства финансов в Сеуле Д. Покотилова директору канцелярии министра финансов П. М. Романову. Сеул, 4 сентября 1896 г. // РГИА. Ф. 560. Оп. 28. Д. 24. Л. 45-53.

타적 영향력을 행사하면서 그것을 못하게 만든 러시아 공사(베베르)에게 불만을 지니고 있었던 상이한 궁궐 귀족의 일가들이 숨어 있습니다. 현재 자주적인 내정의 필요성에 대한 확신이 민족의 긍정적인 공공재산이 되었기 때문에, 어찌되었든 이런 확신을 고려해야만 합니다."

그러나 스트렐비츠키에 따르면 국왕은 러시아 공사관을 떠나려 하지 않았다고 한다. 처음에는 서울 내에 질서가 보장되지 않았다는 것을 원인으로 들었으나, 나중에는 서울의 유럽 구역에 새로운 궁궐을 건설할 필요가 있다고 주장했는데, 후자는 국왕이 안 좋은 기억을 지닌 옛 궁궐로 환궁하는 것을 원하지 않았기 때문에 제기되었다. 그다음에는 1년상을 들어 환궁이 이루어지지 않았다. 궁궐이 준공되고 상이 끝나자, 국왕은 자신이 매 2~3일마다 망자에게 성대한 제사를 올리던 장소인 궁궐에 보존 중이던 부패한 '왕비 유해의 매장'이라는 새로운 조건을 제시했다. 국왕은 매장을 하지 못하는 이유로 장례 절차상 망자의 높은 지위에 맞는 장지를 물색하지 못했다는 점을 들었다. 그다음에는 장대한 능을 축조할 수 있는 경험을 갖춘 장인의 부재를 들었다. 이에 대해 스트렐비츠키는 이렇게 언급했다. "이미 반년 동안 관원들이 서울 변두리를 돌아다니다가, 왕비의 능에 적절한 장소가 어디에도 없다는 똑같은 답변을 가지고 돌아옵니다. 그 외에도 중국의 오래된 황제 능의 축조 형태를 연구하기 위해 상하이로 특별 관원을 파견했습니다."

고종이 아관에 체류하는 동안 스트렐비츠키 대령이 서울에 주재하면서 받은 조선에 대한 러시아 영향력의 특징 및 수준에 대한 인상이 흥미롭다.

"아관파천 이후 러시아 영향력이 공식적 범위 외에서도 실로 막대하다는 것에 의심의 여지가 없습니다. 일부 눈에 띄는 반작용이 있음에도 불구하고 아직도 그 영향력이 존재한다는 것이 매우 중요합니다. 조선 사람들이 우리들에게 지니고 있는 여러 감정들을 그들이 중국에 대해 갖고 있는 호감과 동일시할 필요는 없습니다. 실제로 조선 사람들은 문화적 영향력으로 자신들의 내적 삶 전체에 스며들어 있는 동방의 정신적 제왕을 중국에서 목격하고 있으며, 우리 러시아도 강대국이자 우호적인 나라이지만, 외부의 적으로부터 자신을 보호국으로 받아들여 준, 그러나 이방인의 세력으로 바라보고 있습니다. 우리 러시아의 영향력은 모든 대외 문제에 있어서 막대하며, 중국의 영향력은 조선 민족 내부의 문화적 삶에서 전능한 것입니다.…

현재 국왕을 둘러싸고 있는 인사들은 대부분 예전에 총애를 잃었던 이들로 구성되어 있는데, 이들은 지위를 공고하게 만드는 것보다 지금 웃을 수 있는 상황을 이용하여 자신의 상황을 개선시키는 데 정신이 없습니다. 그러나 그런 이들 중에서 중요한 그리고 실제로 전능한 수단꾼은 고시중[김홍륙(金鴻陸)-역주]이라는 단순하고 학식이 없는 이로써 아관파천 계획을 꾸밀 당시 국왕의 신뢰를 받아 현재 학부협판의 직위를 얻었습니다. 국왕의 모든 총애가 그를 통해 생산되고 있으며, 그와 동시에 그는 러시아 공사관의 통역관으로 일하고 있어서, 자연스럽게 그는 다른 대신들 및 국왕과 더 가까운 인사들의 불만을 사고 있습니다. 이 모든 궁궐 귀족들은 러시아에 대한 자신의 호감을 가지고 국왕을 감동시키고, 논쟁하며, 경탄의 마음을 일으키게 하는 한편, 백성들의 가능한 위협을 두려워하고, 러시아 대표의 영향력에 중압감을 느껴, 그들과 국왕의 행동이 자유롭지 못하다는 것과 외국인 고문들 때문에 이러저러한 어려움이 발생하고 있다는 음모를 몰래 꾸미는 방식으로 자신이 행한 파렴치한 수탈의 결과를 러시아 영향력의 책임으로 떠넘기고 있습니다.…

국왕은 온화하지만, 의지가 약하고 우유부단한 사람입니다. 제가 예상하기에, 러시아에 대한 그의 개인적인 호감과 감사의 마음을 의심할 수는 없다고 보지만, 다른 한편으로 그런 감정에서는 공고하게 형성된 어떤 정치적 확신을 목격할 수도 없어 보입니다. 상황이 바뀔 때, 특히 위험이 닥칠 때 그런 감정들은 전혀 예상하지 못한 곳으로 아주 쉽게 방향을 바꿀 수도 있습니다. 이처럼 국왕은 우리에게 현재 진정하고 강력하지만, 믿을만한 동맹자는 아닙니다."

스트렐비츠키는 '친러파'의 다른 일원들을 '협잡꾼 일파'라고 불렀는데, 러시아 영향력을 바라보는 주민들의 시각이 변한 것은 그들의 파렴치한 행동 때문이라고 했다. 이에 대해 스트렐비츠키는 다음과 같이 기술했다. "그러나 우리에게는 잘 알려지지 않았지만 강력한 동맹자가 있으니 바로 농사를 지으며 사는 평범한 다수의 조선 사람들입니다. 제 개인적인 관찰이나 조선을 여행한 다른 러시아 사람들의 증언에 따르면, 이런 주민은 최근 언제 어디서나 자신의 강력한 이웃이자 보호자에게 가장 진심 어리고 확고한 호감을 표명했습니다. 현 상황에 대한 일부 냉담한 감정에 대해 말씀드리면, 저는 이런 냉담함이 외국의 영향력 뒤에 숨어 있는 현 국왕과 정부에 의해 만들어진 체제와 관련된 것이지, 러시아 인민이나 러시아의 보호 관계에 대한 것이 전혀 아니라고 확신하고 있습니다."[97]

공사관 통역관인 쉬테인의 사적인 서한에는 러시아 공사관 내에서 고종의 상황이 보다 정확하게 묘사되어 있다.

"하지만 우리 공사관에서 국왕은 죄수나 다름없었습니다. 매일 방 두 칸을 맴돌고 매일 똑같은 공사관 마당에서 언제나 한쪽 구석에서 다른

97 Рапорт военного агента в Корее полковника Стрельбицкого. Сеул, 10 января 1897 г. // РГВИА. Ф. 448. (Корея). Ед. Хр. 10. Л. 80-100.

쪽으로 산책을 했습니다. 국왕께서 맑은 공기를 마시기 위해 정원에 나가려고 하실 때가 가끔 있었지만 산책을 하시는 경우는 매우 드물었습니다. 때로 그가 자신의 연로한 모친에게 문안을 드리는 것과 같은 피할 수 없는 예식에 참여하기 위해 가까운 왕궁으로 왕세자와 같이 행행하실 때는 공포로 거의 반죽음이 되어 있었습니다. 그 이외에는 내내 자기 방의 문을 닫고 눈에 띄지 않고 비밀스럽게, 마치 동방의 승려처럼 앉아 있었습니다.

다른 모든 죄수들이 그렇듯 조선의 국왕은 우리 장교들과 하사관들로 구성된 새로운 경비대의 보호로 그의 안전이 공사관에서만큼 보장받을 것이란 확신이 들자마자 한마디 말만 하고 서둘러 떠날 정도로 자신의 독방에 혐오감을 느끼지 않을 수 없었다는 사실은 놀랍지 않습니다. 그리고 베베르가 뚫을 수 없는 보호벽으로 둘러싸고 국왕에 대한 애정과 존경을 지나치게 표현했을 수도 있습니다. 보호와 약간의 분노는 국왕처럼 나약한 성격의 사람에게는 상당히 유용하지만 단지 이 수단들은 은근히 적용되었을 때만 유용한 것입니다. 만약 국왕에게 모든 것이 그 자신의 주도로 그에게서 유래하고 창조된 것이라고 반박할 가능성이 주어졌었더라면 모든 것이 좋았을 겁니다. 그러나 국왕께서 보호에서 벗어날 방법을 찾기 시작하면서, 자신이 보호 체제와 함께 타인의 의지에 속박되어 있다는 것을 겨우 눈치채셨습니다. 바로 이것이 국왕의 측근 중에서 가장 영향력 있는 이들의 외적 압력과 함께 국왕께서 우리 공사관을 떠나도록 만든, 보다 국왕과 직접적으로 연관된 가장 중요한 원인입니다."[98]

98 Выписка из частного письма состоящего при миссии в Сеуле титулярного советника Штейна. Сеул, 20 февраля 1897 г. // 『Россия и Корея⋯ Документы и материалы』. С. 349-350.

러시아 공사관에서의 고종 체류에 대한 결론에 즈음하여 1897년 9월 도쿄에서 서울로 돌아와 임시로 러시아 공사직을 수행하고 있었던 쉬페이예르의 회고록을 인용할 수 있을 것이다. "우리는 국왕 전하가 러시아공관에 피신하시도록 함으로써 전하를 일본과 그 일당의 압제에서 영원히 그리고 완전히 벗어나게 하였고, 국왕께서 자유롭게 조선의 국가 구조를 개선하고 올바르게 조직할 수 있게 했습니다. 우유부단한 조선 국왕께선 직면한 조직화 작업의 힘든 점, 그리고 우리의 도움과 적극적 참가 없이는 감당할 수 없다는 사실을 깨달으시고, 그 일을 수행할 능력이 자신에게 없다는 것을 아신 순간 러시아에게 조선 군대의 훈련 사업을 책임져 달라고 요청하셨습니다. 그 밖에도 러시아 고문관, 즉 조선 행정부의 주요 부분을 지도할 전문가도 요청했습니다. 우리가 조선 국왕에게 보여 준 환대를 온 나라가 고맙게 바라보았으며 그 환대의 의미를 잘 알고 있었습니다. 그리고 우리만이 이 나라에 절실한 혁신을 이루어 내고 이 나라가 겪은 모든 소란으로부터 평안을 되찾아 줄 것이라 전적으로 신뢰하고 기대했습니다.

보기에는 제반 사정이, 이곳의 지역적 조건이 요구하는 정도로, 그리고 나약한 조선 군주가 기대하는 정도로, 우리가 이 불행한 변경의 운명을 책임질 지도자의 역할을 떠안는 것을 허락하지 않는 것 같았습니다. 조선 국왕이 우리 공사관에 체류하던 시기 내내 우리가 조선 문제에 대해 호의적이고 조심스러운 태도를 취한 것은 우선 적극적인 지도자의 역할을 우리가 맡고 싶지 않았기 때문이었습니다. 그 후 우리와 일본 간의 모스크바 합의문이 전면 공개되면서 우리에게 악의를 품은 많은 이들이 이 합의문은 우리가 약해서 조선에서의 지배적 영향력 확보를 위한 일본과의 투쟁에 우리가 뛰어들 수 없음을 보여 준 사례라고 조선 사람들에게 서슴없이 얘기했습니다.

제 소박한 견해로는, 바로 그때부터 조선에서 우리의 영향력이 약화되어, (고종의 환궁 이후-저자 주) 비교적 짧은 시간 안에 정말로 다른 어떤 것으로도 대체되지 않은 채 거의 완전히 사라져 버렸고, 실로 이런 사정이 조선의 지배계급과 나라 전체를, 제가 지금 목격하고 있는 이런 추악하고 혼란스런 상황으로 이어졌습니다."[99]

이런 상황 속에서 베베르는 고종이 러시아 공사관을 떠나 환궁을 단념하도록 노력하여, 궁궐 축조가 완성되지 않았으니 환궁을 무기한 연장한다는 내용의 2월 3일 자 왕명을 발표하게까지 만들었다. 그러나 2월 6일 푸탸타 대령으로부터 '국왕 경비대가 근무에 필요한 지식을 완전히 갖췄다는 보증'을 받은 조선 의정부가 환궁을 집단 상소하자, 고종은 그에 동의하여 2월 8일에 환궁하겠다는 칙령을 2월 7일에 발표했다. 같은 날, 즉 7일 외무대신 이완용은 이 결정을 베베르에게 통보했다. 더 이상의 주장은 해가 될 뿐이라고 판단한 베베르는 국왕이 확고하게 표명한 의지에 반대하는 게 불가능하다고 보아 그가 내린 결정을 인정했다.

쉬페이예르는 이렇게 증언했다. "모든 일은 매우 빠르고 갑작스럽게 일어났고 심지어 공사관에서 작별 알현의 시간조차 없었습니다. 우선 국왕의 일용품들을 나르고 낮 1시에는 환궁 행행의 의식이 거행되었습니다. 베베르의 초청으로 프록코트를 입은 공사관의 일원들이 현관에 모여 국왕께서 나오시길 기다렸고, 공사관을 떠나는 것이 아쉽다는 국왕의 몇 마디 말씀을 듣고 난 후, 마치 소풍이라도 가듯 매우 만족스러운 표정의 국왕과 왕세자가 가마에 탈 때까지 마중했습니다. 해병부대

99 Донесение Шпейера графу Н. М. Муравьеву. Сеул, 13 сентября 1897 г. № 4 // Там же. Л. 163-164.

가 국왕 일행을 공사관 대문까지 호위했습니다. 장엄함도 후광도 전혀 없었고, 그 대신 서두름과 원시적 분위기가 팽배했습니다. 장엄한 환궁식은 벌써 공사관 담장 밖에서 시작되었습니다. 거리는 환관들과 가마들로 가득했습니다. 집집마다 깃발을 달아 장식했습니다. 지붕과 나무들 위에는 온통 호기심 많은 사람들이 올라가 있었습니다. 질서를 유지하기 위해 우리 교관들에 의해 훈련된 병사들이 교관들의 지휘하에 공사관부터 왕궁까지 거리 전체에 2열 횡대로 서 있었습니다. 백성들의 감격스러운 외침 속에 모범적인 질서로 빛나는 행렬은 왕궁까지 이어졌고 궁궐의 문 근처에서 푸탸타 대령이 국왕을 맞이하여 안으로 수행한 후, 수도 없이 감사한다는 국왕의 칭찬을 듣고는 물러갔습니다. 국왕이 입궁하시자 궁궐 문이 닫혔습니다."[100]

환궁 다음 날, 즉 2월 9일 베베르는 고종이 러시아 공사관에서 환궁했다는 사실을 외무대신 이완용에게 공식 통보했다.

"이번 달 20일 국왕께서 경운궁이라 불리는 궁궐로의 환궁을 결정하셨으며, 주민들은 그 사실에 무한히 기뻐할 것이라고 통보하여 주신 이번 달 7/19(뒤의 날자가 서양력-역주)일 자 귀하의 통첩을 무사히 접수했음을 각하께 통보하여 드리는 영광을 지닙니다.

폐하께서 새로운 궁궐에서 완전한 평온 속에 계시고, 조선에 우호적인 국가들이 언제나 지지할 것인바, 조선이 진보의 길로 계속해서 나아가길 바랍니다.

귀하의 건강을 바랍니다."[101]

100 Выписка из частного письма состоящего при миссии в Сеуле титулярного советника Штейна // 『Россия и Корея… Документы и материалы』. С. 354-355.

101 「Ку Хангук вэге мунсо (Сборник дипломатических документов старой Кореи)」. Т. 17. Часть 1. Сеул, 1964. С. 399.

1897년 1월 30일부터 1897년 2월 8일까지 이어졌던 고종의 러시아 공사관 체류는 이렇게 완결되었다. 베베르는 자신이 작성한 '1898년 전후 조선에 관한 단신'[102]에서 자신의 조언에 따라 고종과 그의 정부가 실행한 혁신을 다음과 같이 평가했다.

"1896년 1월 30일 공사관으로 국왕이 파천하면서 상황은 물론 첨예하게 변했습니다. 이제 발생하는 모든 일은 공사관 건물 위에서 펄럭이는 러시아 국기의 보호 아래서 일어났기 때문입니다. 성격은 나약하나 마음 좋고 선한 국왕의 권위와 자유의지를 조금도 침해하지 않으면서 저는 거의 매일 밤늦게까지 이어진 저녁 담화에서 이런저런 조치의 타당성을 납득시키려 노력했습니다. 더욱이 모든 대신들이 우리 공사관에 사무실과 회의실을 두고 있었으며, 따라서 대신들이 제 조언을 구하라는 국왕의 하명이 있으면 사안의 세부 사항을 그들과 함께 논의할 기회가 저에게 생겼습니다. 어느 경우든 저는 지체 없이 정확하게 실행해야 할 개혁에 대해 기다란 지시 목록을 조선 정부에 내미는 경우도 드물지 않았던 일본인들의 무례한 행동 방식을 피하고 국왕이 개인적으로 제기한 문제를 해결하도록 도와주는 선에서 그쳤습니다.

처음에 우리의 지위는 대단히 곤란했습니다. 국왕의 생명부터 공사관이 감당해야 할 안전에 대한 책임, 인민과 일본인들 간에 거리에서 충돌이 일어날 가능성은 말할 것도 없고, 청군과 일본군의 습격, 조국을 잘 알지 못하는 이질적인 사람들의 개혁 시도 등이 이 나라를 무정부적 혼란 상태로 빠뜨렸습니다. 지방에서 보낸 수입이 서울에 이르지 못하는 것도 그러한 결과 중 하나였으며, 국고는 바닥이 났습니다. 이에 그 이

102 Впервые введена в научный оборот Б. Д. Паком в книге 『Россия и Корея』. М., 1979. С. 127, 140.

전이었던 1895년 3월 25일 일본이 조선에게 5년 동안 6% 이자로 3백만 엔(루블화로도 거의 같은 액수)을 대여해 주었습니다. 하지만 일본인들의 영향력이 약해진 후, 재정을 담당하던 사람들과 다른 고문들이 대부분 자진해서 자리를 떠나자 국고에 얼마가 있어야 하는지, 그것이 어디에 보관되어 있는지를 말해 줄 사람이 한 명도 없었습니다. 모든 관리, 특히 경찰과 군대 관리에게 봉급을 지불하려면 탁지부의 상태를 즉시 파악해야만 했습니다. 이를 위해 저는 전하께 브라운 씨를 추천하였습니다. 그는 이미 해관의 수석 세무사로 한국에서 봉직하고 있었는데, 그는 제가 가까이 알던 유일한 사람이자 동양에 대해 해박하고 그런 어려운 일을 맡을 수 있는 인물이었습니다. 이 일을 해내려면 많은 지식과 인내가 필요했습니다. 첫째로, 한자로 쓴 탁지부 서류와 회계장부를 파헤쳐야 했으며, 둘째로 조선 관리들의 저항을 이겨내야 했습니다. 그들은 우리가 하는 일들이 자기 마음대로 국고를 처리하려는 자신들의 약탈적 충동에 방해가 된다는 것을 아주 정확히 알고 있었습니다. 결국 브라운 씨의 지칠 줄 모르는 활동 덕분에 지방에서 오는 수입을 정확히 접수하고 그것을 회계장부에 기입하며, 지출과 녹봉 지급에서 최대한 절약했는데, 이를 위해 모든 아문의 전체 관리에 대한 상세한 인명부가 작성되었고 그 직무와 인원수에 대한 통제가 확립되었습니다. 그의 활동이 성공적이었다는 두드러진 증거는, 개혁 중에 지출이 증가했는데도 1896년 말 무렵 국고에서 166만 엔이 절약되어, 그중 1백만 엔이 이자를 빼고 일본에서 도입한 차관 3백만 엔 상환에 사용되었고, 백만 불은 이듬해 가을에 상환했습니다.

공사관 근처에 짓고 있던 새로운 궁궐로 이주할 예정이던 국왕의 안전을 확보하기 위해서는 군대 개혁에 신경 써야 했습니다. 그래서 전하의 요청으로 우리 교관단이 시베리아에서 파견되었는데, 이들은 각각 1천 명 규모로 처음에 1개 대대를, 그 후 다시 1개 대대를 더 편성하고, 군사 업무, 특히 보초 직무를 교육했습니다. 우리 장교들과 하사관들은 직무를 아주 열심히 매우 훌륭하게 수행했습니다. 부하들을 극히 친근하게 대했고, 러시아의 예에 따라 중대에 독립채산제를 도입하여 그들의 생활 상태를 최대한 개선했기 때문에 다른 부대의 군인들이 우리 대대로 들어오려고 애를 쓸 정도였습니다. 1897년 8월 말 제가 서울을 떠나기 전 사적으로 알현한 자리에서 폐하는 일 년 남짓한 기간 동안 공사관이 베풀어 준 환대와 여러 노고에 감사를 표하시고, 친위대 창설에 우리가 도와준 것에 고맙다는 말씀을 덧붙이셨습니다. 국왕은 교관단 소환에 대해 내린 칙령(1898년 3월 5일, 서양력으로 3월 17일-역주)에서 '러시아 군사 교관들의 부단한 노력 덕택에 우리 군인들이 전술을 알게 되었다. 우리는 이것에 매우 만족한다. 이제 교관들이 우리를 떠나는 마당에 여러 부대의 장수들은 러시아 사람들에게 배운 규범과 방법을 면밀히 따르기를 바란다'고 말씀하셨습니다."[103]

베베르의 이 단신에는 당시의 개혁과 혁신 중에서 다음과 같은 사실을 강조했다.

1. 1896년 9월 12일 의정부 설립. 이 기구의 업무는 새로운 법령 공포, 비상조치 채택, 국가 세입세출표 검토, 전반적인 중대 사안 심의 등. 이 기구는 우리나라의 국가의회(Государственный совет)의 예를 따라

103 К.И. Вебер. Корея до 1898-го года и после. Сеул, апрель 1903 г. // АВПРИ. Ф. Японский стол, депеши из Сеула, 1903 г. Д. 14. Л. 123-140; 『Российское корееведение. Альманах. Выпуск второй』. М., 2001. С. 128-141.

설치되었으며 그 규정이 의정부의 기초가 되었습니다.

2. 1896년 7월 새로운 지방행정체제 도입과 기존의 행정구역을 13도 342군읍으로 편제.
3. 1896년 8월 일본의 지도하에 만들어진 재판제도에 관한 규정 개정과 1896년 3월 23일과 6월 5일 자 법령에 의한 형률 개정.
4. 최초의 우체국 설립과 청일전쟁 때 파괴된 서울에서 북쪽 압록강 방면, 서울-부산, 서울-원산 간 전신선의 대대적 수리.
5. 서울에 러시아학교 개교. 지금까지 비류코프(Н.Н. Бирюков)가 이 학교 교사직에 있다.
6. 일부 외국인(일본인 제외)에게 철도부설권 및 광물채굴권과 삼림채벌권을 부여. 그중 두 개의 이권-한국 북동부의 석탄층 채굴과 두만강 및 압록강 유역의 삼림채벌-은 러시아 회사들에게 부여되었다. 그러나 첫 번째 이권을 업자들은 한 번도 행사하지 않았으며, 두 번째 이권은 최근에 와서야 작업에 착수했다. 그 밖에 대한제국 정부는 일본 측의 경쟁을 불러일으키지 않기 위해 케이제를링(겐리흐 구초비치 케이제를링/Генрих Гучович Кейзерлинг-역주) 백작과 별도의 약정 체결 없이 그가 한반도 동해안에서 포경사업을 하고 작은 만에 창고를 두는 것을 방해하지 않는다는 데 합의했음.
7. 렘녜프(С.П. Ремнев)를 서울 소재 병기창 관리 부서리로 임명.
8. 서울과 그 인근에 주요 도로의 확장과 정비.
9. 최초의 한국 사절단을 유럽과 러시아 황제 폐하의 대관식에 파견.
10. 조선에 러시아 재무부 관리 알렉세예프(К.А. Алексеев) 씨 파견.[104]

104 Там же.

'단신'에 제시된 개혁과 혁신 목록은 1년 조금 넘는 기간 동안 러시아 외교관이 완수한 막대한 작업을 얘기해 주고 있다. 이 작업은 조선의 사회경제, 사회정치, 군사와 문화적 삶 등의 거의 모든 분야와 관련되어 있었다. 조선 사회의 근본적인 경제와 정치 개조에 관해 언급하지 않을 수 없을 것이다. 러시아 정부는 그런 과제를 베베르에게 부여하지 않았다. 그러나 베베르의 조언에 따라 실행된 정책들은 재정 관리, 국가통치 시스템에서의 질서 도입, 군사력 강화에서 확연한 역할을 했다. 그러나 가장 중요한 것은 이런 정책의 결과 조선의 국제적 지위가 상당히 공고해지고, 정치활동에 대한 일본의 영향력이 약해지면서 조선과 러시아의 관계가 최고치에 도달했다는 점이다.

Карл Иванович Вебер

제6장

고종의 환궁 이후
조선에서 베베르의 활동

1897년 2월 14일 러시아 외무대신 무라비요프는 서울의 베베르에게 다음과 같은 내용의 전문을 발송했다. "공사관의 보호하에 국왕이 1년 넘게 체류한 것은 국왕 개인의 상황, 그리고 그와 동등하게 왕국 자체의 운명에 대한 러시아의 호의적 관계의 의심할 바 없는 증거가 되고 있다. 우리는 향후에도 국왕에게 관심을 제공할 준비가 되어 있음을 표명하며, 국왕께서 예전처럼 우리의 충성스러운 조언을 지침으로 삼아 우리가 보여 준 지지에 대한 감사의 느낌이 진실임을 증명해 주시길 바라고 있다."[1] 이것은 환궁에 따른 부정적 측면을 고려하지 않은 고종의 러시아 공사관 체류에 대한 일방적 평가였다. 실제로 조선에서의 상황이 러시아에 유리하지 않게 전개되고 있었다. 조선에서는 일본 외교관들의 주도하에 적대적이고 반러시아적 성향이 강해지고 있었다. 일본은 유리하게 펼쳐지는 상황을 이용하여 1896년 조선에 관한 러일협약 중에서 한성각서(베베르-고무라 각서)는 비밀에 부치고, 모스크바의정서(로바노프-야마가타 협정)만 선택하여 그것을 공표하자고 주장하기 시작했다.

협상 도중 러시아는 비밀조항을 제외하고 두 협약 모두 동시에 발표하자고 주장했다. 러시아는 이 문서를 발표하면서 자신이 실행 중인 정책을 변명하려 한 공식 통첩을 통해 그 협약들을 미리 알려 주었다. 러시아 정부는 '협약으로 시모노세키 강화조약의 제1조에 규정된 조선 독립의 중요한 시초'가 위배되는 것이 아님을 명시한 후 '조선 정부는 국내정치와 대외정치에 관한 모든 문제에서 완전한 행동의 자유를 지닌다'는 사실을 강조했다. 이런 해석에서 보면 러시아 교관과 고문들의 초빙은 한성각서나 모스크바의정서의 위반이 아니었다. 이런 생각을 확

1 Проект секретной телеграммы Поверенному в делах в Сеуле от 14 февраля 1897 г. // АВПРИ. Ф. Японский стол. Оп. 493. Д. 7. Л. 21.

인하기 위해 이후의 통첩에서 1896년의 협약들은 러시아와 일본이 '질서를 공고하게 보장하기 위해 조선 국왕에게 협력할' 준비가 되어 있음을 증명하는 것이라고 적시했다. 계속해서 통첩에서는 '현지인으로 이루어진 군부대와 경찰을 창설하는 것'이 그것에 도달하기 위한 유일한 방법이 될 수 있다고 언급했다. 또한 러시아 정부는 한성각서에 의해 제시된 일반 목적이 '비록 소수에 불과할지라도 그 어떤 형태든 외국군의 점령으로부터 조선을 자유롭게 하는 것'임을 통첩으로 알려 주었다.[2]

3월 2일 일본 대표는 조선의 외무대신에게 주가 달린 한성각서와 모스크바의정서의 본문을 수교했다. 그러나 양 문서의 본문에는 의도적 오류가 기재되어 협약의 의미를 완전히 왜곡하고 있었다. 실제로 모스크바의정서의 제2조에는 '외국의 도움 없이 질서를 유지하기에' 충분한 군대와 경찰을 창설한다고 언급되었으나, 일본이 편집한 제2조에서는 조선이 '외국의 도움에 의존하지 않고 자신의 군대와 경찰을 조직하는 것'을 허락한다고 되어 있었다. 일본이 편집한 한성각서 제3조에 따르면, 러시아는 아무 조건 없이 조선에 일본군이 주둔하는 것에 동의한다고 되어 있다.[3] 여기서 가토 다카아키는 발표되지 않았던 모스크바의정서의 비밀조항도 통보했다. 그 결과 고종과 조선 정부는 러일협약의 내용에 대해 전혀 왜곡된 인상을 갖게 되었다. 고종과 조선 정부는 두 협약이 조선의 독립을 확정적으로 인정하지 않고 있다는 점과 조선 내 일본군 주둔의 합법성에만 주목했다. 러시아가 '회답안'에서 약속한 조력

2 『Сборник договоров и других дипломатических документов по делам Дальнего Востока 1895-1905 гг.』. СПб., 1906. С. 161-162.

3 다음을 보시오. Нихамин В. П. 「Дипломатия русского царизма в Корее после Японо-китайской войны (1895-1896 гг.)」 // 『История международных отношений. История зарубежных стран』. М., 1957. С. 170-171; A. C. Nahm. 『Japanese Penetration of Korea, 1894-1910』. Stanford University, 1959. C. 98.

의 제공을 늦추고 있는 것이 조선을 상대로 일본과 동맹을 체결했기 때문이라는 의견이 확산되었다. 베베르의 표현에 따르면, 일본은 조선 정부에 이 협약을 통보한 것을 '조선에 대응한 러시아의 어떤 막후 음모를 밝혀 내려는' 목적을 지닌 '고결한 행동'으로 평가했다고 한다.[4]

두 문서의 공표로 인해 흔들린 조선 내에서의 러시아 권위를 복구하기 위하여 베베르는 일본 신문들이 한성각서와 모스크바의정서의 내용을 왜곡했다고 설명하고, '지난 1년 동안 조선은 모든 삶의 분야가 개선되었으며,' 만약 '두 협약이 조선의 이익에 반하기 위한 것이라면' 그런 개선이 있을 수 없었을 것임을 통보하면서, 두 협약의 사본을 조선 외부대신 이완용에게 전달했다. 베베르는 '러시아 정부는 조선의 불가침성을 인정하고, 최근의 사건들로 인하여 조선이 처해 있었던 거의 절망적 상황에서 조선을 구출하는 데 조력하고자 일본과 협약을 체결했다'는 사실을 강조했다.[5] 그러나 베베르는 고종과 조선 정부로 하여금 러일협약을 발표하면서 형성된 바람직하지 못한 인상을 지우는 데 실패했다. 조선의 외무대신은 '조선은 향후에도 조선의 운명에 성실하게 동참하고 있음을 증명한 다른 국가(러시아-저자 주)의 조언에 의거할 필요가 있으며, 조선이 그 국가를 신뢰하면 할수록, 조선은 그 국가의 동감과 지원을 더욱 확실하게 기대할 수 있을 것'이라는 베베르의 성명에 답변을 보내지 않았다.[6]

조선 정부는 협약의 본문을 수령한 후 즉시 그에 대응하여 항의할 것

4 Письмо Вебера министру иностранных дел Муравьеву от 10 марта 1897 г. // АВПРИ. Ф. Миссия в Сеуле. Д. 81. Л. 25-29.

5 자세한 내용은 다음을 보시오. Нихамин В. П. 「Дипломатия русского царизма в Корее после Японо-китайской войны (1895-1896 гг.)」. С. 170-171; Пак Б. Д. 『Россия и Корея』. С. 143-144.

6 다음을 보시오. Пак Б. Д. 『Россия и Корея』. Изд. второе. М., 2004. С. 275.

인지를 결정하지 못했는데, 반대로 그 협약에 대한 동의는 일본군의 조선 주둔을 받아들이는 것을 의미했다. 이완용은 베베르에게 발송한 통첩에서 조선 정부가 이 협약의 체결에 참가하지 않은 만큼 독립국가로서 조선의 자유는 그 협약의 규정에 의해 제한될 수 없다고 했다.[7] 조선과 러시아의 상호관계 및 러시아의 조언을 경청해야 할 필요성에 관한 문제 역시 통첩에서는 생략되어 있었다. 이에 1897년 4월 5일 베베르는 이완용에게 공식 통첩을 발송하여 러시아 정부의 진정한 목적을 재차 설명했다. "각하께서는 이 성명을 통해 두 협약의 체결 당시 우리 정부는 청일전쟁으로 왜곡된 조선에서의 안정이 정착되도록 협력하려는 진정한 바람이었을 따름임을 살펴보십시오."[8] 이완용은 답변을 보내지 않았다. 서울 주재 일본 공사가 왜곡된 형태로 조선 정부에 전달한 조선 문제에 대한 1896년에 체결된 두 개의 러일협약이 조선의 확실한 불만을 산 게 명백해졌다.

한러관계가 냉각되기 시작했다. 1897년 5월에는 서울에 러시아 공사관이 개관한 이래 처음으로 '1896년 2월의 아관파천은 국왕이 궁궐을 떠나도록 유혹한 배신자와 음모자들의 활동 결과'라는 내용의 반러 전단이 나붙었다. 베베르는 서울 주민들의 반러 정서를 발화시키려는 전단이 등장한 것에 날카롭게 반응했다. 5월 9일 베베르는 러시아의 정책은 조선 정부를 지지하고 평화적 발전과 조선 독립의 공고화에 맞추어져 있다는 사실을 재차 상기시킨 후, 흉계를 꾸민 자를 찾아내어 처벌하라는 내용의 통첩을 조선의 외무대신에게 발송했다. 베베르는 이완용

7 Сообщение Ли Ван Юнга от 6 марта 1896 г. // АВПРИ. Ф. Миссия в Сеуле. Д. 81. Л. 28. См. также: E. Kim, H Kim. 『Korea and the Politics of Imperialism. 1876-1910』. Berkeley-Los Angeles, 1967. С. 93-94.

8 「Ку Хангук вэгё мунсо」. Т. 17. С. 420.

에게 발송한 통첩에서 다음과 같이 기술했다.

"어떤 소란자들이 이번 달 7일 서울의 일부 성문 및 다른 장소에 붙였던 전단 사본을 보냅니다. 각하께서는 조선 내의 현존하는 합법적 질서와 안정을 향한 무례한 침해에 관해 이미 알고 계실 것입니다. 전단에 언급된 것처럼 이런 질서와 안정의 위배는 조선 국내 질서의 복구를 위해 주변 국가들의 군사적 간섭으로 이어질 수 있을 것입니다.

조선의 이웃 국가인 러시아는 조선에서의 사건에 무관심하게 대응할 수 없습니다. 각하께서도 아셔야 할 것은 우리 러시아 정부의 모든 노력은 귀국 정부를 지지하고, 안정의 도입 그리고 귀국의 평화적 발전과 통치에 맞추어져 있다는 점입니다. 우리 양국의 전반적인 관계, 특히 최근 관계의 역사가 그것에 대한 명백한 증거가 될 수 있을 것입니다.

이 모든 것을 고려하여 저는 국왕께서 정동, 즉 전단에 적혀 있는 것처럼 러시아 공사관으로의 이어가 국왕의 눈을 가리는 배신자와 음모자들의 일이었으며, 그 결과 국가통치가 무질서해졌다는 점에 강력하게 항의하는 바입니다. 1895년 가을과 그 이후 겨울에 발생한 사건을 벌써 잊을 리 없고, 작년 초에 공표된 국왕의 칙령과 정부의 발표는 국왕과 모든 대신들의 아관파천 원인을 실로 명확하게 지적했습니다. 이에 각하께 요청드리오니 거짓된 전단을 작성하여 부착한 소란자들을 수배하고 비방의 죄를 물어 엄벌에 처하도록 귀하께서 내리실 수 있는 조치를 취해 주시기 바랍니다. …"[9]

이완용은 베베르의 통첩을 받은 즉시 답변을 보냈다. "현재 우리나라

9 Официальное сообщение российского Поверенного в делах в Сеуле Вебера корейскому министру иностранных дел И Ван -Иону. Сеул, 9-го мая 1897-го года. № 28 // АВПРИ. Ф. Миссия в Сеуле. Оп. 768. Д. 365. Л. 64-64 об.; 「Ку Хангук вэгё мунсо」. Т. 17. Сеул, 1969. С. 426-427.

에는 평화와 안정이 군림하고 있으며, 본인은 유언비어와 무질서를 유포하기 위해 허위 전단을 만들어 붙이고 다닌 음흉한 사람들이 있다는 것에 실로 경악했습니다. … 우리 경무대는 죄인을 찾기 위해 이미 밀정을 파견했습니다. 저는 귀하의 왕복문서에 이미 표명된 의미로 경무대에 하명했으며, 조속한 시일 내에 죄인을 찾아내라고 재차 하명했습니다."[10] 그럼에도 불구하고 이 전단은 조선의 『독립신문』에 게재되었다.[11]

일련의 개별적 사실들은 베베르의 노력에도 불구하고 왕실 내에서 러시아에 대한 적대적 영향력이 강화되고 있었음을 증명해 주었다. 이런 영향력은 러시아 정부가 자신의 주도권을 유지하기 위한 대책을 전혀 마련하지 않은 분야에서 먼저 나타났다. 1897년 4월 베베르를 무한하게 신뢰했던 재정고문 브라운의 도움을 받아 일본 차관에 대한 첫 번째 상환이 이루어졌는데, 이것은 러시아로부터의 차관 도입에 관한 협상에 종지부를 찍는 것이었다. 5월, 조선 정부는 독일과 프랑스로부터의 차관 도입 가능성을 타진했다. 그와 동시에 고종은 해병대 파견 및 조력을 요청하는 서한을 프랑스 대통령에게 발송하여 프랑스의 보호 관계를 확보하려 했다. 베베르가 도와주었음에도 불구하고 셰벨료프(Шевевев)와 스타르체프(Старцев)에게 광산이권을 허여해 달라는 청원이 거절되었다. 반면 일본은 러시아의 지위를 약화시키려는 목적에서 조선에 대한 경제적 침략을 강화했다. 일본은 조선에서 새로운 항구를 집요하게 개항시켜 그곳에서 자신의 영향력을 강화했다. 우선적인 개항 대상은 목포와 평양이었다.

1896년 초 고종의 아관파천이 이루어지기 며칠 전 고무라 주타로는

10 АВПРИ. Ф. Миссия в Сеуле. Оп. 768. Д. 365. Л. 66.

11 The Independent, № 60. Vol. 2. May 22, 1897.

조선의 외부대신에게 목포와 진남포의 개항 및 평양 개시에 관한 협약을 체결하자고 요청했다. 외부대신은 평양은 아직 논의의 대상으로 남겨 둔다는 조건으로 이에 동의했다. 1897년 여름 일본 정부는 목포 개항과 평양 개시 문제를 다시 제기했다. 베베르는 조선에서 러시아의 무역이 발전하지 못했기 때문에 새로운 항구의 개항이 러시아의 경쟁자, 즉 일본을 강화해 줄 뿐이라고 판단하여 처음에는 그 제안에 절대로 반대했다. 그러나 조선 정부가 두 지역의 개항에 원칙적으로 동감하고 있다는 사실을 알고 난 후에는, 개항 자체에 관한 것이 아니라 어떤 형태로 개항할 것인가의 문제를 제기했다. 이유인 즉 일본이 조선과 일본 양국 정부 간의 개별 협약 형태로 체결하자는 주장을 펼쳤기 때문이었다. 베베르는 고종과 대담하면서 국왕의 칙령 하나면 새로운 항구의 개항에 충분하며, 이후 이 칙령은 외부를 통해 각국 대표들에게 통보되어야 한다고 설득했다. 즉 '개항에 관심을 갖고 있는 다른 국가 대표들에게 통보하지 않고' 조선과 일본 간에 특별협약이 체결될 경우, 조선과 다른 국가들 간의 무역 발전에 대한 모든 공적이 조선이 아닌 일본 정부에 부여될 것이라고 했다. 베베르는 계속해서 고종을 설득하며 말했다. "아마도 공명심 하나가 협약을 체결하도록 일본인들을 자극하지는 않았을 것입니다. 협약 체결에 비중을 부여하고 새로운 협약의 존재 이유라는 형태로 이전 조약에 의미를 부여하려는 바람이 주된 이유일 것입니다."

베베르는 고종을 다음과 같이 설득했다. "조선 사람들은 어떤 경우에도 일본군이 궁궐을 점령한 후, 즉 손에 무기를 든 상태에서 강요했던 이 협약을 인정한다거나, 심지어 암시하는 것마저 피해야 합니다. 그렇지 않으면 협약을 체결한 먹물이 마르기도 전에 일본인들이 협약의 다른 조항을 실행하라고 요구할 것인 바, 다름 아니라 자신들에게 경부철도 부설권을 달라고 할 수도 있을 것이며, 혹은 미국 회사에 비합법적으로 부여된 경인선 부설 이권에 대한 금전적 보상을 요구할 수도 있을 것입니다."

이 대담 이후 새로운 항구의 개항 문제가 의정부에서 논의되었다. 다음 날 고종의 명령에 따라 의정부의 좌의정이 이 문제를 의논하기 위해 베베르를 찾았다. 베베르는 협약의 의미와 그것이 어떤 결과를 초래할 수 있을 것인지에 관해 그에게 설명해 주었다. 이후 협약에 관한 얘기가 중단되었으며, 조선 정부는 일본 대표의 집요한 요구 및 기존 개항장에서와 동일한 조건으로 대외무역에 목포, 진남포, 평양의 개항에 다른 외국 대표들이 동의한다는 점을 고려하여 개항 계획안을 의정부에 제출하기로 결정했다.

베베르는 대외무역을 위해 조선의 항구를 개항한다는 결정과 관련하여 다음과 같이 서술했다. "조선에 우리 러시아의 무역이 존재하지 않는 상태에서 무역의 발전 및 새로운 항구의 개항에 특별히 조력하는 것은 우리에게 이익이 아니라 여겨지나, 이 일을 중단시키는 것 역시 조선의 사활적 이익에 명백하게 반대하는 것이어서 우리에게 득이 되지 않을 것입니다. 반대할 경우 우리는 우리에 대한 조선 사람들의 호감을 잃게 될 것이며, 다른 열강 대표들이 우리에게 강력하게 반대하고 나설 것입니다. 따라서 거류지 선정에서 (조선-역주)정부가 향후 설비를 갖추거나, 필요한 경우 항만 시설을 갖추는 데 편리한 위치에 있는 장소를 확보해 놓으라고 국왕에게 조언만 했습니다."[12]

12 Донесение Вебера Его Сиятельству Графу М. Н. Муравьеву. Сеул, 15-го июня 1897 г. // АВПРИ. Ф. Японский стол. Оп. 493. Д. 7. Л. 64-71.

그러나 러시아와 조선 주재 러시아 공사의 영향력은 아직 강력한 것이었다. 고종 경비대는 러시아 교관들의 지휘를 받고 있었고, 고종과 대부분의 대신들은 계속해서 일본을 두려워하고 있었으며, 러시아가 일본의 음모를 차단할 수 있는 충분히 강력하고도 당연한 보호자라고 보았다. 러시아는 자신의 영향력을 누구에게도 양보하려 들지 않았다. 러시아 정부는 일본으로부터 조선의 독립 보장을 조선 문제에서의 가장 주된 과제로 여겼으며, 그것을 위해 서울에서 자신의 정치적 영향력을 유지하려 노력했다. 1897년 봄 일본 주재 러시아 공사로 임명된 로젠(P.P. Розен)에게 하달된 훈령에 나타난 러시아 대조선 정책의 목적은 다음과 같이 규정되었다. "특히 조선의 빈곤함과 외부의 침략으로부터 광대한 연안선 방어를 고려할 때 조선을 러시아 영토로 병합하는 것이 러시아에게 충분한 이익을 보장해 주지 않기 때문에, 우리는 병합하려는 게 아니다. 하지만 조선이 다른 어떤 열강의 영향력하에 들어가면 우리에게 위험한 이웃은 아닐지라도, 정치적 분규의 시기가 되면 어떤 경우에도 고려하지 않을 수 없는 그런 이웃이 되지 않게끔 우리는 조선에서 우리의 정치적 영향력 강화를 지향해야 한다." 로젠은 하달된 명령에 따라 러시아 정부는 조선에서 공격적 목적을 따르지 않으나, 조선이 러시아의 정치적 영향력하에 들어가는 것을 원하지 않을 수 없다는 점을 일본 정부에 설명해야 했다.[13]

이런 명제는 로젠이 도쿄에 임명된 후 서울로 부임하여 멕시코로 발령이 난 베베르의 업무를 인계받아야 했던 쉬페이예르에게 하달된 훈령

13 Весьма секретная инструкция министра иностранных дел Муравьева Его Превосходительству барону Р. Р. Розену. С. Петербург, март 1897 г. № 123 // АВПРИ. Ф. Миссия в Сеуле. Оп. 768. Д. 6. Л. 73-83.

에도 포함되어 있었다. 이 훈령에는 러시아 대조선 정책의 중요한 목적이 확인되어 있었는데, 그것은 쉬페이예르가 1895년 조선 주재 러시아 대리공사에 임명되었을 당시 그에게 하달되었던 훈령에 게재되었던 것이다.

"우리 러시아는 조선 정부를 상대로 침략적 의도를 키우지 않고 있지만 다른 국가의 그런 의도를 허용할 수 없음은 당연하다. 의심할 바 없이 우리는 청일전쟁 이전 서울에서 중국을 상대로 그랬던 것처럼 일본인들의 우세함을 상대로 투쟁해야 한다. 차이가 있다면 도쿄 내각의 야망이 중국보다 확실히 더 심각한 것으로 판명되었다는 정도이다. 우리의 이익과 관련하여 제기된 역사적 과제의 해결을 즉각 따르면서, 우리는 다른 곳에서처럼 조선에서도 우리를 바람직하지 못한 혼란으로 끌어들일 수 있는 모든 모험적이고 도전적인 행동을 피해야 한다."

그러나 이런 명제에 다음과 같은 내용이 부가되었다.

"조선에서 우리 러시아의 영향력 강화 그리고 다른 그 어떤, 특히 일본과 영국의 영향력이 조선으로 유입되지 않도록 하는 것이 우리에게는 가장 중요하다는 점에 그 어떤 의심의 여지도 없다. 그럼에도 불구하고 이 목적이 극동에서 우리가 직면한 과제 중에서 가장 중요한 것은 아니다. 왜냐하면 약하고 빈곤한 조선에서 우리의 절대적인 우세가 현재 군사력과 경제력을 실로 광범위하게 발전시킨 일본이라는 나라와의 관계를 악화시키는 원인이 될 수 있는 그런 유해함을 상쇄시키지 못하기 때문이다. 이처럼 일본과의 우호적 관계 복원이 현재의 우리에게 특히 바람직하다.

이런 상황에 따라 귀관은 조선에서 우리 영향력의 유지를 절대 거부하지 않은 상태에서 극도로 조심할 것이며, 조선 주재 일본 대표와의 관계에서 위에 언급된 관점에 의거하라."[14]

조선군 창설 계획 실현에서의 베베르의 관여

고종의 환궁 이후 서울의 통치 계층에서는 1896년 푸탸타 대령이 제출한 6천 명으로 시작하여 향후 4만 명까지 병력이 증강되는 새로운 조선 육군 창설에 관한 계획안이 계속해서 논의되고 있었다. 고종과 다수의 대신들은 푸탸타의 안에 찬성했으며 러시아 교관의 초빙을 지지했다. 그러나 초빙 협약 체결이 일본과 일본에 의해 혼란에 빠진 이부 조선 대신들의 반대로 연기되고 있었다. 만약 조선 육군 창설 계획을 조선 정부가 승인할 경우 일본군이 궁궐을 돌격하여 모든 러시아 교관들을 살해할 것이라는 소문이 서울에서 꾸준히 퍼지고 있었다.

베베르와 푸탸타는 조선 육군의 재조직을 늦추거나 조력하지 않는 것을 조선에서는 나약함의 표현으로 볼 것이며, 그에 더하여 흔들리고 있는 러시아의 영향력을 훼손할 것으로 판단했다. 베베르는 푸탸타의 계획과 관련하여 자신이 발송한 공한의 답신을 받지 못한 상태에서 1897년 3월 7일 외무대신에게 공한을 발송해 조선 육군의 재조직에 협력하는 것을 러시아 정부는 어떻게 생각하며 재조직 문제로 계속해서 협상을 이어 나갈 필요가 있는지 문의했다.[15] 일본 주재 러시아 공사 쉬페이예르는 조선에서 일본 영향력의 증대를 반드시 막아야 한다고 판

14 Проект инструкции Поверенному в делах в Корее ст. сов. Шпейеру. Царское село, 9 мая 1897 г. // Там же. Л. 67-69.

15 Телеграмма Вебера Муравьеву от 7 марта 1897 г. // АВПРИ. Ф. Японский стол. Оп. 493. Д. 144. Л. 141.

단하여 러시아 교관들의 즉각적인 파견을 지지했다. 즉 그는 3월 12일 자 보고서에서 도쿄 내각이 조선 육군 창설에 일본이 동참할 것을 호소하고 있다는 점을 무라비요프에게 강조하면서 현 상태에서 일본을 멈추기 위해 교관 문제의 즉각적 해결을 요구했다.[16]

무라비요프는 베베르의 3월 7일 자 질문에 대한 답변에서 '조선 육군의 재조직에 원칙적으로 협력할 것'으로 결정되었으니, '육군 재조직에 착수하고, 향후에도 이 안건의 확신성을 지지할 것임'을 조선 국왕에게 보증하라고 베베르에게 하명했다.[17]

이후 무라비요프는 위 전문을 보충하기 위해 1897년 3월 27일 베베르에게 비밀서한을 발송하여, 푸탸타의 계획 중에서 일본이 가장 동의하기 힘든 조항들을 제거하되, 조선군의 공동 훈련에 관한 일본의 제안에 절대 동의하지 말라고 조언하면서 교관 파견 문제를 보다 신속하게 해결하는 것이 바람직하다는 점을 반복했다. 무라비요프의 심산에 따르면 조선군의 공동 훈련은 무라비요프가 러시아 영향력 강화의 주요 수단으로 보았던 조선 육군 창설 계획의 붕괴를 의미했다. 그리하여 그는 '러시아의 영향력 없이는 조선 정부의 자주성을 궁극적으로 강화하고 조선의 지속적인 내적 발전'이 불가능했다고 보았다.[18]

베베르는 조선 대신들과의 대담에서 우선 6천 명으로 구성된 잘 훈련된 부대의 점진적 편성이 불가피함을 증명해 보였다. 그는 이 부대가 국왕의 권력 강화, 홍호자(紅鬍子)가 종종 약탈을 일삼고 있는 조선 북

16 Телеграмма Шпейера Муравьеву от 12 марта 1897 г. // АВПРИ. Ф. Японский стол. Оп. 493. Д. 902. Л. 36-37.

17 Телеграмма министра иностранных дел Муравьева д. с. с. Веберу от 18 марта 1897 г. № 123 // АВПРИ. Ф. Японский стол. Оп. 493. Д. 144. Л. 147.

18 Доверительное письмо министра иностранных дел Муравьева д. с. с. Веберу от 27 марта 1897 г. // Там же. Л. 154-159.

쪽 국경선 방어, 일본을 상대로 한 투쟁 그리고 최종적으로 1894년 7월과 1895년 10월 일본에 의해 조직되어 발생했던 궁정쿠데타 같은 것의 재발 방지에 필요하다고 주장했다. 군부대신과 탁지부대신을 겸직하고 있었던 심상훈(沈相薰)은 푸탸타 대령의 주요 계획에 동의했으며, 외무대신 이완용 역시 러시아 군사 교관들의 도움을 받은 조선 육군 편성 계획이 의정부에서 미리 토론되었어야 한다고 주장했다.[19]

1897년 4월 18일 의정부에서 회의가 개최되었다. 러시아 교관 초빙에 절대 반대하는 일파와 교관들의 수를 줄이자고 주장하는 다른 일파들 간의 격렬한 논의가 있은 후, 교관 초빙의 유익함을 인식하고 있었던 이완용의 제안이 통과되었으나, 재정을 고려하여 장교의 수를 소수로 제한하기로 했다. 심상훈은 푸탸타 및 조선 주재 러시아 육군무관 스트렐비츠키와의 회의 이후 푸탸타 대령이 작성한 '6천 명으로 이루어진 조선 군대를 위한 전반적 규정'에 서명했다. 이후 4월 28일 고종의 어명에 기초하여 조선 육군의 훈련을 위해 장교 3명, 하사관 10명, 1명의 조선중등학교 교사, 조병창 기술자 1명, 군악대장 1명, 군악병 3명 그리고 의무병 2명(총 21명)을 파견해 달라고 요청했다.[20] 심상훈의 공한에 6천 명으로 구성된 조선 육군 창설에 관한 협약안이 첨부되어 있었다. 육군 창설을 위해 러시아 교관들과 러시아 군사고문을 초빙할 예정이었다. 이후 푸탸타 안의 중요한 조항들이 열거되었는데, 조선 국가재정의 1/4을 군사 분야 지출에 배정한다는 조항을 포함하여 거의 모든 조항이 변경되어 있었다. 이 서한에는 러시아 교관들과의 계약조건이 첨부되어

19 자세한 내용은 다음의 책을 보시오. Пак Б. Д. 『Россия и Корея』. Издание второе, дополненное. С. 279.

20 Письмо и. д. военного министра Сим Санхуна Веберу от 23 апреля/5 мая, второго года Конъян (пер. с кор.) // РГВИА. Ф. 448. Ед. хр. 10. Л. 173; Коджон сидэ са. Т. 4. Сеул, 1970. С. 375-376; 「Ку Хангук вэгё мунсо」. Т. 17. Сеул, 1969. С. 424.

있었다.

베베르는 조선이 군사 교관단을 거절하면 '조선에서는 물론, 일본에서도' 러시아의 권위가 심대한 타격을 받을 수 있었기에 심상훈의 편지를 큰 행운이라고 판단했다. 베베르는 '러시아 교관 문제는 조선에서의 정치적 우세가 누구에게 속한 것인가의 문제가 되었으며' 이 문제에 있어서의 모든 양보는 일본의 지위 강화 및 러시아 지지자인 조선 국왕의 지위 훼손으로 이어질 것이라고 강조했다.[21] 1897년 4월 25일 베베르는 심상훈으로부터 공한을 접수했다는 사실을 알려 주는 공식 통보문을 이완용에게 발송했다.

"군부대신 임무대행 심상훈의 공식 서류를 접수한 사실을 각하께 통보합니다. 군부대신은 이 서류를 통해 조선 육군의 창설 및 그것을 위한 일부 교관들의 초빙 문제가 의정부에서 논의되었기 때문에, 그(군부대신 임무대행)은 장교 3명, 하사관 10명, 생도 교육자 1명 등 총 14명의 교관 및 조병창 기술자 1명, 군악대장 1명, 군악병 3명 그리고 의무병 2명을 초빙해 달라고 부탁했습니다.

육군 재조직 및 군사학 원칙에 따른 군사훈련이 조선에게 필요함을 전적으로 인식하여 우리 정부에 위 교관 파견 요청을 발송하는 동시에 이 문제로 귀하께 협력해 줄 것을 반드시 청원할 것이니, 이 사실을 군부대신 임무대행께 통보해 주시기 바랍니다."[22]

1897년 4월 24일 베베르는 전문을 발송하여 조선 군부대신과 협약

21 Телеграмма Вебера министру иностранных дел от 29 апреля 1897 г. № 123 // АВПРИ. Ф. Японский стол. Оп. 493. Д. 144. Л. 172.

22 Официальное сообщение российского Поверенного в делах в Сеуле Вебера корейскому министру иностранных дел Ли Ван -йонгу. Сеул, 25 апреля 1897 г. № 26 // 「Ку Хангук вэгё мунсо」. Т. 17. Сеул, 1969. С. 424.

이 성립되었음을 무라비요프에게 통보했다.[23]

러시아 정부가 일본 정부의 압력하에 조선 육군 창설 문제에서 후퇴하기로 결정한 순간 조선에서 러시아 외교가 이루어 낸 성공은 페테르부르크에서 다양한 의미의 반작용을 불러일으켰다. 조선에서 러시아 영향력 강화의 주된 방법으로 여겨지던 조선 육군의 재조직 문제를 러시아 교관의 도움을 받아 호의적으로 해결한다는 것에 만족한 이들이 있었다. 따라서 니콜라이 2세는 베베르의 1897년 4월 24일 자 전문에 다음과 같은 주비(硃批)를 기재했다. "우리는 정말 솔직하게 바로 여기서 멈출 수 있다."[24]

그와 동시에 페테르부르크에서는 일본이 조선 정부의 요청을 러시아에 반대하는 핑계로 이용하고, 그런 행동에 영국이 동참하도록 설득하지 않을까 두려워했다. 러시아 외교부는 한편으로는 조선 육군을 통제하려 했으며, 다른 한편으로는 자신의 행동으로 일본 측의 불만을 야기하고 싶어 하지 않았다. 이에 무라비요프는 1897년 5월 9일 육군대신 반노프스키에게 발송한 서한에서 조선 내 러시아 군사 교관들에 관한 문제가 '일본의 당연한 의심을 야기한 결과 강력한 무장에 착수하고 있는 만큼, 우리 러시아가 계속해서 이런 행동 방식을 유지하면 가장 가까운 시일 내에 불가피하게 일본과의 무력충돌이 발생할 것'이기 때문에 '일본의 바람직하지 못한 행동을 야기할 수도 있는 조선에서의 그런 행동을 자제해야 한다'고 적었다. 무라비요프는 '폐하께서는 정말 솔직하게 바로 여기서 멈출 수 있다고 결정하는 데 만족하셨다'는 베베르의

23 Телеграмма Вебера министру иностранных дел от 24 апреля 1897 г. // АВПРИ. Ф. Японский стол. Оп. 493. Д. 144. Л. 176.

24 Там же.

4월 24일 자 전문을 육군대신에게 통보하면서 다음과 같이 기술했다. "폐하의 이런 의지를 실행하면서 본인은 일본과 조선에 주재 중인 우리 대표 로젠과 쉬페이예르에게 그리고 조선 주재 임시 대표인 베베르에게 이에 상응하는 훈령을 잊지 않고 하달했습니다."[25]

무라비요프는 로젠에게 하달한 1897년 5월 9일 자 훈령에서 러시아 군사 교관 문제에서 러시아 정부의 관점을 다음과 같은 형태로 설명했다.

"우리는 국내질서를 유지하기 위해 불가피하고, 빈곤한 조선의 재정을 초과하지 않는 약 3천 명 규모의 제대로 조직된 군대를 보유하는 게 조선을 위해 바람직하다고 판단하고 있다.

이 부대의 훈련은 현재 조선에 체류하면서 이미 국왕 경비대원 1천 명을 훈련시킨 우리 교관들에게 위임될 수 있을 것이다. 따라서 조선 정부가 4등관 베베르에게 새로운 교관의 파견을 호소한 청원을 들어주는 것은 교관 수의 증원이 실질적으로 필요한지 그 여부가 밝혀질 때까지 연기해야 하는 바, 당분간 참고하라.

푸탸타 대령이 보다 대규모의 조선 육군 조직을 위해 작성한 계획에 조선 군부대신이 조인한 것에 관해 언급하자면, 현재 이 개혁의 실행에 착수하는 것을 고려하는 게 아니라, 우리는 상기 계획의 조인을, 육군 조직에 착수하는 것이 불가피하다고 인정될 때 그 조직업무를 절대적으로 러시아에게 위임한다는 의무를 조선 정부가 채택한 것으로 간주하고 있다."[26]

무라비요프는 조선 육군의 조직과 러시아 교관들의 파견을 무기한

25 Проект весьма секретного письма Муравьева военному министру. Царское село, 9-го мая 1897 г. // АВПРИ. Ф. Китайский стол. Оп. 491. Д. 14. Л. 71-73.

26 Проект дополнительной инструкции посланнику в Японии д. с. с. Розену. Царское село, 9-го мая 1897 г. // Там же. Л. 69-70.

연기시키면 일본과의 충돌을 피할 수 있을 것으로 판단했다. 그와 동시에 러시아는 계획에 조인한 것을 러시아 이외에는 그 어떤 누구에게도 육군 훈련을 맡기지 않아야 하는 조선 정부의 의무로 간주했다. 즉 조선의 군사 업무를 다른 열강의 간섭으로부터 보호하고 편리한 시점에 조선 육군의 조직에 착수할 수 있다는 것이었다.

같은 날 베베르에게 하달된 훈령에는 '러시아는 교관 초빙과 조선 육군 조직 계획을 다른 국가의 교관을 초빙하지 않는다는 조선 정부의 의무로 이해하고 있음'을 조선의 국왕과 정부에게 이해시키라는 명령이 들어 있었다. 그러나 그와 동시에 무라비요프는 베베르에게 다음과 같이 주의를 주었다. "언제 그리고 어떤 형태로 우리가 이 문제를 이용하는 것이 필요하다고 판단할 것인가라는 문제를 예측하지 않은 상태에서, 위에 언급된 폐하의 재가에 따라 우리는 현재 이 사안을 더 이상 진행하지 않을 의도임을 귀관에게 통보한다. 그와 동시에 폐하의 뜻에 따라 도쿄 주재 러시아 공사 및 서울 주재 러시아 대리공사(쉬페이예르)가 임지에 도착할 때까지 조선 육군의 조직에 관한 모든 협상을 중단하라."[27]

근시일 내에 서울로 되돌아가야 했던 쉬페이예르에게 하달된 추가 훈령에는 일본과의 관계를 첨예하게 만들 수 있는 모든 것에서 '특별히 조심하라'는 명령이 들어 있었다. 조선 내 러시아 영향력의 강화 및 다른 열강들의 영향력 불허가 갖는 중요성에도 불구하고 훈령에서는 '그럼에도 불구하고 그런 목표는 극동에서 우리가 당면한 과제들 중에서 가장 중요한 것이 아닌바, 약소국이자 빈국인 조선에서 우리 러시아의 절대적 우세가 주는 이익이 일본과의 관계를 첨예하게 만들 수 있는 해

27 Инструкция министра иностранных дел Муравьева Поверенному в делах в Сеуле Веберу. С. Петербург, 9 мая 1897 г. № 128 // АВПРИ. Ф. Миссия в Сеуле. Оп. 768. Д. 6. Л. 89-89 об.

악을 상쇄시킬 수 없기 때문'이라는 점이 명시되어 있었다.[28]

일본 정부는 조선 정부가 러시아 교관의 초빙을 거절하도록 만드는 데 실패한 뒤 놀랍도록 자제하듯 행동했으며, 이 문제로 러시아와 조선 정부에게 항의하지 않았다는 점이 흥미롭다. 이런 자제는 일련의 원인으로 설명될 수 있을 것 같다. 첫째, 일본은 러시아를 상대로 노골적인 충돌을 일으킬 준비가 되어 있지 않았다. 둘째, 러시아가 보여 준 조심성이 효과를 나타낸 것으로 보인다. 1897년 5월 러시아 주재 일본 대리공사는 조선 육군의 창설을 위해 러시아 군사 교관을 파견해 달라는 조선 국왕의 요청이 있었음을 통보받았다.[29] 무라비요프가 일본 공사와의 대담 과정에서 러시아는 그런 요청을 실행하지 않을 것이며, 그 요청을 일본과 토론할 준비가 되어 있다고 설명했을 가능성이 매우 높다. 이후 러시아가 조선으로 교관을 파견하지 않을 것이며, 러시아의 외무대신이 대일관계에서 '호의적 성향'이라는 평판이 일본 신문에 게재된 것은 우연이 아니다. 일본 언론은 러시아 군사 교관들에 의한 조선 육군 훈련이 러시아 정부가 취한 입장이라는 문제에서 베베르가 정부 훈령에 제시된 행동의 한계를 넘어섰다며 그 한 명만을 비난하기 시작했다. 따라서 조선으로부터 베베르의 예정된 소환은 일본과 합의하려는 러시아 정부의 희망을 반영한 상징적 행보였다.[30]

일본 신문의 주장이 근거 없는 것은 아니었다. 러시아 교관 파견과 관련하여 조선 정부와 합의에 도달하려고 막대한 노력을 기울인 베베

28 Дополнительная инструкция Шпейеру от 9 мая 1897 г. // АВПРИ. Ф. Китайский стол. Оп. 491. Д. 14. Л. 66-68.

29 다음을 보시오. Обзор печати за 1897 г. // АВПРИ. Ф. Японский стол. Оп. 493. Д. 902. Л. 133-137, 152-155. Газета 『Майнити』 от 11 мая 1897 г.

30 Там же.

르는 자신의 노력이 수포로 돌아갔다는 사실을 받아들이고 싶지 않았다. 러시아 교관 파견을 연기하는 동시에 조선의 요청이 다른 나라의 교관을 초빙하지 않아야 하는 의무로 간주된다고 고종을 납득시키는 것은 조선 정부가 다른 열강의 조력을 찾도록 만드는 것이어서 불가능했다. 따라서 베베르는 교관단 파견을 연기하려는 러시아 정부의 의도를 확인한 직후 무라비요프에게 전문을 발송하여 이 문제에서의 양보는 러시아의 영향력에 '극히 파멸적인' 결과를 초래할 것이며, 러시아 교관단의 초빙을 주장했던 고종과 조선 대신들의 지위를 약화시킬 것이라고 했다.[31]

교관단 파견을 피해야 할 근거가 없다고 본 육군대신과 쉬페이예르는 베베르의 견해를 지지했다. 니콜라이 2세도 반노프스키를 지지하여 6월 21일 새로운 교관단을 조선에 파견하라는 결정을 내렸으며,[32] 한 달 뒤인 7월 29일 장교 3명과 하사관 10명으로 구성된 두 번째 교관단이 서울에 도착했다. 그러나 1897년 7월 29일 두 번째 교관단이 조선에 도착하면서 일본과의 관계가 첨예해졌다. 서울 주재 일본 공사 가토 다카아키는 새로운 교관단의 도착이 얼마나 믿을 만한 소식인지, 조선 정부는 어떤 형태와 어떤 근거로 교관단을 초빙한 것인지에 관해 조선 외부대신에게 공식 질의서를 발송했다. 이에 외부대신은 '모든 국적의 사람을 초빙하는 것에 있어서 조선은 전적으로 독립적인바, 그것을 위해 어떤 이유가 있어야 하는 것'이냐는 군부대신의 의견을 가토에게 통보했다. 답변이 불만족스럽다고 판단한 가토 다카아키는 그 답변서를 조

31 Телеграмма Вебера министру иностранных дел от 10 мая 1897 г. // АВПРИ. Ф. Японский стол. Оп. 493. Д. 144. Л. 195.

32 Донесение Вебера Его Сиятельству графу М. Н. Муравьеву. Сеул, 4 августа 1897 г. // АВПРИ. Ф. Японский стол. Оп. 493. Д. 7. Л. 99.

선 외부로 되돌려 보냈다. 이후 가토는 페테르부르크에서 체결한 상호 협약에 따라 교관 초빙과 관련하여 어떤 정책도 채택되어서는 안 됨에도 불구하고, 자신이 보유한 정보에 따르면, 러시아 대표가 교관에 관한 조약 체결을 조선에 요구하고 있다는 사실을 베베르에게 통보한 후 통첩을 발송했다.[33] 이에 베베르는 '교관의 도착은 조선 국왕의 요청에 의해서만 설명되는 것이며, 국왕과 페테르부르크 협약의 규정과는 상관없다'고 답했다.[34]

서울 주재 일본 공사가 이의를 제기한 것과 동시에 러시아 주재 일본 공사 하야시 다다스[林董] 남작은 향후 일본 정부와 러시아 공사 간에 새로운 협약이 체결될 때까지 조선 정부와 서울에 도착한 러시아 교관들 간의 계약서 체결을 잠시 자제하도록 베베르에게 하명해 줄 것을 러시아 정부에 요구하라는 오쿠마 시게노부[大隈重信] 외무대신의 훈령을 1897년 7월 25일 러시아 외무성에 전달했다.[35] 무라비요프는 1897년 7월 29일 자 상주보고서에서 일본 정부의 이 전문에 '하야시 남작에게 수교하는 메모 형태로 답할 것'을 제안했다.[36] 니콜라이 2세는 무라비요프의 보고서에 다음과 같은 주비를 달았다. "전적으로 승인한다."

8월 10일 일본 공사에게 전달된 '메모'에서 지난 4월 당시 페테르부르크 주재 일본 공사 모토노의 요청에 따라 새로운 명령이 있을 때까지 조선 육군의 창설에 관한 협상을 중단하도록 베베르에게 하명했음

33 Письмо японского посланника Като русскому представителю Веберу от 18 июля 1897 г. // АВПРИ. Ф. Японский стол. Оп. 493. Д. 7. Л. 87.

34 Ответное письмо Вебера на ноту японского посланника в Сеул от 19 июля 1897 г. // Там же. Л. 88-92.

35 Извещение японского представителя Хаяши Окума от 24 июля 1897 г. // Там же. Д. 144. Л. 244.

36 Всеподданнейшая записка министра иностранных дел от 29 июля 1897 г. // АВПРИ. Ф. Китайский стол. Оп. 491. Д. 14. Л. 93.

을 강조했다. 그러나 러시아 정부는 제2차 러시아 교관들이 1897년 4월에 이미 조선으로 향해야 했었으나 연기된 것이었다며, 새로이 도착한 교관들과 관련하여 베베르에게 그런 내용의 명령을 하달할 수 없다고 했다. 하야시 다다스가 항의의 직접적 원인으로 든 것이 예정된 계약의 체결이었던 만큼, '새로운 교관단이 도착한 것과 조선 정부와의 계약서 체결은 전혀 관련이 없다'고 설명했다.[37] 그러나 8월 말, 병사 훈련과 관련하여 조선 정부와의 합의가 도출되지 않아 러시아 군사 교관들은 직무에 착수할 수 없었다.

러시아 외무성의 주한공사 베베르의 소환

조선 군사력의 즉각적인 재조직과 육군 창설을 위해 러시아 군사 교관들이 조선으로 신속하게 파견될 수 있도록 베베르가 1897년 여름에 취한 행동은 러시아 외무성의 심각한 불만을 야기했다. 당시 외무성은 조선 군사 업무에 대한 일본의 강력한 간섭을 걱정하여 군사 교관 파견을 무기한 연기하고 있었다. 그 외에도 고종에 대한 베베르의 거의 무한한 영향력에 일본이 강한 불만을 품고 있었다. 따라서 무라비요프는 도쿄로 신임 공사 로젠을 서둘러 파견하고, 자연히 그 뒤를 이어 쉬페이예르를 서울로 복귀시키는 수순으로 베베르를 서울에서 철수시켜 멕시코로 전근 보내려 했다.

1897년 8월, 서울에서 러시아의 영향력이 확연하게 약화되어 일본과

37 Памятная записка, переданная японскому посланнику 29 июля 1897 г. // Там же. Л. 228.

의 분규를 피하도록 노력한다는 결정이 내려진 뒤에 로젠이 도쿄에 임명되었다. 8월 15일 무라비요프는 서울의 베베르에게 다음과 같은 전문을 발송했다. “폐하께서는 쉬페이예르가 서울에 도착하면 귀관은 업무에 관해 해명하도록 신속히 페테르부르크로 향하라고 하명하셨다.”[38]

1897년 8월 24일 베베르는 조선 주재 러시아 공사관의 운영권을 5등관 쉬페이예르에게 이전했다고 조선 외무대신에게 통보했다.[39] 베베르는 무거운 마음으로 자신이 12년 넘게 근무했던 조선을 넘겨주면서, 조선 문제에서 페테르부르크의 공식적인 노선에 부응하지 않는 정책을 추진했기 때문에 자신이 소환되는 것이라고 확신했다. 그러나 베베르는 자신이 옳았으며, 교관단 문제에 있어서는 특히 더 그렇다고 확신했다. 그는 연해주 총주지사 그로데코프(Н.И. Гродеков)에게 발송한 1897년 8월 22일 자 서한에서 다음과 같이 기술했다.

“비록 제가 각하께 개인적으로 인사를 드릴 기회가 없었지만, 이곳 극동에서 머물면서 40년 넘게 근무한 시간이 아마도 제 인생 최고의 날이었던 것 같습니다. 저는 비록 공식적이었다 할지라도 저와 교신했던 이들에게 이별을 고하지 않을 수 없습니다. 저는 교관 문제로 귀하께서 저를 지지해 주신 것에 특히 감사드립니다. 작년 말 이곳에 도착한 장교들은 모범적인 근면함, 자신의 업무에 대한 해박한 지식과 애정 등으로 자신들을 성공적으로 보여 주었습니다. 하사관들 역시 장교들처럼 자신들을 증명해 보였습니다. 조선 병사들의 훈련은 훌륭하게 이루어지고 있습니다. 조선 병사들은 지대한 노력을 보여 주고 있으며, 그들

38 Проект секретной телеграммы Муравьева д. с. с. Веберу от 15 августа 1897 г. № 123 // АВПРИ. Ф. Китайский стол. Оп. 491. Д. 49. Л. 99; Ф. Японский стол. Оп. 493. Д. 49. Л. 159.

39 Официальное сообщение управляющего миссией, посланника Вебера министру иностранных дел Кореи. Сеул, 24 августа 1897 г. № 26 // 「Ку Хангук вэгё мунсо」. Т. 17. Сеул, 1969. С. 456.

과 우리 교관들 간에는 단 한 번의 사소한 오해도 없었습니다. 악의적 비판을 받은 적이 적지 않은데, 세 달 전 쿠지민(Кузьмин)은 조선 경비대대의 내부 운영 관리에 착수하여 불법적 수입, 군부 관원들과 대대장들의 뇌물수수 등을 정리했습니다. 이로 인해 쿠지민 소위는 자기 주머니 속의 이익만을 고집하는 조선인들의 이기적이고 지루한 논쟁을 상대로 강력하게 투쟁해야 했습니다. 그러나 쿠지민은 침착하고도 긍정적인 성격 덕분에 승리를 쟁취했습니다. (조선의) 병사들과 장교들은 이런 성공적 결말에 극히 기뻐했습니다. 오래된 보수정파들은 질서와 개혁의 도입이 자신들의 전횡과 약탈에 종말을 고할 것이라 계산하고 있습니다."[40]

조선 국왕은 베베르를 서울에서 소환한다는 소식에 실로 비탄에 빠졌다. 고종은 러시아 신문 『노보예 브레먀(Новое Время)』지의 특파원인 싀로먀트니코프(С.Н. Сыромятников)에게 다음과 같이 언급했다. "이제 우리에게 쉬페이예르 씨가 오게 되었답니다. 그는 좋은 사람이고, 그가 우리를 보호하겠지만, 내 최고의 친구인 베베르 씨가 떠난다니 난 슬플 따름이요. (한때) 난 러시아 공사관에서 살았고 그가 날 보호해 주었는데, 난 그때가 좋았습니다. 조선은 영원히 러시아와 함께할 것이지만 난 베베르 씨와 이별하는 게 못내 힘드오."[41]

그러나 금전욕이나 다른 단점들을 가지고 베베르에게 험담하던 음해자들 역시 존재했다. 이들은 주로 대외정책과 재정 기관의 종사자들이었다. 1897년 재무부 소속의 상무관 자격으로 서울로 파견되었다가 후일 탁지부 수석고문 겸 해관장으로 근무했던 재무부 관세청 행정실장

40 Отдел письменных источников Государственного исторического музея (Москва). Ф. 307. Ед. хр. 1 Л. 61-62. Цит. по: Хохлов А. Н. Журналист-востоковед С. Н. Сыромятников. И его материалы о Корее конца XIX-начала XX века // Восточный архив. № 14-15. С. 55.

41 Там же. С. 53.

알렉세예프(К.А. Алексеев)가 서울에서 떠돌아다니던 소문을 보고서로 작성하여 올렸다.

알렉세예프는 비테에게 발송한 보고서에서 1897년 9월 20일 서울로 향하던 도중 상하이에서 베베르를 만났다고 언급했다. 알렉세예프는 베베르에 대해 이렇게 말했다. "베베르는 자신이 조선으로부터 소환된 사실을 받아들일 수 없다고 했으며, 기회가 날 때마다 자기 없이는 서울에서 해결될 일이 없을 것임을 깐깐하게 증명했습니다. 본의 아니게 이 문장은 희망을 버린 베베르의 개인적 관점을 누설했는데, 그의 얘기에서 판단할 수 있는 것처럼 조선의 실제 상황은 그렇게 비관적이지 않습니다."[42]

가까운 시일 내에 러시아 극동정책의 중심이 조선에서 만주로 이동하는 모습이 인지되고 있었던 1897년 가을, 극동에서 러시아 외교가 직면한 과제의 견지에서 조속한 시일 내에 페테르부르크로 향하라고 베베르에게 하달된 명령, 그리고 새로운 대리공사와 그의 교체 등이 러시아 대외관계 부처 지도부의 가장 성공적인 행보는 아니었던 것 같다. 베베르는 절도, 친절, 자제력, 양보 능력, 약속할 줄 아는 특별한 재능 등 자신의 선천적 성품 덕분에 고종은 물론 많은 궁정 대신들과의 신뢰 관계를 구축한 뒤 그들에게 강력한 개인적 영향력을 발휘할 수 있었으며, 다른 서울 주재 외국 대표들과도 신뢰 관계를 구축할 수 있었다. 서구 외교관들은 베베르의 조선 내 활동을 대체로 칭찬했다. 예를 들어 조선 주재 미국 대표인 실은 1896년 3월 국무부장관 올니(Richard Olney)에게 발송한 보고서에서 러시아의 대조선 정책에 대해 이렇게 언급했다.

42 Копия докладной записки с. с. Алексеева, 7 декабря 1898 г. Совершенно конфиденциально // РГИА. Ф. 560. Оп. 298. Д. 1090. Л. 111-116 об.

"새로운 정부에게 똑똑하고 명성을 지닌 외국 고문들을 임명하도록 제안하는 것입니다… 러시아의 명확한 간섭 징후가 없습니다. 러시아 공사는 진심으로 그런 간섭을 거부하고 있습니다."[43] 그해 7월 실은 '베베르는 힘이나 압도적 영향력의 시위에 의존하지 않으려 합니다.… 국왕 폐하께서는 1894년 7월 23일 궁정을 점령당한 이후 누리지 못했던 개인적 안전을 느끼고 계십니다'라고 했다.[44] 실의 후임으로 조선 주재 미국 변리공사에 임명된 알렌은 베베르의 소환을 안타까워했다. 그는 베베르가 조선을 떠난 뒤인 1897년 11월 국무장관 셔만(Sherman)에게 발송한 보고서에서 다음과 같이 회상했다. "종종 극단으로 치달아 … 조선의 사안에 간섭을 자제하는 것, 그게 러시아 대표였던 베베르 씨가 면밀하게 수행하던 정책이었습니다… 이처럼 그는 조선 사람들에게 그렇게 값진 것이었던 독립이라는 사랑스러운 이념에 손해가 되거나 약해지지 않게 활동하였기에 조선 문제를 통제할 수 있었습니다."[45]

위에 열거한 모든 품성이 조화를 이루면서 서울 주재 러시아 대표로서 베베르를 대체할 수 있는 이가 없게 되었다.

43 『I think I see plain indications, that the present policy of Russia is to suggest the appointment of intelligent and reputable foreign advisers to the new government from nationals other than her own. No indications of material interference by Russia. Russian Minister earnestly disclaims such interference』 // N 195. Sill to Olney, March 2, 1896. Korean-American Relations. Documents, pertaining to the Far Eastern Diplomacy of the United States. Volume III. University of Hawaii Press. Honolulu, Hawaii, 1986. C.18.

44 『Russian Minister made an effort to make the least possible show either of force or of prevailing influence···His majesty feels a sense of personal security unknown to him since the seizure of the palace on July 23 1894/』/N 226. Sill to Olney, July 17, 1896. Ibid. C.18

45 『It was the carefully pursued policy of the late Russian representative, Mr. Waeber, to abstain from all appearance of meddling in Korean affairs, often going to the extreme of allowing certain abuses to continue rather than speak, when a word of rebuke from him would had much, if not a conclusive effect. In this way he was able to control Korean affairs so far as he desired without seeming to work against , or weaken, the pet idea of independence, so dear to the better Koreans』 //N 29. Allen to Sherman, November 7, 1897. Korean-American Relations. Ibid. C.23.

쉬페이에르는 베베르가 지닌 그런 품성들을 갖추지 못했었던 것으로 보인다. 쉬페이에르의 난폭한 품행은 조선에서 러시아 영향력의 강화에 부합하는 것이 아니었다. 쉬페이에르는 어떤 대가를 치르더라도 조선에서 러시아의 지위를 강화하려 노력했으나, 간혹 외무성의 사전 조언을 구하지도 않은 채 자기 결정에 따라 종종 무턱대고 행동했다. 이 점을 보여 주는 하나의 특징적인 예가 있다. 1898년 2월 조선의 민족주의적 애국단체인 '독립협회'가 조선의 군부와 탁지부에 대한 러시아의 간섭과 통제에 반대하여 서울에서 항의 모임을 조직하고, 그 모임의 참석자들이 러시아 군사 교관과 재정고문을 거부하라는 내용의 상소문을 고종 황제에게 전달했다. 그러자 쉬페이에르는 조선의 독립 원칙을 무시한 채 러시아 군대를 동원하여 조선 북부를 과감히 점령할 것을 페테르부르크에 제안했다. 그러나 러시아 정부는 그 제안을 단호히 거절했다. 이후 쉬페이에르는 다음과 같은 경고를 받았다. "우리 러시아의 군대로 조선의 북부를 점령하는 구상은 황제 폐하의 계획에 들어가지 않는바, 그것은 우리가 수차례에 걸쳐 포고한 조선 독립의 원칙을 명백하게 위반하는 것이며, 조선의 보호는 우리의 지속적인 관심사이다."[46] 이에 베베르의 소견은 다음과 같았다. "쉬페이에르의 무분별하고 무모한 행동 이후, 그리고 우리를 음모하는 자들이 그의 행동에 독특한 뉘앙스를 덧붙이면서, 우리의 영향력은 영점 이하로 내려갔습니다. 조선 사람들은 러시아 정책의 정직과 호의에 의문을 품기 시작했으며, 결국 서울에서 과거 친러파에 속했던 고관들을 반대하는 민중 소요가 일어날 정도로 쉬페이에르를 증오했습니다."[47]

46 다음을 보시오. Пак Б. Д. 『Россия и Корея』. Изд. второе. М., 2004. С. 299.

47 Частное письмо д. с. с. Вебера министру иностранных дел В. Н. Ламздорфу. Сеул, 14 января

일본 주재 신임 러시아 공사 로젠은 러시아 극동정책의 일반 과제를 고려하여, 특히 우선적으로 일본과의 관계 악화를 막는 방향으로 조선 문제를 해결하기 위해 쉬페이에르와 반대되는 의견을 표명했다.[48] 조선 문제에 대한 로젠의 견해는 외무대신 무라비요프와 다수의 러시아 외교관 및 군인들의 견해와 일치했다. 조선 문제에서 적극적 노선과 덜 적극적 노선의 두 방침이 충돌했다. 베베르는 첫 번째 노선을 구현했다. 그러나 두 번째 노선이 승리했다. 러시아 극동정책에서 이 두 번째 노선의 승리는 1897년 3월 6일 서울에서 러시아 교관들과 재정고문을 소환하고, 이후 동년 4월에 '니시-로젠 협정'이 체결되는 것으로 귀결되었다. 러시아는 이 협정에 따라 조선에서의 무역과 산업 발전을 위한 결정적 역할이 일본에게 있음을 인정함으로써 조선 문제에서 일본에게 상당히 양보했다. 이것이 더 좋은 것이었다고 말하기 힘들다.

러시아와 일본의 충돌은 불가피한 것이었다. 만약 베베르가 선택했던 노선을 따랐다면 그 충돌이 더 빨리, 즉 일본이 전쟁을 대비하지 못했던 그 시점에서 찾아왔을 수도 있었으며, 러시아는 만주 문제에 봉착되지 않았을 것이다. 그러나 이것은 추측에 불과하다.

현실에서 러시아 외교는 다른 극동정책 노선을 택했다. 러시아의 이익이 조선에서 만주와 중국으로 이동하기 시작했다.

1903 г. // АВПРИ. Ф. Китайский стол. Оп. 491. Д. 41. Л. 9.

48 Rozen R. R. Forty Years of Diplomacy. Vol. 1. N. Y., 1922. C. 143-146.

Карл Иванович Вебер

제7장

결론에 대신하여

베베르와 1897년 이후의 조선

1897년 조선 주재 초대 러시아 대리공사 겸 총영사인 베베르는 서울에서 소환된 후 페테르부르크로 향하여 바실리예프스키(Васильевский)섬 제3열 20번지 5호에 살았다.

조선 주재 러시아 대표의 직위에서 외교 활동을 펼친 기간 동안 보여 준 조국에 대한 충성과 고도의 전문성을 평가하여 1898년 3월 27일 성 안나 1등 훈장이 베베르에게 수여되었다. 이런 훈장을 수여받은 이들은 자동적으로 세습 귀족이 되었다. 동년 11월 5일 '원로원 규정에 의하여 4등관 카를 프리드리히 페도르 이바노프 베베르는 그의 부인이자 마크 집안에서 태어난 예브게니야 알리다 그리고 아들 에르네스트 카를 에두아르드와 예브게니 알베르트와 함께 세습 귀족으로 인정되었으며, 귀족 가문 족보의 제3부분에 기입되는 권리도 부여되었다."[1] 베베르 후손이 알려 준 바에 따르면 위 문서는 베베르 가문에 남작 작위가 있음을 인정한 것일 뿐이며, 베베르가 조선에서 장기간 근무한 것을 반영하는 상징을 문장에 추가하여 변화를 주었다고 한다. 현재까지 보존된 귀족 베베르 집안 문장의 공식 기록은 다음과 같다. "진홍빛 눈과 입에서 분출되는 동일한 색의 화염이 그려진 은빛 용이 감청색 방패 속에 있다. 방패의 진홍빛 머리에 금색의 일출하는 용이 있다. 방패는 귀족 즉위의 투구로 장식되어 있다. 문장의 제일 윗부분에 있는 문양에는 두 개의 검은 독수리 날개가 있으며 그 날개 사이에는 진홍색, 감청색 그리고 금에 의해 달팽이 모양으로 구분된 원이 있다. 문장 제일 윗부분의

1 Выписка из решения Правительствующего Сената 5 ноября 1898 г. о признании в потомственном дворянстве // Из архива Вальтера Вебера.

문양 밑에 있는 나뭇잎 모양 중 왼쪽은 은이 있는 진홍색, 오른쪽은 금이 있는 감청색이다."[2] 우리 관점에서 보면 외형이 바뀐 문장은 조선뿐만 아니라, 외교관으로 31년간 근무했던 극동에 있는 다른 두 개 나라, 즉 중국 및 일본과 베베르가 깊게 관련되어 있음을 보여 주려 했다. 여기서 용은 중국을[3] 그리고 떠오르는 태양은 일본[4]을 각각 상징하는 것으로 보이고, '음양'의 상징은 조선(한국) 국기의 중앙에 있는 것이다.[5]

이 문양은 러시아 문장학(紋章學)에서 유일한 것으로, 러시아, 조선, 일본 그리고 중국 간의 국제적 안전 강화와 다양한 협력 과정의 형성에 위대한 외교관의 특별한 공헌을 상기시킨다. 2011년은 베베르 출생 170주년이었다. 2014년은 러시아와 한국 간의 외교관계 수립 130주년이다. 베베르 가문의 문장에 묘사된 그림을 이용하여 러시아와 조선에 대한 공적을 기리는 기념 메달로 선린, 우정과 협력관계의 수립에 자신을 바친 카를 이바노비치 베베르를 영원히 기억할 수도 있을 거라 여겨진다.

베베르가 장기간의 추가 휴가 중일 때 그는 어떤 형태로든 러시아 외무성의 조선 문제 해결에 적극적으로 간여할 수 없었다. 그러나 현재까지 보존된 단편적인 정보에 따라 판단해 보면, 베베르는 러시아가 보다 적극적인 대조선 정책을 추진하도록 만드는데 필요한 모든 수단을 동

2 Герб рода дворян Вебер // Из архива Вальтера Вебера.

3 중국은 스스로를 용의 나라로 간주하고 있는데, 1862년부터 1911년까지 공식적으로 채택된 청룡과 태양이 들어가 있는 깃발이 그것을 증명해 주고 있다. 전통적으로 중국에서 용은 황제 권력의 상징이었다. // Духовная культура Китая. Т. 2. М., 2007. С. 510.

4 떠오르는 태양은 일본의 상징 중 하나이다. 하얀색 바탕의 가운데에 커다란 붉은색 원이 있는 일장기(日章旗, 일장기는 저자인 벨라 박의 한자표기에 따른 것이다. 그러나 역자가 판단하기에는 일장기가 아닌, 욱일기를 말하는 것으로 보인다-역주)는 떠오르는 태양을 구현한 것이다. 본 천황가문의 시조로 여겨지는 여신 아마테라스 오미카미에 대한 욱일의 전설에 따르면, 이 국기는 일본 황실 상징의 일부이다.

5 태극기(위대한 시작의 기)는 1882년 이전 시기에 만들어진 한국의 깃발로 대한제국의 상징 중 하나이다. 하얀색 바탕에 단일체(도교)로서 정주된 것에 대한 관점을 반영하는 상징이 가운데에 있다. 원은 완전과 최고 조화, 통일 그리고 양(남자)과 음(여자) 양극의 투쟁의 상징이다. '음양'은 위대한 극의 통합으로 한국말로는 태극이라고 한다. 따라서 이 국기의 명칭은 태극기이다.

원하여 계속해서 협력했던 것으로 보인다. 베베르는 바로 그런 목적에서 1898년 로젠과 니시 도쿠지로[西德二郎]가 도쿄의정서를 체결하는 것에 강력하게 반대했다. 이에 대해서는 '1898년 전후 대한제국에 관한 보고'에 상당히 흥미로운 그의 의견이 있다.[6]

"우리 시대에 상인은 장수와 같으며, 경제적 점령이 군사적 점령보다 더 확실하다는 말이 옳다고 한다면 대한제국에서 미미한 우리의 무역이나 얼마 안 되는 수의 러시아인, 일본과 같은 수단을 갖지 못한 우리 외교로서는 이곳에서 결투 상대도 되지 않을 것이라고 생각합니다.

이러한 생각들 때문에 페테르부르크의 우리 외무성에서 저는 기회 있을 때마다 1898년 4월 13일 도쿄에서 로젠 남작과 일본 외무대신 니시가 서명한 의정서에 대해 부정적인 발언을 했던 것입니다. 그 3조는 이렇습니다. '대한제국에서 일본 상공업 회사의 폭넓은 발전과 이 나라에 거주하는 일본 국민의 수가 상당함을 고려해 러시아 제국 정부는 일한 간 상업 및 공업 교류의 발전을 가로막지 않을 것이다.' 공식 협정문에 이런 화려한 문구를 넣을 때는 그것이 우리에게 불리한 의미로 해석될지도 모른다는 것을 우려해야 합니다. 즉 우리가 1896년의 정책과 당시 우리의 지배적인 위치를 포기하고 일본이 그들에게 더 적합한, 경제적으로 조선을 점령하도록 만들어 주었다는 점을 염려할 필요가 있었던 것입니다."[7]

베베르의 다른 중요한 행보 중 하나는 1895년 그를 멕시코 공사로 임명했던 외무성의 결정을 1900년에 실로 힘들게 폐기하게 만든 것이다. 이것은 필요한 경우 베베르가 대한제국 문제에 개입할 수 있게 해

6 보리스 박이 최초로 다음의 책에서 인용했다. 『Россия и Корея』. М., 1979. С. 127, 140.

7 Вебер К.И. Корея до 1898-го года и после. Сеул, апрель 1903 г. // АВПРИ. Ф. Японский стол, Депеши из Сеула, 1903. Д. 14. Л. 123-140; 『Российское корееведение』. Альманах. Выпуск второй. М., 2001. С. 141.

주었다. 이후 실제로 그런 경우가 있었다.

1902년 10월은 1897년에 황제의 지위에 오른 고종의 즉위 40주년이었다. 이와 관련하여 외부는 대한제국 '축하 행사에 참석하고 모두의 기쁨을 표명하기 위해 특별사절'을 서울로 파견해 달라고 러시아 정부에 요청했다.[8] 러시아 외무성은 니콜라이 2세의 윤허를 받아 서울 주재 러시아 공사 파블로프(А.П. Павлов)에게 전문을 발송하여, 대한제국 황제가 개인적으로 잘 아는 베베르를 파견하기로 했으며, 베베르에게는 '러시아 황제 폐하의 축하 서한을 대한제국 황제에게 전달하는 특별 임무'가 부여되었다고 통보했다.[9] 서한의 내용은 다음과 같다.

"대한제국 황제께 우정 어린 인사를 보냅니다. 짐은 황제의 즉위 40주년 축하행사 소식을 진실로 기뻐하며 받았습니다. 이에 짐은 제 우정 어린 축하와 폐하의 건강, 그리고 우리 두 이웃 제국 간에 이렇게 상서롭게 구축된 호의적 관계에 평안이 있기를 바랍니다. 양국 간에 우정이 앞으로도 변함없을 것이라 전적으로 확신하면서, 폐하의 백성들을 통치하시기 위해 폐하의 군림이 오랫동안 지속되기를 바랍니다.

일천구백이년 유월 십이일 페테르고프(Петергоф)에서 하달. 짐의 즉위 팔년. 니콜라이."[10]

베베르의 임명을 받아들인 파블로프는 '조선 사람들 내에서 아직까지도 실로 유명한 베베르에게 특별 임무를 주어 대한제국으로 파견한 결정은 황제에게 가장 즐거운 인상을 주고 조선 정부와의 관계에 호의

8 Перевод ноты временно и. д. корейского министра иностранных дел, камергера Ю-кын-хуан // АВПРИ. Ф. Миссия в Сеуле. Оп. 768. Д. 206. Л. 7.

9 Секретная телеграмма статс-секретаря графа Ламздорфа Павлову. С. Петербург, 11 июня 1902 г. // Там же. Л. 9.

10 Поздравительное письмо Николая II корейскому императору. Петергоф, 12 июня 1902 г. // Там же. Л. 37.

적 영향을 줄 수 있을 것임에 의심의 여지가 없다'고 생각했다.[11]

람즈도르프 외무대신은 8월 20일 자 다른 전문을 통해 파블로프에게 다음과 같은 소식을 통보했다.

"황제 폐하의 명의로 작성된 축하 서한, 국서와 다이아몬드 장식이 들어간 안드레이 1등 훈장을 대한제국 황제에게 전달하기 위해 특명 사절의 자격으로 서울에 파견된 베베르는 8월 26일 페테르부르크를 출발하여 뤼순을 거쳐 갈 것이다."[12]

사도 성 안드레이 1등 훈장을 고종에게 수여하는 니콜라이 2세의 칙령에는 다음과 같이 기술되어 있다.

"자비로운 천심으로, 황제이자 전 러시아의 전제군주 (이하 칭호 열거) 우리의 니콜라이 2세께서

대한제국 황제 폐하께

우리 황제 폐하의 우정

최근 들어 특히 견고해진 선린 유대의 기념으로, 폐하의 즉위 40주년 기념을 맞아 서울로 향하는 특명 사절 4등관 베베르에게 우리의 축하를 전달하고, 우정의 증표로서 러시아 최고훈장인 다이아몬드 장식이 들어간 사도 성 안드레이 1등 훈장을 폐하께 수교하도록 임무를 부여한 것이 신의 은총이라 생각합니다.

서기 1902년 8월 23일 페테르부르크에서 부여됨. 러시아 황제 폐하 즉위 8년. 니콜라이"[13]

11 Телеграмма Павлова министру иностранных дел графу Ламздорфу. Сеул, 14 июня 1902 г. № 103 // Там же. Л. 12.

12 Телеграмма графа Ламздорфа. С. Петербург, 20 августа 1902 г. // Там же. Л. 12.

13 Распоряжение Николая II о награждении корейского императора // АВПРИ. Ф. Японский стол. Оп. 493. Д. 80. Л. 37-38.

1902년 10월 3일 베베르는 순양함 '아드미랄 나히모프(Адмирал Нахимов)'호 편으로 제물포에 도착하여, 바로 그날 서울에 입성했다. 그 다음 날 베베르는 고종 황제를 배알했다. '아드미랄 나히모프'호의 선임 장교 키릴 블라디미로비치(Кирилл Владимирович), 순양함 함장과 의사, 그리고 제물포에 정박 중인 러시아 함정의 함장과 장교 두 명이 베베르와 함께했다. 베베르는 니콜라이 2세의 축하 서한을 전달한 후 다음과 같이 언급했다.

"양국 우호관계의 기념으로 러시아 황제 폐하께서는 대한제국 황제 폐하의 평안한 즉위 40주년을 맞아 축하 서한을 수교하고 우리 폐하의 가장 진심 어린 개인적 축복을 전달하시기 위하여 저를 특명 사절로 임명하셨습니다."

고종은 서한을 수교한 것에 감사하며, 니콜라이 2세에게 진심 어린 고마움을 전달해 달라고 베베르에게 부탁했다.[14]

10월 5일 베베르는 재차 황제를 알현하여 최고위직 고관들을 만났다. 이에 대해서 베베르는 러시아 외무성에 다음과 같이 통보했다.

"대한제국의 황제 폐하와 다수의 고관들이 저를 진심으로 환대해 주셨습니다. … 폐하의 측근인 탁지부대신과 외부대신, 그리고 그의 일부 부관들을 통해 폐하께서는 수차례에 걸쳐 저에게 호의의 감정과 신뢰를 지니고 계시며, 상황이 아관으로 파천할 수밖에 없도록 만들었고 1년 넘게 저의 손님으로 있어야 했던 그 당시 제가 폐하께 해드렸던 정신적 지지와 봉사를 잊지 않고 계신다고 하셨습니다."[15] 그러나 그 이후 얼

14 Донесение д. с. с. Вебера министру иностранных дел В. Н. Ламздорфу. Сеул, 31-го октября 1902 г. № 4 // АВПРИ. Ф. Японский стол. Оп. 493. Д. 80. Л. 66-67.

15 Там же. Л. 67.

마 안 있어 궁궐 내에 전염병 콜레라가 퍼지면서 고종의 즉위 기념식을 1903년 4월 17일로 연기한다는 결정이 내려졌다. 이로 인해 대한제국 황제는 새로운 기념식 일자까지 베베르가 서울에 체류하도록 허락해 달라고 니콜라이 2세에게 부탁했다. 니콜라이 2세는 이에 동의했으며, 파블로프는 1902년 10월 29일 조선 외부에 공식 통보문을 발송했다.

"각하께.

며칠 전 러시아 외무성은 저의 통치자이신 러시아 황제 폐하께서 대한제국 황제 폐하로부터 4등관 베베르를 4월로 연기된 기념식까지 서울에 체류하게 해달라는 청원서를 받으셨다고 저에게 통보했습니다. 저는 황제의 칙령에 따라 아래와 같은 황제 폐하의 답변을 대한제국 황제 폐하께 전달해 드리는 전권을 지니고 있습니다. 그러나 폐하를 배알할 수 있는 기회를 아직 지니지 못하여, 직접 이를 수교할 수 없어서, 각하께 다음의 사실을 전달하는 것이 제 의무라 생각합니다. 이것이 그 답변을 적은 것입니다. '폐하께서 밝히신 바람을 고려하여, 만약 어떤 종류이든 예견하지 못한 장애와 조우하지 않을 경우, 4등관 베베르가 4월 17일로 연기된 황제 폐하의 즉위 기념식까지 서울에 체류하는 것을 윤허한다.'

저의 전적인 존경과 진심 어린 충정을 받아 주십시오.

대한제국 외부대신

조병식 각하께."[16]

이때 대한제국 주재 일본 대표와 대한제국 내 친일파 인사들은 베베르가 서울에 온 것은 기념식을 축하하기 위함이 아니라, 어떤 비밀 목적

16 「Ку Хангук вэгё мунсо」. Т. 17. Сеул, 1968. С. 586.

을 지니고 있기 때문이라는 소문을 퍼트리면서 격렬하게 반 베베르 운동을 전개했다. 이런 소문으로 인해 베베르에게 호의를 지니고 있었던 고종 황제마저 그를 다시 인견하지 못했다. 베베르는 로바노프 로스토프스키[당시 제정러시아의 외무대신은 람즈도르프(Ламздорф)였다. 로바노프 로스토프스키는 저자의 오기로 보인다-역주]에게 발송한 1902년 11월 10일 자 보고서에서 자신을 상대로 한 대한제국 궁궐의 다양한 정파 및 대한제국과 러시아 양국 황제의 친밀함에 반대하고 나선 외국 대표들의 음모와 동기의 본질을 다음과 같이 언급했다.

"그(고종)는 지금까지 사적인 알현으로 저를 인견하시지 못하셨습니다. 이것은 이번 달 초 폐하께서 감기를 심하게 앓으셨고, 지금 제가 알게 된 바와 같이, 최근 가벼운 병에 걸리시어 피를 토하셨다는 것으로 상당 수준에서 설명됩니다. 그러나 그와 동시에 잘 알려진 것은, 지체 높으신 황제께서 일본인들이 대한제국에서 무엇을 획득하고 있는지 명확히 이해하지 못하시는 것으로 보이는, 그리고 자신의 주머니를 채우기 위해 재정적 이해관계, 행정부의 혼란, 황제의 유약함을 이용하는 게 더 유리하다고 생각하는 파렴치한 내시와 무당들에게 둘러싸여 계십니다. 그들은 이런 짓을 하는 데 방해가 되면 무엇이든 치밀하게 제거하고 있습니다. 그 외에도 고관들 중에는 신념에 따라 일본을 지지하는 이들 또는 조선의 독립 수호 가능성에 의문을 제시하면서 러시아가 아닌, 더 가깝고 피가 비슷한 일본의 품속으로 몸을 던질 준비가 되어 있는 이들이 적지 않게 존재하는 것으로 보입니다.… 단지 동기에서만 차이가 있을 뿐, 자신의 행동에서는 차이가 없는 이 모든 정파들은 하나같이 대한제국 황제와 제가 내밀하게 가까워지는 것을 방해하고 있는데, 이를 위해 그들은 제가 황제 폐하께 모종의 12가지 요구를 제출할 계획이며 한 달 후 러시아와 일본 간에 전쟁이 발발하고, 우리 러시아가 조선의 남반부(!) 전체를 차지하길 원하고 있다는 식의 유치한 소문을 유포하고 있습니다."

이런 식의 허구는 대한제국 황태자를 설득하여 러시아를 여행하게 만들라는 임무가 베베르에게 하달되었고, 전임 서울 주재 재정고문이었던 알렉세예프가 대한제국 수석고문으로 임명되어야만 한다는 식으로 런던에서 발송된 전문에서도 발견된다. 이런 비방은 1903년 베베르가 서울을 떠날 때까지 확산되었는데, 베베르의 대한제국 체류 목적에 대해 한국인들 사이에 의심을 조장하려는 의도에서 이루어졌다. 그러나 베베르는 더 낙관적이었다. 그는 자신의 11월 10일 자 보고서의 결론에서 다음과 같이 기술했다. "내일 저는 첫 번째의 준 공식적 알현을 가질 것입니다. 저는 다른 정파들에 의해 지금 제가 조우하고 있는 저항을 시간이 흐르면서 돌파할 수 있을 것으로 희망하고 있습니다만, 여기서는 인내가 필요합니다."[17]

1903년 1월 베베르는 상황이 이러면, 1897년 조선을 떠나기 직전까지 자신이 보유했던 그런 영향력을 복구할 수 없을 것으로 확신했다. 그는 대한제국 사회의 통치권 내에서 자신에 대한 관계 변화의 원인을 람즈도르프 외무대신에게 발송한 1903년 1월 14일 자 개인 서한에 밝히고 있으며, 이 서한을 통해 서울에 체류하는 동안 자신이 받은 전반적인 인상을 통보했다.

"제가 이곳 서울에 체류하는 동안 받은 약간의 전반적 인상을 각하와 공유할 수 있게 허락하여 주시기 바랍니다. 이곳에 도착한 저는 대

17 АВПРИ. Ф. Японский стол. Оп. 493. Д. 80. Л. 67.

한제국 황제의 신뢰와 호의를 다시 획득하고 과거 한인들 사이에서 제가 지니고 있었던 권위를 복구하려면 친일파 및 그들을 지지하는 일본인들과의 강력한 투쟁이 예상된다는 것을 알고 있었습니다.

한인들은 그들의 정치적 견해로 보면, 이런저런 문제의 본질을 이해하지 못한 채 혹은 처벌에 대한 두려움에서 행동하거나, 또는 하나의 사안과 관련된 어떤 인물에 대한 자신의 호감이나 반감에 따르는 아이들 수준에 불과합니다. 그들은 러시아, 일본 그리고 다른 나라들의 세계적 의미, 그 국가들이 추진하는 정책의 과제와 지향 등에 관해 어렴풋이 아는 수준이며, 그런 민족들 내에서 자신이 차지한 상황에 관한 이해도가 낮습니다. 수세기에 걸쳐 이웃 국가들에게 억압을 받았고 정책, 언어, 문학, 설화, 관습, 예술 그리고 기타 등등에서 지속적으로 그 이웃 국가들에 의존했던 한인들은 자신의 힘을 믿지 못하여 타자의 조력 없이 존재할 수 있을지 의구심을 품고 있습니다. 따라서 이곳에는 러시아파, 일본파, 중국파, 미국파 그리고 다른 파들이 존재하나, 단 하나만이 없으니 바로 순수한 대한제국파입니다.

한인들은 정치적 측면에서만 아이들이 아닙니다. 이들은 재정적 측면에서도 그렇습니다. 황실은 나라의 수입을 모두 삼켜 버리면서도 나라의 경제적 곤궁에 대해서는 손톱만큼도 걱정하지 않습니다. 모든 돈은 무익한, 비생산적 구매에 탕진되고 있으며, 현금이 부족하면 폭리의 이자를 받거나 유리한 이권을 챙기면서 언제나 순종적인 하인이 되어 주는 일본인들에게서 차관을 빌려옵니다. 따라서 이런 지출에 한계를 두는 것이 극도로 바람직합니다. 그렇지 않을 경우 대한제국의 지불 능력이 고갈될 것이며, 심지어 머지않은 장래에 재정 파탄으로 이어질 것이기 때문입니다. 일본은 빚 독촉을 위해 세익스피어의 샤일록 역을 맡아

단상 위로 등장할 것입니다. 한인들 내에는 올바로 이곳의 재정을 통치할 충분히 능력 있고 독립적이면서 청렴한 사람이 없으며, 심지어 외국인이라 할지라도 가장 광범위한 전권이 없다면, 재정 질서를 수립할 수 없을 것입니다.

지난 10월 이곳에 도착한 저는 이곳 사람들이 제가 상황을 첨예하게 만들고 심지어 일본과의 전쟁을 유발할 수 있는 요구 사항들을 러시아 정부의 이름으로 제출할 것으로 기대하고 있었으며, 그들 사이에서 유포된 저에 대한 유언비어로 정말 그들이 동요되었음을 금방 확신하게 되었습니다. 그와 동시에 이런 터무니없는 소문을 논박하는 데 5주가 넘게 걸렸는데, 이 5주는 제가 이곳에 체류하기로 예정했던 시간입니다. 따라서 각하께서 저를 위해서가 아니라 일을 위해 대한제국 황제의 전문에 답변을 주시어 제가 4월의 즉위 기념식까지 이곳에 머무를 수 있게 되었다는 것에 감사할 따름입니다.…

저는 저의 이곳 체류가 우리 러시아와 대한제국 정부 간의 친교 및 일본 영향력의 축소에 도움이 되길 바라며, 특히 그렇게 함으로써 본인에 대한 황제의 예전 신임을 되돌려 놓을 수 있을 것입니다. 애석하게도 최근 6년 동안 이곳의 질서가 더 나빠졌습니다. 황제 그 자체는 매우 매력적이나 항상 유약하며, 근력도 더 쇠하셨습니다. 반면 황실과 최고부터 최하급까지의 관원사회 내에서는 음모, 뇌물 그리고 매수가 성행하고 있습니다. 각 직위에는 공적이나 능력이 아닌, 갖다 바친 액수의 양에 따라 관료들이 임명되고 있습니다. 황제께서는 고위 관원을 제게 보내시어 제 조언을 구하셨으며, 이 관원들은 상당 기간 동안 이곳에 머물러 달라고 종종 저에게 간청하고 있으나, 제가 단호하게 거절하고 있습니다.

또한 각하께 알려드려야 할 사안은, 마지막 알현에서 황제께서도 저에게 위의 제안을 하셨으나, 제가 답변을 피했습니다. 이곳에 남아서 왕의 외양간이나 치우는 일을 한다는 것은 모국과 모국의 동족들로부터 멀리 떨어진 곳에서 제 여생을 희생하는 것을 의미합니다."[18]

베베르는 고국으로의 귀향이 오래 남지 않았다. 1903년 3월 28일 대한제국 외부대신 이도재(李道宰)는 파블로프에게 통첩을 발송하여, 대한제국 황제께서 '홍역과 천연두의 창궐로 인하여 폐하의 즉위 40주년 기념행사를 가을로 연기한다'는 칙령을 내렸다고 통보했다.[19] 1903년 4월 7일 파블로프는 이에 대한 답변서를 발송했다.

"각하,

존경하는 고관이신 귀하께 통보하오니, 이번 가을까지 황제 폐하의 즉위 40주년 기념행사가 연기됨에 따라 러시아 황제 폐하의 특명 사절 베베르는 러시아로 귀국하게 되었습니다.

이에 귀하께 부탁드리오니, 베베르 씨를 위해 고별 알현을 황제 폐하께 청원하여 주시기 바라며, 시간은 폐하께서 편하신 때에 그를 인견하시면 됩니다. 답변 부탁드립니다.

대리공사

대한제국 외무대신

이도재 수신"[20]

5월 16일 베베르는 고별 알현에 참석했다. 이 자리에서 고종은 재차

18 Частное письмо д. с. с. Вебера министру иностранных дел В. Н. Ламздорфу. Сеул, 14-го января 1903 года // АВПРИ. Ф. Китайский стол. Оп. 491. Д. 41. Л. 9-11.

19 Официальное сообщение Поверенного в делах в Сеуле Павлова министру иностранных дел Кореи И-до-чаю. Сеул, 31-го марта 1903 года // 「Ку Хангук вэгё мунсо」. Т. 17. Сеул, 1968. С. 627-628.

20 「Ку Хангук вэгё мунсо」. Т. 17. Сеул, 1968. С. 630.

서울에 남아 달라고 요청했으나, 베베르는 거부하고 출국했다. 사도 성 안드레이 1등 훈장은 서울 주재 러시아 공사관에 남겨 두었다. 1903년 말까지 고종에 대한 훈장 수교 여부가 결정되지 않았고 이후 러일전쟁이 발발했다. 종전 이후인 1906년 이 훈장은 러시아로 되돌아왔다.

고종 즉위 40주년 기념식 축하를 위한 베베르의 대한제국 방문은 러시아에서 한러관계를 강화하는 데 중요한 방책 중 하나로 여겨졌다. '외무성 제1국의 1903년 보고서'에 이 문제에 대해 다음과 같이 기록되어 있다.

"1902년 10월 서울에서 예정되어 있었던 고종 즉위 40주년 행사를 고려하여 차르 명의의 축사를 수교하고 고종에게 성 안드레이 1등 훈장을 수교하기 위해 4등관 베베르가 파견되었다. 전염병 콜레라의 창궐로 인해 기념행사가 몇 달 뒤로 연기되었으며, 베베르는 자신의 경험과 개인적 친분으로 대리공사 임무대행인 8등관 쉬테인을 도와주며 1903년 봄까지 대한제국에 머물라는 허락을 받았다."[21]

베베르는 연기된 고종의 즉위 기념식을 위해 서울에 체류(1902년 10월~1903년 4월)하면서 '1898년 전후의 대한제국에 관한 보고'를 작성했으며, 이것은 1900년 3권으로 이루어진 공동 저서 『한국지』가 출간된 후 러시아 한국학에 상당히 기여했다. 동시대인이자 1885~1897년 조선에서의 사건들에 직접 참가했던 베베르가 작성한 위 '보고'는 19세기 후반 조선이라는 국가의 역사, 경제 그리고 국제적 지위에 대한 베베르의 깊이 있는 연구 결과물이자 그의 회고록 같은 요소들을 담고 있는 것으로서, 그는 이 보고서에서 한러관계의 강화를 추구하면서 대한제국의

21 Отчет по Первому Департаменту Министерства иностранных дел за 1903 год // АВПРИ. Ф. Отчеты Министерства иностранных дел, 1903 г. Д. 131. Л. 82-83.

독립과 자주의 보호에 나서고 있다. 이 '보고'의 상당 부분은 베베르가 서울을 방문했던 1902년 10월 그 당시 대한제국의 경제와 정치적 상황을 묘사하는 데 할애되었다. 예증으로서 그의 값진 관찰 중 일부를 소개한다.

"오랜 시간 떠나 있다가 작년 가을 다시 한국에 왔습니다. 그러자 제 앞에는 정치생활뿐 아니라 사회생활마저 뒤로 후퇴하는 매우 슬픈 광경이 보였습니다. 정부 내에서는 개혁 이전인 10년 전에 창궐했던 것과 똑같은 혼란이 일어났습니다. 국가라는 여물통에 더 가까이 있거나 국왕의 후의를 누리거나, 아니면 권력을 가진 다른 사람들에 대한 음모와 계략, 그리고 권력남용이 똑같이 횡행했으며, 인민에게서 마지막 남은 생명력, 마지막 남은 곡식 한 톨까지 쥐어짜려는 똑같은 모습이 보였습니다. 과거에 비해 수는 배로 많아졌으나 규율이 흐트러지고 복장이 빈약한 군인들의 모습은 불쌍했습니다. 관직은 지식이나 경력, 공훈에 따라 임명되는 것이 아니라 오로지 연고(緣故)나 헌납할 수 있는 재산을 보고 임명합니다. 상업에서 이윤이 유통되는 자본의 회전 속도에 직접 좌우되는 것처럼, 관직을 파는 자들에게 이익이 되는 것은 관직을 산 자들을 그 자리에 오래 머물러 있지 못하게 하고 그 자리를 더욱 빈번하게 교체하는 것입니다. 세금이 증가해도 국고에는 항상 돈이 없어 쪼들렸으며, 백성의 정신과 육체 상태 개선, 학교와 기술교육기관 건설, 양호한 교통로 건설 등에 쓸 자금은 없습니다. 관리, 병사, 포졸들의 녹봉에 들어가는 불가피한 지출을 제외하고, 수입의 상당 부분은 무용하고 비생산적인 구매로, 그리고 마지막이지만 결코 무시하지 못할 황제의 변덕 충족, 사치스러운 행사, 궁궐과 사원, 왕실묘의 건립, 내시, 점쟁이, 궁내에서 상당한 영향력을 행사하는 무당의 부양 등에 막대하게 지출되어 탕진되기 때문입니다. 무당은 황제-이전보다 더 미신을 믿고 있지만-의 탓이라기보다는 황제의 첩인 엄비 탓일 것입니다. 엄비는 평민 출신으로 유력 가문의 후원을 받지 못하므로 자기 목적을 위해 여성주술사를 이용하고 있습니다.

한국의 정치 상황에 관해서 말하면, 지금의 상황이 현저히 나빠졌습니다. 일본은 지배적인 영향력을 행사하고 있습니다. 기회가 있을 때마다 이 나라의 독립을 해치려 하면서도 그들은 독립 유지를 보장할 것이라고 대한제국 정부를 항상 확신시키고 있습니다. 1896년 뒤쪽으로 물러서게 된 후 일본인들은 전술을 바꿨습니다. 이전에는 당연히 자신들의 물질적 이익은 조금도 손해를 보지 않으면서, 어느 정도는 한국의 행정체계 정비에 신경을 썼지만, 최근에는 자신의 영향력 회복과 강화를 위해 이 나라를 정치적, 재정적으로 예속시키고 완전히 몰락시키려는 갖은 조치를 다하고 있습니다. 그들의 원칙은 이렇습니다. 즉 한국의 국내 상황이 악화되면 될수록, 또한 매수와 수뢰, 압제, 상호모략이 퍼지면 퍼질수록, 그들의 침탈에 대한 이 나라의 저항이 더욱 무기력해진다는 것, 그리고 국민이 자기 정부에 대한 불평이 강하면 강할수록, 국민들은 견딜 수 없는 압박에서 벗어나려고 더 자진해서 일본의 보호를 찾게 된다는 것입니다. 그와 같은 행동 방식에서 생기는 모든 이득은 일본 쪽에 있습니다. 일본은 첨예하고 경솔한 행동으로 우리의 항의나 심하면 전쟁 같은 것이 초래되는 것을 원하지 않으므로, 이곳 정부와 이 나라의 행복을 계략에 빠뜨릴 조용하고 꼼꼼하면서도 체계적인 막후 공작에 착수했습니다. 그 공작은 너무나 조용해서 한국인들조차 알아채지 못할 정도이며, 러시아에게는 그런 공작을 중단시킬 합법적인 근거가 없습니다."

베베르는 이와 관련하여 대한제국 내에서 일본 영향력의 주요 지주를 다음과 같이 들었다.

1. 수많은 일본인의 거주. 개항장을 비롯해 이 나라에는 총 2만 명 이상이 거주하고 있다.
2. 활발해진 한일 간 무역거래, 한국은 일본의 곡물창고이자 훌륭한 상품 시장이다.
3. 경부철도의 부설. 철도 완공 이후 일본의 식민지가 철도를 따라 부산에서 서울까지 한반도 남부를 가로질러 단절 없이 촘촘히 이어지는 지대를 이루며 뻗어 나가면 그곳은 일본 법률, 일본 경찰이 지배할 것이다.
4. 대한제국과 다른 국가들 간의 유일한 연락통로인 서울-부산 간 전신선 부설.
5. 서울과 개항장에 일본은행들의 설립. 이것은 제물포의 영국상회(商會)를 제외한 유일한 신용기관이다.
6. 대한제국에서 일본 민간은행 다이이치긴코[第一銀行] 발행 지폐의 자유로운 유통. 이로 인해 대한제국의 재정은 완전하게 일본에 의존하게 될 것이다.
7. 기선을 이용한 대한제국과 동방의 다른 항구들 간의 정기 연락선 취항. 이로 인해 대한제국의 항구를 기항하는 선박의 압도적 다수가 일본의 수중에 집중될 것이다.

베베르는 대한제국 내에서 일본 영향력의 강화에 일조하는 위 요인들에 더해 많은 한인 청년들이 일본에서 교육을 받고 있다는 것, 부산과 원산에 거류지 보호라는 명목으로 일본군이 주둔 중인 것, 그리고 마침내 공사관, 모든 개항장에 영사관과 우편지국이 있으며, 이 기관들은 잘 건축된 별도의 관사에서 생활하고 있는 상당수의 관리를 두고 있다는 점을 들었다.

계속해서 베베르는 다음과 같이 기술했다.

"이 모든 것은 자신의 정치적 목적을 추구하기 위해서라면 물질적 희생도 아끼지 않는 일본의 진취성과 능력, 열정을 증명해 주고 있습니다. 일본은 자기 노력으로 달성한 결과에 만족할지도 모릅니다. 그 영향력은 다시금 지배적으로 되었으며 그리하여 한국 정부는 때로는 굴욕적인 일본의 끝없는 요구에 맞설 수 없다고 생각하고 있습니다. 그런데 한국 정부는 다른 나라 대표들과의 관계에서 발생하는 문제에 일본의 간섭을 허용하거나 일본의 충고를 따름으로써 스스로에 대한 모든 동정을 소원하게 만들고 있습니다. 물론 일본은 우리의 위상을 약화시키고 우리의 활동을 무력화하려고 가장 많은 노력을 기울이고 있습니다. 그들은 이런저런 사안에 대해 우리에게 어떤 양보라도 한다면 한국인들에게는 비참한 결과가 초래되어 우호관계가 훼손되거나 일본은 다른 더 중요한 이권을 요구하게 만드는 것이라고 한국인들을 협박하고 있습니다."

베베르는 일본인과 한인들 간의 상호관계에서 보이는 변화에도 주의를 기울였다.

"자신들의 성취에 취한 일본인들의 오만불손함은 한국인들이 깊이 생각하도록 만들고 있습니다. 한국인들은 하찮아 보이는 양보가 어떤 결과를 초래하는지, 그리고 이미 부분적으로 어떤 결과를 초래했는지 더 분명하게 이해하기 시작했습니다. 그리고 오랜 증오심이 더 강하게 깨어 일어나고 있으며 이 나라에는 파멸적으로 쇠약한 현 체제에 대한 불만을 아주 공개적으로 표명하는 사람들의 무리가 계속 늘어나고 있습니다."

베베르는 계속해서 다음과 같이 기술하고 있다.

"이와 같은 한반도 상황에서 다음과 같은 질문을 스스로에게 던져 보아야 합니다. 즉 일본이 마침내 대한제국 점령에 성공하고 우리 국경선에 굳게 자리를 잡는다면 극동-남우수리 지방과 우리의 영향권에 있는 만주-에서 우리의 이해관계에 어떻게 반영될 것인가? 틀림없이 중국 북동 지역의 상업을 장악할 것이며 게다가 이 지역에서 우리의 지위를 강화하는 데 더 많은 자금을 쓰도록 만들 일본인이라는, 그렇게 걱정거리에 야심차며 진취적인 민족과 근접한 이웃이 되는 것이 우리에게 반가운 것일까?"

이 문제에 대해 베베르는 이 '보고서'에서 다음과 같이 강조하고 있다.

"우리에게는 그것이 바람직할 것 같지 않습니다. 그러므로 우리는 최근의 수동적인 관망정책을 버리고 대한제국이 일본의 지배를 받게 될 가능성을 어떻게든 제거해야 합니다. 일본의 침략에 맞서 쇠약한 대한제국 황제와 그 정부를 실제로 지원하면 우리는 대한제국 사람들의 마음에 대한제국과 러시아의 이해관계가 일치한다는 확신을 불어넣게 될 것이며, 유감스럽게도 1898년 초 서울 주재 전임 러시아 공사의 경솔하고 용서할 수 없는 행동으로 인하여 우리가 상실했던 그 영향력을 회복하게 될 것임을 저는 의심하지 않습니다."

베베르는 다음과 같은 것이 위와 같은 방향에서 러시아가 취해야 할 첫 번째 행동 중 하나라고 판단했다.

"전임 일본 공사 고무라와 제가 1896년 5월 2일 맺은 협정에 따라이 나라에 평화와 질서가 회복되자마자 소환하게 되어 있는 일본 경비대와 헌병을 대한제국에서 철수하도록 요구하는 것입니다. 이들은 이제 존재 이유(raison d'être)가 없으며, 그들이 주둔하여 주민과 마찰을 빚고 있으므로 한국인들은 그들의 철수를 매우 반길 것입니다. 또한 이와 마찬가지로 일본인들이 다시 의주철도 부설권을 획득하려 하면 우리는 그것을 허용해서는 안 됩니다. 이 철도는 일본인들에게 필요할 경우 한국을 거쳐 만주 국경과 블라디보스토크까지 군대를 이동시킬 가능성을 주는 것이기 때문입니다."

베베르는 러시아의 위신을 유지하려면 위의 사안 외에도 다음과 같은 것을 배려해야 한다고 외무성을 설득했다.

"한국의 항구들(특히 제물포와 대중 무역이 이루어지는 곳들)과 다롄[大連, Дальний], 즈푸[芝罘], 상하이를 연결하는 최대한의 정기연락선 유지와 우편물 발송. 제물포와 서울에 은행 설립. 이 은행의 설립은 우리의 기선들과 더불어 일본과의 활발한 무역 투쟁에서 그 진취성으로 우리의 훌륭한 동맹자가 되어, 이미 무역액이 상당한 중국 내 한인 상인들을 발전시키는 수단이 될 것입니다. 광둥성으로의 쌀 수출. 이곳은 현재 대한제국의 쌀보다 못한 통킹이나 시암 쌀을 받고 있습니다. 일본에서 영자 정기간행물 발행. 이는 극동에서 우리의 이익을 수호하고 러시아에 대한 이곳 신문들의 중상을 반격하는 데 필요합니다. 러시아 육군유년학교 및 여타 기관으로 대한제국 청년들의 수용 간소화. 비서, 통역관, 의사, 학생을 위해 필요한 공간을 서울 주재 우리 공사관에 둘 것, 영사관용 주택을 제물포에 건설하는 것 등입니다."[22]

22 Вебер К.И. Корея до 1898 года и после. Сеул, апрель 1903 г. // АВПРИ. Ф. Японский стол, Депеши из Сеула, 1903. Д. 14. Л. 123-140; Пак Б. П. 『Россия и Корея』. М., 1979. С. 140;

소극적 정책을 버리고 일본의 대한 침략에 맞서 적극적, 결정적 투쟁으로 전환하자는 위와 같은 베베르의 제안과 호소를 담고 있는 '1898년 전후 대한제국에 관한 보고'가 러시아 외무성으로 발송되었다. 그러나 차르 정부가 대한제국을 상대로 유지하고 있었던 노선을 바꾸지는 못했다. 차르 정부는 베베르가 강력하게 반대했던 니시-로젠 협정 당시에 설정된 노선을 고수했다. 1904~1905년 러일전쟁 전 일본을 상대로 협상 중이던 러시아는 하나씩 차례로 양보했으나, 그것으로 군사적 충돌을 막지는 못했다.

러시아대외정책문서보관소에는 러일전쟁 당시 고종이 다름 아닌 베베르를 통해서 수차례에 걸쳐 러시아 정부와 관계를 구축하려 노력했고, 심지어 니콜라이 2세에게 서한을 보낸 것에 대한 직간접적인 증거들이 존재한다. 1904년 9월 베베르는 람즈도르프를 만나는 자리에서 러시아 황제에게 전하는 서한을 대한제국 황제로부터 받았다는 소식을 전했다. 외무대신은 고종의 편지에 실로 흥미를 느꼈다. 그는 얼마 전 서울을 출발하여 페테르부르크를 거쳐 유럽으로 향하던 서울 주재 프랑스 대리공사 폰테네(фонтэнэ) 남작 역시 니콜라이 2세에게 발송한 대한제국 황제의 요청을 전달해 주었기 때문에 그 서한을 읽어보는 것이 '바로 지금 흥미를 제공할 수 있을 것'이라며, 상주보고를 할 수 있도록 '서한을 외무성에 신속하게 발송해 달라'고 베베르에게 부탁했다.[23]

니콜라이 2세에게 발송한 고종의 편지에는 다음과 같이 언급되어 있었다.

Российское корееведение. Альманах. Выпуск второй. М., 2001. С. 128-145.

23 Письмо К.И. Веберу из канцелярии министра иностранных дел от 29-го сентября 1904 г. // АВПРИ. Ф. Японский стол. Оп. 493. Д. 79. Л. 27.

"러시아는 항상 조선의 독립을 지지했다는 것이 전 세계에 알려져 있습니다. 강화조약이 체결될 이 시점에서 짐은 우리나라의 상황이 폐하의 강력한 협력으로만 구원될 수 있음을 깊이 확신합니다. 이 어려운 시기에 황제 폐하의 은혜로운 하명 덕분에 우리나라가 독립을 유지할 수 있을 것이라는 희망에 황제 폐하께 도움을 청하기로 결정하였습니다."[24]

1906년 2월 페테르부르크에 도착한 대한제국 정부의 전 고문인 덴마크인 뮐렌스테트(H. J. Mühlensteth, 1855~1915)는 니콜라이 2세에게 수교해 달라며 1905년 11월 7일 대한제국을 상대로 일본의 보호관계를 수립한 을사늑약의 체결 이후 작성된 대한제국 황제의 서한을 베베르에게 전해 주었다. 베베르는 이 사안에 관해 다음과 같은 내용의 서한을 작성하여 람즈도르프에게 발송했다.

"오늘 저는 특임문서전령(아마도 뮐렌스테트라는 성을 들으셨을 수도 있을 겁니다)을 통해 서울의 불행한 수인과 같은 황제로부터 서한을 받았습니다. 이에 감히 보고드리니, 각하께서 편하신 때에 귀하의 충복을 만나 주시기 바랍니다."[25]

베베르가 람즈도르프에게 전달한 이 서한의 내용은 다음과 같다.

"황제 폐하는 조선을 호의로써 생각해 주셨으며, 우리는 수차례에 걸쳐 우리나라의 상황에 대한 견해를 나누었습니다. 황제 폐하께서는 대한제국의 실로 불안한 상황을 올바르게 평가하셨습니다. 내 땅과 내 신민들의 운명을 실로 진지하게 신경 쓰지 않으면 안 될 것입니다. 현재 제 입에서 가장 자주 오르내리는 말은 독립과 주권입니다. 강제로 한일

24 다음을 보시오. Секретная телеграмма Павлова. Шанхай, 17 сентября 1905 г. // АВПРИ. Ф. Китайский стол. Оп. 491. Д. 71. Л. 9-10.

25 АВПРИ. Ф. Японский стол. Оп. 493. Д.79. Л.60.

간에 조약이 체결된 이후 매일 상황이 더 강하게 긴장되고 있습니다. 황제 폐하께서는 이미 짐이 자주를 우려하는 것에 대한 빛나는 계책을 생각해 두셨을 것으로 감히 바라옵니다. 밤낮으로 기원하고 있습니다. 서한으로는 제 생각을 밝힐 수 없는 상황입니다. 황제 폐하에게 신의 은총이 있기를 기원합니다."[26]

후일 대한제국 병탄으로 이어진 일본의 보호제도(1905~1910)가 수립된 이후에도 베베르는 대한제국 문제로 대한제국 및 러시아 외무성과 관계를 이어 가고 있었다. 러일전쟁에서 패하여 일본이 대한제국을 병탄할 때까지 지속적으로 양보할 수밖에 없었던 차르 정부의 입장에서는 대한제국에 대한 일본의 공격성에 적극적으로 대응해야 한다는 베베르가 더 이상 필요하지 않았다. 외교 업무를 그만둔 러시아의 외교관 베베르는 학술 작업에 관심을 기울였는데, 이에 대해서 이미 1884년 3월 20일 톈진에서 드미트레프스키에게 서한을 보내 통보했던 적이 있다.

"본인은 아침부터 저녁 늦게까지 지도 작업에 매달려 있으며, 지도와 관련이 없는 일은 모두 뒤로 제쳐 두고 매 1초를 소중히 여기고 있습니다."[27]

결과적으로 베베르는 중국과 주변 국가의 지리에 관한 작업을 작성했으며, 중국 지명의 러시아어 표기에 관한 저술도 남겼다. 베베르는 1904년 황립러시아지리학회 내 지도작성위원회 산하에 설립된 지명표기특별예하위원회에서 지명표기 단일 원칙 수립 작업에 참석했다. 예하

26 Перевод письма Его Величества Императора Кореи, привезенного Мюленштедтом и переданного г. Министру К.И. Вебером // АВПРИ. Ф. Японский стол. Оп. 493. Д. 79. Л. 105.

27 ИВР РАН. Ф. 14 (П. А. Дмитревский). Оп. 2. Д. 14. С. 20; Хохлов А. Н. П. А. Дмитревский — российский дипломат и востоковед // 『Корея. Сборник статей к 80-летию со дня рождения проф』. М. Н. Пака. М., 1998. С. 296.

위원회는 두 가지 종류의 표기법을 제안했다. 즉 하나는 간략한 표기 방식으로 지도에 사용하기 위한 것이며, 다른 하나는 보다 정확한 것으로서 지도의 목록을 위한 것이었다. 두 번째 표기법을 위해 특별표준알파벳 안이 작성되었으며, 현존하는 중국어의 표기체제에서의 차이점을 제거하려는 시도가 이루어졌다. 이런 작업의 결과는 예하위원회의 의사록에 게재되어 있는 브라크만(О. Бракман), 베베르, 이바노프(А. Иванов) 그리고 코트비치(В. Котвич) 등의 1906년 '러시아 철자를 이용한 중국어 표기에 관한 문제에 대하여'라는 기록에 게재되어 있다.

베베르의 학술연구 활동의 주요 결과물로는 지도와 원고에 따라 출판된 전문술어 사전, 즉 『직예성 지도』와 『직예성 지도에 대한 주해 기록』,[28] 『중국북동부 지도』와 『중국북동부지도에 기재된 지명의 알파벳순 목록』,[29] 『조선 전체 도시의 실험적 표기』,[30] 『중국 대백과사전 두슈지전(Тушудзичэнгъ(1726г., 고금도서집성[古今圖書集成])의 지리 분야에 대한 목록』,[31] 『한국어와 한자의 한국식 음독에 관하여』,[32] 그리고 『한자의 러시아어식 표기 문제에 관하여』[33] 등이 있으며, 제일 후자의 저술은 베베르

28 Пояснительная записка к карте Чжилийской губернии. СПб.: Типография В. Безобразова и Комп., 1872.

29 Ch. Waeber. Map of north eastern China. [London?] : Geographical Establishment of A. Ilyin, 1893; Алфавитный указатель географических имен, помещенных на карте Северо-Восточного Китая. Вена: И.и К. Придворная и университетская типогр. А. Гольцгаусена, 1894; Map of Norh-Eastern China by Ch. Waeber . Kelly & Walsh, limited 2-nd edition. Chef depot L. Friederichsen & Co Hamburg. Shanghai-Hongkong-Yokohama-Singapore, 1900.

30 К.И. Вебер. 『Пробная транскрипция названий всех городов Кореи』. СПб., 1907.

31 Указатель к географическому отделу (изд. в 1880 г.) большой китайской энциклопедии Ту-шу-дзи-чэнгъ (1726 г.). Сост. К.И. Вебер. Доложено в заседании Ист.-фил.отд 14 дек.1905 г. // Записки имп. Академии наук по историко-филологич. отд. Т VIII. №4. СПб., Февр. 1907 г.

32 К.И. Вебер. 『О Корейском языке и корейском чтении китайских иероглифов』. СПб., 1907.

33 К. Вебер, А. Иванов, Вл. Котвич и А. Руднев. К вопросу о русской транскрипции китайских иероглифов. Оттиск из 『Записок Восточного Отделения Императорского Русского Археологического ОБщества』. Т. XVIII. СПб., 1908.

처럼 러시아 지리협회 지도작성위원회의 회원이었던 이바노프, 코트비치 그리고 루드녜프 등과의 공동 저술이다. 베베르는 자신의 연구 결과물을 황립러시아건축학회의 동방분과 출판부에서 출판했으며, 학술원 역사어학분과 회의에서 발표했다. 이 저술들은 러시아 내에서 한국어 분야에 대한 최초이자 중요한 언어학적 업적이었으며, 한자의 음성학적 표기 원칙의 개발이었다.

베베르는 자신의 마지막 생을 보낸 (독일-역주) 드레스덴(Dresden) 근처의 라데보일(Radebeul)시에 위치한 '코레야(Корея. 한국이라는 뜻-역주)'라는 별장에서 1910년 1월 8일 사망했다. 그는 라데보일 베스트(Radebeul-West)라는 공동묘지에 안장되었다.

Карл Иванович Вебер

부록

화보

베베르 부부(카를과 제니)
СПб.(상트페테르부르크), 1878.
발테르 베베르(Вальтер Вебер) 소장 자료

베베르의 처남 리차드 마크(Ричард Маак)

바실리예프(В. П. Васильев)와 그리고리예프(В. В. Григорьев) - 상트페테르부르크대학교 동방언어학부에서 베베르를 가르친 교수들

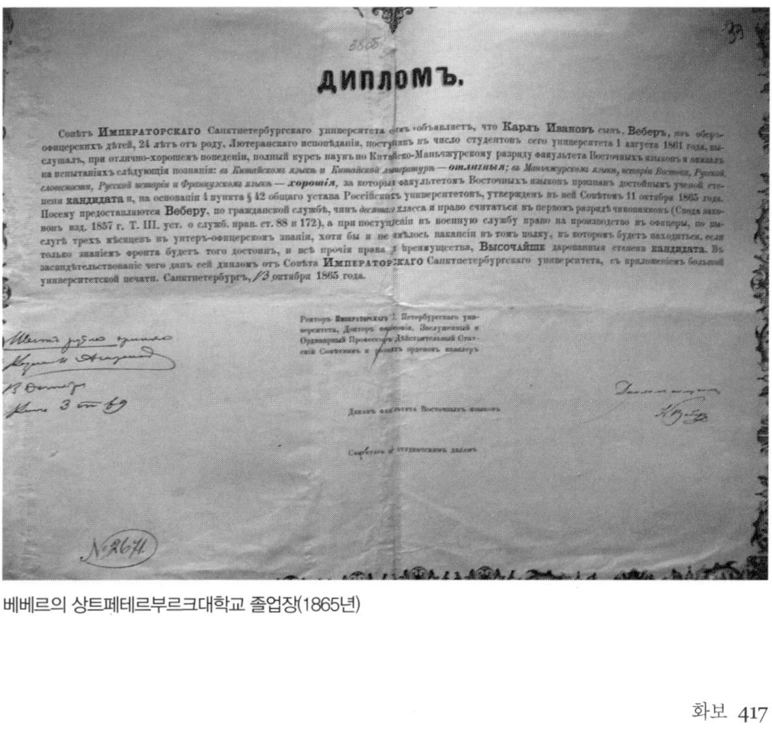

ДИПЛОМЪ.

Совѣтъ **ИМПЕРАТОРСКАГО** Санктпетербургскаго университета симъ объявляетъ, что **Карлъ Ивановъ** сынъ **Веберъ**, изъ оберъ-офицерскихъ дѣтей, 24 лѣтъ отъ роду, Лютеранскаго исповѣданія, поступивъ въ число студентовъ сего университета 1 августа 1861 года, выслушалъ, при отлично-хорошемъ поведеніи, полный курсъ наукъ по Китайско-Маньчжурскому разряду факультета Восточныхъ языковъ и оказалъ на испытаніяхъ слѣдующія познанія: *въ Китайскомъ языкѣ и Китайской литературѣ* — ***отличныя***; *въ Маньчжурскомъ языкѣ, исторіи Востока, Русской словесности, Русской исторіи и Французскомъ языкѣ* — ***хорошія***, за которыя факультетомъ Восточныхъ языковъ признанъ достойнымъ ученой степени **кандидата** и, на основаніи 4 пункта § 42 общаго устава Россійскихъ университетовъ, утвержденъ въ ней Совѣтомъ 11 октября 1865 года. Посему предоставляются **Веберу**, по гражданской службѣ, чинъ *десятаго* класса и право считаться въ первомъ разрядѣ чиновниковъ (Свода законовъ изд. 1857 г. Т. III. уст. о служб. прав. ст. 88 и 172), а при поступленіи въ военную службу право на производство въ офицеры, по выслугѣ трехъ мѣсяцевъ въ унтеръ-офицерскомъ званіи, хотя бы и не имѣлось вакансіи въ томъ полку, въ которомъ будетъ находиться, если только знаніемъ фронта будетъ того достоинъ, и всѣ прочія права и преимущества, **Высочайше** дарованныя степени **кандидата**. Въ засвидѣтельствованіе чего данъ сей дипломъ отъ Совѣта **ИМПЕРАТОРСКАГО** Санктпетербургскаго университета, съ приложеніемъ большой университетской печати. Санктпетербургъ, 13 октября 1865 года.

Ректоръ ИМПЕРАТОРСКАГО С. Петербургскаго университета, Докторъ [illegible], Заслуженный и Ординарный Профессоръ Дѣйствительный Статскій Совѣтникъ и разныхъ орденовъ кавалеръ

Деканъ факультета Восточныхъ языковъ

Секретарь по студентскимъ дѣламъ

№ 2671

베베르의 상트페테르부르크대학교 졸업장(1865년)

1870~1901년 청의 대외정책 지도자인 직예성 총독, 리훙장

1882~1885년 조선 정부의 고문을 지낸 묄렌도르프

고종(1852~1919)

위안스카이. 서울 주재 청국 공사(1885~1894)

명성황후(1851~1895, 저자가 명성황후의 사진으로 추정한 것임-역주)

1885~1891년 조선 외교 고문 데니(O.N. Denny)

1884~1885, 1895~1896년 조선 주재 일본 공사 이노우에 가오루

1895~1896년 조선 주재 일본 공사 고무라 주타로

1887~1890년 조선 주재 미국 변리공사 겸 총영사 딘스모어(Hugh A. Dinsmore)

프랑스 정부가 1888년 베베르에게 수여한 명예군단 십자훈장

러시아 공사관 관방을 배경으로 아들 예브게니와 함께 있는 베베르. 러시아과학원 인류학 및 민족학 박물관(MAЭ PAH) 컬렉션 No 1679-1. 베베르

1890년 러시아 공사관 기공. 러시아 과학원 인류학 및 민족학 박물관(MAЭ PAH) 컬렉션 No 1679-1. 베베르.

외교관 데니와 그의 부인 거트루드(Gertrude, 첫 번째 줄 가운데 앉은 사람)와 함께 한 베베르(두 번째 줄 제일 좌측), 길레르(두 번째 줄 가운데)

1894~1897년 조선 주재 미국 공사 실(John M. B. Sill)

1894년 조선의 군국기무처 수장 총리대신 김홍집

호러스 뉴턴 알렌(Horace Newton Allen), 의사 겸 선교사. [서울 주재 미국 공사관 비서(1890~1897), 한국주재 미국 변리공사 겸 총영사(1897~1905)]

1888~1892년 조선 주재 프랑스 대표 콜랭 드 플랑시

1898년 베베르에게 수여된 성 안나 1등 훈장

1898년 문장의원회 원로원에서 인정된 베베르 문장. 발테르 베베르 소장 자료

베베르가 상트페테르부르크에서 살았던 저택

베베르의 아들 발테르(1867~1928).
발테르 베베르 소장 자료

삭소니아 라데보일에 위치한 베베르의 묘비

참고 문헌

Арихвные фонды

(문서보관소의 문서군)

• Архв внешней политики Российской империи(АВПРИ, 제정러시아대외정책문서보관소).

• Фонды :

"Миссия в Сеуле"

"Японский стол"(Депеши из Сеула. Донесения посланника в Токио)

"Китайский стол"(Всеподданнейшие доклады. Депеши посланника из Пекина), Канцелярия МИД.

• Отчёты МИД,

• Секретный архив министра иностранных дел, Департамент личного состава и хозяйственных дел(ДЛЧ и ХД), "Тихоокеанский стол".

Российский государственный военно-исторический архив

(РГВИА, 러시아국립군사사문서보관소)

• Фонды :

448(Корея).

Российский государственный исторический архив

(РГИА, 러시아국립역사문서보관소)

• Фонд 560. Общая канцелярия министра финансов.

Российский государственный исторический архив Дальнго Востока

(РГИА ДВ, 러시아국립극동역사문서보관소)

• Фонды :

1. Приморское областное правление, 87, Канцелярия военного губернатора Приморской области

Центральный государственный исторический архив Санкт-Петербурга:

Фонд 14. Санкт-Петербургский университет.

• Архив востоковедов Института восточных рукописей РАН(ИВР РАН).

• Фонды Ж

• 14(П. А. Дмитревский)

Музей антропологии и этнографии РАН
(러시아과학아카데미 인류학 및 민속학 박물관)
(Кунсткамера)

- Коллекция 227-121. 1894, К. И. Вебер.
- Коллекция И - 2042-97. 4. 10. 1900.

Публикация документов
(출간된 문서)

На русском языке(러시아어)

- Из эпохи японо-китайской войны // Красный архив. Т. 1-2(50-51). 1932.
- Обзор внешней торголви Кореи за 1893 г. По отчётам корейских таможен и великобританского генерального консула в Сеуле за 1893 год. Составлен в канцелярия Министерства финансов // Сборник географических, топографических и статистических материалов по Азии. Выпуск XIV. 1896.
- Первые шаги русского империализма на Дальнем Востоке // Красный архив. Т. 3 (52). 1932.
- 『Россия и Корея.』 Некоторые страницы истории (конец XIX века). К 120-летию установления дипломатических отношений. М.: МГИМО (У) МИД России, 2004.
- Русско-китайские отношения. 1689-1916. Официальные документы. М., 1958.
- Сборник договоров и дипломатических документов по делам Дальнего Востока. 1892–1905 г. СПб., 1906.

На корейском языке(한국어)

- 구한국외교문서, 17권, 서울, 1969.

На английском языке(영어)

- Korean-American Relations. Documents, Pertaining to the Far Eastern Diplomacy of the United States. Volume II. The Period of Growing Influence 1881-1895. Berkeley-Los-Angeles, 1963; Volume III. University of Hawaii Press. Honolulu, Hawaii, 1986.
- Papers relating to the Foreign Relations of the United States. Vol. II. Washington, 1895.

Мемуары. Труды путешественников

(회고록, 여행기)

- Ламздорф В. Н. Дневник. 1896-1890. М., 1925.
- Ламздорф В. Н. Дневники // Красный архив. Т. 46. 1931.
- По Корее. Путешествия 1885-1896. М., 1953.

Пресса

(신문, 잡지)

- Новое время. 1894.
- Правительственный вестник. 1894.
- Русские ведомости, 1894.
- The Independent, 1896.
- The Korean Repository, 1895-1896.
- The North China Herald, 1895.

Исследования

(연구업적)

На русском языке(러시아어)

- Афон0сь52 1-1 Грудзинский Н. Русские военные инструкторы в Корее в 1896-1898 гг. Хабаровск, 1898.
- Дмитревский П. А. Географическое описание Кореи. Пер. с кит. Ханогоу, 1883.
- Забровская Л. В. Политика Цинской империи в Корее 1876-1910 гг. М., 1987.
- Забровская Л. В. Историографические проблемы японо-китайской войны. Владивосток, 1993.
- Забугин Н. П. О судоходстве на русском Дальнем Востоке. СПб., 1896.
- История Кореи(с древнейших времен до наших дней). Т.1. М., 1974.
- История Корейской философий. Т.1. 한국어 번역본, М., 1966.
- Кароли Фендлер. Австро-Вененрские архивные документы по истории Кореи в 1884-1910 гг. - Корея. Сборник статей к восьмидесятилетию со дня рождения профессора Михаила Николаевича Пака. М., 1998.
- Ким Рехо. Гибель королевы Мин. Новая версия. - Корея. Сборник статей к восьмидесятилетию со дня рождения профессора Михаила Николаевича Пака. М., 1998.
- Ким Юн Дук. Динамика баланса сил между США, Россией, Китаем и

Японией на Корейском полуострове. М., 1996.
•Максимов А. Я. Наши задачи на Тихом океане. Политические этюды. СПб., 1894.
•Маркс К. Русская торговля с Китаем. - К. Маркс и Ф. Энгельс. Сочинения. Изд. 2-3. Т. 12.
•Матюнин Н. Г. Об отношении корейцев к иностранным государствам // Сборник географических, топографических и статистических материалов по Азии. Выпуск Ⅷ. М., 1894.
•Нарочницкий А. Л. Колониальная политика капиталистических держав на Дальнем Востоке. 1860-1895. М., 1956.
•Нихамин В. П. Дипломатия русского царизма в Корее после японо-китайской войны (1895-1896) // История международных отношений. История зарубежных стран. М., 1957.
•Нольде Б. Э. Внешняя политика. Исторические очерки. СПб., 1915.
•Описание Кореи. Сокращенное издание. М., 1960.
•Пак Б. Б. 375 дней в русской миссии // Восток, 1997. № 5.
•Пак Б. Б. Корейская миссия Мин Ёнхвана в Россию летом 1896 г. // Вестник Центра корейского языка и литературы. Выпуск № 2, 1997. СПб., 1997.
•Пак Б. Б. Корейская миссия в Россию (1896) : история одной фотогрфии // 100 лет Петербургскому корееведению. Материалы международной конференции, посвященной столетию корееведения в Санкт-Петербургском университете. 14-16. 10. 1997 г. СПб., 1997.
•Пак Б. Б. 『Российская дипломатия и Корея』 (1860-1888). Книга первая. М. - Иркутск, 1998.
•Пак Б. Б. 『Российская дипломатия и Корея』 (1860-1888). Книга вторая. М., 2004.
•Пак Б. Д. 『Россия и Корея.』 Изд. второе, дополн. М., 2004.
•Пак Чон Хё. 『Россия и Корея.』 1895-1898. М., 1993.
•Романов Б. А. Россия в Маньчжурии. Л., 1928.
•Россия и Япония на заре XX столетия. Аналитические материалы отечественной военной ориенталистики. Под редакцией генерал-майора В. А. Золотарёва. М., 1956.
•Табохаси Киеси. Дипломатеческая история японо-киатйской войны (1894-1895 гг.). Пер. с яп. М., 1956.
•Тягай Г. Д. Крестьянское восстание в Корее 1893-1895 гг. М., 1953.
•Тягай Г. Д. Очерки истории Кореи во второй половине XIX в. М., 1960.

•Тягай Г. Д. Король Коджон в русской миссии (из истории русско-корейских отношений) // Проблемы Дальнего Востока, 1999. № 4.
•Хохлов А. Н. П. А. Дмитревский - российский дипломат и востоковед // Корея. Сборник к восьмидесятилетию профессора Михаила Николаевича Пака. М., 1998.
•Чой Доккю. Россия в Корее 1893-1905. СПб., 1996.

На корейском языке(한국어)

•김옥균(1964), 『평양』.
•김영숙(1958), 『일본 자본주의의 조선침략과 조중관계』, 력사과학, № 1-2
•김승학(1976), 『한국독립사』, 서울.
•『고종시대사』, 4권, 서울, 1971.
•이창훈(1988), 『러시아의 극동침략정책과 조선』, 서울.
•『한국외교사』 1~2권, 서울, 1993.

На западноевропейских языках(서유럽 언어)

•Akagi R.H. Japan's Foregn Relations 1542-1936. A Short History. Tokyo, 1936.
•Asakawa K. The Russo-Japanese Conflict. Its Causes and Issues. N.Y.- L., 1970.
•Brandt M. Drei Jahre der Ostasiatischer Politic. 1895-1897.Stuttgart, 1897.
•Dennett T. Roosevelt and Russo-Japanese War. New York., 1925.
•Fairbank J.K., Reischauer E.O., Craig A.M. East Asia. the Modern Transformation. Boston, 1965.
•Harrington F.H. God, Mammon and the Japanese. Dr. Harace H. Allen and Korean-American Relations 1884-1905. wisconsin, 1944.
•Hayashi T. The Secret Memoire of Count Tadasu Hayashi, L., 1915.
•Hulbert H.B. The History of Korea. Vol. II. Seoul, 1905.
•Kajima M. The Emergence of Japan as a World Power 1895-1925, Tokyo, 1968.
•Kim E, Kim H. Korea and Politics of Imperialism 1876-1910. Berkeley-Los-Angeles, 1967.
•Malozemoff A. Russian Far Eastern Policy 1881-1904. Berkeley-Los-Angeles, 1967.
•Sohn Pow-Key, Kim Chol-Choon. The History of Korea. Seoul, 1970.
•Takeuchi Tatsuji. War and Diplomacy in the Japanese Empire. L., 1935.
•Treat P. Diplomatic Relations between the United States and Japan 1895-1905. California, 1938.
•Treat P. The Cause of Sino-Japanese war 1894. - Pacific Historical Review. Vol. VIII, № 2. 1939.

사랑이 식었을 때나 마음이 흐트러졌을 때, 첫 만남을 떠올리는 건 인지상정(人之常情)이다. 그런 의미에서 러시아과학원 동방학연구소의 벨라 박 교수가 2013년에 출간한 『러시아 외교관 베베르와 조선』은 러시아에 대한 기대와 관심이 예전만 못한 요즘, 설렘이 가득했던 첫 만남의 순간으로 이끄는 길잡이가 되어 줄 것으로 기대한다.

베베르 평전(評傳)에 가까운 이 책은 조선과 러시아가 처음 인연을 맺고 관계를 이어 나가기 시작했던 19세기 말, 조선에 온 러시아 외교관 베베르가 양국 관계사를 구성해 나갔던 과정들을 오롯이 담고 있다. 그 과정에서 생산된 사료들은 이 책을 떠받치는 주춧돌이 되었다.

베베르는 1885년 당시 러시아 수도 상트페테르부르크를 떠나 대서양을 건너 샌프란시스코를 경유, 일본을 거쳐 서울에 도착했다. 나 역시 1990년 서울에서 파리 그리고 부다페스트를 거쳐 모스크바로 간 경험이 있다. 이는 내가 이 책을 번역하면서 그의 시공간으로 넘나드는 듯한 묘한 동질감을 갖게 했으며, '나를 번역'하고 있다는 착각마저 일게 했다. 벨라 박 교수는 내게 베베르의 행적을 좇도록 길을 놓아 그가 쓴 편지와 보고서들을 볼 수 있게 해 주었고, 가끔은 그의 비밀스런 만남도 엿보게 해 주었다. 하지만 그 이후부터 이런 생생한 장면들을 어떻게 옮겨야 할지 고민에 빠지고 말았다. 삶을 반추해 보니 어릴 때는 화려한 아름다움에 끌렸지만 어느새 소박한 것에 마음이 가는 나 자신을 보게 된다. 이에 따라 의역보다는 원문에 충실하려고 노력했으며, 잘 읽히지 않거나 번역상의 오류가 있다면 전적으로 내 잘못이다.

이 책은 베베르 연구의 권위자인 김종헌 박사와 공동으로 번역한 결과물이다. 김종헌 박사는 모스크바대학교에서 19세기 말~20세기 초 한·러 외교사를 전공하고, 베베르 관련 논문들을 발표하였다. 나는 '저자 서문, 총론, 제1장, 제2장' 등을 맡았고, 김종헌 박사는 '제3장부터 제6장 그리고 도서 후반부'까지 번역하였다. 다시 한번 공동 번역을 허락해 준 것에 고마움을 전하며, 누가 되지 않기를 바라는 마음이 간절하다.

올해는 1990년 한·소 수교 이후 한·러 관계 정상화가 이루어진 지 30주년이 되는 해이다. 러시아 공사 베베르가 활약했던 시대는 현대 한·러 관계의 원형이 된 시기였으며, 한국사 최초로 러시아와 수교한 고종 정부의 북방정책은 오늘날 신북방정책으로 계승되었다. 따라서 이 책이 고종 정부의 북방정책에 대한 성찰과 한·러 관계의 미래를 전망하는 데 일조하기를 기대한다.

끝으로 소중한 사진 자료들을 제공해 주신 벨라 박 선생님께 감사의 마음을 전한다.

2020년 5월

역자를 대표하여 최덕규 씀

찾아보기

ㅁ

ㅂ

ㅅ

ㅇ

동북아역사재단 번역총서 39
러시아 외교관 베베르와 조선

초판 1쇄 인쇄 2020년 6월 19일
초판 1쇄 발행 2020년 6월 30일

지은이 벨라 보리소브나 박
옮긴이 최덕규 · 김종헌
펴낸이 김도형
펴낸곳 동북아역사재단

등 록 제312-2004-050호(2004년 10월 18일)
주 소 서울시 서대문구 통일로 81, NH농협생명빌딩
전 화 02-2012-6065
팩 스 02-2012-6189
홈페이지 www.nahf.or.kr
제작·인쇄 청아출판사

ISBN 978-89-6187-542-4 93910

• 이 도서의 국립중앙도서관 출판예정도서목록(CIP)은 서지정보유통지원시스템 홈페이지
(http://seoji.nl.go.kr)와 국가자료종합목록 구축시스템(http://kolis-net.nl.go.kr)에서 이용하실 수 있습니다.
(CIP제어번호 : CIP2020023408)
• 책값은 뒤표지에 있습니다. 잘못된 책은 바꾸어 드립니다.